Mme N. DONDEL DU FAOUËDIC

A TRAVERS
LA PROVENCE & L'ITALIE

SOUVENIRS DE VOYAGE

PARIS

L. HACHETTE ET Cie, LIBRAIRES

77, boulevard Saint-Germain.

RENNES | DINAN

J. VERDIER, LIBRAIRE | J. BAZOUGE, LIBRAIRE
rue Motte-Fablet. | rue de l'Horloge.

1875

A L'AMITIÉ

> « Amassons des provisions pour l'hiver, l'hiver de la vieillesse.
> » La jeunesse vit d'espérances, la vieillesse de souvenirs. »

Rien de meilleur que l'amitié vraie ; rien de plus délicieux que la joie qu'elle verse au cœur de celui qui la possède.

Avec elle on peut s'éloigner sans se séparer, car la pensée ne connaît ni le temps ni l'espace, et l'on reste à jamais unis. Sans amitié pas de vie heureuse, dit un proverbe romain.

L'AMITIÉ ! telle est donc la raison de ces lettres, qui n'ont point été écrites pour le grand jour, et qui devaient être lues à l'ombre de la famille, uniquement éclairées des lueurs de l'affection.

Mais chacun m'a demandé, avec des instances si bienveillantes, mes souvenirs d'Italie ; beaucoup ont mis tant de bonne grâce à solliciter quelques lettres, que j'ai désiré, pour chacun, un tout complet, et non quelque chose de décousu, quelques lambeaux de voyage ; et comment, d'ailleurs, recommencer indéfiniment ?

C'est alors que j'ai pensé à la presse, qui, tout en gémissant cependant, remplirait le but désiré, et que je me suis enfin décidée à relever, pour tous, le voile de mes impressions, que jusqu'à présent je n'avais soulevé que pour ma famille et une seule amie.

A TRAVERS
LA PROVENCE & L'ITALIE

A Madame Ferdinand Dondel de Kergonano.

Le 20 février 1871.

Vous voyez, chère amie, que mon souvenir vous est fidèle, et c'est un vrai journal que je vous adresse, ainsi que vous me l'avez demandé. Votre bonne lettre m'attendait à Angers, et j'ai pu l'emporter à travers l'espace comme un parfum du pays et de l'amitié.

Je n'ai rien changé à mon itinéraire : Deux jours dans la patrie de notre bonne duchesse Anne ; cette belle ville de Nantes me représente toujours la grande ruche humaine industrieuse et bourdonnante ; c'est le mouvement des affaires et la richesse commerciale dans tout leur développement. Du reste, vous connaissez ses places, ses musées, ses théâtres, la Bourse, l'une des plus belles de France, ses églises ; mais laissez-moi encore vous recommander le magnifique mausolée du duc François II et de Marguerite de Foix, par Michel

Colomb. Toutes les fois que j'entre à la cathédrale, je le contemple avec une nouvelle admiration.

Un jour, à Angers, cette reine des fleurs, que jadis on appelait la ville noire, parce que toutes ses maisons étaient couvertes et revêtues en ardoises, mais dont la dénomination ne convient plus aujourd'hui qu'à son vieux château, commencé sous Philippe-Auguste et aux anciens quartiers, sur la rive gauche de la Maine. Par opposition, les nouveaux, si élégants, si coquets, pourraient très-bien s'apppeler la ville blanche.

Si j'étais un oiseau, je vous dirais que c'est à tire d'aile que j'ai visité Tours, car j'avais bien peu de temps à moi. Du reste, j'ai vu tant de choses depuis quinze jours, que tout cela danse encore dans mon cerveau ; mais petit à petit mes souvenirs vont se caser et s'asseoir chacun à sa place. A force de visiter tant de villes, on finit par les confondre et trouver qu'elles se ressemblent toutes ; et de fait, ne se composent-elles pas toutes de rues plus ou moins nombreuses, de places plus ou moins grandes, de boulevards plus ou moins larges, de maisons plus ou moins belles.

Je divise Tours en trois parties : la vieille ville avec ses rues étroites et ses maisons de bois ; la nouvelle, magnifiquement bâtie, avec ses grands hôtels, ses boulevards, ses squares, et enfin les quartiers plus retirés, bourgeois et tranquilles avec jardins, où l'on sent que le confort du propriétaire a remplacé l'élégance qui charme seulement le regard. Beaucoup d'Anglais habitent ces quartiers. Tours m'a semblé mal pavé, les rues et même beaucoup de trottoirs se composent de petits cailloux pointus, irréguliers, où les voitures cahotent et où les piétons s'en vont cheminant, la pointe des pieds sur la pointe des pierres. Les églises sont médiocres, à l'exception toutefois de la cathédrale Saint-Gatien, de style gothique, que j'ai trouvée fort belle ; mais je ne l'ai vue qu'au petit jour, à l'heure où les ténèbres allongent les formes indécises et donnent à tous les contours quelque chose de grandiose : l'ombre, entourant de solennité tous les monuments qu'elle enveloppe, les églises surtout. Saint-Gatien renferme le monument funéraire des enfants de Charles VIII. J'ai encore visité, dans une chapelle souterraine, aux voûtes basses, irrégulières, et n'offrant rien de remarquable, le tombeau de saint Martin, premier évêque et patron de Tours; mais, au moyen-âge cette église était un asile inviolable, et la foi y attache un grand prix. A cette époque de croyances et de respect aux saintes choses, la chape du saint servait d'étendard national.

J'ai parcouru quelques boulevards et le Mail. En France, dans presque toutes les grandes villes, il y a une promenade de ce nom, comme les villes d'Italie ont leur Corso.

J'ai donné un coup d'œil au Palais-de-Justice, au théâtre, beau monument neuf, mais dans une rue trop étroite, à la tour arrondie de Saint-Martin, et à la tour carrée de Charlemagne, seuls restes de la célèbre église de Saint-Martin de Tours, démolie en 1793. Au Musée et à l'Hôtel-de-Ville, faisant l'un et l'autre, en vis-à-vis, face aux coteaux accidentés de Saint-Cyr et de Saint-Symphorien, dont la Loire les sépare. D'un côté son flot bat le quai, et de l'autre de belles rives capricieuses et fleuries. J'ai admiré le pont qui relie ces deux rives, un des plus beaux de l'Europe. Il mesure 435 mètres de long sur 15 de large.

J'ai salué de près la statue en marbre du fameux mathématicien et philosophe Descartes, et dans le lointain le château de Plessis-lès-Tours. J'ai aussi aperçu la maison encore habitée de Tristan-l'Ermite, grand prévôt et instrument des cruautés de Louis XI, qui l'appelait son compère. Sa demeure, de sinistre mémoire, est couronnée d'un tourillon, d'où le serviteur bourreau prenait les ordres du maître. Suivant la direction d'un fanal placé au faîte du château, Tristan lisait la condamnation ou la grâce. Tours a donné naissance à beaucoup de célébrités en tous genres : A Gabrielle d'Estrées, immortalisée par l'amour de Henri IV ; aussi douce et bonne que belle, disent les chroniques du temps, aimée de tout le monde, et qui mourut subitement à la fleur de son âge, 30 ans à peine, après avoir mangé une orange empoisonnée. Les littérateurs Bouilly et Destouches, les poëtes Bapin et Grécourt, sans oublier notre fécond romancier, Honoré de Balzac, y ont vu le jour. Plusieurs évêques l'ont illustré par leur sainteté et leur science : saint Gatien, saint Martin et Grégoire de Tours, l'un de nos premiers historiens. Enfin, le sire de Boucicault, maréchal de France, y est né en 1364. Il fit ses premières armes sous Duguesclin, combattit à côté de Charles VI à Rosebecque, où il fit des prodiges de valeur. Il était maréchal a 25 ans. Sa vie fut des plus accidentées. Prisonnier chez les Turcs à la suite d'une croisade, nous le retrouvons gouverneur de Gênes, qui s'était donnée à la France en 1401. Finalement, défait à la bataille d'Azincourt, à laquelle il s'était opposé vivement, il fut conduit prisonnier en Angleterre où il mourut. Jadis on battait monnaie à Tours, mais la livre de Touraine, dite livre Tournois, était d'un cinquième plus faible que celle de Paris.

La gare est fort animée, ce qui ne surprend pas, lorsqu'on apprend que 72 trains de voyageurs s'y succèdent chaque jour, sans compter ceux de marchandises.

A quelques lieues plus loin, j'ai admiré, autant que la rapidité du rail-way me l'a permis, le château historique de Chenonceaux bâti par François Ier pour la duchesse d'Etampes, et qu'habita ensuite Catherine de Médicis. Il est construit sur pilotis au milieu d'un lac entouré de champs verdoyants et couronnés de quelques bois, mais cet ensemble ne peut s'appeler une terre, quoique n'ayant pas coûté moins de deux millions à sa propriétaire actuelle. Tout le pays, jusqu'à Vierzon, est généralement plat, et ce n'est que dans le lointain que l'horizon s'accentue. Le chemin de fer longe presque constamment, à droite, le Cher, et à gauche, une foule de petits villages aux toitures de briques jaunes ou d'ardoises rouges, se reliant et se continuant par les galeries souterraines des carrières de moëllons blancs dont on fait un commerce considérable dans ce pays. Il est très-bizarre de voir ces enfilades de grottes, d'arcades pénétrant dans la profondeur des collines, lesquelles, sans préparation aucune, se trouvent percées çà et là de portes, de fenêtres et métamorphosées en maisons, car elles servent de demeure à quantité de familles d'ouvriers, cumulant le double emploi de carriers l'hiver, et de vignerons l'été. Les vignes sont cultivées de toute autre façon qu'en Bretagne, et pourtant cette belle Touraine, qu'on a surnommée le jardin de la France, m'a rappelé en plus d'un passage, et surtout aux approches du Berry, ma chère patrie. Comme en Bretagne de nombreux bouquets de sapin s'enlacent aux terres cultivées, à la seule différence qu'ici, il n'y a ni fossés ni haies, mais d'immenses espaces que se partagent les sapinières, les taillis, la vigne et le grain. C'est égal, ces terres sont bien loin d'avoir la richesse et la fertilité des plaines normandes.

Nous avons fait un temps d'arrêt de deux heures à Vierzon, ce qui m'a médiocrement amusée dans une ville essentiellement industrielle et commerçante, où les arts n'ont rien à revoir, et qui n'a conservé aucun cachet de son ancienne seigneurie. En sortant, une vaste briquerie dont les toitures rouge vif tranchent sur le bleu et le vert de l'horizon, égaie un instant la monotonie du paysage. A Bourges j'ai repris ma course et, comme à Tours, je me suis lancée dans l'inconnu. Je n'ai point songé à visiter la fonderie de canons ; ces ateliers où le fer et le bronze sont appelés à perfectionner les engins de destruction, n'éveillent que de tristes pensées aussi bien dans l'avenir que dans le passé, et d'ailleurs ils sont tous à peu près les mêmes ; mais j'ai admiré à mon aise le merveilleux portique de la cathédrale, l'une des plus belles de France. C'est taillé, découpé, ciselé, avec une élégance, une légèreté et une vigueur inouies. Le ciseau de l'artiste s'est joué de la difficulté, il a couvert de dentelles et de broderies ce fond de granit, comme l'aiguille agile des châtelaines d'alors semait de fleurs les toiles d'or et de soie. Dans l'église souterraine datant du XIIe siècle, on retrouve beaucoup de statues mutilées pendant les guerres de religion et les saturnales de 93. On y voit aussi le tombeau de Jean, duc de Berry, couché tout de son long dans une position recueillie, les pieds appuyés sur un ours, armes parlantes de sa femme, une princesse des Ursins. Hélas! on a broyé son nez, arraché son épée et fait disparaître les quatorze pleureuses à tête d'ange, qui entouraient son monument, le vandalisme révolutionnaire s'attaquant généralement à ce qu'il y a de dominant dans l'œuvre d'art. A droite, se trouve une chapelle grillée plus sombre encore; après en avoir franchi les degrés, on éprouve au premier moment une certaine émotion devant de mystérieux personnages taillés de grandeur naturelle dans du marbre blanc. Ces statues qu'on a pu sauver des fureurs révolutionnaires recouvraient les tombeaux d'un seigneur de Montigny, du marquis de Châteauneuf et de son père, ainsi que ceux de deux grandes dames dont je n'ai pu retenir le nom; dans le fond, rappelant les belles sculptures de Solesmes, la mise au tombeau du Christ. Il y a beaucoup d'expression et de vérité dans la pose respectueuse de Joseph d'Arimathie et de Nicodème, soutenant le suaire où repose leur Dieu, dans la douleur de la Vierge appuyée sur le disciple fidèle, et de Magdeleine, qui se tient un peu à l'écart; mais pourquoi toutes ces belles figures de granit ont-elles été bariolées en couleurs?

Du beau et sévère palais de l'Archevêché, que n'amoindrissait nullement le voisinage de la cathédrale, il ne reste plus que des ruines et son jardin dessiné par Le Nôtre; le feu l'a consumé avec une rapidité singulière comme cela arrive depuis que la Commune, nouvelle Euménide, s'armant du pétrole, a découvert le secret des embrasements qui ne s'éteignent pas. Du reste ce n'est pas la première fois que la ville de Bourges subit l'épouvante du feu; à la fin du XVe siècle, un incendie terrible la détruisit en partie, dévorant plus de 3,000 maisons.

J'ai examiné avec intérêt l'hôtel du fameux jurisconsulte Cujas, actuellement gendarmerie. La maison enfumée et à pans de bois, que la légende attribue à la reine Blanche, et la demeure où Charles VII avait transporté sa Cour pendant l'invasion des Anglais, d'où lui vint le surnom de roi de Bourges. Cette maison appartient aujourd'hui aux sœurs bleues, des religieuses qui se consacrent à l'éducation des filles du peuple, et qui n'ont pas moins d'un millier d'élèves en ce moment. L'une des cours est restée pavée, c'est mosaïquée qu'il faudrait dire, de pierres du temps, carrées, régulières, et aussi petites que les damiers d'un échiquier. Au milieu de quelques sculptures, heureusement conservées, se retrouve, mêlée aux écussons de France, l'hermine de notre bonne duchesse; et enfin l'hôtel Jacques Cœur, admirablement conservé et restauré d'ailleurs dans le même style.

On ne peut visiter que les deux salles d'armes et la chapelle. Le reste de ce beau bâtiment a été converti et aménagé en Hôtel-de-Ville et en Palais-de-Justice.

Mais là seulement, que de belles choses : comme ces hautes cheminées sont finement fouillées, comme ces voûtes représentent avec fidélité la carène d'un navire! Dans la chapelle, peinte à l'intérieur, se déroule, en rébus, la devise du maître : *A vaillant cœur riens impossible*. Des deux côtés de l'autel, il y a deux renfoncements ou grandes niches, avec cheminées ; ce sont les places où le célèbre argentier de Charles VII et sa femme assistaient aux offices. Chacun de ces sortes de cabinets a une fenêtre, dont la face extérieure figure une porte entr'ouverte, d'où sort un buste sculpté, que l'on assure être les portraits de Monsieur et de Madame Jacques Cœur. Le fond de l'autel est orné d'une vieille tapisserie de Beauvais, représentant une barque montée de quelques fidèles, qui portent respectueusement les reliques de saint Etienne, patron de Bourges, afin qu'il arrête la peste qui décime le pays; saint Etienne manifeste sans doute déjà sa puissance, car dans le lointain, au fond du tableau, s'enfuit à toutes jambes le plus affreux des Belzébuths.

Bourges est le lieu natal de Louis XI, ce prince cruel et perfide, défiant et superstitieux, qu'on a comparé à Tibère, et qui avait érigé cette maxime en principe : Qui ne sait pas dissimuler ne sait pas régner; fut néanmoins un grand roi de France, et l'un des plus grands coopérateurs à l'œuvre de l'unité nationale ; à Bourges aussi est né Bourdaloue, qui eut dix fois l'honneur d'être appelé à prêcher l'Avent ou le Carême, à la Cour de Louis XIV, en présence du roi, et qu'on regarde, non sans raison, comme le fondateur de l'éloquence chrétienne.

Il n'est pas hors de propos non plus de rappeler que Don Carlos qui, à l'exemple des rois chevaleresques, essaie de reconquérir son trône à la pointe de son épée, que l'Europe attentive suit des yeux, et auquel s'intéressent tous les cœurs dévoués aux causes légitimes, a séjourné plusieurs années à Bourges, de 1839 à 1845.

Vers sept heures du soir, je suis revenue mouillée, crottée comme un barbet, et la salle d'attente avec son brasier et ses siéges confortables m'a semblé délicieuse. J'ai éprouvé un sentiment de bien-être, comme lorsqu'on rentre chez soi, et pourtant ces lieux m'étaient aussi inconnus que leurs habitants. A onze heures et demie, je me suis enfournée dans un wagon, et je ne saurais dire combien de fois nous avons changé de train, jusqu'au point du jour. A partir de ce moment, le panorama a été splendide. Nous n'étions plus qu'à trois heures de Lyon, et dans cette vallée vraiment admirable de la Saône; des montagnes, des collines, des vallons, des bois, et serpentant au milieu, les méandres pleins de grâce et de caprice de cette belle rivière. Tout cela vu comme dans un décor d'opéra, de cette voie de fer qui ne connaît pas d'obstacles, courant sur l'eau, galopant dans les vallées, s'enfonçant dans les montagnes.

Nous avons traversé plusieurs tunnels, entr'autres celui du Sauvage, le plus long et dont le parcours dure douze minutes. Nous avons salué Tarare, ville industrielle et renommée, assise aux bords de la Turdine, un mince filet d'eau qui donne une blancheur merveilleuse à ses tissus de mousseline, auxquels soixante mille ouvriers travaillent chaque jour. L'aurore s'est levée dans un ciel sans nuage; le soleil a paru, déchirant vivement les lueurs tremblantes du brouillard, et même pendant quelques minutes le combat a été charmant, le soleil chassant les vapeurs qui revenaient à leur tour l'envelopper tout entier. Ce lever de l'aurore m'a rappelé les charmantes poésies inspirées par le réveil du jour à l'un de nos poëtes bretons :

> D'ici mon regard plonge en un profond vallon
> Qui se repose encor sous la brume bleuâtre
> D'un jour se levant radieux,
> Comme notre âme dort sous les voiles d'albâtre
> De mille rêves gracieux,
> De sourires légers, troupe vive et folâtre :
> Parfois aussi du haut du cœur,
> Nous plongeons dans la vie à travers un nuage !
>
> . . . .
>
> Ta brume va s'enfuir, ô vallon enchanteur,
> Comme un flocon léger au souffle de l'orage,
> Mais des brumes des ans, de leur sombre épaisseur,
> Quel souffle jamais nous dégage?
>
> De la crête de tes côteaux,
> Riche bassin de la Vilaine,
> Que le jour lentement pénètre le chaos
> De la nue où flotte, où se traîne,
> Serpente ou glisse son rayon.
> La voilà se roulant en un noir tourbillon :
> Efforts perdus ! d'un trait de flamme,
> Le puissant dieu du jour a déchiré sa trame.
>
> Toute heureuse de son réveil,
> La plaine sourit attendrie,
> Sous la grande flamme attiédie
> Du jeune et triomphant soleil.

> Ainsi bien longtemps l'âme humaine,
> Au-dessus du vallon de ce monde agité
> Flotte, irradiante, incertaine,
> Avant d'en pénétrer la triste obscurité.

Enfin, le roi du jour reprenant son empire, a remporté la victoire, et je suis entrée à Lyon par le plus beau temps du monde.

Son aspect m'a semblé aussi grandiose que celui de Paris ; du reste, n'est-ce pas la seconde ville du royaume.

J'ai vu mille cheminées gigantesques, arborant leur panache enfumé, des églises perçant le ciel de leurs flèches élancées ; des fabriques, des usines, un grand va-et-vient, et tout le mouvement attestant la vie, le commerce, la richesse d'une ville, comme ses monuments, ses musées, ses galeries attestent son goût des beaux-arts et sa grandeur intellectuelle.

J'ai été bien touchée du bon accueil que j'ai reçu dans la famille N...., et pendant quelques jours j'ai couru de l'aube au coucher du soleil, avec un charmant cicerone, la fille de la maison.

J'ai visité le Parc qui est le bois de Boulogne des Lyonnais. Avant la Commune, il renfermait un grand nombre d'animaux, mais l'édilité rouge, n'ayant plus le moyen de les nourrir, les a laissé mourir ou les a mangés, mon Dieu ! comme en plaine sauvage, mais aussi comme ces bons communards ont trouvé excellents ces filets de chevreuil, ces côtelettes d'antilope, ces beefsteaks de cerf, ces gigots de mérinos, tous ces animaux enfin qu'on engraissait pour le seul plaisir des yeux de ces gueux de riches. Bref, ce pauvre jardin a quelque chose de malheureux avec toutes ses jolies maisonnettes vides ; en revanche, les serres sont magnifiques et bien peuplées, celle des orchidées est très-remarquable, et celle des bégonias étale avec profusion tous les feuillages bizarres et variés qui composent sa famille. Ce qui m'a étonnée, c'est qu'à Lyon, le laurier ordinaire, si rustique, si vivace en Bretagne, ne vit qu'en serre à côté du camélia.

Lyon est la ville des extrêmes, c'est vraiment là qu'ils se touchent physiquement et moralement : climat très-froid l'hiver, et très-chaud l'été ; esprit très-bon dans les hautes classes, et très-mauvais dans le peuple. Je me suis amusée à prendre le chemin de fer de la ficelle pour me rendre au quartier populeux des fabriques. Figurez-vous des wagons qui montent sans locomotive une côte presque à pic ; il y a deux convois faisant navette, celui qui descend tire celui qui monte, et rétablit ainsi l'équilibre dans leur marche. J'ai admiré plusieurs églises, les vitraux de Saint-Bonaventure, la superbe statue de la Vierge à Saint-Nizier, l'église d'Ainay, bâtie au Xe siècle, sur l'emplacement d'un temple d'Auguste, et dont quelques colonnes supportent le chœur actuel ; Sainte-Barbe, la plus ancienne église des Gaules.

Et enfin la primatiale Saint-Jean ; son gros bourdon pèse 18,000 kilog., et s'entend à dix lieues à la ronde. Cette reine des cloches fut fondue deux fois, et deux fois elle eut une souveraine de France pour marraine : Anne de Bretagne, en 1508, et Anne d'Autriche en 1622. Maintenant je vais vous parler de son horloge mécanique, rivale de celle de Strasbourg, chef-d'œuvre d'un grand artiste presque oublié, Lippius, de Bâle. Les heures sont annoncées par un coq qui, à deux reprises, chante et bat des ailes ; puis après le premier coup du timbre sonore, des figurines paraissent, rappelant une scène tirée du Nouveau-Testament. Cette horloge indique le mois, la semaine, l'heure, la minute, les fêtes de chaque jour et le rite dans lequel elles doivent être célébrées ; de plus, elle renferme un astrolabe reproduisant la face du ciel et la position des astres. L'artiste y passa sa vie entière, 60 ans. On l'a oublié tandis que l'on se souvient de Guy d'Arezzo, qui a tiré les six noms des notes du plain-chant et de la musique, du carillon de cette même horloge, dont tous les sons, d'une justesse irréprochable, reproduisent en entier l'air du premier verset de l'hymne de saint Jean-Baptiste :

> *Ut* queant laxis *re*sonare fibris,
> *Mi*ra gestorum *fa*muli tuorum
> *Sol*ve polluti *la*bii reatum
> Sancte Joannes.

Pour que tes serviteurs puissent hautement chanter tes louanges, saint Jean, purifie leurs lèvres souillées par le péché.

J'ai encore admiré la colonnade du Palais-de-Justice, œuvre de Baltard, le monument expiatoire des Brotteaux, le grand théâtre, et enfin, sur cette fameuse place des Terreaux, place historique qui, sous Louis XIII, vit tomber les têtes de Cinq-Mars et de Thou, qui, en 93, but tant de sang, et qui, dernièrement encore, vit flotter en maître le drapeau rouge, emblème de destruction et de crime ; l'Hôtel-de-Ville dont la réputation est européenne, et qui, après celui d'Amsterdam, est le plus beau qu'on connaisse. Les peintures fraîches et charmantes de son musée, où les fleurs dominent en grand nombre et reposent doucement le regard, contrastent singulièrement avec tous les souvenirs attachés à ces lieux. J'ai visité avec un égal intérêt l'Antiquaille, hospice de fous, bâti sur les ruines du palais où naquirent Claude et Germanicus ; et la Bourse, avec son beau groupe des heures. Avant la terrible révolution du siècle dernier, le commerce avait fait graver, au frontispice de ce monument, cette devise qui l'honore et dont il est resté digne : *Virtute duce comite fortuna* — la vertu pour guide, la fortune pour compagne. La Bourse renferme aussi un musée industriel de choses fort belles et fort curieuses. On voit là, et dans tous les genres, les spécimens parfaits de cette admirable industrie lyonnaise, les tissus de soie. Que d'étoffes merveilleuses, depuis sa création qui date de François Ier, jusqu'à Jacquart, qui, de simple ouvrier, s'est élevé au rang d'inventeur, et qui, par patriotisme, refusa pendant douze ans les offres brillantes de l'étranger qui l'appelait à lui, espérant vaincre les obstacles qu'il rencontrait dans son pays même, de la part des ouvriers qui, ne comprenant pas d'abord les avantages de cette belle invention qui les débarrassait seulement de la partie pénible et insalubre de l'ouvrage, n'avaient vu qu'un moyen de leur enlever leur travail. Lyon revenu de ses erreurs lui servit une pension pendant de longues années, et lui a élevé une statue sur la place Sathonay. Oui, dans ce musée, j'ai vu des tableaux (c'est le mot, du reste ils sont encadrés) que nos meilleurs peintres signeraient, tant le coloris est parfait, l'expression bien rendue, les poses réussies ; on est arrivé à faire avec la soie ce que les Gobelins font avec la laine. Le portrait de Jacquart et le testament de Louis XVI, tissés noir et blanc, semblent deux dessins où la plume n'a pas aventuré une ligne, ou la main n'a pas fait un faux trait.

D'immenses travaux de fortifications font de Lyon une ville presque imprenable, car elle est défendue par une enceinte continue au-devant de laquelle s'élèvent déjà sept forts.

Les quais sont exceptionnellement beaux ; pendant plus de deux lieues ils suivent le cours du fleuve, ornés d'une double rangée de grands arbres, et le quai Napoléon ou National (je ne sais, nous changeons si souvent de noms, que c'est à les confondre tous), déploie du Rhône à la Saône, et pendant plus d'un kilomètre, huit belles allées de platanes. Les rues sont bien percées, en général, mais étroites, ce qui donne à la ville un aspect un peu sombre. A l'horizon on aperçoit, au dernier plan, se confondant avec le ciel, une chaîne de monts, et, comme jalons plus rapprochés, les faubourgs de Vaise, de la Guillotière, où les riches négociants, las des agitations des affaires, viennent se reposer dans leurs somptueuses villas, et de la Croix-Rousse, un quartier toujours en fermentation, comme celui de Belleville à Paris. Six rues, larges comme des boulevards, bordées de maisons à six étages, donnent accès sur la place Bellecourt où dix mille hommes de cavalerie et d'infanterie peuvent manœuvrer à l'aise. L'horizon de cette place superbe est rayé par Notre-Dame-de-Fourvière, ce qui vaut un peu mieux que le lointain des faubourgs. Ainsi placée, Notre-Dame domine la ville qu'elle semble protéger, dernier lien entre la terre et les cieux. Cette église vénérée du monde entier remplace l'édifice magnifique que Trajan avait fait construire sur cette belle colline, le *forum Trajani*, appelé plus tard *forum vetus* dont on fit fort vieil, puis, par corruption, Fourvière. En 1853 on a couronné son clocher d'une statue colossale de la Vierge.

De la terrasse, la vue est splendide quand le ciel est clair. Mais le Mont-Blanc, je ne l'ai vu qu'en imagination et je crois qu'il doit en être souvent ainsi, car de l'alliance trop féconde du fleuve avec la rivière naissent à chaque aurore de nouvelles vapeurs que le soleil a grande peine à dissiper et que la nuit ramène toujours : cependant, en contemplant à travers son voile de brouillards, cette immense ville qui s'allonge entre le Rhône et la Saône et serpente avec eux, je me disais : On ne peut rien voir de plus beau ! Eh bien ! si, quand j'ai vu l'admirable panorama qui se déroule de Notre-Dame-de-la-Garde à Marseille, je me suis écriée : C'est indescriptible ! Et cette belle ville blanche couchée dans la mer bleue m'est apparue dans tout son prestige. Notre-Dame-de-la-Garde couronne un mont de roches brillantes dans lesquelles le soleil se joue malgré les touffes de mousse pâle et de lichen chevelu dont elles sont tapissées, en sorte que ces montagnes, si blanches en elles-mêmes, n'apparaissent plus que comme une terre noire saupoudrée de neige.

J'ai vu toutes les beautés de la ville phocéenne que, sous l'empire romain, on appelait la nouvelle Athènes, jadis rivale de Carthage, et reine, comme elle, de la Méditerranée. J'ai visité ses églises, dont je ne vous parlerai pas, car elles m'ont prouvé qu'à Marseille on s'occupe beaucoup plus des richesses de la terre que de celles du Ciel, les plus précieuses pourtant, et les seules vraies, puisque de l'autre côté de la vie elles sont éternelles. La cathédrale actuelle est une grange dont nos gros fermiers voudraient à peine pour loger leurs moissons. Je sais qu'on en bâtit une qui sera fort belle, malgré ses minarets et ses dômes qui lui donnent un air turc. Mais quand sera-t-elle achevée? Je me suis laissé dire qu'elle est en construction depuis plus de cinquante ans.

J'ai parcouru la Cannebière sur laquelle mon guide n'a pas raté le compliment obligé : « Trombe de l'air! si Paris avait sa Cannebière, il serait un petit Marseille », et il a ajouté : « Qui ne connaît pas le Capitole à Toulouse; l'allée des Quinconces à Bordeaux; la place Bellecourt à Lyon, et la Cannebière à Marseille, n'a rien vu ! »

J ai encore parcouru les allées de Meillan, le Prado tout bordé de charmantes habitations et de beaux jardins, comme aux Champs-Elysées ; j'ai admiré le château Borelli, avec son parc délicieux, ses grottes, ses bassins, ses massifs fleuris et parfumés et ses tapis d'herbe soyeuse ; une petite rivière profonde, solitaire et rêveuse vous attire. Vous la suivez presque à votre insu jusqu'à ce qu'elle vous amène à une grande jetée en terrasse surplombant la Méditerranée. Là, vous comtemplez, le regard charmé, ces rives silencieuses, pleines d'ombre et de fraîcheur, contrastant singulièrement avec les grandes voix de la mer mugissante, fouettant de son écume emportée les assises qui la séparent du tranquille ruisseau. J'ai visité les ports, l'ancien, qui peut contenir 1,200 navires et dont l'entrée est défendue par les forts Saint-Nicolas et Saint-Jean, et les îlots fortifiés d'If, Pomègue et Râtonneau ; le nouveau, terminé en 1858, créé au bas de la vieille ville, au quartier de la Joliette (nom tiré de celui de Jules César), est fermé par une digue de 1220 mètres de long, jetée en mer, parallèlement à la côte, et par deux autres digues perpendiculaires à la précédente. Dans ces immenses abris on voit flotter les couleurs de toutes les nations et débarquer les marchandises de tous les pays, au milieu d'un langage rappelant celui des fils de Noé dans la vallée de Sennaar. Au moment où je passais, on déchargeait des bateaux gonflés d'oranges, qu'on portait dans de grandes corbeilles, absolument comme nous voyons, sur nos plages bretonnes, descendre à terre les barques remplies de sardines.

Je n'ai fait qu'entrevoir le Lazaret, le plus beau de l'Europe, et j'ai contemplé, sur le cours, la statue de Belzunce avec cette inscription très-simple : « A Monseigneur de Belzunce, Marseille reconnaissante. » Oui, cela suffit, l'héroïque dévouement de l'évêque de Marseille traversera les âges ; on l'a raconté dans sa vie, Pope, dans son essai sur l'homme, qu'on peut regarder comme le chef-d'œuvre de la poésie philosophique, et Millevoye, dans un poëme, l'ont chanté tour à tour. Ces tristes souvenirs de la ville phocéenne rappellent aussi une date néfaste pour la capitale de la Bretagne, car, pendant que la peste dévorait les hommes à Marseille, le feu dévorait les maisons à Rennes, qui fut presque tout incendié pendant cette année fatale de 1720. Dans un superbe et vaste jardin où la girafe et l'éléphant viennent manger dans votre main, s'élève le Château-d'Eau, splendide monument renfermant plusieurs musées. Le jardin est entièrement traversé par l'aqueduc qui amène les eaux de la Durance. Au premier moment on est fort étonné de ce pont de 80 mètres de haut qui, à l'inverse de tous les autres, voit l'eau passer sur ses arches et les promeneurs dessous. J'aurais encore mille détails qui échappent à ma plume, mais que je retrouverai sur mes lèvres, lorsque je vous raconterai de vive voix mon voyage.

Je ne vous ai rien dit d'Arles, célèbre par ses antiquités romaines, ni d'Avignon, dont les souvenirs rappellent, d'un côté, les sept papes qui firent sa fortune, et de l'autre, son pont historique, construit en 1178, par Bénezet, et si bien chanté par nos pères, mais qui n'est plus aujourd'hui qu'une ruine battue par les flots. Dans cette dernière ville on voit le tombeau de la belle Laure de Noves, et l'hôtel du brave Crillon que le billet d'Henri IV rappelle à la mémoire, plus encore peut-être que ses prouesses. Son château, semblable à une forteresse, demeure, comme du temps de Frossard « la plus forte maison du monde » et tant de couvents s'y étaient élevés pendant l'occupation des papes, que, deux siècles plus tard, Rabelais l'appelait encore la ville sonnante.

Je ne vous ai point parlé davantage de la plaine de la Crau, où il semble qu'il ait plu des pierres, comme dans certaines parties sauvages, de notre vieille Armorique. Ici le sol est littéralement jonché de cailloux, sur une superficie de 1,000 kilomètres carrés. Les anciens attribuaient l'origine de la Crau à une grêle de pierres que Jupiter fit tomber sur un antagoniste qu'Hercule ne pouvait vaincre ; les modernes pensent simplement que c'était jadis une anse de la Méditerranée, dont la mer s'est retirée ; quoi qu'il en soit, cette plaine aride et rocailleuse fourmille de gibier toujours difficile à chasser, et on y élève des troupeaux de moutons très-recherchés à cause de la saveur particulière que leur donne une petite plante aromatique, qui ne croît nulle part ailleurs, et la seule qui pousse dans ces lieux désolés. J'aime cette petite plante dans ce lieu désert et sauvage : n'est-ce pas merveille qu'il y ait une consolation pour tous les déshérités, qu'ils soient de la nature terrestre ou de la nature humaine ? Mais, je ne fais qu'effleurer tout cela sur cette page comme je l'ai fait du regard. Nous courions trop vite pour bien voir, entraînés par cet être fantastique, ce dragon de feu qu'on nomme locomotive.

Et me voici dans cette belle Provence où l'on m'attendait impatiemment, où portes et fenêtres, bras et cœurs étaient ouverts pour me recevoir. Il semblait que je personnifiasse toute la Bretagne venant faire alliance avec le midi. Je vous assure que je suis bien heureuse et bien touchée de ce bon accueil, car je sens qu'il est vrai. Le printemps m'avait devancée avec ses fleurs et ses arômes dans ce pays délicieux, où l'on vit tant de la vie extérieure, où l'on est toujours gai comme le soleil, car il est bien certain que le caractère, comme la robe de peau d'âne, est souvent couleur du temps : le ciel déteignant bien réellement sur l'humeur. L'olivier à la chevelure grise couvre les terres comme nos pommiers en Bretagne, mais ce que nous n'avons pas, c'est l'arbre aux fruits d'or, et des champs de fleurs. Ces heureux Provençaux vivent de fruits et de parfums ; on l'a dit : c'est un peuple d'abeilles, tous ses champs sont remplis de jasmin, de muguet, de violette, et les femmes qu'on rencontre sont chargées de corbeilles de fruits et de fleurs, qui semblent bien plutôt un ornement qu'un fardeau. Néanmoins ces récoltes charmantes ne se font pas sans danger, et pendant le cueillage de la fleur d'oranger surtout, on voit des jeunes femmes et des jeunes filles tomber évanouies dans les champs, asphyxiées par des odeurs exquises sans doute, mais devenues dangereuses et presque mortelles lorsque l'air en est saturé.

Nous avons déjà fait de ravissantes excursions, mais il faut des jambes de chevreuil pour gravir toutes ces montagnes dont la vue est superbe.

La Castellanne, habitation de ma cousine, est adossée au pied du Coudon, un mont qui a modestement 730 mètres au-dessus du niveau de la mer, et il y a tout autour bien d'autres altitudes que celle-là. Du faîte, quand le temps est clair, on distingue les Alpes et la Corse. Des jardins en terrasses descendent jusqu'à la plaine, où mille sentiers différents conduisent à la Valette, un village ; mais ici ils sont plus villes, tous ces villages, que nos gros bourgs de Bretagne, et celui-ci donne la main à Toulon, grâce aux omnibus qui partent toutes les demi-heures pour la ville, distante d'une lieue. C'est la même chose pour tous les environs. Dans un périmètre de plusieurs lieues rayonnent des omnibus conduisant les citadins à la campagne et les campagnards à la ville.

Hier, jeudi 19, nous avons visité le *Suffren*, qui a dit le dernier mot des navires cuirassés. A côté de lui se balançait au repos le *Magenta*, que nous avons connu et visité dans tout son éclat, il y a quelques années, alors qu'il faisait ses évolutions dans les baies du Morbihan ; mais aujourd'hui il est bien distancé et presque aux invalides, et pourtant, quand on songe au temps et à l'argent que coûtent ces beaux navires, on s'étonne qu'ils ne durent pas plus longtemps. Le *Suffren* et le *Marengo*, qui sont frères comme l'étaient alors le *Magenta* et le *Solferino*, coûtent chacun 14 millions.

Nous avons fait une longue pose sur le *Desaix*, ce charmant vaisseau que mon cousin commandait l'an dernier. Vraiment ces messieurs sont de petits potentats à leur bord, et sans les affections de famille, la vie de terre quand ils rentrent dans les habitudes de tout le monde, doit leur sembler bien terne. Ce navire était celui du prince Napoléon, et on l'a laissé tel, avec toutes ses élégances ; partout des divans, des tapis, des glaces et des cloisons d'acajou.

L'arsenal de Toulon, est immense ; à vrai dire il y en a trois, l'ancien et ceux du Mourillon et de Castigneau ; rien que du parc d'artillerie à l'école de pyrotechnie, il y a plus d'une lieue. Nous avons parcouru plusieurs salles remplies de modèles de machines et de bateaux. La salle d'armes m'a paru fort belle aussi avec ses panoplies nombreuses et savamment combinées; son avenue d'arbres aux feuillages aussi brillants que tranchants, puisqu'ils ne se composent que d'épées, de sabres, de baïonnettes et d'armes de toutes sortes; mais je n'ai pu l'entrevoir que du seuil de la porte, l'entrée de cette salle, depuis qu'un pistolet a été dérobé par je ne sais quel communard, étant défendue à tout le monde, aux dames comme aux officiers de marine eux-mêmes.

La corderie est charmante à voir fonctionner, depuis les gros câbles jusqu'à la mince ficelle. Il y a des machines intelligentes qui cardent, peignent, tissent le chanvre; elles le filent, le tournent et le retournent en tous sens, si bien qu'en quelques instants il sort (j'allais dire de leurs mains) de grosses pelotes parfaitement cordonnées et toutes prêtes à servir.

Il y a d'immenses cales pour la construction des navires et des ateliers non moins grands; on ne voit que canons et boulets, obus et mitrailleuses à chaque pas. Tous les bâtiments du bagne sont convertis en entrepôts et magasins, du reste, c'est un monde, une vraie ville, puisque chaque jour l'arsenal fait travailler plusieurs milliers d'ouvriers.

Toulon, en lui-même, n'a rien de bien remarquable. Cependant c'est une place forte de premier ordre. Vauban avait déjà commencé à la fortifier. Son port militaire est l'un des quatre grands de France, et sa rade, très-sûre et très-commode, l'une des plus belles de l'univers. Le flux s'y fait à peine sentir, et ses vaisseaux sont toujours à fleur de quai.

J'ai admiré, à l'Hôtel-de-Ville, les belles caryatides de Puget: elles supportent le balcon, un peu lourd, comme tout le monument du reste. Ces deux figures, dont le bas du corps se termine en gaîne, assemblent toutes leurs forces, pour soutenir leur pesant fardeau. On sent l'effort de la souffrance dans ces nerfs tendus, ces mains crispées, ces visages tourmentés; la colonne rostrale d'Alger est non moins belle; fort agréables aussi sont la rue aux Arbres; la grande place du Champ-de-Bataille, où l'on fait de la musique presque tous les jours; le théâtre, coquet comme une bonbonnière, où j'ai entendu la *Fille de Madame Angot*, aussi célèbre dans le midi que dans le nord; et enfin les cent soixante fontaines répandant l'eau et la fraîcheur tout à l'entour, sont d'un mérite hors ligne dans une ville où le soleil et le vent brûlent également.

J'espère que cette première feuille de mon journal est bien remplie, peut-être trop, et je vous quitte, non au moment le plus intéressant, comme dans le feuilleton à la mode, mais en vous disant comme lui : la suite à demain.

Mardi, 24 février 1874.

J'ai besoin de me répéter souvent que nous sommes à cette date de l'année, c'est-à-dire au plus fort de l'hiver, pour y croire, au milieu de la brise caressante, de l'azur des cieux et des rayons du soleil. Nous étions nombreux aujourd'hui et le maître de céans nous a fait boire un vin vénérable, de 35 ans d'âge, du vin d'or récolté sur les coteaux du Liban. Ce vin a un goût très-agréable, mais il brûle comme le soleil qui l'a mûri.

Nous avons ensuite fait une revue dans le coffre aux bijoux et admiré les belles tabatières enrichies de diamants, offertes par Louis-Philippe à l'amiral, ainsi qu'un service en vieux Sèvres, don également royal : chaque tasse, chaque soucoupe est enguirlandée des fleurs les plus délicates et les plus charmantes : roses, œillets, myosotis, muguets, lilas, que sais-je? Vraiment toute la Flore élégante s'est donné là rendez-vous.

Nous avons fait, hier, une charmante promenade aux villages de Sainte-Marguerite et de la Garde. Sainte-Marguerite est posée aux bords de cette belle Méditerranée profonde et transparente, dont les roches avancées et les versants semés de pins chevelus, ont tant de charme et de pittoresque ; si ce n'était l'horizon bleuâtre des montagnes, ces quartiers de granit et ces monts couverts d'arbres sombres, aux voix mélancoliques, rappelleraient complétement les rives sauvages de notre cher pays; dans cette verte campagne plantée de chênes-liéges, de platanes et d'arbres d'essences si différentes des nôtres, chaque pli de terrain, comme sur nos plages bretonnes, cache une villa, un chalet habillé de blanc avec un grand chapeau de tuiles jaunes, car ici l'ardoise est inconnue aussi bien que les planchers; toutes les maisons sont régulièrement pavées de petites briques à six pans qu'on passe en rouge et qu'on cire ensuite. L'hiver, on met des tapis, et l'été ce briquetage donne beaucoup de fraîcheur aux appartements.

Mais continuons notre promenade. Après avoir marché une heure environ, nous sommes arrivés au village de la Garde. Ici le paysage a complètement changé d'aspect.

Nous sommes dans un cirque immense; les perspectives forment gradins, et, dans le lointain, les montagnes servent de cadre au tableau. Au centre se trouve le mamelon sur lequel est bâti, en colimaçon, le village. Après avoir traversé quelques rues étroites en escalier, on arrive au faîte, sur les ruines d'un antique château-fort ayant appartenu, il y a bien des siècles, à quelque grand seigneur de Provence.

De ce nid d'aigle, dominant de tous les côtés, la vue est admirable. Elle s'étend sur la plaine fertile avec ses champs cultivés et ses vastes pâturages couverts de moutons; ainsi vus de très-haut, ils ont l'air de flocons de neige jetés sur un tapis de mousse.

Plus loin, le ruban de fer courant vers l'Italie, et enfin les montagnes, toujours les montagnes fermant l'horizon. Tout en cheminant nous avons rencontré un vieil indigène, médaillé de Ste-Hélène, qui m'a paru un type à part ; il parlait par figures comme un patriarche du temps passé ou un arabe du temps présent, et nous a quittés en nous disant que Dieu a fait trois choses égales pour le riche comme pour le pauvre : le soleil, la mort et le salut. « Oui, a-t-il ajouté, le riche qui ne répond pas au salut du pauvre, se montre moins poli que lui. » Vous comprenez qu'après cette théorie très-juste au fond, nous lui avons adressé, de bonne grâce, les plus charmants adieux.

En revenant nous nous sommes agenouillés dans la chapelle Farnous, dont l'autel est dû au ciseau du célèbre Marseillais Puget. On m'a dit que cette chapelle fort coquette, fort élégante, du reste, a coûté des sommes folles qui ont presque ruiné la propriétaire du château, laquelle a fini par mourir de tous ses tracas et de la peur de vendre. Ce moyen de ne plus quitter sa chapelle m'a paru un peu raide et ne serait pas du goût de tout le monde.

Dimanche, 8 mars 1874.

Je me suis levée de bonne heure ce matin, et j'ai assisté à un magnifique spectacle, le coucher de la lune, prête à disparaître derrière Pharon, qui semblait soutenir son disque immobile. Immense et titanesque piédestal, vraiment digne de la lampe des nuits qui veille le monde entier.

Nous avons visité aujourd'hui de charmantes bastides avec des vues splendides, des jardins fleuris, des vergers d'orangers et des bassins contenant jusqu'à deux mille mètres cubes d'eau ; mais que de dépenses, que de travaux pour s'emparer ainsi des eaux capricieuses de la montagne et les amener dans l'immense réservoir qui doit les distribuer ensuite à toute la propriété.

J'ai vu des vignes phénoménales : ce ne sont plus des ceps, ce sont des troncs ; la vieillesse ne leur ôte rien de leur vigueur, et si les grappes répondent aux pieds, elles doivent descendre des raisins de Chanaan; des aloès superbes, mais plusieurs se mouraient après avoir lancé dans l'espace leur fleur pyramidale dont la tige mesure de six à huit mètres. Cette première et dernière floraison, qui a lieu tous les vingt-cinq ans et non tous les siècles comme on le croit généralement en Bretagne, est le chant du cygne de l'aloès. A partir de ce moment, ses grosses feuilles se dessèchent petit à petit, il a produit son fruit, et il meurt comme le papillon, après les jeux de l'amour.

J'ai vu aussi de grands palmiers aux souvenirs sacrés comme l'olivier, puisque ce sont les fils de ceux dont on avait jonché les rues, et que N.-S. tenait en main, lorsqu'il fit son entrée triomphante à Jérusalem. Les dattes entourent de leurs grappes pressées qu'on nomme régimes, le haut du tronc qu'elles séparent des palmes vertes qui ont ainsi l'air de s'élancer d'une grosse couronne rouge ou jaune, suivant le degré de maturité, quoique, à vrai dire, la datte ne mûrisse pas du tout en France ; pour qu'elle soit bonne, il faut l'aller chercher, non-seulement en Afrique, mais presque aux confins des déserts.

Je comprends à peine le français si accentué des campagnards, et, pour le provençal, je n'y entends goutte. Il tend malheureusement à se corrompre et à se fondre avec l'italien, et pourtant c'était une vraie langue, dérivée du latin et remarquable par sa douceur et son rhythme. Elle a produit une littérature assez riche, et c'est une des premières langues qu'on ait cultivées au moyen-âge. C'est la Provence qui a donné naissance aux troubadours, ces poëtes naïfs et charmants des XI, XII et XIIIe siècles, ainsi appelés du mot *troubar*, trouver, inventer ; ils nommaient eux-mêmes leur art : la gaie science. Ils se distinguaient des trouvères, poëtes du Nord, qui florissaient en même temps qu'eux, en ce qu'ils parlaient la langue d'Oc, tandis que ceux-ci employaient la langue d'Oïl. Le troubadour de profession s'en allait de château en château, réciter ou chanter ses vers, en s'accompagnant d'un instrument, ordinairement une guitare. Quelquefois il était suivi d'un jongleur qui devait chanter ses œuvres. De temps en temps, les troubadours soutenaient les uns contre les autres, dans des *jeux-partis*, des luttes poétiques devant des cours d'amour. La guerre des Albigeois, qui désola tout le midi de la France, les fit disparaître, oui, la guerre, qui s'attaque à tout, même aux personnes et aux choses les plus inoffensives. On peut dire que Mireille est le dernier des troubadours provençaux, et l'on s'est beaucoup préoccupé de ses poésies vraiment fort belles, mais dont la traduction française n'est qu'une ombre bien pâle. Le provençal se rapproche des langues orientales par la richesse de ses figures et la force de ses expressions; il y a des mots qui valent toute une phrase, et dont aucune traduction ne peut rendre la couleur ni l'énergie.

J'essaie du midi sous toutes ses formes, je voudrais si bien le connaître dans ses goûts, ses habitudes, ses idées. Pour le goût, non l'enfant de notre esprit, mais celui de notre palais, j'avoue que la cuisine à l'huile ne me plaît qu'à moitié; mais j'aime assez une petite pointe d'ail, ce qui est fort heureux puisqu'on en fourre partout. De tous ces plats qu'on ne me sert qu'une fois pour me les faire connaître, et auxquels je finirais très-bien par m'habituer, il n'y en a qu'un que je ne pardonne pas : c'est la suçarelle de gros limaçons arrangés à une espèce de matelote, où la sauce seulement peut, suivant l'expression vulgaire, faire manger le potiron. J'avoue que l'aspect des deux cornes qu'on voit d'abord n'a rien d'appétissant. Les délicats brisent l'extrémité de la coquille et sucent l'animal par là.

Ainsi avalé, ils le prétendent excellent. En revanche, nous mangeons de bons légumes, des artichauts frais, des pommes de terre nouvelles, dont on prend grand souci ; chaque soir, pour les préserver des gelées, leurs sillons sont recouverts d'un toit volant, tressé en paille. Ce qui est très-bon encore, c'est la petite figue séchée au soleil, non couchée dans un lit de farine, comme celle de nos épiciers, mais entourée d'une sorte de sucre blanc sorti du fruit même quand il a été renfermé quelque temps, et que la farine imite très-bien à l'œil, mais ne remplace pas au goût. L'orange est aussi pour moi d'un grand prix. La vraie mandarine, venant d'Algérie, est d'une douceur exquise, mais d'un goût particulier, auquel il faut se faire ; quant à l'orange ordinaire, comme on ne la mange que bien mûre, il n'est jamais question de la sucrer, et cependant il y a ici un proverbe qui la dit d'or le matin, d'argent le midi, de plomb le soir, il faut donc se tenir sur la réserve, même devant les meilleurs fruits.

Le linge est magnifique ; on n'a pas besoin de le passer au bleu, le soleil et l'eau savent le rendre éblouissant, car le Créateur, qui a su disposer sagement toutes choses dans ce pays où l'eau du ciel est si rare, y a suppléé par celle des montagnes : de l'eau de roche, claire et limpide comme du cristal, sort de leurs flancs et coule en sources abondantes, formant ici des nappes immenses, là des cascades vaporeuses ; tous les petits chemins creux côtoient un gros ruisseau que le moindre obstacle change en torrent. Cependant, à l'époque de la canicule, ces torrents ne sont plus que de minces filets d'eau, trop souvent desséchés. Mais cette disette d'un des grands éléments de la vie, a rendu l'homme prévoyant, et, dans toutes les campagnes, comme je vous l'ai dit, on a de vastes réservoirs d'eau; il n'y a pas jusqu'au plus modeste bastidon qui n'ait sa noria pour s'en approvisionner.

Mercredi, 11 mars, 1874.

Notre journée, lundi, à Hyères, a été vraiment délicieuse. Il est impossible de se faire idée de ce beau pays sans l'avoir vu : Hyères est encore une ville neuve couchée au bas d'un mont qu'elle escalade tout doucement. A ses côtés, d'autres montagnes tourmentées, déchirées, s'échelonnent les unes les autres, tantôt sombres et arides, tantôt couronnées de verdure (car on essaie des semis des pins partout, aussi bien pour féconder la roche stérile que pour assainir les douze cents marais de la Sologne, ou arrêter la marche envahissante des sables guérandais) ; et devant elle une immense plaine d'oliviers, s'étend jusqu'à la mer d'un bleu d'indigo, à faire pâlir le ciel. C'est vraiment à partir de là que commence la grande végétation des pays chauds. Les palmiers élancés déploient leur panache aérien sur les places et les boulevards, en compagnie de l'eucalyptus, un bel arbre lustré apporté d'Océanie, dont le feuillage assainit l'air, et dont les propriétés fébrifuges, presque égales à celles du quinquina, sont destinées à rendre de grands services à la médecine. Il y a deux jardins à visiter : celui d'acclimatation, qui s'intitule lui-même succursale du bois de Boulogne, mais qui est encore de création trop récente pour qu'on puisse le juger, et le jardin Godillot, la merveille d'Hyères. Imaginez une grande montagne aride, convertie en parc délicieux où s'enchevêtrent mille allées capricieuses qui vous conduisent à des kiosques, des serres, des chalets, des pièces d'eau tranquille et des fontaines jaillissantes remplies de bouquets fraîchement coupés : rien de joli comme de voir toutes ces fleurs variées à travers ces nappes fuyantes, transparentes, argentées qui leur donnent l'éclat de pierres précieuses ; des tunnels, des grottes, des chaumes remplis d'animaux sauvages et domestiques, tout cela s'émaillant sur des pelouses ombragées de massifs odorants. Parmi toutes ces fleurs diverses, j'ai remarqué une touffe d'ajoncs ; oui, l'ajonc de nos landes bretonnes, ce qui prouve bien que la rareté a ses droits comme la beauté. Mais il a fallu des monceaux d'or pour couvrir cette montagne inféconde de fleurs et de fruits et changer ses flancs nus et déchirés en parterres, en prairies, en bosquets touffus où les ruisseaux gazouillent et les oiseaux chantent. L'or est la baguette magique qui fait naître les palais enchantés, aussi cette conquête sur le chaos, sur le néant même, fait-elle le plus grand honneur au bon goût et à la fortune du propriétaire.

Costebelle, à trois quarts de lieue d'Hyères, est la plus jolie promenade qu'on puisse rêver : c'est un bois ravissant, rempli d'ombre et de fraîcheur avec des échappées sur la mer. Il y a beaucoup de sapins dans ce bois, et j'ai retrouvé la brise et le parfum du pays dans son odeur résineuse et le frémissement de ses têtes chevelues. Mais ce que nous n'avons pas à l'état sauvage et qui remplit ce bois, ce sont des myrtes, des cystres de toutes nuances, des lentisques, de grandes bruyères hautes comme des arbres, quand elles végètent si rabougries chez nous, des thyms, des romarins, des sauges, des anémones violettes et rouges, des tulipes même, voilà la flore des montagnes du midi. J'oubliais de dire que le genêt, qui croît partout, sur la pierre et dans ses interstices, est ce que nous appelons le genêt d'Espagne. Il est aussi abondant, mais beaucoup plus grand que le nôtre, et n'a vraiment de commun avec les vilains balais qui couvrent nos landes, que le nom. Dans les plaines de ce beau pays, où les cordons de vigne se mêlent aux sillons de grain, on voit des chênes-liéges, beaucoup de figuiers et de mûriers, et quelques arbres du nord, mais bien loin d'être beaux comme les nôtres; l'arbre commun, ici, c'est le platane. Toutes les promenades, toutes les avenues, toutes les terrasses en sont plantées, car c'est l'arbre qui préserve le mieux de la chaleur. Nous procédons bien différemment quand nous faisons de l'espace, quand nous taillons, quand nous élaguons devant nos demeures pour recevoir le soleil. Nous ouvrons portes et fenêtres à l'approche de ses rayons, c'est l'ami, c'est l'hôte impatiemment attendu; ici, c'est l'ennemi, on s'entoure de feuillages, de persiennes, de stores, pour se préserver de ses atteintes. La Provence le fuit avec le même soin que la Bretagne le cherche. A moins d'être abandonné, l'olivier ne devient jamais grand, car il faut le tailler chaque année pour qu'il produise amplement son fruit, il est l'inverse de nos pommiers que le ciseau offense, mais l'olivier à la chevelure grise, aux formes grêles, a quelque chose de triste, et il faut que le soleil le colore pour le rendre acceptable. Toutes les végétations de ce pays-ci, où on ne rencontre çà et là que quelques rares bouquets de bois et de sapins surtout, ne peuvent donner idée de nos magnifiques forêts sévères, profondes, mystérieuses, insondables, couvrant des milliers d'arpents de terre, de ces arbres géants dont les épais feuillages ont ombragé tant de générations, et dont les troncs séculaires mesurent plusieurs mètres.

Mais, nous voici bien loin de Costebelle, rentrons sous bois et donnons un coup d'œil aux villas et aux chalets qui s'y nichent et qu'on découvre au moment où on y pense le moins, au tournant d'une allée ou derrière un pli de terrain. Voici même une vaste habitation, le château de Saint-Pierre, toute moderne, mais affectant des allures féodales, avec tours, bastions, créneaux, mâchicoulis, et gardant dans sa capricieuse architecture toutes les apparences d'une forteresse redoutable. Au loin, mais dans un horizon rapproché, les îles d'Hyères, les stœchades des anciens ou îles d'Or, nom que leur donnaient les Romains à cause des oranges qu'on y récoltait : Porquerolles, Port-Croz et l'île du Levant ou Titan.

Les deux premières sont habitées. Plus près, la presqu'île fortifiée de Giens, qui se relie à la terre par deux jetées d'une lieue de long, l'une naturelle et toute boisée, l'autre en partie construite de main d'homme. Ces deux chemins vert et blanc, si longs, si étroits, se déplient comme deux rubans sur la mer bleue. Hyères est la patrie des fraises ; on en mange toute l'année, et des pêches aussi. Le propriétaire d'une vallée voisine pourrait rivaliser avec Montreuil ; chaque année, à lui seul, il expédie pour trente mille francs de ce délicieux fruit.

Nous sommes revenus par la route très-suivie de Notre-Dame-des-Consolations, une chapelle remplie d'ex-voto, qu'un jovial sacristain vous explique de son mieux. Il n'y a qu'une chose triste dans cette jolie petite ville inondée de soleil, c'est la vue de la plupart de ses habitants. Sur deux ou trois personnes, il y en a presque toujours une pâle, souffrante, s'appuyant sur un bras ami. A Nice, à Cannes, il y a encore beaucoup de gens à l'affût du plaisir; à Hyères, il n'y a que des malheureux à la recherche de la santé. Cependant Augustin Thierry, bien portant et plein de vie, quittait volontiers son riant hameau de Carqueiranne pour venir respirer ses brises parfumées, et Ampère aimait à y laisser flotter les interminables rêveries de son esprit, qui s'achevaient ensuite dans une puissante réalité.

Le citoyen Michelet, de l'Académie française, qui, à l'exemple de tous ses semblables, se montrait farouche démocrate pour tout ce qui était au-dessus de lui, et fier aristocrate pour tout ce qui était au-dessous, vient de jouer à Hyères une comédie posthume des plus ridicules. Il est mort sans aucun secours religieux, en recommandant qu'on l'embaumât et qu'on le gardât deux semaines au moins. L'écrivain, pauvre esprit fort, se faisant une dernière fois aristocrate avant de rentrer dans le néant, a voulu, pour se distinguer, être élevé, superbe pavois, sur la plus haute montagne environnante, d'où son corps inanimé dominerait encore la vile multitude des frères et amis ; ceux-ci, après avoir récollé à Toulon la franche canaille et toute la voyoucratie du ruisseau, sont arrivés, suivant ses désirs, pour le transporter sur le point culminant ou il voulait, le grand homme, demeurer une quinzaine de jours livré à l'admiration des hommes et à la contemplation du soleil ! Sa femme lui a rouvert les yeux et l'a entouré de fleurs. Hélas! l'embaumement n'était pas réussi, trois ou quatre jours après il était plus que temps d'enfouir cette dépouille mortelle, qui tombait en lambeaux. Nouvelle leçon pour la démocratie, mais elle est composée d'une foule tout à la fois si naïve et si stupide, qu'elle n'a que des yeux qui ne voient pas, et des oreilles qui n'entendent point! Grande rumeur dans le pays, car on espérait bien, après ce premier effet, ramener à Paris le cadavre du démocrate-aristo, où il eût provoqué une nouvelle manifestation. Le Sous-Préfet de Toulon et quelques membres rapprochés de la famille du défunt, ayant heureusement encore des idées saines, sont accourus faire cesser le scandale, et rendre à la terre ce qui lui appartient. Du reste, c'est aussi la mode à Toulon, et je ne saurais vous dire le sentiment de dégoût et de révolte que j'ai ressenti l'autre jour en croisant un enterrement civil. C'était le premier que je voyais, et cette émotion inconnue que j'ai éprouvée tout à coup, a été je n'en doute pas le tressaillement de mon âme indignée : pas un cierge ! pas une croix ! pas un prêtre ! pas une prière ! pas un élan ! pas un cri de l'âme vers Dieu ! pas une bénédiction !! Ouvrant la marche, un commissaire de police ; après lui, quatre hommes portant par les coins un drap noir bordé de blanc; ensuite la châsse également vêtue de noir, mais entièrement recouverte de bouquets et de couronnes d'immortelles jaunes, telles que la nature les a faites (les purs les font teindre en rouge), j'aurais compris une pluie de roses, emblème de la vie éphémère. Mais que dire de ce contraste de gens qui affichent de ne croire à rien, et qui se couvrent des attributs de l'immortalité, car pas un frère et ami n'aurait voulu manquer d'avoir sa boutonnière fleurie du même symbole, pour enfouir comme un chien son camarade.

Les ruines du château d'Hyères perché bien haut, comme toujours, offrent un joli but de promenade aux étrangers. Là encore un admirable panorama se déroule à vos pieds ; ce sont des horizons variés et délicieux, des plaines vertes, des montagnes grises, que l'œil sonde sans en comprendre l'étendue ni l'élévation, jusqu'à ce qu'il s'égare tout à fait sur la mer infinie qui mêle le bleu de ses vagues à l'azur du ciel. Ce château-fort appartenait jadis aux Templiers qui avaient une commanderie à Hyères, ville alors importante. L'évêché, encore debout, m'a semblé une affreuse bicoque, mais l'entrée de la sénéchaussée garde quelque grandeur. Dans la vieille ville, sombre, affreuse, bâtie en escalier, on aperçoit les vestiges de constructions mauresques, et les ruines d'un couvent de saint Bernard. Il y a plusieurs églises dont la plus aucienne compte 800 ans. Au XIIIe siècle, Hyères avait un port où l'on s'embarquait pour la Palestine. Cette ville a donné le jour au saint évêque de Clermont, J.-B. Massillon, qu'on a surnommé le Racine de la Chaire, aussi célèbre par ses vertus évangéliques que par son talent, et, en ce moment aussi, Mgr Landriot, qui a continué les mêmes traditions, l'auteur de tant d'ouvrages où l'élévation de la pensée s'allie au charme du style et à la grâce de l'esprit, est venu demander la santé au climat sain, à l'air pur de ce joli coin de terre qui n'a vraiment pas besoin des souvenirs, quelque intéressants qu'ils soient de son passé, pour plaire et retenir. Notre génération, pressée de voir et de jouir, trouve dans son présent tout ce qui lui suffit.

Vendredi, 13 mars.

Nous venons de visiter la plâtrière la plus importante du pays, et de parcourir plus de 400 mètres de galeries souterraines, où les ouvriers, passant silencieux comme des ombres, et indiqués seulement par une lampe vacillante, ont quelque chose de fantastique. Pour compléter le tableau, nous entendions les détonations de la mine, grondant sourdement dans les entrailles de la terre, à faire croire qu'un orage venait d'éclater. Cette immense carrière absorbe toute une montagne qu'on exploite depuis plus d'un siècle, et dont le propriétaire actuel ne verra pas la fin. Le plâtre se présente par couches, blanc, gris blanc, noir et rouge. Quand le travail donne bien, la machine, mue par la vapeur, peut piler 30,000 kilog. de plâtre par jour, les fourneaux contenant 35 à 40 mille kilog. mettent 17 heures à brûler la pierre. Au centre de cette ville des ténèbres se trouve un lac intérieur large et profond. Une source puissante jaillit, il y a quelques années, sous la pioche d'un mineur, et, en quelques heures, toute la galerie fut submergée. Aux eaux de cette source abondante se joignent toutes celles de la montagne qu'on dirige maintenant dans ce vaste réservoir. On n'approche qu'en tremblant de cette onde froide, noire, profonde, qui vient, dans ses courbes capricieuses, lécher sans bruit vos pieds, et qui s'avance traîtreusement, comme un reptile prêt à vous enlacer de ses anneaux mortels. L'homme est fait pour la lumière, aussi avons-nous revu le soleil avec joie après cette course ténébreuse, et comme je plains ces pauvres ouvriers qui travaillent toujours dans la nuit ! Vivre ainsi, c'est anticiper sur la mort, et bien assez vite on descend sous terre le jour où l'on s'endort du dernier sommeil. Mais bah ! ils ne songent guère à tout cela, et ne paraissent pas engendrer mélancolie — l'habitude est une seconde nature.

Notre promenade d'hier a été plus fatigante, si l'on peut appeler promenade notre ascension au Pharon, un mont de plus de 700 mètres, couronné d'un fort gigantesque. Nous avons marché deux heures et demie de suite sous un ardent soleil, dans des chemins d'izards, faisant un pas en avant et deux en arrière. J'avoue qu'à un moment je me suis sentie si fatiguée, que j'aurais donné beaucoup pour être simplement une chèvre. A partir d'aujourd'hui le fondateur de Corinthe, le brigand Sisyphe, éveille toutes mes sympathies ; et notre guide qui appelait cela une course champêtre? Champêtre ! me suis-je écriée, vous voulez dire alpestre : je ne vois que des roches nues et des bois rabougris, que nous gravissons à pic. Le pied roule sur les pierres ou glisse sur les barbes sèches des pins. En approchant du but, je m'aidais autant des mains que des pieds, mais une fois arrivés, quelle vue ! à tomber en extase. De la plate forme de la citadelle, on aperçoit Toulon, le pont du Las et Saint-Roch, des villages convertis en faubourgs, Saint-Mandrier, la Seyne, le cap Brun, Sainte-Marguerite, la Garde, l'étang de Berg, le Pradé, la

Crau, le château de la Castille, tous les soliès du monde, et Carqueiranne. A nos pieds la Valette et une foule de maisons étoilant la plaine d'oliviers, que le chemin de fer festonne ; Hyères, qui paraît encore plus blanche adossée à sa montagne grise qui lui sert de repoussoir, et enfin la mer, l'immensité, l'infini ! En se retournant le spectacle change complètement : devant soi s'élèvent des murailles de monts et de mamelons tantôt stériles, tantôt boisés, qui paraissent menacer le ciel de leurs cimes altières, pendant que leurs gorges profondes, leurs assises sombres et tourmentées semblent garder l'empreinte de la terrible secousse qui les a détachées des entrailles de la terre et vomies au sein même du chaos. Ce Pharon si bien fouillé, creusé, morcelé par le génie militaire, paraît une citadelle imprenable. « Ces redoutables fortifications se tiennent suspendues dans les airs comme autant de tonnerres. » En haut de ce sommet aigu et si difficile à gravir de la Castellanne, car de l'autre côté il y a une route superbe, se trouve une immense citerne où l'on mettrait presque une frégate à flot et qui sert à l'approvisionnement du fort, pouvant contenir plusieurs milliers d'hommes. Du reste, c'est de cette position fameuse que Bonaparte, alors adjudant major, fit élever à la hâte, le 19 décembre 1793, une tranchée à pierres sèches qu'on montre encore aujourd'hui, pour attaquer les Anglais qui bloquaient Toulon par mer, et s'en étaient emparés ainsi que des îles d'Hyères qu'ils venaient de ravager. Il décida la reddition de la ville en emportant le fort de l'Aiguillette. Ce succès posa les premières bases de sa gloire, de cette gloire qui voulut conquérir le monde. Il ne se doutait guère alors, le jeune soldat qui venait de passer avec sa mère et ses sœurs l'année précédente à Nice, dans une gêne extrême, il ne se doutait pas, dis-je, de la fortune inouïe qui l'attendait dans l'avenir.

Le 15 mars.

Je vois par votre dernière lettre, ma chère amie, que vous êtes ensevelis dans la neige. Mars fait des siennes : il bourrasque, il tempête, et sa mauvaise humeur s'étend aussi bien sur le midi que sur le nord ; le mistral a même fait alliance, chose fort rare, avec la glace ; les premières pousses des arbres et les tendres fleurs ne se voyaient plus ce matin qu'à travers de charmantes stalactites, de brillants cristaux que le premier rayon de soleil a bientôt fondus, mais qui ont disparu en les laissant toutes pâmées, car le soleil reste très-chaud, et, ce qu'il y a de particulier, c'est que pendant le mistral l'azur est d'une transparence merveilleuse: plus le vent souffle et plus le ciel est pur. Il n'y a pas un nuage : soleil de feu et vent de glace soulevant le sable et la poussière qui tourbillonnent partout. Il semble que des milliers de pointes d'aiguilles vous frappent au visage et vous entrent par tous les pores. Le mistral dure généralement 3, 6 ou 9, comme dans les baux, mais heureusement qu'il s'agit de jours et non d'années ; la pluie seule enchaîne ce vent terrible qui s'abat devant les terrains humides. Je le dis sincèrement: sans le mistral la Provence aurait le plus beau climat du monde.

Nous sommes sur la route d'Italie. Douze cents voitures, au moins, circulent chaque jour devant nous, étalant leurs formes diverses. Les lourdes charrettes attirent mon attention par le harnachement des chevaux, qui portent tous un gros collier surmonté de trois cornes, dont une gigantesque, comme la dent d'un rhinocéros.

Les grandes villes du midi sont moins bien pavées que nos belles villes de Bretagne; presque tous les trottoirs, certains boulevards, quelques places, sont pavés de briques minces posées sur champ, en sens inverse ; de loin on croirait voir les tresses d'une immense natte. Deux fois par jour on entend un grelot sonore parcourir les rues ; c'est le lait qui passe. Des troupeaux de chèvres, dont chacune a sa clochette, descendent des montagnes, conduits par des bergers piémontais habillés de peaux, veste et culotte, comme de vrais sauvages. Le lait de vache est si rare que le lait de brebis jouit même d'une certaine considération. Nous avons cependant visité un établissement de vaches suisses. Vous voyez déjà les gras pâturages qu'elles paissent, le clair ruisseau qui les désaltère, les grands arbres sous lesquels elles vont paresseusement se coucher. Ah! bien oui, il s'agit joliment de tout cela. Voici tout simplement une maisonnette en ville, convertie en étable, et contenant quinze ou dix-huit ruminantes bien rapprochées les unes des autres, et condamnées à rester toujours ainsi. Comprend-on que ces pauvres vaches puissent vivre sans jamais sortir, sans jamais prendre l'air ; cela est pourtant. Elles sont fort belles et en bon état, et rendent chacune en moyenne dix litres de lait par jour, à 50 centimes le litre; le bénéfice est excellent. Les enfants et les promeneurs s'en vont prendre un verre de lait, comme nous manger un gâteau chez le pâtissier. Cette idée de demander du lait en ville ne nous viendrait pas en Bretagne; mais le lait manquant aux champs de la Provence, elle en aura dans ses villes, car l'homme est ainsi fait, qu'il désire toujours ce qu'il n'a pas.

Les Provençaux sont sobres, ingénieux, mais trop vifs, trop emportés et peu accueillants. Il faut de longues années pour qu'ils adoptent tout à fait les étrangers ; cependant, jusqu'à présent, ils me paraissent meilleurs que leur réputation, excepté à l'église pourtant, où les hommes sont clair-semés et les femmes peu recueillies ; il y en a même quelques-unes qui ne se gênent pas pour rire et bavarder aussi à l'aise que sur le pas de leur porte. Il ne faut pas non plus chercher dans les campagnes des vestiges de foi, comme en Bretagne, où la croix s'élève partout, au carrefour des chemins, à l'entrée des villages. Non, ce n'est que de loin en loin qu'on rencontre ce signe de la Rédemption, qui doit rappeler l'homme à ses destinées futures, et relever son regard trop attaché à la terre. Ce peuple, qui ne croit guère, est très-superstitieux ; hélas ! il en est ici comme dans tous les pays où l'on ne veut ni Dieu ni Roi ; les croyances s'éteignent et la superstition gagne tout ce que la foi perd : ainsi, loin de s'élever, l'esprit s'abaisse, et l'âme, au lieu de s'envoler vers les clartés divines, descend dans les ténèbres de l'ignorance.

Le 17 mars.

Le mistral est déchaîné. Hier, la journée a commencé par le tonnerre, les pics et les nuages se confondaient. Nous avons vu la foudre envahir le Pharon et courir sur la ville, qu'elle a enveloppée de ses lueurs blafardes et sinistres.

Pendant ce temps-là, les monts se renvoyaient l'écho de ses notes terribles, jusqu'au moment où des torrents de pluie sont venus affaiblir sa voix. Cet orage, dans les montagnes, était une magnifique horreur ! A midi, le soleil, à son tour, est entré en scène, et tout le décor de la belle nature s'en est ressenti joyeusement. Mais, vers le soir, pendant que le dieu du jour se couchait dans un lit de pourpre, le mistral se levait avec fracas; il nous a ahuri toute la nuit par sa violence, et il continue aujourd'hui ; les portes s'ouvrent, les fenêtres s'ébranlent, une foule de zéphirs et de vents coulis circulent dans les appartements, vous entrent dans les oreilles, vous prennent à la gorge et vous font mille misères, et voilà comme quoi cette semaine ne sera pas celle des excursions.

Pendant une accalmie, cette après-midi, nous avons visité quelques campagnes voisines ; l'une d'elles avec jardin anglais, ce qu'on rencontre très-rarement en ce pays. Vous le savez, le grand luxe, source en même temps de fertilité et de richesse, c'est d'avoir de l'eau ; tous les jardins s'échelonnent en gradins avec allées et carrés correctement alignés ; la maison s'ouvre généralement sur une terrasse spacieuse et dallée avec soin, ornée de vases de fleurs et ombragée de platanes. Au milieu, le traditionnel bassin avec jet d'eau. Les jardins bien exposés ont des orangers hauts comme des maisons, et couverts encore d'oranges presque rouges, tant elles sont mûres, ce qui tranche fort agréablement avec le fruit du citronnier, de forme allongée et jaune pâle. Nous caressons, Henriette et moi, un projet délicieux, celui d'aller passer la semaine sainte à Rome. Quel songe d'or, et comme ce serait bon et beau de rêver dans la réalité ! Nous ne sommes pas comme ce commandant, ami de la maison, auquel nous parlions de cet espoir et qui nous a répondu le plus sérieusement du monde : « Pour moi, ce serait la Vénus de Milo en personne qui descendrait de son piédestal pour me demander de faire le tour de l'Italie avec elle, que je n'accepterais pas. » Sont-ils assez blasés ces marins ! Pour nous qui n'avons pas tant voyagé, nous allons saisir l'occasion par les cheveux : on la dit chauve, il ne faut donc pas lâcher prise lorsque l'on tient quelques-uns de ses rares cheveux.

Le 21 mars 1874.

Le marronnier est-il fleuri à Paris? Je l'ignore; mais ici le ciel s'est raccommodé. Après des ouragans à faire envie aux tourmentes de l'océan, et des nuages gris à faire honte au ciel breton, nous avons maintenant un temps si beau et si chaud qu'on se croirait en plein été; aussi avons-nous repris nos courses. Après la tranquillité le mouvement.

Nous rentrons d'une agréable promenade en voiture dans les environs; nous avons traversé plusieurs villages plus animés que nos petites villes. Ils ont des places plantées, des fontaines jaillissantes. Toulon y affiche son théâtre de chaque soir, et le dimanche après midi, il y a musique; la Valette en a même deux, la blanche et la rouge, qui charment régulièrement toutes les semaines les échos d'alentour. Cette excursion a donc été charmante, à travers des plaines fertiles où croissent la vigne, l'olivier, le jujubier, sous des berceaux de chênes-lièges et de chênes à kermès, au milieu des bastides et bastidons qui émaillent la campagne et font certain effet, car, quelque modeste que soit la demeure, le paysan ne couche pas généralement au rez-de-chaussée : il !y a au moins une chambre au-dessus ; tout cela vu rapidement avec le cadre habituel et grandiose des montagnes le Fenouillet, le mont Paradis, et tant d'autres qui rayent, de leurs lignes capricieuses et sombres, le bleu délicat du ciel.

Nous avons encore fait une excursion charmante aux gorges d'Ollioules, traversées par la route de Toulon à Marseille. C'est grandiose et désolé, sévère et souriant tout à la fois. Le chemin festonne ces grandes montagnes qui semblent fermer le passage à chaque pas, et qui le surplombent en maint endroit. Toutes ces gorges profondes et ces pics élancés, confondus par les étreintes du chaos, saisissent le regard et l'imagination. On aperçoit le village de Nèbre accroché au faîte d'une haute montagne, et suspendu dans les airs comme un nid attaché aux branches les plus élevées d'une forêt. Un cours d'eau côtoie la route, tantôt torrent, tantôt ruisseau, blanchissant et polissant tous les cailloux qui se sont détachés des montagnes et qui forment son lit.

A peine a-t-on quitté cette nature sauvage qu'on entrevoit, au fond du vallon, des jardins florissants pleins d'orangers, de citronniers, et de toutes sortes de primeurs qui font la fortune des jardiniers qui les expédient à Paris et à Londres; dans ce moment-ci, les petits pois valent un louis le kilogramme.

En se rapprochant de Toulon, on aperçoit d'immenses champs d'immortelles, beaucoup de câpriers attachés aux murs et croissant entre les pierres; du reste, là comme presque partout, les cultures s'échelonnent en terrasse, le long des montagnes, et sont la conquête patiente et sûre du travail sur la nature stérile. On creuse le roc, et, des pierres ainsi extraites, on élève une sorte de muraille qui soutient les terres, qu'on nivelle ensuite, on ouvre un nouveau rayon plus haut, et toujours de même, jusqu'à ce que le mont, devenu amas de cailloux, ne fournisse plus de terre.

Le cyprès n'est point ici l'apanage exclusif de la tristesse, on en plante continuellement et beaucoup de propriétés en sont entourées. C'est le meilleur abri : il est impénétrable à tous les vents.

J'ai vu emballer ce matin, chez un voisin de la Castellanne, un vrai chargement de violettes pour Marseille. Il y avait, dans ces corbeilles légères, cinq cents bouquets, et, deux fois par semaine, ce jardinier fait de semblables envois; c'est un commerce très-lucratif, aussi, dans beaucoup de champs qui ne rapportaient pas 50 francs de grain par an, récolte-t-on pour 1,000 francs de violettes.

Après les pérégrinations sur terre, la Méditerranée a eu son tour. Nous sommes allés à Saint-Mandrier, le grand hôpital de la marine. Cet établissement contient 600 personnes environ ; les dehors sont vastes : cours, jardins, petit bois qu'on gravit par des allées tournantes, et dont la vue est encore délicieuse du point culminant. A mi-coteau se trouve une élégante chapelle, bâtie jadis par les forçats. La grande curiosité de cet établissement, ce sont des citernes creusées dans des proportions exceptionnelles. Dans ces vastes caves, renfermant des bassins de vingt-cinq pieds de profondeur, les échos sont magnifiques, ils répètent très-distinctement, et jusqu'à sept fois de suite, la même phrase toute entière, surtout lorsqu'on parle bas, aussi êtes vous bien étonné, d'abord, d'entendre clairement sortir à l'autre extrémité de ces immenses voûtes les mots que vous veniez à peine d'articuler à l'oreille de votre voisin.

Les cuisines sont d'une propreté admirable et d'une odeur fort appétissante. Dans le garde-manger, des cordons de poulets et de canards enguirlandent la grosse viande, et, sur les grands fourneaux, à côté des marmites couronnées de frais légumes, bouillent les bassins de lait, dont les crêtes écumeuses retombent comme des nappes de neige, destiné aux pauvres cochinchinois qui reviennent, pour la plupart, les entrailles si délabrées qu'ils ne peuvent plus rien digérer. Quelques malades prennent jusqu'à 6 litres de lait par jour, mais ce traitement, qui peut prolonger la vie, ne guérit malheureusement pas.

Ce qui vous aurait encore bien intéressée, ma chère amie, vous qui aimez tant l'ordre, c'est la lingerie. Tout le linge est plié dans des casiers recouvrant tous les murs, du haut en bas, absolument comme les rayons d'une bibliothèque, et, ce qui est charmant, c'est que pas un casier n'est pareil. On est arrivé à faire, avec des draps, des serviettes, des chemises, les dessins les plus variés, les plus compliqués, en les pliant de toutes les manières et dans tous les sens : ce sont des carreaux, des damiers, des losanges, des nattes horizontales, des tresses perpendiculaires, les initiales de Jésus-Christ, de Marie, des cœurs, des ancres, des navires avec leurs mâts : c'est incroyable ! Du reste, pour faire ce que nous avons vu, il y avait 2,000 draps, 3,000 chemises, et je ne sais plus combien de serviettes. Ceci est le linge de réserve, bien entendu ; on ne se donne pas tant de peine pour celui qui sert tous les jours.

Nous avons également visité les chantiers de la Seyne. Ces grands ateliers de construction, en comprenant la succursale de Marseille, où l'on prépare tous les bois, font pour 30 millions d'affaires par an. On y construit, en ce moment, un bâteau de rivière (destiné à naviguer sur le Rhône et à faire concurrence au chemin de fer) sur des plans tout nouveaux. Ce bâtiment, très-grand, très-léger, et calant peu d'eau, relativement à ses proportions colossales, mesure 124 mètres de long sur 11 de large : il coûtera 400,000 francs environ. S'il réussit, il ouvre une ère nouvelle à la navigation de nos fleuves et rivières singulièrement délaissés pour le rail-way qui offrirait tous les avantages possibles pour le transport des marchandises, s'il ne coûtait pas si cher.

C'est encore là qu'on forge et qu'on prépare toutes les plaques de blindage, à 25 et 30 centimètres d'épaisseur ; et, telle est la force de ces machines puissantes que met en action l'usine de la Seyne, qu'elles scient, taillent, coupent ces plaques comme du papier; avec une dextérité vraiment étonnante, elles détachent et polissent ces lames de fer, dont les rubans se frisent comme le bois sous l'action du rabot.

Le 25 mars 1874.

Nous arrivons de Carqueiranne, un pan de terre très-fréquenté, auquel, pourtant, je préfère Sainte-Marguerite et tant d'autres petits caps si bien blottis dans la mer; mais ce lieu est à la mode, il n'y a donc plus rien à dire. D'ailleurs, on y va manger la traditionnelle *bouille à baisse* qu'on fait là comme nulle part. Ce mets, composé d'une infinité de poissons, reste inconnu dans les modestes ménages. Outre les petits poissons frétillants, il faut du Saint-Pierre, à la chair ferme comme de la viande, des langoustes, et du rascasse ou scorpène, sans lequel il n'y a pas de *bouille à baisse* possible; ce poisson vit particulièrement sur les bords de la Méditerrannée, et atteint jusqu'à 60 centimètres de long. Sa grosse tête laide et ses dents extraordinaires lui ont valu le surnom de scorpion de mer, de diable de mer.

Donc la *bouille à baisse* est un bouillon, dans lequel nagent de grandes tartines de pain grillé, composé de tous ces poissons qu'on fait cuire, bouillir, réduire jusqu'à ce qu'ils forment un coulis, auquel on ajoute des œufs et du safran pour donner belle couleur; seuls le Saint-Pierre et la langouste ne se réduisent pas en pâte, et on les mange ensuite à l'huile et au vinaigre.

Reboul, un hôtelier type, vous sert ce plat classique du cordon bleu méridional, arrosé de vin de la Garonne (ne pas confondre avec Bordeaux); la Garonne est le crû du pays. Vous voyez que j'emploie bien mon temps; on dit qu'un clou chasse l'autre : nous avons les mêmes principes pour la fatigue, et nous allons les mettre en pratique, car nous partons bien décidément pour l'Italie. C'est de ce merveilleux pays que je daterai ma première lettre. Adieu encore.

Vendredi, 17 avril.

C'est un journal de plusieurs semaines que le courrier de France emporte aujourd'hui pour vous.

Je suis ravie, émerveillée, enthousiasmée. Je fais un voyage idéal, je rêve dans la réalité, les yeux tout grands ouverts, et je vous assure que je voudrais en avoir tout autour de la tête pour mieux voir encore. En réfléchissant à toute la valeur que le temps a pour nous maintenant, à tout ce que nous avons à faire chaque jour pour ne voir l'Italie qu'à vol d'oiseau, vous me pardonnerez mes pattes de mouches.

La route est fort jolie jusqu'à Nice. Nous avons traversé de grandes plaines où l'on cultive tout à la fois le blé et la vigne, ce qui raye très-agréablement le terrain de vert et de brun. La plaine de Pignans est la plus belle par son étendue et sa fertilité. Dans le lointain, toujours beaucoup de montagnes s'échelonnant, entre autres celle des Maures, ainsi nommée en souvenir de leur descente dans le pays; et celle de Courmette, la plus élevée du Var, dont le sommet forme comme un dôme de monts. A Fréjus, évêché actuel du Var, nous avons aperçu quelques ruines romaines. La mer, qui baignait autrefois cette petite ville, s'est retirée à 2 kilomètres, ne laissant après elle que des marais malsains. Fréjus, fort ancien, fut colonisé 49 ans avant J.-C. par un lieutenant de Jules César, qui lui donna le nom de son général. A Saint-Raphaël, nous avons salué la campagne où naissent les guêpes piquantes d'Alphonse Karr.

Nous voici à Cannes, qui n'est pas le village célèbre d'Italie où, l'an 216 avant notre ère, Annibal tailla en pièces l'armée romaine, dont 50,000 hommes restèrent sur le champ de bataille. Non, nous sommes encore en France, dans une petite ville assise sur le golfe de Napoule, constellée de délicieuses villas avec terrasses à balustres chargées de fleurs. Au commencement du siècle, Cannes ne comptait que quelques masures habitées par des pêcheurs, et voici à quelle circonstance elle doit sa fortune : Lord Brougham voyageait en poste, revenant d'Italie. Il avait dépassé Nice depuis quelque temps, quand un essieu se brise ; le carrosse s'arrête, impossible de continuer ; dans ce misérable village, loin de toutes ressources, le raccommodage fut long.

« Et que faire en un gîte à moins que l'on ne songe, »
Que faire à la campagne à moins qu'on ne promène ?

Lord Brougham admira la mer, la campagne, les sites enchanteurs, et rêva de suite d'y venir chercher le repos, dans une paix charmante, dans une solitude enchantée, parée seulement des beautés de la nature. Au printemps suivant, il revint et jeta les assises de la première maison de Cannes. Grâce à lui, cette ville venait de naître ; nous voyons depuis si elle a grandi.

A partir de Cannes, la route devient de plus en plus accidentée, tout en festonnant la petite chaîne de l'Esterel, que ses dentelures variées rendent peut-être la plus pittoresque de France, on franchit des bois de pins-parasols d'un grand effet.

Nous avons rapidement traversé Antibes, mirant dans la Méditerranée son phare de premier ordre. Nous avons entrevu les îles Lérins : Sainte-Marguerite et Saint-Honorat. Dans la première est la fameuse citadelle qui sert de prison d'Etat, où le Masque de fer fut enfermé, et qu'habite aujourd'hui le vaincu de Metz ; dans la seconde, on voit encore les ruines d'un célèbre couvent fondé par saint Honorat vers l'an 400, et d'où sortit le profond théologien saint Vincent-de-Lérins.

Quelques heures après, nous étions à Monte-Carlo, dans ces beaux salons où vous allez et venez sans que personne s'occupe jamais de vous. On se croirait dans le palais enchanté de la *Belle au bois dormant*. Vous vous promenez dans des jardins délicieux, pleins d'ombre et de parfums ; vous lisez dans la bibliothèque des livres et des journaux de tous les pays ; vous entendez, dans une ravissante salle de concert, le meilleur orchestre du monde, et tout cela sans qu'on vous demande un centime, à l'inverse de l'Italie, où il faut toujours avoir la bourse en main. Au contraire, ici on a tout fait pour vous séduire et vous retenir, car on espère bien qu'à un moment donné, la tentation sera plus forte que la sagesse, et que vous allez vous laisser entraîner dans ces fameuses salles où la roulette et le trente et quarante absorbent tous les esprits. Vous suivez les chances diverses au jeu des physionomies : les gagnants ont le sourire joyeux, les décavés le regard sombre, personne ne parle, on entendrait une fourmi marcher. M. Blanc, le directeur propriétaire, malgré ses frais énormes d'entretien et le prix considérable de la ferme des jeux qu'il paie au prince de Monaco, gagne net six millions par an, aussi a-t-on dit très-gentiment en parlant de la roulette : que vous mettiez sur rouge ou sur noir, c'est toujours Blanc qui gagne. Je vous raconterai l'impression que j'ai ressentie en voyant toutes ces têtes attentives, tous ces yeux ardents au milieu d'un silence profond, où l'on n'entend que le cliquetis des louis fourmillant comme de simples jetons, la voix solennelle des croupiers disant : Faites le jeu, le jeu est fait, et enfin une minute après le bruit de leurs râteaux roulant l'or sur les tapis, comme la mer roule les galets sur la plage, ou le vent, les feuilles d'automne dans les bois. Comment rester à Monte-Carlo sans aventurer un rouge liard, et pourtant y aurait-il rien de plus triste que de perdre notre voyage, avant de l'avoir fait, car le grand écueil des joueurs c'est de vouloir se rattraper : c'est cette idée fixe qui, si elle remplit tous les cerveaux, vide en même temps toutes les bourses. Pendant que, devant moi, un gros Anglais jouait 15,000 francs à chaque coup, je m'approche d'un croupier aimable, et je lui demande de l'air le plus ingénu : Monsieur, où mettre mon louis pour gagner ? Il me répond du même air : Madame, pour ne pas le perdre, remettez-le dans votre poche. On n'est pas meilleur garçon ; aussitôt dit aussitôt fait : voilà tout ce que j'ai joué à Monaco, une petite comédie, vous voyez, et non mon argent.

On devrait bien faire revivre la vieille chanson d'autrefois, en y changeant un seul mot. Au lieu de :

> A Monaco l'on chasse et l'on déchasse,
> A Monaco l'on chasse comme il faut.

On devrait dire :

> A Monaco l'on compte et l'on décompte,
> A Monaco l'on compte comme il faut.

La forteresse de Monaco fut jadis réputée imprenable, et elle abrita longtemps sous ses murs les terribles pirates Monacéens, qui, montés sur de légères embarcations, s'élançaient du port d'Hercule à la poursuite des vaisseaux marchands.

Mais aujourd'hui ce rocher haut perché qui s'avance dans la mer et qu'on appelle la principauté de Monaco, fait sourire l'étranger, affichant toujours de grandes prétentions, des allures féodales avec ses murailles élevées, sa citadelle, son château dont la garde, qui représente toutes ses forces militaires, se compose de 25 hommes. Sur la place, et bien en évidence, sont rangés les canons inoffensifs, jadis offerts par Louis XIV, et qui n'ont jamais servi qu'à l'amusement des gamins qui les chargent de sable jusqu'a la gueule, et montent à cheval dessus. En y réfléchissant, ce prince qui pourrait mettre son royaume dans le creux de sa main, est le plus heureux des princes. Il règne sans avoir aucun des ennuis et des embarras des gouvernants, et son peuple, qui se compose de 1200 individus, est le plus heureux des peuples, puisqu'il ne paie pas d'impôts. Monaco, jadis en français Mourges, a appartenu pendant des siècles aux Grimaldi, l'une des plus puissantes familles de Gênes. Par le traité de 1861 et moyennant une indemnité de quatre millions, le prince actuel a cédé à la France ses droits sur les villes de Menton et Roquebrune, qui faisaient depuis 1346 partie de son territoire.

Nice, dont le nom en grec signifie Victoire, est une charmante ville bien bâtie, aux rues larges (bien entendu que je ne parle pas des vieux quartiers) avec une magnifique promenade sur la mer. Les étalages y sont aussi beaux qu'à Paris, et l'on y retrouve les élégances de tous les pays, — magasins turcs, algériens, chinois, coraux superbes, ivoires artistement fouillés, parures de fantaisie dont beaucoup bleues, roses, vertes, en scarabées naturels des colonies, et enfin fabriques nombreuses, (ceci est l'industrie spéciale du pays), de petits meubles élégants en marqueterie de bois variés de toutes les couleurs, parmi lesquels l'olivier joue un grand rôle. On couvre ces étagères, ces coffrets, ces guéridons d'arabesques, de fleurs, d'oiseaux, de paysages charmants et durables, rien ne pouvant se détériorer dans ce frais coloris propre au bois même. Le trop célèbre Garibaldi est né à Nice, ainsi que le savant astronome Cassini, et Masséna a vu le jour dans un village voisin. Je ne vous dirai que peu de chose de Menton où nous ne nous sommes arrêtées que quelques heures. Du reste, c'est tout ce qu'il faut pour parcourir cette petite ville industrieuse et commerçante, assise à l'entrée du golfe de Gênes. La douceur de sa température la fait rechercher des malades, aussi y voit-on quantité d'hôtels, dont les jardins descendent presque tous jusqu'à la plage.

Le chemin de fer de la Corniche est vraiment splendide, et tout ce qu'on en a dit n'a rien d'exagéré. De Nice à Gênes il y a plus de 50 tunnels, car la voie suit toujours la Méditerranée, courant sur ses plages, traversant ses falaises, se faufilant partout sans connaître d'obstacles; c'est un véritable enchantement qui se renouvelle à chaque pas. D'un côté, votre regard plonge sur la mer éternellement bleue, de l'autre, il s'étend sur des montagnes tantôt abruptes, mais revêtues de vapeurs grises, roses, violettes, car le soleil les habille de. toutes les couleurs, tantôt cultivées, et alors couvertes d'orangers et de citronniers, sans compter des milliers de pêchers tellement élégants dans leur robe de fleur rose tendre ou rose vif, qu'on les dirait en toilette de bal. Ajoutez encore les murmures confus, les longs frémissements de la mer, les soupirs de la brise, qui semblent caresser des cordes sonores, aussi douce à l'oreille que les ondulations d'un orchestre lointain, mais qui n'arrivent que par intervalles, comme une bouffée de parfums, quand le train se ralentit, et le tableau est complet. Oui, tout cela est féerique, mais, pour comprendre ces grands décors de la nature, il faut absolument les avoir vus. Ce que j'ai trouvé moins joli, ce sont les villages. En général, ils ont un air d'abandon, de ruine même, qui m'a surtout frappée jusqu'à Gênes, sans doute parce que je n'y étais pas encore faite, cela tient peut-être à l'irrégularité des maisons, aux vérandahs ouvertes sur leurs toits, aux toits mêmes, si plats qu'en passant rapidement les maisons n'ont pas l'air achevées, et semblent s'arrêter tout court. Les rivières aussi m'ont fait sourire. J'avais déjà commencé à Nice, devant le Paillon. Tous ces ruisseaux, qu'on décore du nom de rivière, ne sont que de minces filets d'eau, qu'on cherche avant de les apercevoir dans leurs immenses lits. Je sais qu'à un moment donné ils vont devenir torrents et les envahir complètement ; mais les trois quarts de l'année ils sont à sec, en sorte que les blanchisseuses lavent et sèchent leur linge dans la rivière même ; on lave dans un petit creux à droite, et l'on sèche sur les cailloux à gauche. A Rome et à Naples c'est encore pis. Dans toutes les rues secondaires, le linge sèche aux fenêtres, et vous voyez à tous les étages des nippes sans fin : draps et serviettes, robes et chemises dansent sur des cordes au gré du vent.

Salut Genova ! salut Gênes la superbe, ainsi appelée à cause de tes palais de marbre. Le Tasse a chanté ta beauté lorsqu'il t'appelle la reale, nobile citta, la royale, la noble cité, et Madame de Staël ajoute que tu dois avoir été construite pour un congrès de Rois ! C'est surtout quand on arrive par mer dans cette grande ville qu'on est frappé de son admirable aspect, « de ses édifices disposés en hémicycle comme les gradins d'un vaste amphithéâtre, de ses hautes collines formant derrière elle une ceinture verdoyante, parsemées de maisons, et dont les crêtes élevées sont dominées par des forts à la hauteur des nuages. » De vastes portiques commencés en 1839 s'étendent sur l'espace de 400 mètres, depuis la Douane jusqu'à la Darse, grand arsenal naval et militaire. Le port, de forme demi-circulaire, a près de

4.000 mètres de largeur; le phare, haut de 76 mètres et élevé de 118 mètres au-dessus du niveau de la mer, en indique l'entrée. C'est le premier port de l'Italie, et après ceux de Marseille et de Trieste, le plus important de la Méditerranée. Ici, qu'elle est encore belle et sympathique, cette mer aux nuances d'or et d'azur, aux vagues si douces, aux flots si purs, qu'il semble qu'elle n'ait jamais connu l'orage et la tourmente, et dans son admiration, on s'écrie avec le Père Rigaud : « Salut, mer
» classique de la poésie et des grands souvenirs, salut!
» Tu baignes tous les rivages historiques : l'Italie, la
» Grèce, l'Asie-Mineure, la Syrie, la Palestine, l'Egypte,
» l'Afrique, l'Espagne, la Gaule. Tu as porté toutes les
» civilisations, toutes les grandeurs de l'ancien et du
» nouveau monde. Homère a chanté sur tes rivages,
» Démosthène a ému tes flots de sa puissante élo-
» quence, sur tes promontoires Platon et Pythagore ra-
» contaient les harmonies de la création ; et puis sur-
» tout, incomparable honneur, tu fus le grand chemin
» de Dieu aux premiers âges du Christianisme. Pierre
» le pêcheur, Paul l'artisan, apôtres des temps primi-
» tifs, docteurs de l'Orient et de l'Occident, ont passé
» sur tes flots bleus, porteurs de l'Evangile et de la ci-
» vilisation chrétienne. Maintenant encore, tu es la mer
» catholique ; n'as-tu pas conduit tous les héroïques
» défenseurs du Saint-Siége, ne conduis-tu pas chaque
» jour encore des milliers de pèlerins, servante des
» serviteurs de Dieu ! »

Mais quittons la mer pour l'intérieur de la ville et commençons par les églises, car lorsqu'on parcourt une ville inconnue c'est presque toujours au bon Dieu qu'on fait les premières visites. La cathédrale San Lorenzo est extérieurement bâtie de marbre blanc et noir, disposé en assises alternatives. On y voit un portrait fort effacé de la Vierge, peint par Saint-Luc, et une chapelle dédiée à saint Jean-Baptiste et qui renferme ses restes depuis 1438. On vous montre aussi dans la sacristie le Sacro Catino, un vase ovale de 35 centimètres de longueur, taillé dans un bloc d'émeraude. Il est sans prix aux yeux des habitants de la ville, qui, dans les moments difficiles de la République, trouvèrent à emprunter jadis des sommes considérables sur ce dépôt sacré, échu aux Génois, à la prise d'Alméria, et qu'une légende très-accréditée fait descendre de la reine de Saba qui en aurait fait présent à Salomon, ou seulement des noces de Cana, ce qui lui donne toujours une haute antiquité, et rapporté d'Orient à l'époque des croisades. Nous avons religieusement écouté le custode et respecté son enthousiasme, mais je vous confierai tout bas que j'ai lu quelque part que ce fameux vase, pris en 1797 par nos soldats victorieux, fut transporté à Paris, où tous les joailliers, lapidaires, savants minéralogistes, furent admis à l'admirer et à l'examiner. Après une analyse approfondie, et des recherches scrupuleuses, tous les connaisseurs furent unanimes à déclarer que ce Sacro Catino, précieux et sans pareil n'était, oserai-je le dire! qu'un vase en verre de bouteille!

San Siro, à l'inverse de la cathédrale, a tout son intérieur revêtu de marbre blanc, et Saint-Ambrogio, la belle église des Jésuites avant leur bannissement, est une des plus ornementées.

Il est certain que presque dans toute l'Italie, les chapelles des Jésuites sont les plus élégantes et les plus riches, qu'est-ce donc ? puisque c'est le seul reproche qu'on puisse adresser à toutes les églises de cette terre classique des arts ; partout du marbre, de l'or, des mosaïques, et des peintures en profusion. On a dit que la richesse de leur ornementation leur donnait un aspect théâtral. On ne peut vraiment contenter tout le monde ; pour moi, je ne m'en plains pas, et je vous assure, que je les trouve toutes admirablement belles.

La rue Neuve attire l'admiration des étrangers et leur donne une grande idée de la magnificence de Gênes. C'est une rue de palais de marbre. — Vous me répondrez à cela que c'est la pierre du pays ! d'accord, — mais elle est brillante, ciselée, fouillée, travaillée, enfin cette pierre ; on s'est donné la peine de la sculpter souvent et de la polir toujours. Dans cette seule rue, voici les deux palais Brignole-Sale dont l'un tout rouge, plus les palais Adorno, Serra, Spinola, Carrega, Gambaro, Pallavicini et Tursi. — Le palais Doria, également dans la même rue, se distingue par les souvenirs qu'il rappelle ; Charles-Quint, François II, Napoléon Ier l'ont habité — et sous l'ombrage parfumé de ses beaux jardins on croit voir errer la grande figure d'André Doria, surnommé le père de la patrie, qui fut le rival de Gonzalve de Cordoue, amiral de François Ier, vainqueur de Charles-Quint et du fameux Barberousse d'Alger.

Il y a encore bien d'autres palais, mais disséminés dans l'intérieur de la ville. Chaque palais est un musée ;

en France, les grandes villes seules possèdent ces trésors de l'art, et ici, les collections particulières sont souvent les plus remarquables. Aussi demeure-t-on confondu de tant de richesses accumulées depuis des siècles et respectées par leurs possesseurs, qui se regardent plutôt comme les dépositaires que comme les propriétaires de toutes ces merveilles, qui font autant d'honneur aux générations passées qui ont eu le bon goût de les choisir, qu'aux générations présentes qui savent les conserver. Jamais aucune main profane n'a songé à les distraire de l'ensemble, et à en faire de l'argent. L'aîné hérite de ces palais, (dans lesquels les cadets ont toujours droit à la table et au logement) avec la charge très-onéreuse de les entretenir, car le Majorat existe en Italie comme en Angleterre, et c'est là tout le secret de la conservation de tant de belles choses. En France, sous nos lois par trop démocratiques et dissolvantes, cela devient impossible puisque la part de chaque enfant doit être égale, et quand bien même il n'y aurait, pendant plusieurs générations, qu'un enfant unique dans la même famille, du jour où cet enfant est un fou, un dissipateur, il aura bientôt jeté aux quatre vents tous les trésors augmentés et gardés avec tant de respect par ses pères.

En France, les lois ne protègent pas la famille et ne conservent pas la propriété. Elles désagrègent l'œuvre longue et laborieuse des ancêtres, engendrant la division qui, trop souvent, ne produit que ruine et misère. Mais quelle parenthèse ai-je ouverte là, retournons bien vite à Gênes, et entrons ensemble dans l'un de ces beaux palais entièrement lambrissés de peinture.

Il y a des chefs-d'œuvre partout ; le custode vous dit : le maître a refusé 300,000 francs de ce tableau-là ; cette toile vaut un demi-million. Après avoir traversé dix ou douze salles du même genre, vous sortez tout étourdi de tant de magnificences en vous disant: Enfin, je saurai à présent ce qu'est un palais italien ! Eh bien! non, car vous en avez encore bien d'autres à visiter, et chacun a son luxe spécial. Celui-ci se distingue par ses splendides décorations ; tous les appartements sont revêtus de marbre et d'or, avec des tentures somptueuses ; les plafonds à caissons sont en vieux chêne, sculptés par le ciseau d'un artiste, peints de sujets souvent mythologiques, par une main non moins habile, et soutenus par des colonnes de marbre d'un seul morceau, ayant 25 et 30 pieds d'élévation, car il y a souvent double fenêtre en hauteur dans ces immenses salles. Celui-là attire votre attention par l'élégance et la variété de ses parquets, non pas en bois, mais en marbre de toutes les couleurs; chaque salle est différente, et vous voyez, dans ce palais, tout ce que la charmante et capricieuse mosaïque peut imaginer. Voilà des grecques, des festons, des losanges, des rosaces bleues, vertes, jaunes, des animaux fantastiques, rouges et noirs, sur fond blanc, et enfin des bouquets et des guirlandes de fleurs, aussi fraîches que celles que le soleil fait éclore.

Cet autre vous intéresse par la diversité et la profusion de ses ameublements. Hauts fauteuils, chaises bizarres, grands sofas en bois noir, recouverts de cuir de Cordoue, siéges plus modernes, dorés et garnis de lampas ou de tapisserie des Gobelins, tables en marqueterie de bois, de marbre, de pierres précieuses, meubles en écaille et ébène sculptés, incrustés d'ivoire, de nacre, de jaspe, de porphyre, d'agate, de lapis-lazuli, bronzes d'art, coupes et statues antiques, et, enfin, porcelaines et faïences de tous les âges et de toutes les fabriques.

Après le palais des riches, nous avons visité la demeure des pauvres, l'*Albergo dei poveri*, un palais aussi, avec ses peintures dans l'église, ses colonnes, et ses statues dans les vestibules et les escaliers. Cet établissement, avec les cours et les jardins, occupe une superficie de 20.000 mètres carrés, et contient 1.300 pauvres qui travaillent chacun à leur métier ; les ateliers les plus nombreux sont ceux de menuiserie, de cordonnerie, de serrurerie et de lingerie. Chaque grande ville d'Italie possède au moins un établissement de ce genre, où tous les pauvres ont droit, et les malheureux que le poids des ans écrase, que la santé abandonne, et qui n'ont plus de famille pour les soutenir, trouvent là un refuge assuré pendant leurs derniers jours, et le repos pour mourir.

Quant à la villa Pallavicini, c'est la villa idéale et féerique par excellence, c'est un rêve détaché des *Mille et une Nuits*. Aucune description ne peut rendre cette merveille créée à grands frais sur un rocher aride, car les Italiens ont cela de particulier, qu'au lieu de profiter de ce que la nature a fait pour eux, et d'y joindre l'art qu'ils entendent si bien, ils veulent encore la gloire d'avoir tout fait.

En créant la villa Pallavicini, toute d'agrément, le

propriétaire s'est passé au doigt un modeste anneau de 25 millions, et l'on se demande alors quelle peut être la fortune de ces grands seigneurs italiens, qui ont couvert leur pays de magnificences inouïes, puisque dans toutes les villes on marche de surprise en surprise, de merveille en merveille. A peine avez-vous franchi le seuil d'entrée de la villa Pallavicini, qu'un custode se présente, parlant votre langue. Vous parcourez avec lui des allées délicieuses qui vous conduisent au milieu de bois ombreux, à des statues, à des temples dont les pierres et les marbres sont chargés de sculptures, à des cascades mourantes aux creux des rocs profonds, à des ponts suspendus, à des chalets suisses, à des chaumières russes. La fraîcheur du temple de la verdure, dans un fouillis inextricable que des eaux jaillissantes arrosent toujours, invite au repos ; il est mystérieux, solitaire et caché, et entouré de jolis siéges turcs en porcelaine, ressemblant à des piles de coussins entassés les uns sur les autres, avec glands et cordelières.

Le temple de Flore, en marbre blanc, disparaît sous les gerbes de fleurs qui l'embaument et l'enguirlandent, s'enlaçant aux parois, s'attachant aux voûtes. Enfin, vous pénétrez dans une grotte profonde toute garnie de stalactites et de stalagmites apportées à grands frais de Sicile et de Sardaigne. L'espace est grand, et vous marchez longtemps ; tantôt un rayon de soleil vous éclaire, tantôt l'ombre s'épaissit : tout à coup votre guide disparaît comme par enchantement, et vous vous trouvez seule, un peu surprise, je le confesse. Votre œil, tout en sondant les ténèbres, croit entrevoir un fantôme rouge tout au fond. Vous avancez doucement dans ce dédale charmant, mais inconnu. En effet, cette ombre rouge, c'est un homme ; l'eau est à vos pieds, portant une barque qui se balance sans bruit ; le gondolier vous tend la main sans rien dire. Comme lui, silencieuse, vous la prenez : tout cela est fantastique, j'ai cru que je passais la barque à Caron, et que j'allais débarquer aux enfers. Non heureusement, ces flots ne sont pas ceux du Styx, et nous avons recommencé une nouvelle et charmante promenade, en bateau cette fois, dans cette grotte immense, qui finit par prendre les proportions d'une mer souterraine. Soudain, au détour le plus sombre, le grand jour apparaît ; vous êtes inondés de lumière, et vous sortez sur un grand lac, dont les plans et les lointains ont été si heureusement disposés, qu'il semble finir dans la Méditerranée, distante de plus d'une lieue. Cet effet est des plus saisissants. Vous faites le tour de ce

« . . . . . lac tranquille,
» Qu'effleure l'hirondelle agile. »

admirant au milieu un temple de Carrare, avec des chevaux-marins, vomissant les ondes comme les Tritons de Versailles ; à droite, une passerelle blanche, à gauche, une pagode dorée, qui vous éblouit quand le soleil s'y joue. Vous faites le tour de cette plaine liquide et vous abordez une autre rive, où votre premier guide vous attend ; mais, avant de quitter le jeune gondolier, vous lui donnez comme au célèbre vieillard de la fable, le naulum, « le fret du navire, » l'obole du passage, et il l'a bien méritée. Après quelques minutes encore, votre course vous ramène au point de départ. Vous venez de marcher trois heures sans y penser, et sans jamais revenir sur vos pas.

Tout ce qu'on voit dans cette belle Italie éveille continuellement le plus vif intérêt ou la plus profonde admiration. Tout ce qu'on a dépensé pour arriver aux meilleures productions de la nature et de l'art est prodigieux; mais on l'a fait avec goût, avec entente. Ce n'est pas tout de dépenser, il faut encore savoir le faire avec intelligence; aussi, ces Italiens, qui sont encore plus artistes que grands seigneurs, se bâtissent-ils des palais où la fortune se cache et se devine à travers l'art et le génie, qui en décuplent le prix. Oui, ce sont bien là des demeures de fées qui, dès qu'elles frappent la terre de leur baguette magique, en font jaillir mille beautés.

Nous avons vu jouer au théâtre Carlo Felice *I Gotti* (les Goths), une pièce tout italienne et à grand effet, un peu comme *Guillaume Tell*, et qui doit plaire surtout aux hommes. Le ballet a duré deux heures. Je crois vraiment qu'en Italie la pièce est le prétexte, car l'Italien se montre encore plus fou des émules de Terpsichore que des courtisans d'Euterpe, et ce n'est pas peu dire; il trépigne d'enthousiasme, frappe des mains, crie, applaudit, rappelle ses ballerines avec une frénésie incroyable. La première danseuse, qui faisait ce soir là ses adieux à Gênes, reçut, au milieu d'une pluie de roses et de violettes, des bouquets larges comme des guéridons, de vrais parasols de fleurs qu'il fallait être deux pour relever. Autre bonne fortune musicale: le lendemain nous avons entendu Godefroid, le harpiste sans pareil, ainsi que Guido Papini et Carlo Ducci, deux artistes florentins, très-remarquables sur le violon et le piano. Ce concert, qui n'a pas été long, mais de qualité exquise, avait lieu dans la salle Sivori, dépendance du palais Spinola. Ces Spinola, qui y assistaient dans leur tribune, font partie de la vieille noblesse de Gênes; leur famille, qui joua un grand rôle aux XIV° et XV° siècles, compte plusieurs doges depuis 1528, car, jusque là, les doges de la république génoise devaient être de famille plébéienne et de faction gibeline.

Voilà! Cette noblesse italienne se bâtit des chapelles et des théâtres dans ses palais, comme nous élevons un oratoire ou une serre dans nos jardins.

Une autre curiosité, c'est le Campo Santo. Celui de Gênes et celui de Bologne, qu'on appelle Certosa, du nom de la chartreuse bâtie en 1335, et convertie en cimetière au commencement du siècle, sont les deux plus remarquables de toute la Péninsule italique. Ceux de Rome et de Naples se rapprochent davantage des nôtres par leur grand nombre de monuments extérieurs. Ici, c'est tout simplement admirable, et cette manière d'enterrer les morts me paraît beaucoup plus respectueuse qu'en France.

Je n'avais aucune idée de ces vastes galeries voûtées, spacieuses, régulières, avec portiques, et couvrant des espaces immenses. Dans l'épaisseur de tous ces murs, sont renfermés les morts, scellés d'un côté à la pierre, de l'autre recouverts d'une dalle de marbre blanc, en sorte que l'intérieur de toutes ces galeries, du haut en bas, est lambrissé de marbre. On tient beaucoup à rappeler les traits de ceux qui ne sont plus, et on les reproduit généralement dans un médaillon sculpté sur le milieu de la plaque : on voit encore quelques photographies et beaucoup de portraits en mosaïque.

Ce genre domine à Rome, dans les monuments extérieurs surtout, la mosaïque supportant toutes les intempéries de climat, sans s'en ressentir. De loin, ces petites pierres, dont on ne voit pas le joint, font bon effet et jouent la peinture à l'huile; mais, de près, c'est affreux, et puis, il y a quelque chose de bien pénible dans le contraste de ce monument, dont la base ne repose que sur des cendres, et dont le faîte est couronné d'une fraîche figure aux yeux vifs, aux joues roses, ayant enfin toutes les apparences de la santé et de la vie. A ce même cimetière de Rome, dans la partie la plus reculée, se perdant dans les antiques catacombes, nous avons prié sur la tombe de Madame de Charette, la douce et charmante compagne du lion des zouaves, enlevée si jeune à sa famille. Une lampe toujours allumée veille à l'autel, et éclaire doucement cette chapelle solitaire et recueillie.

Mais, rentrons sous les portiques. Entre chaque arcade s'élève un grand tombeau (monument qui coûte dix, vingt, quarante et jusqu'à cent mille francs), et qui est toujours une œuvre d'art, quand il n'est pas un chef-d'œuvre ; car, tous ces italiens sont artistes dans l'âme, avec des idées poétiques, gracieuses, charmantes toujours, mais exprimées par le ciseau, et non point écrites comme nos épitaphes, trop souvent vulgaires, quand elles ne sont pas ridicules. Il n'y a pas besoin de phrases. Le poëme de la douleur se lit tout entier dans ces groupes recueillis, dans ces figures expressives, dans ces poses désolées.

Voici deux jeunes filles aux ailes d'ange qui s'envolent en se tenant par la main. Quelle torture ne lit-on pas sur le visage du père et de la mère anéantis à leurs pieds.

Là, une belle adolescente suit d'un regard douloureux la jeune colombe qui s'échappe de ses mains, et qu'elle essaie en vain de retenir, emblème de la pureté de sa vie fugitive!

Ici, c'est une petite fille de six ou sept ans, taillée dans le carrare le plus pur. On a reproduit sa taille gracieuse, ses traits délicats, mais cela n'a pas suffi ; il fallait attacher une suave idée à cette douce fleur qui s'en est allée fleurir dans les jardins du ciel. Elle tient de ses deux mains un beau lys qui s'effeuille et dont la tige fanée vient de se détacher. Quelle poésie! On lit dans ce regard de pierre la surprise et l'effroi ; il semble que cette lèvre murmure une plainte et une prière. Eh quoi! si tôt; mais je venais de le cueillir, il était à peine entr'ouvert, il n'avait répandu aucun parfum... et déjà il se brise!.....

Ici encore, c'est une mère! je n'en doute pas, qui prie sur la tombe de son fils. Elle est encore jeune et belle, et sous son voile de marbre, on suit les battements de son cœur oppressé, on voit couler les larmes sur ses joues pâlies, et devant cette angoisse terrible, on se sent pris de l'immense désir de soulever ce voile qui l'étouffe.

Contemplons encore une fois cette jeune femme, à

demi-vêtue, qui monte l'escalier, conduisant aux portes d'un tombeau : du bras droit, elle porte un bébé naissant, auquel elle donne le sein ; ce bel enfant a soif de vivre, il aspire la vie ; à ses pieds, une fillette de trois ans s'amuse avec des fleurs (heureuse enfance, elle ignore la mort) ce groupe est idéal, tout cela est si pur, si vrai, si beau, qu'il n'éveille que des pensées de respect et de sympathie. De sa main gauche, la jeune mère entr'ouve la porte d'airain, et l'on comprend qu'elle appelle, qu'elle demande partout cet époux qui l'a tant aimée, et qu'elle adore toujours. « Sa douleur est de celle que ne dissipe pas le vent de l'oubli. » Elle semble dire : il est parti... mais il doit revenir... et je vais le chercher, jusqu'à ce que je le retrouve ; depuis trop longtemps l'absence dure... Je ne fais qu'entr'ouvrir cette porte, car il n'a pu la franchir ! A notre âge on ne peut pas se séparer, on ne peut pas partir pour toujours !

Je ne citerai pas d'autres chefs-d'œuvres, quoiqu'il y en ait des centaines dont il faudrait parler. Hélas ! tant de grandeurs ne cachent que le néant, et ce mot de Pindare revient sans cesse à la pensée : la vie n'est que le songe d'une ombre. Le temps, la douleur, les anges, les saints entourent, sous les formes les plus belles et les plus touchantes, ces mausolées. La foi, l'espoir, la charité, toutes les vertus avec leurs attributs consolateurs apparaissent également dans ce drame intime de la mort, qu'elles semblent dominer de leur immortelle puissance, car elles aussi sont souveraines par leurs espérances divines et les promesses de la vie future.

On remarque encore quelques beaux ouvrages en plâtre ; mais les Italiens sont si jaloux de la conservation de leurs œuvres d'art, que l'on a proscrit le plâtre que le temps dévore vite ; on n'accepte plus aujourd'hui que les travaux en marbre.

Le champ qui entoure toutes ces vastes galeries, qu'une grande chapelle relie ordinairement, est réservé aux pauvres, qui sont déposés en lignes régulières. Chaque mort est marqué d'une pierre semblable, hexagone, de marbre gris, haute de deux pieds et précédée d'une lanterne au même niveau. Cette lampe révèle une pieuse tradition : le jour de la Toussaint, des milliers de bougies sont allumées par une main amie et placées dans ces lanternes ; pas un vivant ne voudrait y manquer, cela veut dire aux morts : je veille et ne vous oublie pas. Dans quelques autres cimetières l'enclos est entièrement pavé ; de distance en distance se trouvent des dalles carrées avec un anneau de fer placé au centre, on soulève ces dalles, et les morts sont descendus dans de grands caveaux souterrains. Ceux-là ne laissent aucun souvenir, ils restent ignorés, et bientôt l'oubli mêle leur poussière aux cendres des générations passées.

Il semble que dans ce beau pays, sous ce ciel délicieux, on ne devrait pas mourir. Hélas ! si, et la ville des morts est souvent plus peuplée que celle des vivants. A Bologne seulement, on a enterré deux fois la ville depuis soixante-treize ans. Par exemple, on ne se gêne nullement dans l'assemblage des défunts : Voici un prêtre dont les traits expressifs vous rappent. Il est mort bien jeune. « Ah ! vous répond le custode, c'était un bien bon prêtre, mais par cela même il avait ses ennemis, qui lui ont administré un bouillon d'onze heures. » Vraiment ! quelle parole ! et quelle triste révélation sur les passions et les misères humaines !

Ici, c'est une colonne brisée, à moitié cachée dans les plis nombreux d'un suaire, sur lequel repose une tête que l'on sent décollée par le couperet. Celui-là, c'était un conspirateur, un traître, il a été condamné à mort : et le dernier mot de la justice a bientôt été dit, sonnait le glas auquel a répondu la chute d'une tête que l'artiste et une passion politique ardente ont reprise et fait revivre !

Et ici, cette belle jeune femme ? « C'était notre
» première ballerine, une jeune fille charmante,
» aimée et estimée de tout le monde ; quand elle
» paraissait sur la scène, nous en étions fous : le
» plaisir l'a tuée à vingt-deux ans. » Ah ! Et voilà comme quoi les victimes et les assassins, les conspirateurs et les honnêtes gens, les danseuses et les saints s'en vont de compagnie dans l'autre monde : Oui, mais une fois arrivés, il se fait un triage du bon grain et de l'ivraie et chacun se trouve placé suivant ses mérites.

Gênes, qui paraît avoir été fondée 700 ans avant J.-C. par les Liguriens, est une ville industrieuse. On y travaille la fille, les coraux, on y fabrique différentes étoffes, et ses bijoux en filigranes d'or et d'argent justifient leur réputation.

Son histoire serait trop longue à raconter ; mais, à travers ses jours de grandeur et de décadence (voyez toujours ce respect des choses établies), elle a conservé à la banque Saint-Georges ses règlements, qui datent de 1407, et qu'elle suit aujourd'hui comme alors. Au XI⁰ siècle, cette ville était déjà importante par son commerce et sa navigation. Elle s'enrichit pendant les croisades en transportant les défenseurs de la terre sainte en Asie, et bientôt elle marcha de pair avec Pise et Venise. A la fin du XIII⁰ siècle, elle entra en rivalité avec cette dernière ville, pour la suprématie en Orient, et mit la grande république vénitienne à deux doigts de sa perte, dans les guerres dites de Caffa et de Chiozza ; mais enfin, elle se vit contrainte de céder le pas à sa rivale.

Gênes a été pendant longtemps déchirée par des dissensions intestines, surtout par les querelles des Guelfes et des Gibelins, et affaiblie par de fréquentes révolutions, ses habitants changeant sans cesse de gouvernement. Après avoir obéi à des consuls et à des podestats étrangers, elle s'était donnée en 1257 des dictateurs sous le nom de Capitani, puis des protecteurs en 1270, qui gouvernaient concurremment avec des abbés du peuple, espèce de tribuns. Enfin, elle se donna des doges ou ducs en 1339. Deux fois les Génois, incapables de se gouverner eux-mêmes, se mirent entre les mains de la France sous Charles VI et sous Louis XI, puis ils se reprirent et se donnèrent aux marquis de Montferrat et aux ducs de Milan. André Doria soumit encore une fois Gênes à la France ; mais, mécontent de François Iᵉʳ, il s'allia avec Charles-Quint et affranchit cette ville de la domination française. Les doges furent rétablis, mais non plus à vie. Gênes resta depuis lors étroitement unie à l'Espagne et prit parti pour elle contre la France. En 1684, Louis XIV fit bombarder Gênes, qui avait insulté son ambassadeur, et le doge dut venir en personne lui faire réparation. C'est ce même doge qui fit cette réponse demeurée célèbre, alors qu'après lui avoir montré Versailles dans tout son éclat, on lui demandait ce qui l'avait le plus frappé dans cette cour brillante « De m'y voir, » répondit-il. Mademoiselle Scudéri, pour consoler ce doge humilié, lui dit devant le roi :

> Allez doge, allez sans peine
> Vous jeter à ses genoux,
> La République romaine
> En eût fait autant que vous.

En 1746, les Autrichiens occupèrent Gênes pendant trois mois. En 1768, les Génois cédèrent à la France la Corse, dont ils ne pouvaient plus comprimer les révoltes. En 1796, la place de Gênes fut de nouveau occupée par les Français ; mais dès l'année suivante, son territoire forma la république ligurienne. En 1800, les Français, commandés par Masséna, soutinrent dans Gênes un siége mémorable contre les Anglais et les Autrichiens réunis. En 1805, l'Etat de Gênes fut incorporé à l'empire Français, et lui appartint jusqu'en 1814, où il fut enfin donné au roi de Sardaigne par le congrès de Vienne.

Adieu ! l'aube se lève à peine, et pendant que sur votre couche moëlleuse les songes légers vont caresser votre réveil, nous allons traverser Alexandrie,

Plaisance, Parme, Reggio avec ses vignes en feston, Modène et les plaines fertiles en blé et en vin de la Romagne. Ce soir nous dînerons à Bologne.

La ville d'Alexandrie, qui tire son nom du pape Alexandre III, protecteur du parti guelfe, fut fondée au XIIe siècle par la ligue lombarde, pour résister à l'empereur Frédéric Ier. Les Milanais, chargés de la bâtir, n'employèrent d'abord que du limon et de la paille, ce qui la fit appeler dérisoirement par les Gibelins *Alessandria della paglia*; aujourd'hui, cette Alexandrie de paille est la plus forte place de guerre du royaume italien.

Plaisance n'a rien de plaisant; trop grande pour sa population, son aspect est désert et triste, et ses anciens remparts, couronnés de fleurs et de verdure, au lieu de bronze et de fer, servent de promenade. A quelque distance de Plaisance, nous avons côtoyé du railway, l'ancienne voie Emilienne, construite par le consul Emilius Lepidus, 187 ans avant notre ère.

Parme se détache avec élégance de sa ceinture de murailles. Son Corso, qui la traverse tout entière et prend successivement différents noms, a plus de deux kilomètres de longueur. Cette ville a donné son nom à un peintre excellent, inventeur de la gravure à l'eau forte, Mazzuoli dit le Parmesan, et a un fromage estimé, quoique, à vrai dire, le véritable parmesan ne soit fabriqué qu'aux environs de Lodi.

Nous avons salué Modène, dont le beau campanile appelé la Ghirlandina perce le ciel; c'est peut-être le plus élevé d'Italie.

Chère amie, il est déjà tard, et nous sommes arrivées. Prenez mon bras et entrons à Bologne, place forte, cité importante et qui jadis était la seconde capitale des Etats de l'Eglise. C'est la ville des portiques et des savants ; de l'ombre, quand on se promène sous ses galeries, et de la lumière quand on visite ses musées et son Université demeurée célèbre par sa science. Elle est la patrie d'hommes éminents dans tous les genres : du Guide, du Dominiquin, de l'Albane, des trois Carrache ; voilà pour les arts. De Manfredi, le grand chef Gibelin de la Romagne, du pape Benoît XIV, du savant naturaliste Aldrovande, qui consuma sa vie et sa fortune à recueillir les matériaux de son histoire naturelle, dont les gravures originales sont aujourd'hui au Muséum de Paris ; du fameux médecin et physicien Galvani, qui fit en 1790 la découverte de ces propriétés électriques désignées depuis sous le nom de galvanisme ; il crut même avoir découvert le fluide nerveux, mais Volta a démontré le contraire. Le poëte Monti est Bolonnais ; sa traduction de l'Illiade est son plus beau titre. Monti, après avoir déchiré les Français dans ses compositions, devint adulateur de Napoléon Ier, chanta ses victoires et même ses triomphes en Italie. A la chute de l'Empereur, il se mit aux gages de l'Autriche, et écrivit de nouveau pour cette puissance. Malgré le charme et l'élégance de ses poésies, sa versatilité lui fit perdre l'estime de ses concitoyens. Chanter l'astre du moment, c'est le faible des poëtes en général (n'est-ce pas la méthode suivie par Victor Hugo) et des journalistes en particulier. Si l'opinion était aujourd'hui aussi sévère qu'alors, quels journalistes seraient honorés ? Bien peu puisque, comme la girouette, ils tournent presque toujours du côté où le vent souffle le plus fort.

Plusieurs publicistes et jurisconsultes distingués ont vu le jour à Bologne, — c'est à cette fameuse Université que la belle Maria Agnesi professait les mathémathiques ; initiée de bonne heure à l'étude des hautes sciences, par son père, elle y fit de tels progrès, qu'en 1750, le pape Benoit XIV, l'autorisa à succéder à son savant professeur, dans son cours public. Ses écrits publiés en latin ont eu les honneurs d'une traduction française. Dès qu'elle avait franchi la tribune de l'enseignement, un rideau s'abaissant la dérobait à tous les regards, car sa beauté plus grande encore que son savoir eût troublé les esprits et lescœurs ; sa voix, mélodieuse comme un chant, faisait accourir tous les étudiants, et dès qu'ils l'avaient entendue, ils restaient à puiser la science à cette source charmante sans plus vouloir s'en aller. Du reste, ce n'est pas la seule femme dont le temps garde ici le souvenir.

A San Petronio, basilique inachevée, et commencée en 1390, on remarque un bas relief de Joseph et de Mme Putiphar, datant de la fin du XVe siècle, par Properzia de Rossi. Cette belle jeune femme peintre, graveur, sculpteur, musicienne, éprise d'un amour malheureux, traça, dit-on, son portrait dans celui de l'épouse infidèle, et celui du jeune homme dans la figure de Joseph.

A San Domenico sont les pierres tombales du Guide et de son élève la charmante Sirani, empoisonnée à vingt-six ans.

Nous aurions bien d'autres églises à visiter, mais ne nous arrêtons plus qu'à San Stefano, bâti pour rappeler les stations de Notre-Seigneur pendant sa passion. Cette construction est une très singulière agglomération de sept petites églises formant une sorte de labyrinthe d'édifices, les plus curieux de Bologne, qui renferme pourtant quantité d'églises et de chapelles.

Cependant, entrons encore à San Giacomo Maggiore, non point seulement à cause de ses belles peintures, mais parce que c'est dans cette église que nous voyons pour la première fois le Velum, immense tenture qui part au-dessus de la chaire, et qui couvre en forme de plafond une partie de la nef. Cette espèce de tente, placée dans le but de rabattre la voix du prédicateur, et de l'empêcher de se perdre dans l'espace, est d'étoffe noire, ce qui attriste fort le regard et donne à l'église un faux air de catafalque.

Les peintres Bolonais se sont plu à embellir les églises et la ville des richesses de leur talent, aussi la galerie de Bologne est-elle l'une des plus belles de l'Italie. La Pinacothèque renferme 360 toiles environ ; outre les chefs-d'œuvre, qui lui donnent un prix inestimable, elle offre un intérêt particulier comme monument national, par le grand nombre de tableaux des peintres de l'école Bolonaise. Parmi tant de merveilles, j'ai remarqué la Madonna della piéta, vaste toile, chef-d'œuvre de Guido Reni, et Sainte-Cécile, chef-d'œuvre de Raphaël. Nous avons aussi visité l'Oploteca, riche collection d'armes, et la bibliothèque renfermant 15,000 volumes.

Le musée d'anatomie est très complet. On parcourt

vingt salles remplies du tableau de nos misères, et on se demande, en sortant de là, s'il est possible que la santé soit jamais parfaite, si même elle existe, car c'est un miracle permanent de la nature, quand tous les rouages si compliqués de la machine humaine, sont en place et fonctionnent harmonieusement. La chaire du professeur est supportée par deux squelettes géants qui font frissonner.

C'est dans le palais du Podestat que le roi Entius, pris par les Bolonais à la bataille de Fossalto, resta 23 ans prisonnier, jusqu'à sa mort. Il fut consolé pendant cette longue captivité par l'affection de la belle Lucie Vendagoli.

Les palais particuliers n'attirent plus l'attention des voyageurs, les riches collections qui, jadis, faisaient toute leur célébrité, ayant été dispersées. On montre le palais des Baciocchi, qui fut la résidence d'Elisa, sœur de Napoléon, et la modeste maison de Rossini.

Revenons au positif de la vie. Le saucisson est aussi bon qu'on nous l'avait dit, et les épiciers ont à toutes leurs devantures des bouquets dont le coloris ne se fane jamais, pas plus que le parfum ne s'évapore, car on ne les respire pas ces bouquets, on les mange; ils se composent de pruneaux, figues, raisins, amandes même, tout cela bien coordonné, bien arrondi, et tenant par je ne sais quel procédé, comme un groupe de fleurs dans un étui de papier blanc découpé et dentelé.

Il y a plusieurs théâtres : deux ont attiré notre attention, parce qu'ils sortent de l'ordinaire, et qu'on n'y joue que le jour, l'*Arena del sole*, l'arène du soleil; *e giuoco di Pallone*, jeu du ballon, exercice en même temps que spectacle favori, auquel les Bolonais se livrent dans une vaste salle.

Deux monuments curieux et fort saillants de la physionomie de Bologne sont les deux tours Asinelli et Garisenda ; la première fut bâtie vers l'an 1100 par la famille du même nom; sa hauteur est de 89 mètres, et elle a plus d'un mètre hors de la perpendiculaire ; il faut monter 449 marches pour arriver au sommet. De là vous embrassez un panorama sans bornes, et qui vous retient quelques instants ; mais il n'y a pas assez de plans dans cette immensité, les palais de la ville ont l'air de châteaux de cartes, et les hommes de fourmis. Le regard s'étend jusqu'à Vérone.

L'autre tour, qui fut bâtie à la même époque, par les frères Garisendi, ne mesure que 49 mètres de hauteur; mais son inclinaison est beaucoup plus considérable. Mesurée en 1762, elle était de 2 mètres 59 cent. ; depuis, elle a augmenté de 46 centimètres. Vous voyez qu'elle marche bon train sur les traces de celle de Pise; mais sans soulever de controverse entre les savants, qui sont unanimes à reconnaître que cette inclinaison, due à quelque tremblement ou à l'affaissement de la construction, existait déjà au temps de Dante, qui la comparait au géant Antée se baissant.

Comme tous les étrangers, nous avons fait notre pèlerinage à la madonna di santa Luca : on monte toujours pendant plus d'une lieue ; aussi, la vue s'embellit-elle à chaque pas, j'allais dire à chaque arcade ; car, figurez-vous que ces Bolonais, avec leur manie d'arcade, ne se sont pas contentés de celles dont leurs rues sont bordées de tous côtés, ce qui donne à la ville un aspect sombre et tout-à-fait à part ; mais qu'ils ont construit un portique de 640 arcades, qui commence en dehors de la porte de Saragosse, pour conduire uniquement au susdit pèlerinage. Il n'y a même pas quelques maisons pour lui donner raison d'être. Non, c'est un chemin en galerie couverte, qui dure cinq kilomètres. Je crains fort que l'édilité bolonaise, à moins qu'elle ne connaisse le grand truc du centime additionnel, ne se ruine rien que dans l'entretien de ces innombrables portiques.

Notre arrivée à Rome.

Le sifflet jette ses sons aigus, la machine se ralentit, nous allons entrer dans la ville éternelle, dans la capitale du monde entier. Et pour le catholique, ce n'est pas un voyage qu'il fait à Rome, c'est un pèlerinage. Notre regard ardent cherche à franchir l'espace, une émotion nouvelle nous remue délicieusement, nous allons donc voir cette ville antique, que jusqu'à ce jour notre imagination n'avait entrevue qu'en rêve ! Que tout front s'incline, que tout genou fléchisse, car tu renfermes en tes murs, ô reine de l'univers, le vicaire de Jésus-Christ, le pontife saint, le roi des chrétiens fidèles, l'auguste représentant du plus haut pouvoir moral, la plus grande et la plus vénérable figure du siècle.

Nous descendons harassées après quinze heures de chemin de fer, nous avons traversé quarante-huit tunnels et franchi ou plutôt gravi les Apennins, deux machines poussant et hissant le train produisent une locomotion des plus pénibles, mais au milieu des nombreux anneaux de cette chaîne démesurée, le panorama est gigantesque, la lune, ce doux soleil des nuits, donnant encore plus de grandeur à l'ensemble. Hélas ! on l'a dit souvent, les tableaux se voient et ne s'entendent pas. Comment décrire avec le secours de la plume ces monts titanesques aux neiges éternelles, ces eaux qui descendent en torrent impétueux d'abord, pour se diviser ensuite en ruisseaux charmants, ces chaumières accrochées aux crêtes des montagnes, indiquées par une faible lumière qui leur donne l'air d'un gros ver luisant, ces flancs nus et désolés dans leur ceinture de bois sombres, ces gorges profondes assises au bord de prairies vertes et fraîches, tout ce chaos enfin que le regard ne peut sonder, tableau sévère et magnifique où la nature a semé autant d'horreurs que de beautés !

Nous voici dans l'omnibus de la Minerve. Ah ! chère amie, quelle désillusion ! elle est complète pendant cette première heure et toutes celles qui vont marquer le jour de l'arrivée. Qu'avais-je donc rêvé ? une ville de marbre et de colonnes antiques, de statues superbes et de splendides palais ; oui, la Rome qu'Auguste disait avoir trouvée de briques et avoir laissée de marbre, je la voyais toute peuplée d'arcs de triomphes, de colisées, de forums, que sais-je ! et nous voilà parcourant les rues sales et sans trottoirs d'une ville comme toutes les villes d'Italie, où les maisons sont très-hautes, et les rues trop étroites, car avant tout il faut se préserver des atteintes du soleil, et tout a été disposé pour cela ; certaines vieilles rues ne reçoivent jamais ses rayons, elles sont longues, étroites et sombres comme un corridor mal éclairé, et, grâce au vent qui s'y engouffre, vous circulez dans un courant d'air permanent. La gare même, un peu retirée comme dans toutes les grandes villes, a jeté le chaos en traversant ces quartiers éloignés. On en arrive à se demander si c'est le travail de la vie ou de la mort qui a abaissé ces terrains, élevé ces tranchées, crevassé les murs et coupé les maisons dont il ne reste par ici par là qu'un pan suspendu; mais une fois ces premières impressions passées et que la réflexion aurait dû m'éviter, je suis entrée dans cette voie d'admiration et d'étonnement qui renverse l'esprit. Il y a tant de choses à dire, de merveilles à dépeindre, d'impressions à raconter que des centaines de volumes ont paru, on a tant et si bien écrit sur la ville éternelle qu'il semble téméraire d'y revenir, aussi ne vais-je esquisser que ce qui m'a le plus frappée, vous chercherez ensuite la description en détails de toutes ces beautés dans les ouvrages déjà publiés.

Laissez-moi vous dire encore que l'on imprima à Venise en 1550 un livre uniquement destiné à relever la liste de tous les titres dont Rome avait été gratifiée jusqu'alors. M. Charles Quesnel ajoute : « On conçoit par ce seul détail ce que peut être une ville dont le nom même a pu fournir matière à un pareil thème, et combien il est difficile d'être court si l'on veut tenter une description de ce vaste labyrinthe où la science elle-même ne réussit qu'à s'égarer. »

Cependant je crois Rome une source inépuisable de toutes les richesses du cœur et de l'intelligence, séduisant toutes les natures, elle s'adressera au savant austère qui creuse la science comme au profane léger qui ne fait que l'effleurer, au poëte comme au sculpteur, au musicien comme au peintre, dans le langage qui leur est familier, parlant en maîtresse souveraine à tous les artistes, à tous les vrais amants de l'art et du beau. L'Italie est la noble terre des grands hommes et des grandes choses, et Rome, après avoir été la reine de la civilisation raffinée du matérialisme, est devenue la mère de la civilisation chrétienne, enfantée par la douleur et fécondée par le martyre. — Oui, reine superbe, maîtresse du monde par la force, tu l'es devenue ensuite par la persuasion et la douceur.

La ville des sept collines qui, à proprement parler, en compte quinze, dont dix naturelles et cinq artificielles, renferme 250 mille habitants. Ses murs actuels, qui ont vingt-cinq kilomètres de tour, sont cependant plus rétrécis que l'enceinte faite sous Aurélien. En 852, Léon IV enferma dans la ville le Vatican et ses faubourgs, qui s'appelèrent la cité Léonine.

On arrive à Rome par douze portes toujours ouvertes ; la plus belle sans contredit est celle du Peuple (où fut enterré Néron), ouvrant sur la place du même nom. Les Français donnent aussi un coup d'œil à la porte Pancrazio, par laquelle leurs compatriotes entrèrent dans l'antique cité lors des conquêtes du premier empire.

Le Tibre me rappelle assez la Vilaine, et par la largeur de son lit, et par la couleur foncée de ses eaux, mais il est loin d'être pacifique comme notre tranquille rivière ; à certaines époques il déborde avec furie, et ses inondations causent les plus grands ravages. Outre la fontaine particulière dont chaque maison est pourvue, cent cinquante fontaines publiques distribuent l'eau, amenée par trois aqueducs d'une longueur de vingt-sept lieues, et fournissent une masse de 150,500 mètres cubes par jour. C'est beaucoup plus qu'à Paris, qui compte à peine 100 mille mètres cubes d'eau par jour, même en y comprenant le jaillissement formidable des puits artésiens.

Pour regagner notre hôtel, nous passons chaque fois devant la monumentale fontaine de Trevi, avec ses tritons fantastiques et ses chevaux furibonds mordant l'écume de flots pressés qui coulent comme des rivières. Cette source, la meilleure de Rome, descend de l'ancienne voie collatine; on l'appelle *acqua virgine* en souvenir d'une jeune fille qui la découvrit et l'indiqua à un soldat altéré. Parfois nous avons envie de descendre jusqu'au fond du bassin, pour goûter cette eau transparente et limpide, d'autant que la tradition assure qu'il suffit d'en boire une seule fois pour revenir à Rome. Les ondes du Léthé faisaient perdre le souvenir, celles-ci le réveillent ? Ah ! oui, lorsqu'on a vu Rome et l'Italie, lorsqu'on s'est désaltéré à leurs eaux, et qu'on s'est enivré de leurs chefs-d'œuvre, la vision du passé plane sur l'avenir, et l'on aspire à revoir ces lieux bénis, cette patrie de la belle nature et des arts, « cette terre pétrie de la main de Dieu et du génie de l'homme. »

Les places sont nombreuses et belles ; celle du Quirinal se fait remarquer par les deux statues colossales de Castor et de Pollux, attribuées à Phidias et à Praxitèle. Le quartier qui a le mieux conservé son cachet, qui ne s'est nullement fondu avec les autres, est celui du Trastevere comprenant toute la partie de la ville située sur la rive droite du Tibre.

Quoique renfermant Saint-Pierre et le Vatican, d'autres palais et d'autres églises remarquables, il demeure bien plutôt le quartier populaire qu'aristocratique. Tous ses habitants, qui ne s'allient guère qu'entre eux, sont restés aussi hautains que misérables. J'imagine que, malgré les sales haillons qui les recouvrent, ils se croient toujours les descendants des dieux ; ils ont d'ailleurs conservé dans leur démarche, leur maintien, leur regard, quelque chose de digne, et drapent leur misère avec grâce ; la blouse et la casquette ne les ont pas encore enlaidis.

Le passé se sépare du présent par des espaces déserts et fort grands, par de solitaires quartiers que l'invasion et la guerre ont couverts de ruines; car, tant que le monde sera monde, le sort des civilisés sera d'être dévoré par les barbares. Entrons donc dans cette assemblée silencieuse, et considérons la grande et imposante figure des ruines.

La dévastation y tient sa cour, et nous sommes, sans périphrase, dans le domaine du vandalisme. N'est-ce pas le peuple Vandale qui, au Ve siècle, vint, portant le fer et le feu, ravager toute l'Italie. Et ne peut-on répéter aujourd'hui ce que saint Hildebert disait au XIIe siècle, après les nouvelles dévastations de Robert Guiscart : « Rien n'est égal à toi, ô Rome ! quoique
» tu ne sois plus qu'une ruine ! Ni la suite des armées,
» ni la flamme, ni le glaive n'ont pu entièrement abolir
» ta splendeur. Il en est resté trop, et trop en est

» tombé, pour qu'on puisse détruire ce qui est debout
» ou relever ce qui est gisant. »

Châteaubriand, exprimant à peu près la même pensée, a dit : « C'est à Rome qu'il faut aller voir la plus
» éloquente réunion des ruines historiques qui soient
» sur la terre, et le forum avec ses monuments funè-
» bres, portant la date de leur décès, est le vaste ci-
» metière des siècles. »

Le voici le Forum, ce lieu magnifiquement décoré d'un portique à deux étages, ce lieu où Cicéron qui, selon Sénèque, fut le seul génie que le peuple romain ait eu d'égal à son empire, parlait avec tant d'éloquence, où s'assemblait le Sénat, où s'agitaient les destinées du monde; ce lieu fouillé et bouleversé par la curiosité, qui l'a rendu méconnaissable, n'est plus qu'un amas de colonnes abattues et de statues brisées. Depuis trois siècles, les savants tournent et retournent ce champ de ruines, sans pouvoir se mettre d'accord, même sur son orientation. Sans doute, cette terre pétrie de cendre et de marbre recèle encore bien des trésors; mais, le sol antique étant à peu près de six mètres au-dessous du sol actuel, il faut reconnaître que cette seule différence de niveau apporte un grand obstacle, non-seulement aux investigations qu'on tente chaque jour, mais encore à la perspective de tous les monuments.

L'origine du Forum remonte à l'alliance des Romains et des Sabins. Il exista jusqu'au XIe siècle; sa ruine totale date de Robert Guiscart, gentilhomme normand qui, appelé au secours de Grégoire VII, en fit un monceau de décombres à jamais irréparables. Paul III bouleversa le Forum pour y faire des fouilles ; puis il resta tout à fait abandonné pendant quelque temps ; enfin, cette place, chère à l'antiquité, devint le marché aux bestiaux, en sorte que ce glorieux nom de Forum romanum fut changé en celui de Campo Vaccino ! Nous avons plusieurs arcs de triomphe à contempler, ceux des orfèvres, de Janus, de Constantin, de Septime Sévère, ce dernier en marbre blanc, décoré de huit colonnes cannelées et de bas-reliefs qui se ressentent un peu de la décadence des arts, et enfin celui de Titus, en marbre pentélique, au point culminant de la voie sacrée, élevé sous le règne de Domitien par le Sénat et le peuple, en l'honneur de la conquête de Jérusalem par Titus. Il est moins grand que les autres, mais c'est le plus beau monument de ce genre qui nous soit parvenu. Les bas-reliefs relatifs aux victoires de l'empereur sont magnifiques.

Voici bien d'autres souvenirs encore. Les ruines de la basilique Constantin, de la basilique Julia, du temple de la Concorde, du temple d'Antonin et de Faustine, du temple de Vénus construit par l'empereur Adrien. Devant ce passé plein de grandeur, le présent nous paraît presque infime. Le palais des Césars est un monde; on se perd dans le dédale de ses substructions, dont les plus anciennes, d'après quelques traditions, remontent à Romulus, et cela se comprend jusqu'à un certain point. Quand un empereur était renversé, son palais devait subir le même sort, et être détruit de fond en comble ; naturellement on commençait par les combles, mais le successeur ne laissait pas aller plus loin, et s'empressait au contraire de rebâtir en ajoutant un étage de plus, voilà l'explication de ces constructions incompréhensibles. On monte et on descend des escaliers sans fin, on se perd dans un labyrinthe de galeries, de voûtes, de salles dont quelques-unes sont encore ornées de fresques et de mosaïques ; à chaque pas on rencontre des statues de toutes sortes, et des sarcophages de toutes grandeurs. J'en ai vu de tout petits destinés sans doute à des enfants nouveau-nés, d'un travail délicieux. Ah! quels jolis coffres à bijoux ils feraient!

On élèverait une montagne de toutes ces colonnes, de toutes ces statues, de tous ces marbres brisés par les âges. Chose singulière : votre œil s'attache à ces splendides débris, votre main se crispe devant ces monceaux de marbre antique, vert et rouge, d'une valeur égale à celle des pierres précieuses, et qu'on ne retrouve plus. Une idée fixe s'empare de votre esprit, dérober un carré de mosaïque, un caillou de marbre, dans ce palais des Césars où on les remue à la pelle, ne serait-ce pas le plus cher souvenir? Hélas! chaque fois que vous avez découvert l'objet de vos convoitises, et que votre main s'est tendue pour le saisir, un gardien au regard scrutateur se dresse soudain devant vous, et paralyse votre élan; on est devenu très-sévère et on a bien fait, car jadis les étrangers, les anglais surtout, n'y allaient pas de main morte; ils arrivaient avec pioche, scie, marteau, brisant, coupant, détachant et emportant tout ce qui leur convenait. Du reste, cette monomanie, qui voudrait tout prendre marbres et souvenirs, ne vous tourmente que quelques instants; on finit par voir tant de ruines qu'on ne tient plus à leurs débris.

La science creuse et déblaie sans cesse ce mont du vieil Evandre et du jeune Romulus, lui demandant à l'aide des souvenirs et des trésors qu'il renferme de reconstituer l'histoire des temps les plus reculés. L'empereur Napoléon III avait acheté de vastes terrains sur le mont Palatin pour le fouiller à son tour, la France les a dernièrement cédés à l'Italie, qui continue les recherches. C'est de cette résidence impériale élevée sur le mont Palatin ou Palatium, que le nom de Palais fut affecté plus tard à toutes les demeures royales ou dignes de l'être.

Le Panthéon est le plus admirable monument que nous ait transmis l'antiquité. Il fut érigé par Agrippa, vingt-six ans avant notre ère ; brûlé sous Titus et sous Trajan, il fut restauré par Adrien et par Antonin le pieux. Son portique de trente-trois mètres de largeur, sur dix-neuf de profondeur, présente de front huit colonnes corinthiennes. Les seize colonnes de l'intérieur, d'un seul bloc de granit, ont quatre mètres et demi de circonférence et douze mètres et demi de hauteur, sans comprendre la base et les chapiteaux de marbre blanc ; ces chapiteaux sont les plus beaux qu'on connaisse. La hauteur totale de l'édifice est de quarante-quatre mètres et son diamètre à peu près égal, ce qui lui donne l'air un peu lourd et écrasé. Il n'a point de fenêtres. Les formes sphériques ont représenté les globes célestes de toute antiquité : les Romains voulant donner une idée surnaturelle de la divinité, pratiquèrent dans la voûte une ouverture circulaire, disant que cette lumière qui venait d'en haut était l'emblème de leur divinité supérieure. Passe encore s'il n'y entrait que la lumière, mais, les jours d'orage, il y tombe des torrents de pluie, et, détail curieux, l'eau du ciel et l'eau de la terre s'y donnent rendez-vous ; quand le Tibre déborde, il inonde le parvis de ce beau temple construit dans l'emplacement le plus bas de Rome.

Le Panthéon ne renferme aucune statue des dieux et des déesses pour lesquels il avait été bâti ; mais les tombeaux de plusieurs artistes, entr'autres celui de Raphaël, sur lequel on a placé la madone de son élève Lorenzetto, Notre-Dame-du-Rocher, et l'épitaphe de sa fiancée, morte trois mois avant lui. Raphaël, si justement nommé l'Homère de la peinture, mourut d'excès de travail et de plaisir, dans la plénitude de son talent, l'an 1520 : il n'avait que trente-sept ans. Son dernier tableau, la Transfiguration, est le plus bel ouvrage produit par la peinture ; aussi, à sa mort, plaça-t-on cette œuvre admirable près de son cercueil, en sorte qu'il n'y avait personne qui n'eût le cœur rempli de tristesse à la vue de ce spectacle, qui faisait sentir, par l'excellence de ce tableau, la perte irréparable que subissaient le monde et l'art de la peinture ! Maniant en maître le compas et le pinceau, il ne lui manquait que le ciseau pour être parfait comme Michel-Ange ; aussi s'était-il établi entre ces deux grands hommes une rivalité qui dura toute leur vie. Semblables dans l'art et le talent, ils différèrent complètement dans les goûts et les habitudes de la vie. Raphaël aima le plaisir, le luxe, les recherches de l'existence et demanda à l'amour ses meilleures joies ; Michel Ange, au contraire, méditatif, sérieux, insensible aux richesses, austère dans ses mœurs, religieux et charitable, fut toujours dominé pendant toute sa vie, par une seule passion, l'unique et noble amour de l'art et du travail; la peinture était sa fidèle épouse, disait-il, et ses ouvrages étaient ses enfants ; aussi, sur la fin de ses jours, devenu presque aveugle, portait-il ses mains sur ses tableaux et ses marbres précieux en s'écriant : Oh mon Dieu ! rendez-moi la lumière que je les revoie encore une fois !

Le temple de Vesta, sur les bords du Tibre, de forme circulaire, entouré de vingt colonnes cannelées, est bien le plus ancien souvenir de la Rome païenne. Son âge et son vrai nom restent dans les ténèbres, et l'on doute que les savants puissent jamais se mettre d'accord là-dessus. Une chose me déplaît fort, c'est l'affreuse toiture de briques rouges dont on l'a affublé, sans doute, pour l'abriter le plus possible des outrages du temps.

La colonne Antonine est fort belle ; mais la plus remarquable est la colonne Trajane, se mesurant avec les maisons de la place qui l'entoure, comme Gulliver avec les Lilliputiens; donc, cette colonne, d'une grande hauteur, se compose de vingt-trois blocs de marbre de Carrare. Le diamètre intérieur est de plus de trois mètres ; on y monte par un escalier tournant, de près de deux cents marches et éclairé par quarante-trois petites ouvertures. La colonne présente extérieurement un bas-relief en spirale, qui suit la direction de l'escalier intérieur et fait vingt-trois fois le tour. Cette immense composition dans laquelle on compte plus de 2.500 figures, représente des sujets tirés des deux expéditions de Trajan contre les Daces.

Les bains de Caracalla, après le Colisée, sont peut-être la ruine qui frappe le plus l'imagination ; les anciens même ont vanté la richesse et la magnificence de ces bains dallés, lambrissés, voûtés de marbres de toutes les espèces et de mosaïques de tous les genres, encombrés de statues et renfermant tout ce que le luxe et le bien-être peuvent inventer. On y a retrouvé, heureusement conservés, plusieurs chefs-d'œuvre, dont les principaux sont l'Hercule-Farnèse, la Flore, la Vénus calypige, le Torse du Belvédère. L'emplacement occupé par ces thermes était un carré de 341 mètres de chaque côté. Les aqueducs de ces temps anciens furent aussi gigantesques. La longueur des divers conduits qui amenaient l'eau dans la ville était de 107 lieues, et ces aqueducs, au nombre de neuf, comprenant 13600 tuyaux, étaient la grande merveille de Rome, que Pline comptait parmi celles de l'Univers.

Il y a tant de débris, tant de souvenirs dans cette ville unique, qu'on ne sait auquel s'arrêter : voici le tombeau des Scipions, découvert en 1788 ; on descend je ne sais combien de degrés pour pénétrer dans cet antre profond, armé d'une torche vacillante, dont les rayons ne percent qu'à grand'peine ces ténèbres épaisses. Quant au magnifique sarcophage qu'il renfermait, il est depuis longtemps déposé au musée du Vatican.

Voilà aussi la maison, jadis dorée, de Néron, mais qui ne garde aucun vestige de sa splendeur, et dans laquelle on entre comme dans une cave. La tradition rapporte que ce palais était tout revêtu d'or, d'argent, de marbre, de pierreries ; la grande salle à manger offrait l'image des globes célestes, et l'on voyait les étoiles courir dans le plafond, de forme circulaire, et tournant sans cesse sur lui-même ; les lambris à coulisses représentaient l'année, dont les saisons changeaient à chaque service, et les tables d'ivoire mobiles renfermaient des tubes, qui faisaient pleuvoir sur les convives des fleurs et des parfums en si grande abondance qu'ils provoquaient parfois l'asphyxie. C'était le supplice des victimes préférées de Néron, qui les faisait venir à ses fêtes pour leur donner la mort, au milieu des enchantements de la vie. Non, il ne reste plus rien de ce luxe détestable, rien que le souvenir qui stigmatise à jamais le monstre, l'énergumène qui, dans un jour de démence inouïe, fit incendier la grande Rome et assista du haut de son palais, la lyre en main, à ce spectacle plein d'horreur et d'épouvante. L'histrion qui faisait élever un monument aux mânes d'un vase de cristal, et qui, à l'exemple de Caligula, qui servait à son cheval du blé doré dans une auge d'argent, fit construire une cage d'or massif pour sa favorite Phœbé, une tigresse, l'héroïne des combats sanglants contre les chrétiens, et des orgies du palais: car bien souvent, elle apparaissait dans la salle des festins à la fin du repas, et, d'un signe du maître, devinant le convive qui lui était réservé, elle s'élançait sur lui sans que personne osât prendre sa défense, et le mettait en pièces ; quand elle s'en allait, roulant une tête humaine comme un jeu, celui qui, plus tard, devait pleurer de mourir et s'écrier : « Quel artiste le monde va perdre », celui-là était content

La roche tarpéienne qu'on va voir au milieu de jardins remplis de fleurs et d'arbustes qui l'ont envahie, ne retient qu'un instant ; pour y trouver quelque intérêt, il faut ouvrir l'histoire qui a gardé le nom de ses victimes, et remonter au temps où Tarpéia, fille du gouverneur de Rome, sous Romulus, séduite par les Sabins, leur promettait de leur ouvrir la citadelle s'ils voulaient lui donner ce qu'ils portaient au bras gauche, voulant parler de leurs bracelets d'or. Tatius, roi des Sabins y consentit. En entrant dans la ville, il jeta à Tarpéia non-seulement ses bracelets, mais encore le bouclier qu'il portait au même bras, il fut imité par ses soldats, en sorte que la malheureuse Tarpéia succomba sous le faix. Elle fut enterrée dans la partie méridionale du mont capitolin qui prit le nom de roche tarpéienne. — Depuis, ce fut du haut de cette roche qu'on précipita tous les conspirateurs, tous les traîtres à la patrie qui retombaient brisés au bas de cette montagne haute de trente-deux mètres alors, et qui, aujourd'hui, n'en a plus la moitié.

Nous sommes allées au Colisée à dix heures du soir, par un clair de lune admirable, qui donnait à tous les contours quelque chose d'indéfini et de mystérieux, d'insondable et de gigantesque, ces immenses galeries, ces escaliers sombres entrevus à la lueur scintillante de nos torches enfumées, ou des rayons vaporeux de la lune, étaient d'un effet fantastique et saisissant. Cette ruine qui s'élève sur d'autres ruines, les anciens jardins de Néron, est vraiment merveilleuse, et ses souvenirs font tressaillir l'âme. D'abord, je me suis sentie comme enveloppée de solitude, là où il y eut tant d'hommes, et de silence, là où il y eut tant de bruit, puis peu à peu et sans frais d'imagination, je me suis crue transportée de dix-huit siècles en arrière. J'évoquais ces troupes de martyrs, confesseurs de nos immortelles croyances, demeurant fermes et intrépides devant une mort affreuse, au milieu des fureurs grandissantes des lions et des tigres qui les déchiraient; mes yeux croyaient voir couler le sang sur cette terre qui jadis en fut inondée, et qui pendant, deux siècles, ne but que du sang chrétien, mes oreilles attentives écoutaient la plainte contenue de la douleur vaincue par la Foi et les rumeurs de la ville qui arrivaient jusqu'à nous, ressemblaient au souffle ardent de ce peuple aux cent mille poitrines qui n'osait pas encore respirer, et qui attendait, pour faire éclater sa joie, le dernier râle des mourants et le rugissement féroce des vainqueurs.

Ils avaient donc des milliers d'ouvriers, ces empereurs dont la force et la puissance élevèrent en sept ans les bains de Caracalla, et, en dix ans, ce Colisée monstrueusement grand, colosse de l'Occident comme les pyramides sont les colosses de l'Orient. Rapprochement étrange : les Israélites captifs bâtirent le théâtre des Césars comme leurs ancêtres avaient bâti les tombeaux des Pharaons. Le peuple romain, toujours fier de ses œuvres, l'avait appelé colosse, c'est nous qui avons fait de colosseo colisée : ce qui n'a plus de sens.

Commencé par Vepasien le colosse fut terminé par Titus, à son retour de Jérusalem ; il employa à son achèvement des milliers de juifs, ses prisonniers de guerre ; son inauguration solennelle eut lieu l'an 80 de l'ère chrétienne, dix ans après la ruine de Jérusalem. Cette fête dura cent jours pendant lesquels il fut tué cinq mille bêtes féroces et dix mille captifs ; un grand nombre de gladiateurs périrent aussi.

Le sol de l'arène pouvait encore se remplir d'eau, et le sénat et le peuple venaient alors assister aux naumachies, sortes de joûtes, de combats navals, aussi à la mode que ceux des gladiateurs. Pendant cinq siècles, cet amphithéâtre ne servit qu'à des jeux atroces. A l'époque de l'invasion des barbares il fut abandonné ; puis il devint forteresse et plusieurs familles nobles s'y réfugièrent pendant les guerres civiles du moyen-âge, depuis le XIe siècle jusqu'en 1312.

A cette époque on se souvint de son ancienne destination, et on y donna des tournois, mais ces beaux jours durèrent peu. Cinquante ans après le côté ouest étant tombé, on commença à l'exploiter comme carrière. Le port Ripetta, les palais Farnèse, Barberini, de Venise, et tutti quanti furent bâtis de ses débris où les maçons venaient puiser, j'allais dire à pleines mains, mais c'était encore mieux, à pleines charrettes, tous les matériaux dont ils avaient besoin. La main de l'homme, en 300 ans, lui fit plus de mal que celle du temps en douze siècles, et pourtant sa force colossale devait se jouer de toutes les fureurs. Pie IX a fait faire des murs de soutènement indispensables, et il a fallu ramener à grands frais les pierres nécessaires à sa consolidation.

Tout le monde a oublié qu'un monument analogue fut construit à Paris dans les Champs-Elysées, sous Louis le bien-aimé, pour l'amusement de son bon peuple, mais il eut peu de succès, et fut démoli dès 1784, — une petite rue du faubourg Saint-Honoré, la rue du Colisée, seule en a conservé le nom.

Pour rien au monde, les Juifs, animés d'un sentiment de dignité nationale, ne voudraient entrer au Colisée ou passer sous l'arc de Titus ; ces monuments de leur esclavage et de leur ruine leur sont odieux ; et, contraste étrange, la ville du christianisme par excellence renferme quantité de juifs ; tous les chiffonniers de Rome sont juifs, on les compte par milliers retirés dans ce misérable quartier du Ghetto dont les habitants sont si malheureux à tous égards ; on sent qu'ils traînent encore après dix-huit siècles le poids de la malédiction terrible tombée du ciel sur le peuple déicide. Au frontispice de leur temple, qu'ils prétendent également bâti par leurs ancêtres lors de leur captivité, on lit l'inscription placée à la porte de toutes les synagogues : « Sois béni quand tu entres, sois béni quand tu sors. »

Nous sommes descendues dans la prison Mamertine où saint Pierre et saint Paul, renfermés par Néron, languirent tant de mois. Ici les souvenirs sont palpitants, il semble qu'on y entre au moment où les prisonniers viennent d'en sortir, on n'a pas gratté une mousse, détaché une pierre ; les anneaux qui retenaient leurs chaînes sont là rivés dans le mur. Nous avons bu à la source qu'ils firent jaillir miraculeusement pour baptiser leurs geôliers Processus et Martinianus, ainsi que quarante-sept néophytes qui souffrirent courageusement le martyre quelques jours après leur baptême. Que de drames horribles ! que de mystères douloureux rappellent ces cachots superposés les uns sur les antres, taillés dans le roc vif, au pied de la colline où s'élève l'arc de Septime Sévère ; le dernier de ces antres n'avait ni porte ni escalier. Maintenant, quelques marches pratiquées dans l'épaisseur du mur par un de nos ambassadeurs permettent d'y entrer, car autrefois on descendait les condamnés par un trou circulaire pratiqué dans la voûte existant encore aujourd'hui.

L'implacable ennemi des Romains, le Numide Jugurtha y fut descendu vivant et y mourut de faim. C'est alors qu'il s'écriait du fond de son cachot : « O Rome, que tes étuves sont froides! » Cicéron y fit étrangler cinq des complices de Catilina. Ælius Séjan y fut pendu par les ordres de Tibère ; Simon, fils de Jonas, invoqué comme messie par les juifs au temps de la prise de Jérusalem, y fut exécuté pendant que Titus montait au Capitole. Mais assez, n'est-ce pas, de ces sanglants souvenirs ; bien d'autres encore se rattachent à ces prisons lugubres, dont l'escalier s'appelait gémonies, et nous n'en finirions plus si nous voulions les retracer tous. « Nommer les malheureux qui s'y sont pressés ce serait
» reconstituer l'histoire de Rome depuis Ancus Martius qui creusa ces antres profonds jusqu'aux Césars,
» qu'y traîna le croc populaire. »

Et qui le croirait, ma pauvre amie, nous ne sommes guère renseignés en France, car nous voici arrivées sur la bonne foi des traités, pour passer la semaine sainte à Rome et assister à toutes ces pompes religieuses, et il n'y a plus rien, mais absolument rien de ces fêtes ; la révolution a fait taire toutes les voix, tous les chants et toutes les joies, la voix du père et celles des enfants, les joies et les chants de l'église comme les joies et les chants du peuple. Du reste, (mais ce n'est pas une consolation) cette déconvenue n'est pas pour nous seules, car la Ville éternelle regorge d'étrangers en ce moment.

Depuis 1871 le Saint-Père se regarde comme prisonnier au Vatican, et s'il ne l'est pas, au fond, il l'est bien moralement dans la forme, c'est donc la sagesse qu'il écoute lorsqu'il refuse de se montrer, car s'il sortait il y aurait bien certainement collision entre ses nombreux partisans, qui lui feraient une ovation, et les garibaldiens, qui le poursuivraient de leurs insultes ; aux transports des fidèles répondraient les hurlements de la libre-pensée, — c'est ce que le Saint-Père veut éviter. — Il s'abstient donc de paraître et proteste ainsi contre le droit des gens si indignement violé dans sa personne. Mais quoi qu'on dise et quoi qu'on fasse, on ne peut méconnaître que Rome ne soit le siége de la plus grande puissance morale qui gouverne le monde, et quoi qu'il arrive on peut dire avec Gœthe « que là fut jadis la grandeur, qu'elle y est encore et qu'elle y demeurera » ; il n'y a plus de chapelle papale, c'est-à-dire que le pape et les cardinaux n'assistent plus aux messes dans les églises. Il n'y a plus de bénédiction solennelle, cette bénédiction dont rien ne pouvait égaler la grandeur et la majesté, alors que la foule silencieuse et recueillie encombrait l'immense place Saint-Pierre, que le fort Saint-Ange tonnait, que les troupes battaient aux champs, que toutes les cloches de Rome carillonnaient à la fois, et que le Saint-Père, du haut du balcon de la basilique, laissait tomber cette bénédiction infinie que, dans ses vœux et sa pensée, il étendait *Urbi et orbi*, c'est-à-dire sur le monde entier.

Le dimanche de Pâques était le grand jour de la capitale du monde catholique. Vers dix heures du matin, le pape, la tiare en tête, précédé du cortége ecclésiastique, faisait son entrée dans la basilique de Saint-Pierre porté sur la Sedia Gestatoria par douze palefreniers vêtus de damas rouge armorié, accompagné de deux camériers portant les flambelli ou éventails en plumes de paon. Il venait officier pontificalement dans cet immense temple, qui peut contenir jusqu'à cinquante mille personnes. Le soir avait lieu l'illumination de la colonna, de la façade et du dôme de Saint-Pierre, — 365 hommes étaient employés pour allumer les 2,500 lampions destinés à cette illumination, qui se faisait avec une rapidité surprenante, quand on pense à la position dangereuse des ouvriers attachés par des cordes seulement, et qui couraient dans l'espace, s'agitaient dans les airs comme la ruche bourdonnante qui a des ailes pour la soutenir. Hélas ! nous n'avons rien vu de tout cela: une seule cérémonie a eu lieu le jeudi saint au Vatican, celle des Rameaux. —Un nombreux clergé, parmi lequel plusieurs évêques et quelques cardinaux, a processionnellement fait le tour de l'autel de la confession, portant des palmes et chantant des psaumes. Cette cérémonie a duré une heure à peine. J'ai remarqué qu'en rentrant à la sacristie, tout le clergé remettait ses palmes aux choristes, et comme en Italie plus que partout ailleurs, l'argent est irrésistible, je me suis empressée d'en choisir une des plus belles, et qui pourrait bien être, je veux l'espérer du moins, celle du cardinal Antonelli. Une seule famille a le droit de fabriquer ces rameaux si nombreux pendant la semaine sainte, et voici à quel événement elle doit ce privilége.

Lorsque Sixte V fit élever, par l'architecte Fontana, l'obélisque de porphyre rouge sans hiéroglyphes, et d'un seul morceau (c'est le plus grand travail de cette pierre qu'on connaisse), dont le fils de Sesostris avait orné en Egypte le temple du soleil, et qui était venu embellir les jardins de Néron, lorsque le pape, dis-je, fit élever ce magnifique obélisque de la place Saint-Pierre, défense formelle sous peine de mort fut faite au peuple de prononcer un seul mot. On craignait que ses exclamations n'eussent troublé les ingénieurs ou empêché leurs ordres d'arriver jusqu'aux ouvriers. Tout à coup, au moment décisif, quand le monument est presque dressé, les cordes se relâchent, elles s'allongent et menacent de se rompre en laissant retomber cette aiguille longue de 24 mètres, et du poids de 500 mille kilog., qui va se briser sur le pavé, et broyer de ses éclats des centaines de personnes. Tous les yeux sont fixes et les poitrines haletantes, l'anxiété est à son comble... Soudain, au milieu du silence général une voix puissante s'écrie : *Acqua, Acqua, alle funi*, de l'eau, de l'eau aux cordes. Cette idée émise par un jeune marin est un trait de lumière, les cordes sont inondées, elles se raffermissent, elles se resserrent, le travail peut être continué, et quelques minutes après l'obélisque triomphant vient s'asseoir sur ses quatre lions d'airain, au milieu de cette place où tant de siècles doivent le contempler. Ce jeune marin, de San Remo près Gênes, s'appelait Guillelmo Bresca, le pape le fit appeler et lui demanda quelle récompense il désirait pour l'immense service qu'il venait de rendre. Bresca n'en voulut pas d'autre que celle de pouvoir fabriquer seul à Rome les palmes des rameaux. Depuis cette époque, lui et ses descendants ont toujours joui de ce privilége.

Le samedi saint on voit aussi chez tous les pâtissiers et boulangers le traditionnel gâteau de Pâques ; rameaux et gâteaux, voilà donc les nouveautés du moment, et chaque année on tâche de renouveler leur aspect, ce qui n'est pas petite besogne puisqu'il s'agit d'inventer toujours sur le même sujet, les rameaux taillés dans le palmier même sont variés à l'infini. Tressés, frisés, plissés et pliés de toutes les manières, ils forment des festons, des fleurs, des grappes, des gerbes, des plumets qui sortent d'une longue tige lisse et flexibles atteignant quelquefois deux mètres. Des marchands ambulants installés sur toutes les places, aux carrefours des rues, aux portes des églises vous en offrent à chaque instant. Quant aux gâteaux, leur mine brillante et appétissante vous attire aux vitrines des magasins. Mais leurs genres différents et nombreux vous embarrassent, et, comme pour les rameaux, vous hésitez longtemps à faire votre choix. Ces gâteaux se composent d'une pâte épaisse au beurre et au fromage, le dessus, glacé en rose généralement, est saupoudré de dragées formant les arabesques les plus légères, les dessins les plus variés et donnant aux plus grands l'aspect de jolis guéridons en marbre mosaïqué de toutes les couleurs. Le milieu est occupé par l'agneau pascal moulé en pâte et sucre blanc, avec croix et bannière. Il y a de ces gâteaux qui pourraient nourrir toute une famille entière pendant huit jours; du reste, on les retrouve partout, dans le palais comme dans la masure, et il s'en vend pour toutes les bourses, depuis 1 franc jusqu'à 80 francs.

Je ne vous parlerai pas davantage du carnaval, non point parce qu'il n'existe plus, mais parce que je ne l'ai pas vu, et que tous les récits ne peuvent donner qu'une faible idée du brouhaha, du mouvement, de l'animation du Corso rempli de monde, de voitures, de cavaliers, de piétons et de masques se lançant des bouquets et des poignées de petites dragées blanches, faites tantôt de sucre et tantôt de plâtre, qu'on appelle confetti. Toutes les fenêtres, tous les balcons sont garnis de têtes rieuses et de mains habiles à lancer et à recevoir ces inoffensifs projectiles. Les trois derniers jours du carnaval, qui en dure huit ou dix ordinairement, la joie est à son comble; on retrouve dans ce débordement inouï de toutes les classes, le souvenir des antiques saturnales léguées par la Rome païenne à la Rome chrétienne. La fête se termine le mardi gras au soir par le jeu des moccoli, qui consiste à éteindre le plus grand nombre des bougies tenues par toutes les personnes en voitures ou en ligne le long du Corso, lesquelles se hâtent de les rallumer; le corso se trouve alors brillamment éclairé par cette illumination subite qui ne dure guère qu'une heure; enfin le son fatal de la cloche du Capitole, qui ne sonne que dans deux grandes occasions, le carnaval ou la mort d'un pape (ce qui n'est pas tout-à-fait la même chose), se fait entendre et termine pour un an encore ces jours de réjouissances et de plaisirs.

On sort beaucoup; l'Italie vivant plus encore que la Provence de la vie extérieure, de chant et de poésie, de danse et de promenade, de tout ce qui charme l'oreille et retient le regard ; aussi, tous les jours, de quatre à six heures en hiver, plus tard en été, les équipages élégants, comme les flâneurs modestes, se retrouvent à la promenade à la mode où l'on fait de la musique, ou au Corso, lequel n'est point une place ou une rue particulière: le Corso est tout simplement la belle rue, la rue passante, comme on dirait la grande-rue chez nous ; par conséquent chaque ville d'Italie a son Corso, où la foule empressée et bigarrée se mêle et se démêle comme les vagues moutonneuses d'une mer agitée. Dans ce moment-ci, c'est au Pincio, cette charmante promenade dessinée par les Français, que les promeneurs se donnent rendez-vous. Elle occupe l'emplacement des jardins de Salluste et de Lucullus et mérite encore son ancien nom de colline des jardins « Collis hortulorum. »

De ce lieu élevé le coup d'œil est magnifique : on domine la ville, et le regard descend même sur cette belle campagne de Rome, si pleine de charme, souriante et mélancolique à la fois, et dont les horizons, à cette distance, atteignent toute leur grandeur.

Nous passons des soirées fort agréables à notre hôtel du Globe, en compagnie d'un jeune Anglais et d'une vieille Anglaise, d'une baronne bavaroise et d'une famille polonaise, tous gens d'esprit et parlant français comme vous et moi ; l'Anglais aussi parfois a les honneurs de la conversation, et alors j'ouvre toutes grandes mes oreilles pour n'avoir pas l'air trop ignorante entre les fils d'Albion et ma cousine, qui parle anglais comme une insulaire de la Grande-Bretagne, en sorte que la causerie et le whist, la musique (l'un des jeunes polonais tient son stradivarius de main de maître, et le piano de l'hôtel est un pleyel excellent,) et le thé emportent à tire d'aile les heures déjà trop fugitives ; aussi ne nous retirons-nous guère qu'à la petite pointe d'une heure, quand matine sonne au couvent voisin.

Les Français ont grand besoin de voyager, tout d'abord pour devenir modestes, pour perdre cette fatuité, ce chauvinisme qui doivent les rendre bien ridicules aux yeux des autres peuples, et pour leur faire aussi comprendre leur ignorance. Tous les étrangers que nous rencontrons parlent français, les Italiens également, quand nous autres Français, qui nous intitulons le premier peuple du monde, ne savons pas un traître mot de leur langue.

Le mérite personnel, basé sur l'élévation de l'esprit et des sentiments, confère la première noblesse et pourrait les remplacer toutes, car, à l'étranger on vous cote sur votre valeur individuelle, aucune considération de famille ou de position ne vous entoure, vous restez ce que vous êtes ; aussi, voit-on des gens dépenser beaucoup d'argent et se donner beaucoup de peine pour n'être toujours que des rejetons plus ou moins réussis de la descendance Angot. On voit des types de tous les pays, et c'est une vraie Macédoine d'idées et d'opinions. Voici une Américaine entre ses deux filles, qui s'est mise en chemin pour visiter l'Europe ; elle vient d'entreprendre ce petit voyage de trois ans, plus facilement que nous ne nous mettons en route pour un grand voyage de trois mois. Elle a auprès d'elle un compatriote qui songe creux et ne mange guère. Nous l'interrogeons lorsqu'il est parti, et elle nous répond que ce riche industriel, millionnaire hier, n'est plus maintenant qu'un pauvre homme ruiné. Une dépêche vient de lui apprendre que ses immenses fabriques, non assurées (ces américains ne doutent de rien), ne sont plus qu'un monceau de cendres ; il ne lui reste aujourd'hui, pour toute fortune, que le terrain de leur emplacement.

Voilà une charmante Belge, très-contrariée d'abréger son séjour en Italie ; mais son père et sa mère la rappellent à grands cris; sa sœur, qui préparait ses examens de médecine, uniquement par dévouement à l'art et à la souffrance, vient d'être reçue brillamment. Adieu famille ! Adieu patrie ! dit le jeune docteur en jupons, je n'en connais plus d'autre que l'humanité et le monde, et je pars pour perfectionner mes études dans les universités étrangères.

Voici une Russe qui quitte mère, mari, enfants, pour s'en aller toute seule passer son hiver en Italie. Elle commence à s'y ennuyer fort, n'ayant personne d'intime avec qui échanger ses pensées, mais c'est égal, elle y restera six mois, c'est son idée fixe : chacun a les siennes. Cette liberté chez les femmes, cette réunion d'individus des quatre coins de l'univers nous étonnent ; nos idées sur les convenances sont si différentes, et nous sommes si fort enracinés à notre sol, que nous ne comprenons rien à la facilité avec laquelle les autres peuples, hommes et femmes, se mettent à courir le monde.

En montant l'escalier de l'hôtel, nous nous croisons avec une jeune femme, à la physionomie éventée, qui descendait comme un tourbillon. Ah ! nous dit notre hôtesse, son histoire menace de tourner au tragique ; cette jeune femme habite, par économie, la campagne avec ses enfants ; son mari, officier à Rome, se donne du bon temps et oublie femme et enfants dans les charmes d'une existence dissipée, d'un ménage à huis-clos. Sa femme vient seulement d'apprendre sa conduite, et elle arrive comme une lionne blessée pour mettre en pièces les coupables.

Toutes ces Romaines, aux yeux de velours et de flamme, généralement belles, quoiqu'un peu fortes, déclament, gesticulent, s'agitent comme des actrices devant un nombreux public, rompues au langage du geste, faisant partie de l'école du mouvement poussé jusqu'à l'excès ; au lieu de prendre la vie au sérieux, elles jouent la comédie, voir même la tragédie, se croyant et se mettant toujours en scène.

Nous rencontrons souvent dans les rues ces grandes paysannes de la campagne romaine citées pour leur beauté et l'élégance de leur costume : jupon de couleur vive, corsage rouge, légèrement décolleté, châle de tulle blanc drapé avec goût. Dans toute l'Italie, les femmes sont folles de toilette, et celles du peuple font bien de profiter de leur jeunesse pour se faire belles, car elles passent bien vite sous ce climat dévorant. Elles portent des colliers de corail valant jusqu'à deux cents francs ; les domestiques, qui n'ont que ce qu'elles gagnent, s'achètent chaque année quelques perles, jusqu'à ce que le collier fasse plusieurs tours. Presque partout, leur coiffure est si compliquée, qu'il faut le secours d'autrui pour l'échafauder. Leurs cheveux sont réunis en une natte formant diadème autour de la tête. Dans cette natte on pique, avec une régularité parfaite, trente ou quarante épingles d'argent, dont les grosses têtes, taillées à facettes, se touchent toutes et forment auréole. Deux flèches d'argent garnies de grelots, de boules, de pendeloques en même métal, également enfoncées dans les cheveux, se balancent un peu en arrière à la hauteur des oreilles. Ces coiffures font grand effet, mais usent beaucoup les cheveux, qui ne résistent que peu d'années à ce régime fatigant.

Quoique de race latine comme nous, les Italiens me paraissent beaucoup moins dégénérés que les Français. Les hommes sont plus beaux que les femmes, surtout dans le peuple. Ils sont grands, forts, avec un teint de bronze, des dents blanches et un regard superbe ; ils ont tous un grand œil noir et profond, frangé de longs cils et ombragé de sourcils magnifiques ; élégants, recherchés dans leur mise, ils aiment peut-être un peu trop le clinquant : lourde chaîne d'or faux ou vrai, épingle volumineuse à la cravate ; quand ils n'ont pas une bague au doigt, c'est qu'ils en ont trois. Leur linge est irréprochable, et ils sont gantés et chaussés finement. On reconnaît de suite l'Anglais et l'Allemand, à leurs mains larges comme des battoirs et à leurs grands souliers plats, qui leur donnent l'air d'avoir des chalands aux pieds. Par exemple l'officier italien est tout à fait superbe, avec son grand sabre et ses habits chamarrés de galons (quand on en prend, on n'en saurait trop prendre). Je ne sais plus quel régiment se couvre d'un shako à double visière, aussi grande derrière que devant, ce n'est pas gracieux, mais ces pièces avancées doivent être une excellente défense contre le soleil. Quelques officiers portent sur leurs uniformes trop variés une belle décoration dont ils semblent très-fiers, et à bon droit, j'imagine. C'est un grand ruban de moire bleue, plus large que la main, frangé d'argent aux deux bouts, posé en bandoulière et attaché sur le côté ; cette décoration est entièrement pareille et portée de la même manière que le ruban de sagesse du Sacré-Cœur. Autre pays, autres mœurs.

Je crois que les officiers prussiens qui sont venus tout exprès pour exercer et dresser les Italiens au métier des armes, auront fort à faire pour les rendre belliqueux. L'art de la tuerie est en si grande opposition avec leur goût des arts délicats et charmants, qu'il faudra longtemps les manier et presque les refondre pour en faire des soldats. La cavalerie en tenue de corvée est médiocre ; tous ces militaires, vêtus de toile blanche devenue grise de crasse, couverts d'un bonnet rouge, ont un faux air de galériens. Seuls, les bersagliers, avec leur coiffure originale, un grand chapeau rond semé d'une forêt de plumes de coq, qui s'agitent à tous les vents, ont un air martial. Tous Piémontais, ces militaires, les moins grands de l'armée, rappellent assez dans leur tenue correcte et leur désinvolture aisée nos petits chasseurs. Sont aussi superbes, les officiers de paix qu'on ne trouve que lorsqu'on n'a aucun renseignement à leur demander. Leur houppelande de drap foncé, rasant terre, et leur canne à pomme d'or, leur donnent l'air confortable et cossu des valets de grande maison. Il n'en est pas ainsi des quelques moines qu'on rencontre encore dans les rues; on sent qu'ils ne sont plus chez eux. Leur robe de bure usée, les mauvaises cordes qui retiennent les sandales de leurs pieds nus, leur figure hâve et décharnée, tout atteste l'état de pauvreté et d'austérité dans lequel ils vivent.

Nous avons un temps affreux ces jours-ci. Un général russe, qui loge au même hôtel que nous, et que sa santé délicate retient dans le midi, prétend que c'est le climat habituel; grand merci! il a même émis ce paradoxe ébouriffant qu'il eût préféré passer son hiver en Sibérie plutôt qu'en Italie, — et comme il voyait notre étonnement : — Laissez-moi m'expliquer a-t-il dit: En Sibérie je serais entré dans une maison admirablement close et chauffée, et j'y aurais vécu au milieu de tapis et de fourrures, dans une atmosphère de serre chaude, sans rien changer à mon régime et à mes habitudes. Ici je suis complètement dépaysé, je n'ai nul comfort intérieur, tout mon système de vie est bouleversé. Je sors tous les jours pour chercher le soleil, et je ne trouve la plupart du temps que la pluie suivie d'humidité, ou le vent accompagné de poussière, et je mange des choses impossibles. Quoique nous soyons dans la patrie de Lucullus, le fait est qu'il ne faut pas venir en Italie pour nourrir son estomac, — il y faut venir surtout pour alimenter son esprit et son imagination.

Vous dirai-je que l'huile et le fromage sont la base de toutes les sauces, qu'à côté du sucrier et de la salière se trouvent des raviers de Parmesan râpé dont on doit saupoudrer tous les plats ; que le macaroni, ce mets national, est loin de valoir celui qu'on mange en France et qu'enfin les poulets sont généralement coriaces et très-jaunes : cela provient du maïs dont on les nourrit. Nous avons mangé des asperges des montagnes, longs fils verts, durs, d'un goût passable, mais n'ayant de nos asperges que le nom, et qui ressemblent beaucoup aux grandes oseilles des prés humides, et des *finocchi*, le légume par excellence : c'est une espèce de fenouil sauvage — dont on nourrirait volontiers ses lapins pour leur donner du fumet, — tout ce qu'on peut imaginer de plus détestable. Une seule fois nous nous sommes aventurées à le dire, mais notre voisin de table, un Italien, a ouvert des yeux si grands, et une bouche si démesurée que nous avons cru qu'il allait nous avaler sans préjudice des finocchi.— Le vin non plus n'est pas fameux, et pourtant toutes les vignes sont mûries par le même soleil qui dore les raisins d'Espagne, dont la liqueur vermeille est si délicieuse ; je sais que nous n'avons pas goûté le vin du val Pollicella, qui passe à juste titre pour excellent ; l'empereur Auguste n'en buvait jamais d'autre, et le chantre de Mantoue l'a célébré dans ses vers, ainsi traduits par Delille :

>Rhétie, on vante au loin tes vins délicieux,
>Mais Hébé verserait notre Falerne aux dieux.

Cependant je suis persuadée qu'il ne vaut pas le jus des treilles andalouses et qu'il doit pécher par la façon, comme presque tous les vins que nous avons bu jusqu'ici.

Ces Italiens, qui se sont taillé l'existence dans le *far niente* et les arts, n'entendent rien en commerce, pas plus qu'en politique. Comme la France, l'Italie est un pays d'élucubrations fantastiques, une mine creuse d'idées impraticables, mais elle ignore bien plus que sa voisine le travail pratique. Elle laisse les autres peuples s'implanter et s'élever partout, fondant des colonies, des comptoirs où le commerce, cette source de richesses ouvre le champ des transactions positives, vulgaires même, mais très lucratives, pendant qu'elle chante et danse comme la cigale de La Fontaine. Au demeurant, l'Italie vit des souvenirs de son passé, de ses trésors artistiques, et du séjour des étrangers qu'elle plume de son mieux sans trop les faire crier, car ce qui coûte le plus cher dans ce beau pays, ce n'est ni le chemin de fer, ni l'hôtel même, c'est ce qui ne se compte pas. La grande dépense, c'est cet argent de poche qu'il faut toujours avoir au bout des doigts, et qui se fond dans votre bourse comme l'or dans un creuset. C'est le pourboire qu'on appelle ici *buono mano* (la bonne main), qu'il faut donner aux guides, aux gardiens, aux custodes, aux faquini, à la vieille infirme qui soulève la tenture abaissée devant l'église toujours fermée l'après-midi, au lazzarone qui frappe pour la faire ouvrir, au bedeau qui la garde, au sacristain qui la montre.

Les musées sont également fermés dans la journée,

et, comme le matin, on ne peut visiter à la fois les églises et les musées ; vu que passé l'heure de la fermeture de ceux-ci, il n'y a plus moyen d'y entrer, on réserve les églises pour l'après-midi, et on y arrive la bourse bien garnie, l'argent étant le *Césame, ouvre-toi*! de toutes les portes : quand je dis argent c'est une manière de parler, car les espèces sonnantes sont inconnues ici; aussi notre or fait-il prime de douze à quinze francs pour cent, on n'a que du papier, et tous ces chiffons sales valent de cinquante centimes à mille francs ; l'unité monétaire existant entre la France et l'Italie, on s'y ferait vite si les billets de la Banque nationale qui ont cours dans toute la Péninsule étaient les seuls en circulation, mais chaque ville a sa banque particulière dont les billets sont de nulle valeur hors ses murs, la banque de Gênes n'a pas cours à Bologne ; celle de Rome ne vaut rien à Naples, et *vice versa :* tout cela cause de petits ennuis, c'est le revers, mais comme il en faut un à toutes les médailles, je trouve celui-ci relativement très-petit. Jusqu'à présent, je ne connais que les hirondelles qui aient découvert la manière de voyager sans dépenses, les autres bipèdes comme elles, mais sans plumes, ne se mettent pas en route pour faire des économies, tout le monde sait que la pierre qui roule n'amasse pas de mousse, et il faut beaucoup de gros sous d'or pour rouler confortablement. Comme chaque ville a sa banque particulière, elle a son dialecte particulier, en sorte qu'on peut arriver en se croyant très-fort sur cette belle langue romaine si riche d'expressions, douce comme un chant, flexible et rhythmée comme un poëme, et se trouver étonné de ne rien comprendre aux patois vénitien, bergamesque, napolitain ou corse, cependant le dialecte classique est celui de la Toscane.

L'Italie, dont le nom n'était guère selon le mot de M. de Metternich qu'une expression géographique, n'est guère encore aujourd'hui qu'une unité géographique, sous son unique chef, le roi de Sardaigne, qui n'arrivera jamais à refondre tous ses peuples en une nation homogène. — Les Génois ne sont pas napolitains, la Romagne n'a rien à revoir avec la Vénétie; et les Romains ne sont pas italiens, il restent Romains et appellent les Piémontais: *forestieri* (étrangers). J'ai entendu des hommes sérieux regretter qu'on n'ait pas établi une confédération italienne sur les bases de la confédération germanique — essayer d'unifier les Italiens sera toujours en politique la pierre philosophale de leurs gouvernants. Mais quoi! j'empiète sur les droits du sexe fort, et me voici abordant à pleines voiles le domaine où la parole, suivant M. de Talleyrand, n'a été donnée à l'homme que pour dissimuler sa pensée. Non, non, gardons nos prérogatives, car n'être pas obligée de s'occuper de politique, c'est le meilleur privilège des femmes.

Vouloir énumérer les célébrités en tous genres auxquelles Rome a donné le jour, ce serait vouloir raconter l'histoire de cette ville sans rivale, et de toute l'Italie, dont les destinées se sont presque toujours confondues avec celles de Rome. Ce serait vouloir rappeler l'existence de toutes ces grandes figures qui nous regardent de l'autre côté de la vie, puisque la plupart des hommes illustres de l'antiquité étaient romains; et dans les temps modernes nous voyons l'Italie donner naissance à des génies merveilleux : Le Dante, le Tasse, l'Arioste, Pétrarque, Alfieri, sans oublier le célèbre prosateur Boccace ; la musique marche de front avec la poésie: voici Palestrina, Pergolèse, Bellini, Rossini, Verdi et *tutti quanti* ; la série des peintres, sculpteurs, architectes, comme il ne s'en est jamais retrouvé et qui resteront le modèle et le désespoir de tous ceux qui les suivent, est plus complète encore : nous voyons en première ligne : Raphaël, Léonard de Vinci, Titien, Tintoret, Corrége, les Carrache, Salvator Rosa, Michel-Ange, Canova ; en politique, le terrible Machiavel ; pour la science profonde et la physique : Galilée, Galvani, Volta.

Le XVIe siècle, dans lequel vécurent beaucoup de ces grands hommes, est connu sous le nom de siècle de Léon X, et compté au nombre des quatre grands siècles littéraires.

A l'abri des cataractes du Ciel.

Il pleut de plus fort en plus fort, comme chez Nicolet. — Passe encore en Bretagne, mais venir à Rome pour voir tomber la pluie, c'est à n'y pas croire ; et dire, qu'un bel Italien accouru pendant nos désastres au secours de la République française, en bon garibaldien qu'il est, nous a demandé si nous connaissions le soleil avant d'être venues dans son pays, prétendant qu'il n'a trouvé que frimas, neige, glace et pluie pendant ses trois mois de séjour en Bourgogne. — On n'est pas plus audacieux ! Oui, Monsieur, nous avions vu le soleil avant de connaître l'Italie, avant de venir dans votre capitale, où, depuis que nous y sommes, nous ne connaissons plus que la pluie. Du reste, on rencontre dans votre pays le double écueil d'étouffer pendant l'été, et de glacer pendant l'hiver. — Encore un beau climat joliment surfait, comme tant de célèbres réputations : entre nous, le ciel d'Italie me raccommode très-fort avec celui de la Bretagne, où en définitive nous n'avons qu'une mauvaise saison, tandis qu'à Rome l'hiver et l'été sont également redoutables. Nous nous consolons des maussaderies de la température en visitant églises, musées et palais. Ces derniers sont des modèles d'architecture qu'on ne se lasse pas d'étudier, renfermant dans leurs collections artistiques des trésors incomparables, qu'on ne se fatigue jamais de voir. Outre les villas on compte à Rome soixante-dix palais remarquables, et, comme à Gênes, chacun se distingue par un mérite particulier. Chez les uns c'est le style sévère et grandiose de l'extérieur, ou l'élégance et la profusion des sculptures courant sur les façades délicieusement fouillées dans le marbre ; chez les autres, c'est le bon goût des décorations extérieures et des distributions savantes — colonnades, péristyles, escaliers à pouvoir être montés en voiture sans métaphore ; bref, pendant une seule heure en Italie, on voit plus de marbre que pendant toute sa vie en France. Cependant quelques palais sont dans le plus triste état, les maîtres les ont quittés, ou n'ont plus assez de fortune pour les entretenir, et l'étranger avide de tant de belles choses, déplore ce regrettable abandon. Voici quelques-uns des superbes palais que j'ai le plus remarqués.

Le palais Braschi, actuellement ministère des travaux publics. Le palais de la Chancellerie, œuvre capitale de Bramante ; en 1848, ce palais devint le siége du Parlement romain, et le ministre Rossi y fut assassiné au bas du grand escalier, le 15 novembre de la même année. Au moment de franchir le vestibule, son secrétaire, effrayé du tumulte de la foule, voulut le retenir. «Non, répondit le ministre, la cause du Pape est celle de Dieu, je vais où le devoir m'appelle. » Quelques minutes plus tard il était mort, frappé par la main d'un farouche et fanatique républicain. Le palais de Venise, qui appartint longtemps à la république vénitienne, édifice à l'aspect féodal, et qui fut construit en 1468 par Guiliano dei Manjano ; aujourd'hui l'ambassade autrichienne y réside. Le palais Torlonia, qu'à l'inverse de tous les autres palais on visite difficilement. Le palais

Spada, dont la grande attraction, comme disent nos voisins d'outre-Manche, est la statue de Pompée, trouvée en 1852 près de la Chancellerie ; c'est aux pieds de ce marbre colossal que César tomba, dit-on, sous le fer des conjurés. Le palais Massimi, chef-d'œuvre de l'architecte Baldas Peruzzi. On admire aussi les peintures des palais Rospigliosi, Sciarra, Farnesine, Doria Panfili. Ce dernier contient huit cents tableaux distribués en quinze salles. Le palais Colonna est également fort beau. Il fut construit par Martin V, un Colonna ; Jules II, l'habita quelque temps, et c'est là que nous sommes allées chercher l'ambassade française. Quatre ponts produisant le plus singulier aspect, vus de la rue de la Pilotta, qu'ils traversent, mettent en communication le palais avec ses grands jardins qui s'étendent sur les hauteurs du Quirinal.

Le mot est prononcé. Vous parlerai-je de ce palais du Quirinal, dont l'ornementation a été complètement refondue et appropriée à sa nouvelle destination. Non, les restaurations modernes en ont fait un palais royal : comme tous les palais de ce genre, il n'offre qu'un médiocre intérêt dans le présent, et son passé ne garde plus que quelques reflets des nobles figures qui l'animèrent jadis; dans ces grandes salles où la gravité présidait, règne maintenant le plaisir. Dans ces appartements silencieux, où le Saint-Père ne s'occupait que du salut des âmes, la princesse Marguerite tient sa cour et danse chaque soir au milieu de la jeunesse la plus frivole et la plus joyeuse du monde. Elle se console ainsi des chagrins domestiques que lui cause son époux.

Quant au roi Victor-Emmanuel, il n'a jamais osé coucher au Quirinal, depuis la terrible prédiction qui lui a été faite qu'il y mourrait, et je me demande s'il habite entre les pierres de ses palais ; car, positivement, il n'est pas dedans. Partout nous avons vu des demeures royales ; mais de roi, point, et ce qu'il y a de charmant et de plus curieux, c'est que personne ne peut nous dire où il est. Il passe sa vie à la chasse, dans les environs de Turin, auprès de la comtesse Mirafiore, qu'il a épousée morganatiquement depuis peu d'années ; jusqu'alors, la constance de cette liaison était sa seule excuse. Au Pincio, nous avons aperçu Humbert, qui ne le cède en rien au galant'uomo pour la laideur ; comme lui, il doit être grand chasseur (de tous les gibiers), son air fauve l'indique assez.

N'oublions pas le palais Farnèse, carré, régulier, d'une masse imposante, ce qui lui donne un caractère de force des plus remarquables, et qui représente le type le mieux caractérisé du palais romain. Paul III le fit commencer, lorsqu'il n'était encore que le cardinal Farnèse, par San Gallo, auquel il ne fut pas donné de l'achever.

Le Pape, ayant mis le couronnement de l'édifice au concours, choisit les dessins de Michel-Ange, alors âgé de soixante-onze ans, et qui succéda ainsi comme architecte à San Gallo. Après avoir parcouru plusieurs salles remplies de belles peintures, on arrive à la grande galerie, de soixante-deux pieds de long, renfermant l'œuvre capitale d'Annibal Carrache. Plusieurs de ses élèves, et le Guide, son ami, l'aidèrent à composer cette immense fresque inspirée par la mythologie.

En sortant du musée Farnèse, nous nous sommes rendues au palais Corsini, compté parmi les plus beaux de Rome, et jadis habité par la reine Christine de Suède jusqu'à sa mort. — Il contient neuf salles garnies de tableaux, et une bibliothèque de 60,000 volumes, dont 1300 manuscrits ; de ses jardins qu'on peut visiter, sur le penchant du Janicule, on jouit d'une très-belle vue s'étendant sur Rome. Une gentille et piquante aventure nous advint dans ce beau palais. Après avoir donné un coup d'œil à l'élégance du vestibule et du double escalier, nous arrivons au premier étage ; nous sommes dans une galerie carrée à balcons, donnant sur le vestibule du rez-de-chaussée ; les murailles sont régulièrement décorées de panoplies, et coupées de portes et de fenêtres hermétiquement fermées : sans doute le musée n'est pas à cet étage ?... à l'inverse de tous les palais italiens, dont le premier est consacré au public, et le second réservé à la famille. Nous montons donc plus haut, les portes sont ouvertes, et nous enfilons une suite de pièces bien meublées sans doute, mais n'ayant rien de l'apparat des musées italiens ; dans la quatrième chambre, nous entrevoyons une dame âgée qui vient vers nous ; elle est vêtue d'une élégante toilette noire, et ses oreilles sont ornées de poires en diamant, c'est le mot, tant pour la forme que pour la grosseur, qui s'échappent de son chapeau et illuminent tout son visage ; deux grands laquais, l'un portant une chaufferette, et l'autre un livre d'heures la suivent à quelques pas. — Au premier moment nous nous sentons un peu déconcertées, nous comprenons que nous sommes dans le domaine privé et nous nous excusons :

« Mesdames, nous dit la princesse Corsini, car c'était elle, en votre qualité d'étrangères, il n'est pas surprenant que vous ne connaissiez pas l'entrée du musée; vous êtes Françaises, n'est-ce pas ? — Oui madame, et bretonnes (autrefois nous nous intitulions avec orgueil Français à l'étranger, et breton en France, mais la dernière guerre a tellement démonétisé les Français, nous ne le voyons que trop clairement chaque jour, qu'il vaut mieux à présent être breton partout). « Alors parlons de Charette, l'héroïque commandant des zouaves intrépides : le connaissez-vous ? » Oui, madame, lui ai-je répondu, mon mari était son ami, et le Saint-Siége a compté bien des défenseurs dans ma famille.—«Si vous saviez comme j'aime à parler de la France et de ma patrie, toutes deux malheureuses..... comme je suis enchantée de notre rencontre, » et voilà une princesse charmante nous prenant les mains et nous faisant entrer dans ses appartements. Après quelques instants d'entretien, nous nous sommes retirées, ne voulant pas la retenir puisqu'elle sortait, mais elle a voulu elle-même, au milieu de mille politesses, nous introduire dans ses galeries. Nous eussions voulu la revoir, comme elle nous en avait exprimé le désir, mais hélas ! nous n'avons pu remonter ce torrent qui nous entraîne sans cesse vers le nouveau et l'inconnu.

> « L'homme ne peut-il donc dans l'océan des âges
> « jeter l'ancre un seul jour ? »

En revenant, notre automédon nous a arrêtées devant une vieille maison du Trastevere, en nous montrant une fenêtre légèrement sculptée. Voilà, a-t-il dit, la chambre de la *fornarina*; c'est donc là qu'a vécu cette belle boulangère immortalisée par Raphaël, c'est dans ce cher réduit illuminé par l'espérance et l'amour, que son cœur battait pour l'homme supérieur qui l'avait distinguée, c'est de cette sombre fenêtre que sa voix mélodieuse lui envoyait l'adieu du soir... On la retrouve partout cette brune et fière beauté, et la voici encore au palais Barberini, en compagnie d'une autre jeune fille non moins connue qu'elle, Beatrix Cenci, dont la famille demeurera à jamais célèbre par sa richesse, ses crimes, et ses malheurs; les membres de cette maison périrent tous de mort violente, par la trahison où le châtiment, à l'exception du dernier enfant Berrardino Cenci, à qui le pape Clément VIII fit grâce de la vie à cause de son extrême jeunesse. Tous les biens de la famille Cenci et, entr'autres, la villa Borghèse, furent confisqués et le pape en gratifia les siens. Aujourd'hui encore il existe un Cenci descendant de Bernardino, lequel ne peut se faire à la grande fortune des Borghèse enrichis des dépouilles de sa famille; il a tenté plusieurs fois une demande en restitution de ses immenses biens; mais, à son tour, la fortune entière des Borghèse ne suffirait plus à l'indemniser, il a rencontré des obstacles sans nombre, et jusqu'à présent les complications de cette affaire, sans précédent l'ont toujours arrêté. Il est peu probable que ce beau palais Borghèse, avec sa cour entourée de portiques soutenus par 96 colonnes de granit, doriques au rez-de-chaussée et corinthiennes au premier, avec ses statues colossales et ses riches peintures, passe dans de nouvelles mains, non plus que cette ravissante villa Borghèse située à la sortie de Rome, dans un parc verdoyant, de six kilomètres de tour, et où l'on va admirer la belle Pauline, de Canova, vêtue d'un costume qui ne passera pas de mode ; on lui a donné un nom de déesse, et on l'appelle Vénus Victrix, ce qui ne l'empêche pas d'être le portrait embelli, mais ressemblant, de Pauline Bonaparte, sœur de Napoléon Ier et femme du prince Camille Borghèse, lequel céda à son beau-frère l'empereur au prix d'estimation, pour 8 millions de sculptures antiques, qui aujourd'hui encore forment le principal ornement du Louvre. Eh bien ! quand on visite cette villa encombrée de chefs-d'œuvre, on ne se doute guère de tout ce qu'on lui a enlevé.

Voici du reste ce qu'écrivait le président de Brosses en 1739 :

« Vous avez vu, les Borghèse à la ville ; voulez-
» vous les venir voir à la campagne, hors la ville,
» près la porte du Peuple, où vous ne les trouverez pas
» moins magnifiques ? Leur maison de campagne et
» celle des Pamphili, dont les dehors furent dessinés
» par Le Nôtre, sont, à mon gré, les plus belles de
» Rome, soit par l'étendue, soit par l'agrément des
» jardins, soit par le nombre prodigieux de choses
» rares qu'elles contiennent. La villa Borghèse four-
» mille de statues antiques et modernes en dedans et
» au dehors. Le jardin a de longues allées, des par-
» terres, des bois, des parcs, des volières. La maison
» a des incrustations de bas-reliefs, des colonnes de
» porphyre, des vases et des tables de marbre précieux

» divers tableaux et une galerie pleine, ainsi que le
» reste des appartements, d'incomparables sta-
» tues. »

Les Borghèse, famille originaire de Sienne, se sont toujours distingués, non-seulement par leur goût pour les arts, mais encore par leur générosité. On m'a assuré qu'il y a une vingtaine d'années, alors que les Etats pontificaux étaient la patrie des religieux et des couvents, une congrégation de moines fort pieux et fort pauvres aussi, cherchant à s'installer dans les environs de Rome, fut s'adresser au prince Borghèse. Celui-ci les accueillit avec la plus grande bonté, et leur fit un don royal. Mon père, dit-il au supérieur, en désignant l'une de ses terres, partez de suite, et que celui de vos frères qui marche le mieux se mette en route demain avec l'aurore, tout le terrain qu'il aura arpenté jusqu'au coucher du soleil vous appartiendra. Cet acte se passe de commentaires, mais fait comprendre de quelle fortune et de quelles terres immenses disposent quelques-uns de ces princes romains, dont les habitudes et la manière de vivre sont inconnues en France. Ces grands seigneurs ont des palais un peu partout et des nuées de serviteurs. S'ils étaient obligés de s'occuper eux-mêmes de l'étiquette du service, de la tenue de maison, de toutes les exigences d'un grand train, ils consumeraient leurs jours dans ces détails intérieurs, et finiraient par être plus malheureux que ceux qui n'ont rien; ils y ont obvié de la belle manière, ils ne nourrissent pas leurs domestiques auxquels ils donnent simplement des gages, et sont eux-mêmes en pension chez leur maître d'hôtel, à tant par mois ; au lieu de nourrir leur cuisinier, c'est lui qui les nourrit : n'est-ce pas bien trouvé ?...

Je ne sais plus quel empereur romain disait : le plus utile et le meilleur meuble d'une maison, c'est un bon esclave; et l'aimable saint François de Salles, si naïf et si charmant dans sa manière de dire, exprime la même pensée dans cette jolie comparaison : « Nous supportons l'aiguillon des abeilles à cause de leur miel délicieux; de même aussi, nous devons passer sur les défauts des serviteurs en faveur des services qu'ils rendent. »

Tous les domestiques de ces palais passent généralement leur vie attachés au même maître, aimant ces murs qui souvent les ont vus naître, et doivent les voir mourir, comme le chat aime la maison.

Je fais une motion pour que l'on adopte ce système en France, où les ennuis que cause la domesticité sont proverbiaux. Cet usage simplifierait considérablement le rôle des maîtresses de maisons, et la préoccupation de la table, la plus terrible de toutes puisqu'elle se renouvelle chaque jour, serait comme en Italie, réduite à néant.

Rome est entourée de charmantes villas continuant le luxe des palais. Le jardin anglais cherche à produire l'illusion d'une libre campagne ; le jardin italien n'est, au contraire, qu'un prétexte à un plus vaste développement de décorations architectoniques ; statues, temples, terrasses, cascades, jets d'eau, bassins, grottes, s'étalent généralement au milieu de quelques gazons flanqués de quelques bois : chez nous, la nature encadre les œuvres de l'homme; dans l'ensemble des villas romaines, ce sont les œuvres d'art qui servent de cadre aux tableaux raccourcis de la belle nature, beaucoup trop cachée par l'art qui s'affiche au lieu de se dissimuler.

Entrons à notre Académie, la villa Médicis, fondée en 1666 par Louis XIV, et reposons-nous longuement. Cette villa, ainsi que la Trinité du Mont, également bâtie par un roi de France, Charles VIII, en 1494, appartiennent à la France, et, n'est-ce pas charmant quand on a posé le pied dans leurs vastes jardins, de penser qu'on foule un sol français; c'est presque la patrie. Du reste, c'est à l'abri de cette égide sacrée que le couvent du Sacré-Cœur, installé à la Trinité-du-Mont (où nous avons été reçues comme des payses), a vu passer tout doucement l'orage amoncelé par Victor-Emmanuel sur toutes les maisons religieuses, sans recevoir le moindre coup de foudre.

La villa Médicis, admirablement située sur l'emplacement des jardins de Lucullus, appartint longtemps au cardinal Ferdinand de Médicis. Sous Cosme III, grand duc de Toscane, on enleva les tableaux et les statues de ce palais pour en enrichir la galerie Degli Uffizi, à Florence, puis, il fut à peu près abandonné. Au commencement du siècle, M. Suvéé, directeur de l'Académie, a dépensé sa fortune particulière à l'entretien de ce foyer précieux, où les jeunes artistes viennent chauffer leur cœur et leur intelligence; ils y viennent chercher le sceau du talent, qui demeurerait incomplet, s'il n'était éclairé et mûri par le beau ciel d'Italie. Ils arrivent, n'ayant souvent pour tout bagage que l'énergie et la volonté, tenant d'une main la boîte aux couleurs, et de l'autre celle de Pandore ; mais ils sont riches de jeunesse et d'ardeur : avec la palette ou le ciseau que l'espérance leur présente d'une main ferme, ils vont travailler, ils vont s'inspirer aux sources divines du savoir, et à leur tour puiser la science et le génie peut-être, dans cette terre classique des arts, dans cette idéale patrie du beau qui a été défini la splendeur du vrai.

C'est au bas du grand escalier qui mène à la Trinité et à l'Académie, que les belles Romaines et les paysans de la Sabine, aussi beaux que des torses antiques sous leurs haillons, attendent les artistes qui les font poser et les font vivre, pour le plus grand bonheur de l'art et de l'humanité.

Vous parlerai-je des catacombes ? Là, sous un certain rapport, une seconde désillusion vous attend (je me hâte de vous dire que c'est la dernière), pendant que vous parcourez à la lueur d'une torche vacillante ces galeries interminables, une inquiétude vague et indéfinissable s'empare de vous ; au milieu de ces ténèbres profondes on vous fait remarquer à chaque pas des tombes vides, des inscriptions illisibles que la science même a bien de la peine à déchiffrer ou à faire revivre, des peintures effacées malheureusement ; car ces fresques, dont les plus anciennes remontent à la fin du deuxième siècle, étaient fort belles et gardent encore quelques vestiges de l'art antique.

On rencontre de temps en temps des pièces carrées qui servaient de chapelles, et le long des murailles, des pierres en saillie formant table, qu'on transformait en autel, quand les chrétiens persécutés ne pouvaient célébrer qu'à la hâte et dans l'inquiétude, au sein de la terre et non dans la lumière du ciel, le saint sacrifice de la messe.

J'admire bien sincèrement tous les savants qui se sont livrés à l'étude des catacombes, et qui se sont renfermés dans ces souterrains profonds pour les analyser, les fouiller, les reconstituer et nous en raconter l'histoire. Mais, n'est-ce pas le sentiment chrétien sous l'inspiration divine, qui créa et développa ces allées sans nombre, ces croisements multiples de corridors si étroits et si bas parfois, que c'est tout juste si l'on passe, en sentant l'air vous manquer. L'homme est fait pour la lumière, et les plus intrépides ne descendent pas sans trembler dans les profondeurs du sol et de la nuit.

On cite le nom d'étrangers qui, s'étant égarés dans ces labyrinthes inextricables, y sont morts de désespoir et de faim. Non, ces voies qui se croisent et s'enchevêtrent dans tous les sens n'ont rien de grandiose au premier instant, et c'est bien en vain que vous cherchez les monuments construits par votre imagination, sous l'empire des châsses en métal et des ossements recouverts d'or et de pourpre, de tous les saints envoyés des catacombes et placés dans nos églises pour l'édification des fidèles. On compte une soixantaine de catacombes ; mais nous n'avons visité que celles de Saint-Calixte, les premières de toutes, et dans lesquelles le pape Calixte fit transporter les corps d'une multitude de martyrs. A l'entrée, on lit : « Dans ce cimetière reposent les ossements de 400.000 martyrs qui, pour devenir héritiers dans la maison du Seigneur, ont souffert la mort pour le nom de Jésus-Christ. » Ces mêmes catacombes ont renfermé le corps de saint Pierre et de saint Paul, et on y a enseveli quarante-six papes.

Quelques catacombes ont jusqu'à cinq étages de galeries, creusées les unes au-dessus des autres, et c'est ici que l'imagination elle-même s'étonne, parce que l'œuvre du christianisme, poursuivi sans relâche, grandit d'autant plus qu'il est davantage persécuté. Ces immenses souterrains, mis bout à bout, formeraient, selon des appréciations récentes, une rue de soixante-dix lieues de longueur, bordée de six millions de tombeaux qui ressemblent, comme l'a dit Mgr Gerbet, aux rayons d'une bibliothèque où la mort a rangé ses œuvres.

Cimetière, cœmeterium signifie littéralement en grec dortoir. Oui, vastes dortoirs où dorment, de leur dernier sommeil, jusqu'au jour de la résurrection glorieuse, les innombrables fidèles que ni la persécution, ni les supplices, ni la mort, n'avaient pu dompter. Pendant trois cents ans les catacombes servirent d'asile aux chrétiens vivants et morts, puis l'Eglise, entrant triomphante à Rome, les catacombes ne devinrent plus qu'un lieu de pèlerinage. Pendant les guerres et les invasions des barbares jusqu'au XVIe siècle, elles furent presque abandonnées. Depuis, on a rouvert ces reliquaires saints, et c'est là que le monde entier vient puiser de nouveaux germes de vie, de force et de foi.

« En sortant des catacombes, quelle ivresse de revoir
» le soleil, de reprendre possession du jour ! De la lu-

» mière ! de la lumière ! ce cri de Gœthe mourant est
» celui de tous les hommes. La mort, le sépulcre, les
» ténèbres sont une épreuve et un châtiment, nous en
» avons naturellement horreur. La mort nous effraie,
» parce qu'elle est un passage ténébreux ; le grand
» bienfait de l'église, c'est qu'elle nous donne de la
» lumière, une lumière sereine et pure comme celle
» qui colore ces beaux horizons romains ! De la lu-
» mière pour éclairer le sombre passage de la mort,
» et, après ce passage de la lumière encore... de la
» lumière toujours, pour l'éternité ! »

Le Capitole, bâti sur le mont capitolin, citadelle de Rome et temple de Jupiter, que Cicéron appelait le conseil public de l'univers — où l'antiquité couronna ses héros, et le moyen-âge ses poëtes, est devenu un magnifique musée construit sous Paul III, et renfermant lui aussi des richesses incomparables ; on y voit l'*Antinoüs*, le *Faune* de Praxitèle, le *Gladiateur mourant*, et bien d'autres chefs-d'œuvre que le ciseau et le crayon ont tant de fois copiés, et que la photographie ne se lasse pas de reproduire. Quels services elle rend chaque jour cette photographie, si belle, si transparente en Italie, grâce au soleil, bien meilleur artiste que le nôtre, et aux habitants qui n'ont pas dit comme nous :

« Que l'art est un métier et l'artiste un marchand. »

Aussi, pour l'amour de l'art surtout, cherchent-ils à rendre avec fidélité tous leurs chefs-d'œuvre, qu'ils livrent ensuite à des prix accessibles à toutes les bourses. Donc, le Capitole, ce palais modernisé par Michel Ange, mais dont les fondements furent jetés par Tarquin l'Ancien, se compose aujourd'hui de trois bâtiments séparés. Au fond le palais du sénateur (sous le régime temporel du pape, le sénateur présidait le conseil municipal et remplissait à peu près les fonctions de maire.) A droite, le palais des conservateurs, magistrats municipaux comparables à nos anciens échevins; à gauche, le musée proprement di t quoiqu'à parler franc, ces trois bâtiments ne forment qu'un immense musée où l'on ne rencontre que des merveilles et pas une *oie*.

Au milieu de la place se trouve la statue équestre en bronze de Marc-Aurèle, que Michel-Ange fit élever à l'endroit même où fut brûlé Arnoldo de Brescia. Cette statue qui a été dorée est la seule en bronze qui nous soit parvenue entière de l'antiquité. Michel-Ange admirait beaucoup le cheval. Au fond de la cour intérieure, on a placé l'antique statue colossale appelée *Marforio*, représentant un fleuve couché, elle fut trouvée dans le forum de Mars, et demeura longtemps jusqu'en 1784 près de l'arc de Septime Sévère ; alors on y affichait secrètement des propos satiriques contre les grands et le gouvernement, qu'elle semblait échanger avec une autre statue située à l'angle du palais Braschi, et connue sous le nom de Pasquino ; de là le nom de pasquinades attribué aux pamphlets, épigrammes, et à tous les écrits de ce genre. Le nom de Pasquino, donné au torse antique d'un gladiateur, ne s'explique que lorsqu'on apprend qu'il n'était autre que celui d'un tailleur facétieux qui demeurait auprès. — Ces deux statues, qui se renvoyaient les demandes et les réponses, étaient la lanterne de l'époque, que les mécontents comme autant de Rocheforts inconnus, venaient allumer. — Parfois jaillissaient les lueurs sinistres de la haine ou les flammes ardentes du désespoir ; d'autrefois aussi la statue était sans fiel, et l'esprit seul faisait les frais d'une plaisanterie innocente où d'un bon mot sans amertume. Le pape Urbain VIII avait rendu un décret qui défendait l'usage du tabac dans l'église ; le lendemain la statue de Pasquino portait ces paroles de Job : *Contra folium quod vento rapitur ostendis potentiam tuam et stipulam siccam persequeris.* « C'est contre une feuille emportée par le vent que tu montres ta puissance, c'est une paille sèche que tu persécutes. » Un autre jour, Pasquino paraît affublé d'une chemise sale. Marforio lui demande comment il ose paraître en cet état. — Il le faut bien, reprend Pasquino, je n'ai plus de blanchisseuse, depuis que la mienne est devenue grande dame ; ce trait acéré était décoché à l'adresse de Camille Peretti, sœur de Sixte V, et blanchisseuse avant l'élévation de son frère au trône pontifical.

La voie Appienne appelée la reine des routes, est tout à la fois semée de monuments chrétiens et païens, mais le néant plane sur ceux-ci dépouillés de toute espérance comme ils le seront bientôt de tout souvenir, quand leurs derniers vestiges auront disparu. C'est bien la Mort dans toute son horreur qui a pris possession de ces sépulcres patriciens, et quelle différence avec les catacombes ! Là c'est encore la mort, mais la mort sans désespoir, celle au contraire qui a donné la vie! — On ne peut le méconnaître, Rome est la tombe des dieux olympiens et le reliquaire des saints, la nécropole du paganisme et l'acropole du christianisme. A côté de ces tombeaux en ruine destinés à immortaliser les illustres citoyens de l'antique Rome, s'élevent triomphantes de modestes chapelles dédiées à l'humble fils de Nazareth.

C'est sur cette voie que j'ai vu pour la première fois le *Columbarium*, monument funéraire, véritable colombier dont tous les étages garnis de niches étaient destinés non à recevoir des pigeons roucoulants, mais des urnes funéraires, remplies des cendres recueillies sur les bûchers.

Plus loin, hors la porte Saint-Sébastien, on arrive à la petite église: *Domine, quò vadis*? ainsi nommée, parce que, suivant une légende, Pierre fuyant la persécution, aperçut à cet endroit Jésus-Christ portant sa croix. *Domine, quo vadis?* Seigneur, où allez vous, s'écria-t-il. — Je vais à Rome pour monter de nouveau sur la croix. — L'apôtre comprit ce reproche sévère, et retourna braver le martyre. C'est sur le Janicule, à la face de Rome que fut crucifié l'humble pêcheur du lac de Thibériade, dont la gloire puisée dans une mort ignominieuse, réservée aux esclaves de rien, devait rejaillir jusqu'au ciel.

L'admirable chapelle du Bramante, toujours éclairée, *Pietro in montorio*, c'est-à-dire Mont d'or, à cause du triomphe qu'il rappelle, s'élève dans cet emplacement devenu sacré ; une croix plantée au lieu même du supplice, et que le custode soulève facilement, vous permet de prendre quelques pincées de cette terre jadis arrosée du sang de l'apôtre victorieux. Saint Paul et saint Pierre furent martyrisés le même jour ; pendant que l'on décapitait Paul, le fougueux juif de la tribu de Benjamin, sur la route d'Ostie, hors la porte qu'on appelait alors Trigemine, Pierre mourait crucifié, la tête en bas, sur ce Janicule « devenu le calvaire de Rome, comme le Golgotha est le calvaire de Jérusalem. » Le mont Janicule tire son nom de Janus, ce Dieu de la paix, dont les deux visages regardaient constamment le passé et l'avenir en signe de prudence, lequel Janus, et d'après d'antiques traditions, ne serait autre que Noé, père du monde renaissant, sauveur de la race humaine, mystérieusement attiré sur cette terre qui devait devenir à son tour la mère de l'humanité, et sauver les âmes. Le plus remarquable des tombeaux de la voie Appienne, est celui d'une très-grande dame romaine : Cécilia Metella. Il est formé d'une vaste tour ronde dont les murs ont une épaisseur considérable. Beaucoup plus loin, on rencontre trois éminences de terre considérées comme les tombeaux des Horace et des Curiace. Le guide ne manque pas non plus de vous arrêter quelques instants à la fontaine d'Egérie, jadis ombragée du bois sacré où Numa vint souvent rêver et méditer au bonheur de ses sujets.

Oui, dans ce lieu mystérieux et caché enveloppé de poésie et de solitude, on voit sous un ciel pur des montagnes couronnées de hêtres et de chênes qui, par leur verdure luxuriante contrastent d'une manière frappante avec les ruines qu'elles entourent comme pour faire mieux sentir à l'homme qu'il doit disparaître bientôt, que les empires se détruisent, que les monuments s'écroulent et que l'œuvre seule de Dieu reste toujours jeune.

La vue de tant de débris, de tant de ruines, éveille les sentiments les plus mélancoliques ; tout passe et le monde aussi passera..... La vertu seule demeure éternelle.....

Il y a dans la contemplation de la fin de toutes les choses terrestres une mélancolie profonde, mais qui n'est pas dépourvue de charme et de douceur ; l'imagination, comme un enfant malade, se promène languissamment dans le passé, cherchant à comparer ce qui est avec ce qui fut. Et dans cette ville auguste qui domina et dominera toujours l'univers, autrefois par le glaive, maintenant par la croix, heureux celui qui peut méditer sur la cendre de ses héros, s'asseoir sur les restes de ces monuments, et là, écouter le bruit des pierres qui s'en détache une à une et qui lui apportent comme un dernier écho des siècles évanouis. En foulant à ses pieds cette poussière du plus grand des peuples du monde, il doit comprendre la brièveté de la vie et combien peu elle pèse dans la main du temps.

Ces pensées sévères ramènent naturellement à la méditation, à la prière et à Dieu. Commençons donc notre pèlerinage aux églises les plus importantes, car c'est ici que la foi et la piété peuvent s'alimenter tout à leur aise, Rome, renfermant trois cent quatre-vingt-neuf églises, dont quatre-vingt-dix paroissiales, sans comprendre une foule de chapelles et les sept basiliques, gardant chacune précieusement leur trésor de reliques et de souvenirs.

Toutes les églises peuvent être divisées en deux groupes principaux : les basiliques antiques, ouvertes toute la journée et les églises modernes fermées l'après-midi. Les édifices du XIIe au XVe siècle semblent faire défaut, et, pendant que l'Italie demeure stationnaire, la France, à son tour, bâtit les chefs-d'œuvre de style gothique, qui ont illustré le moyen-âge, et qu'il serait impossible de reproduire de nos jours, la main-d'œuvre étant devenue trop chère. Alors, ces magnifiques monuments étaient l'œuvre de nombreuses corporations d'ouvriers, qui se rendaient en masse partout où on avait besoin d'eux ; ils passaient leur vie entière occupés aux mêmes travaux, sans rêver la liberté, l'égalité et l'oisiveté, telles qu'on les comprend de nos jours ; contents de peu, ils ne recevaient aucun salaire, mais ils étaient assurés, pendant toute leur existence, de soins en cas de maladie, de la nourriture et du vêtement.

C'est au XIIe siècle que ces associations, presque toutes religieuses, sont fondées par un pauvre berger, appelé Bénézet. Dieu l'inspire et lui ordonne de construire un pont sur le Rhône. Bénézet obéit à la voix qu'il a entendue, et quitte ses troupeaux comme la vierge de Domrémy devait plus tard quitter les siens aux murmures des mêmes voix qui l'assuraient qu'elle sauverait la France.

Bénézet vient trouver les magistrats de Lyon, qui le traitent de visionnaire et le renvoient à ses moutons. A quelque temps de là, il entend de nouveau l'appel de Dieu, et, cette fois, pouvant donner des preuves de sa mission, il reçoit l'autorisation demandée. Le pont est commencé ; de nombreux ouvriers se groupent autour de lui, et ainsi se fondent, sous le nom de religieux pontistes, ces associations auxquelles nous devons tant de chefs-d'œuvres impérissables. La première de nos cathédrales ainsi bâtie fut celle de Strasbourg, l'une des plus belles du monde.

La basilique, à proprement parler, est bien moins une église qu'un temple religieux très-grand, très-froid et sans siéges pour s'asseoir. Beaucoup de personnes étant de l'avis de saint François de Salles, qu'il faut être commodément pour bien prier, ce temple n'invite donc que médiocrement à la dévotion et au recueillement, mais il éveille la curiosité de tous les étrangers, qui restent pétrifiés d'admiration devant tant de merveilles. La basilique est un lieu qu'on vient visiter ensemble ; on s'y donne rendez-vous et on y arrive les uns avec des pliants, des livres explicatifs, des crayons et des albums, les autres avec des jumelles et des guides ; on s'y promène et on y cause à peu près tout haut.

Les pieux fidèles, les jours de grande fête, s'en vont dévotement à l'Eglise assister aux offices, puis reviennent aux cérémonies pompeuses des basiliques comme à un spectacle. Le mot basilique, dérivé du grec, signifie, à la lettre, édifice royal, palais ou maison ; ces édifices, jadis assez nombreux à Rome, au milieu desquels se trouvait un petit temple, étaient consacrés aux différents usages de la vie des anciens ; ils y avaient des tribunaux pour rendre la justice, et des galeries où le peuple se promenait à l'abri du soleil et de la pluie. Les poëtes y lisaient leurs œuvres, les affaires s'y traitaient à l'amiable, absolument comme on le fait de nos jours à la Bourse ou au Palais de Justice dans la salle des Pas-Perdus. L'intérieur de ces édifices était ordinairement divisé en trois nefs, par deux rangs de colonnes, comme on le voit encore sur les ruines de la basilique Trajane. Aussi, en convertissant les basiliques en église il y avait peu de changements à faire ; du reste, ce sont les mêmes plans qu'on suit toujours, et voilà pourquoi les premières églises de Rome conservèrent le nom de basiliques, qui s'est perpétué, et qui désigne aujourd'hui les temples les plus importants et les plus vénérables. — Les principales sont : Saint-Paul, Saint-Laurent et Saint-Sébastien, hors les murs, Saint-Jean de Latran, Sainte-Marie Majeure, Santa-Croce-in-Jerusalemme, et enfin Saint-Pierre, qui sera le bouquet, le couronnement de nos descriptions.

Nous avons débuté par Saint-Louis-des-Français, église qui devait leur être exclusivement consacrée, et qui, comme l'Académie et la Trinité du Mont, appartient à la France, mais qui n'en est pas plus française pour cela, pas plus que ne sont bretonnes, espagnoles ou portugaises, les églises de Saint-Yves-des-Bretons, de Saint-Jacques-des-Espagnols, de Saint-Antoine-des-Portugais. La nef principale de San Luigi de'Francesi est toute revêtue de jaspe de Sicile, et la voûte est l'œuvre de Natoire. Cette église, qui date de 1589, fut dédiée par Catherine de Médicis, sous l'invocation de la Vierge, à Denis l'aréopagite, qu'à tort on a longtemps appelé l'apôtre des Gaules. — Il était Athénien, attaché au fameux tribunal de l'Aréopage, et ne vint jamais dans les Gaules. Converti par le discours de saint Paul, qu'il devait juger, il embrassa le christianisme avec ardeur, et devint premier évêque d'Athènes ; il reçut le martyre vers l'an 95, et mourut brûlé vif avec un grand nombre d'adeptes qu'il avait ramenés lui-même dans les voies de la vérité. Saint-Louis contient un monument élevé à la mémoire des Français morts au siége de Rome en 1849, et plusieurs tombeaux, entre autres ceux de Georges de Pimodan, tué à Castelfidardo, de Claude Gelée, dit *le Lorrain*, mort depuis près de deux siècles, et de Mme de Montmorin, sœur de Châteaubriand, qui composa l'élégante inscription que nous avons lue.

La basilique de Saint-Jean-de-Latran, fondée par Constantin sur le mont Cœlius, dans l'emplacement même des jardins de Lateranus, remplaça le premier bâtiment chrétien qu'aient vu s'élever les solitudes de l'ancienne Rome. Ce temple fut un baptistère que saint Sylvestre bénit et plaça sous l'invocation de saint Jean. Rien n'était assez beau pour cet unique monument de notre Foi, et pour nous donner une faible idée des richesses qu'il renfermait, la tradition rapporte que l'eau régénératrice était projetée dans une urne en basalte, ornée de lames d'argent, par un agneau d'or et sept cerfs d'argent. Au milieu du bassin, s'élevait une colonne de porphyre soutenant une lampe d'or enrichie de pierreries. — Ces richesses ont disparu, mais la basilique a gardé le nom de basilique d'or, que lui avaient donné les anciens à cause de toutes les choses incomparablement belles qu'elle renfermait, et dont ils nous ont laissé des descriptions

fabuleuses. Du reste, on y voit encore aujourd'hui enchassée dans l'or, la table de la Cène, en bois de cèdre plus léger que du liége, et on admire les colonnes de bronze à bases de marbre soutenant l'architrave, moulées par les ordres d'Auguste, et provenant des bronzes arrachés aux vaisseaux capturés après la bataille d'Actium. « Qui eût prédit que ces dépouilles opimes enle-
» vées par ce superbe vainqueur à l'ennemi humilié,
» viendraient orner le temple du plus humble des en-
» fants des hommes, dans la ville sainte s'élevant sur
» les ruines fumantes de la Babylone moderne. »

Sur l'immense place qui précède l'église, dominant les vieux remparts d'Aurélien, noircis et déchirés par le temps, s'élève le plus grand obélisque de Rome, transporté d'Héliopolis par Constance.

Saint-Jean-de-Latran, qui s'intitule église sainte et sacrée, mère et reine de toutes les églises, est la cathédrale de Rome, comme Saint-Pierre est celle de l'univers. Quand un Pape est élu, c'est à Saint-Jean-de-Latran qu'il vient prendre possession de son siége, de la ville et du monde. Le Pape seul a le droit de dire la messe à l'autel de la confession, celui-ci au-dessus duquel s'élève directement le maître-autel, est une sorte de crypte renfermant ordinairement une ou plusieurs dépouilles de saints martyrisés souvent à cette place même, et qui sont morts là en *confessant* leur foi. L'autel de la confession est donc souterrain, et on y descend par un grand escalier de marbre, à deux rampes, dont les balustres sont garnis de riches candélabres et de lampes dorées, qu'on allume à toutes les fêtes.

Les femmes ne peuvent entrer dans ces caveaux saints que très-rarement, une ou deux fois l'an. J'ignore si l'excommunication existe encore comme jadis pour celles qui tenteraient d'y pénétrer sans permission. C'est à Saint-Jean-de-Latran que nous avons vu pour la première fois les grands pénitenciers exercer leur pardon. Assis dans leur confessionnal, sans rideaux comme tout confessionnal d'Italie, ils ont à leur portée une longue baguette dont ils touchent légèrement la tête des fidèles qui s'agenouillent en passant devant eux. Cet acte d'humilité relève des fautes vénielles et fait gagner des indulgences ; c'est un mémorial des anciennes pénitences publiques, car rien ne s'oublie, rien ne se perd en Italie, et l'on conserve aussi scrupuleusement les traditions religieuses que celles des arts.

C'est aussi pendant qu'il était maître de chapelle à Saint-Jean-de-Latran, que Palestrina, surnommé le prince de la musique, composa, dans son frais ermitage du mont Cœlius et non loin de sa chère basilique, cette belle messe qui, réformant complètement la musique religieuse, la sauva au moment où l'on songeait sérieusement à la proscrire de la maison de Dieu.

Douze conciles se sont tenus dans cette antique cathédrale : le dernier eut lieu en 1724, sous Benoît XIII.

Non loin de Saint-Jean-de-Latran, et sur la même place, se trouve la Scala Santa, escalier de marbre blanc tyrien, provenant du Palais de Pilate, et que gravit Notre-Seigneur, quand le gouverneur le fit appeler pour entendre sa sentence. On ne le monte qu'à genoux ; malheureusement on n'entrevoit que très-faiblement le marbre des marches à travers les madriers qui les recouvrent constamment, et qui ont été usés et remplacés déjà plusieurs fois. Sans cette précaution, il y a longtemps que le marbre aurait disparu sous le frottement léger mais continuel des pèlerins agenouillés.

La basilique de Sainte-Marie-Majeure est la principale des églises consacrées à la sainte Vierge. Elevée sur le mont Esquilin, elle porte encore le nom de Notre-Dame-des-Neiges, à cause de son origine touchante et miraculeuse. Un patricien romain ayant résolu de léguer son héritage à la sainte Vierge, la suppliait de lui manifester de quelle manière il devait lui consacrer sa fortune. Une nuit du mois d'août, pendant qu'il dormait, la mère du Christ apparut, lui demandant de bâtir un temple sur la neige. Le lendemain, le noble seigneur apprend que la neige couvre le sommet du mont Esquilin. Il se rend près du pape Libère, lequel ayant eu le même songe, décréta l'érection d'une nouvelle basilique qui occuperait tout l'espace neigeux.

Notre-Dame-des-Neiges renferme un monument placé en avant du grand autel, et destiné, dit-on, à Pie IX, ainsi que les tombeaux de plusieurs papes. Mais la beauté de ces œuvres d'art est de beaucoup surpassée par la richesse et l'élégance du mausolée de Pauline Borghèse. Du reste, ce qui a tant contribué à l'ornementation des églises de Rome et de toute l'Italie, c'est le droit que les grands avaient de pouvoir s'y faire enterrer. Chaque famille adoptait une chapelle, et la rivalité s'emparant également des princes et des artistes, c'était à qui ferait le mieux.

Saint-Paul, hors les murs, sur la route d'Ostie, conservant dans son style le caractère pur du genre antique grec, est une des merveilles de l'art chrétien. C'est là que l'or et le marbre, la peinture et les mosaïques font assaut. On reste frappé de tant de magnificence ! Cependant, je me demande encore si, à ces églises à plafonds droits, soutenus par d'immenses colonnes, éclairées de grandes fenêtres carrées, sans voile ni peinture, pour adoucir la lumière qui les inonde, je me demande si à ces églises je ne préfère pas de beaucoup nos belles églises gothiques, aux voûtes sombres, mystérieuses et recueillies, aux arceaux sveltes et élégants, aux vitraux superbes que le pinceau s'est plu à orner à l'égal des meilleures toiles. De plus, l'extérieur ici ne répond nullement à l'intérieur ; en général, plus l'église est belle en dedans, et moins elle a d'apparence au dehors ; point de flèches, point d'aiguilles, point d'ogives, point de clocher élancé montrant le ciel de son doigt silencieux. Cette immense basilique de Saint-Paul a cent quarante mètres de long sur trente-cinq de haut. Elle est divisée en cinq nefs reposant sur quatre-vingt colonnes de marbre d'un seul morceau. Le maître-autel est également soutenu par quatre colonnes en albâtre oriental offertes par le pacha d'Egypte. Une frise de médaillons en mosaïque contenant les portraits des deux cent cinquante-huit Papes qui ont régné avant Pie IX, court tout autour des nefs. Le bénitier est une grande vasque en malachite d'un seul morceau, présent de la Russie.

En sortant, un peu plus loin, on va mouiller son front aux eaux salviennes, qu'on vit sourdre de terre, au moment où Paul, le modeste fabricant de tentes et de filets, l'arrosait de son sang et mourait courageusement pour son Dieu ; il fut enseveli au lieu même de l'exécution, par la noble matrone Lucine, femme d'un sénateur. Vous le voyez, comme à la prison mamertine, l'eau régénératrice jaillissait devant les saints comme la grâce jaillit devant la prière.

La basilique de Saint-Laurent est infiniment moins grande ; mais elle garde le souvenir des temps les plus reculés. L'intérieur est entouré de hautes colonnes cannelées en marbre violet, remontant aux beaux jours de l'antiquité. Dans la volute de la huitième colonne à droite, on remarque une grenouille et un lézard, en grec, *batracos* et *sauros*, rappelant les deux artistes lacédémoniens, cités par Pline, qui, après avoir élevé les portiques du temple d'Octavie, n'ayant pu obtenir d'y inscrire leur nom, sculptèrent ces figures d'animaux pour se désigner et empêcher toute confusion avec les autres artistes de leur temps.

Arrêtons-nous encore à la basilique de Sainte-Agnès, bâtie par Constance, et réparée par le Pape Honorius II.

Vous savez, comme tout le monde, l'histoire de cette héroïque vierge, martyrisée à l'âge de treize ans. Saint Ambroise et saint Jérôme ont raconté ses vertus et sa beauté, sa douceur et sa force, son martyre et sa gloire, de leur plume autorisée et bien digne de ce noble sujet.

C'est dans ce sanctuaire qu'a lieu chaque année l'une des plus gracieuses cérémonies qu'on puisse imaginer.

Au jour de la fête de sainte Agnès, l'abbé de Saint-Pierre-aux-Liens y bénit deux agneaux à la grand'messe. Après cette cérémonie, on les porte au Pape, qui leur donne aussi sa bénédiction. Ils sont conduits ensuite dans un monastère de saintes filles consacrées au Seigneur, qui les élèvent avec soin. Leur laine sert à tisser les *palliums* que le Pontife doit envoyer, comme signe essentiel de leur juridiction à tous les patriarches et métropolitains du monde catholique.

« Le *pallium* est l'écharpe blanche parsemée de croix
» bleues, que les archevêques portent autour du cou
» et sur la poitrine, et qui symbolise la toison de cette
» pauvre brebis égarée que le Bon Pasteur cherche,
» trouve et rapporte sur ses épaules. L'Eglise n'est-
» elle pas divinement ingénieuse à rappeler aux
» hommes son amour et sa mansuétude pour eux. »

Voici encore ce qu'écrit le savant bénédictin de Solesmes, dom Guéranger, au sujet des *palliums* :

« Ainsi, le simple ornement de laine que les prélats
» doivent porter sur leurs épaules, comme symbole
» de la brebis du Bon Pasteur, et que le Pontife ro-
» main prend sur l'autel même de Saint-Pierre, pour
» le leur adresser, va porter jusqu'aux extrémités de
» l'Eglise, dans une union sublime, le sentiment de
» la force du prince des Apôtres et de la douceur vir-
» ginale d'Agnès. »

» La basilique Nomentane n'est pas le seul monu-
» ment de Rome qui rappelle le triomphe d'Agnès. Sur
» l'ancien cirque Agonal, un temple somptueux s'élève
» avec sa riche coupole et donne entrée sous ces voûtes,
» consacrées jadis à la débauche, et toutes embaumées

» maintenant des parfums de la pureté d'Agnès. Dans
» cette église, l'un des plus beaux bâtiments de la place
» Navone, construite dans le lieu même où la
» jeune fille fut exposée au peuple, on voit dans une
» crypte un magnifique bas-relief représentant la sainte
» conduite par des soldats. Ajoutons encore à son hon-
» neur que son nom se répète chaque jour sous tous
» les Cieux, au canon de la messe. »

Ecoutez maintenant la légende rapportée par Zénaïde Fleuriot, au sujet de l'église Santa-Maria-in-Ara-Cœli, bâtie sur les ruines du temple de Jupiter Capitolin, vers lequel montaient les triomphateurs au jour de leur gloire :

« Suivant la tradition, la chapelle qui porte ce nom,
» et dont l'autel contient les restes de sainte Hélène,
» s'élève au lieu même où la Vierge Marie, son fils
» entre les bras, se montra à l'empereur Auguste. Des
» auteurs fort anciens disent qu'Auguste, consultant
» un jour l'oracle d'Apollon, pour savoir qui serait
» après lui le maître du monde, l'Hécatombe est of-
» ferte et le dieu reste muet. Le sacrifice recommence
» inutilement ; pressé de nouveau, Apollon répond :
« Un enfant hébreux, Dieu lui-même et maître des
» dieux ; désormais, retire-toi donc sans réponse de
» mes autels. »

Vivement frappé de cet oracle, « l'empereur fit ériger
» au Capitole un autel avec cette inscription : Autel
» du premier-né de Dieu. » La tradition ajoute que,
« trois jours plus tard, Auguste vit le ciel ouvert, et
» sur un autel une Vierge d'une grande beauté, te-
» nant un petit enfant, et il entendit une voix qui di-

» sait : C'est ici l'autel du fils de Dieu. » En effet, l'enfant hébreux a détrôné Jupiter Capitolin, et c'est dans cette église que se couronne le *Santissimo bambino*, petite statuette taillée dans un arbre du Jardin des Oliviers. Le jour de Noël, on l'expose à la piété des fidèles, fort nombreux, toutes les mères y conduisant leurs enfants.

L'église Santa-Maria-del-Popolo, par ses sculptures et ses peintures où le païen et le sacré se mêlent étrangement, est l'une des plus intéressantes de Rome. Elle fut élevée dans l'emplacement même du tombeau de Domitius, où fut enterré Néron, et, suivant la tradition, pour sanctifier ce lieu maudit et hanté par les démons, qui répandaient tout à l'entour une véritable terreur. Un cruel souvenir s'attache encore à cette église ; c'est ici que Luther a célébré les saints mystères pour la dernière fois, emportant les germes du schisme qu'il devait prêcher toute sa vie, et qui devait le rendre ennemi acharné de Rome et de l'Eglise.

Le sanctuaire des Capucins, surchargé comme toujours de peintures et de sculptures, renferme un cimetière souterrain où sont exposés les cadavres desséchés de plusieurs moines revêtus de leur robe. Ce *campo santo* des plus curieux, mais des plus sinistres, est en outre décoré de nombreux ossements artistement arrangés (où l'art peut-il se nicher ?) Têtes, bras, jambes, tibias, forment des dessins aussi bizarres qu'effrayants, et tout cet ensemble d'un effet lugubre et désolé ôte toute idée de revenir. Figurez-vous une enfilade de salles basses décorées de festons, de lustres, de guirlandes, de rosaces, en ossements devenus jaunes et polis comme de l'ivoire, Dans chaque salle, il y a un autel, et des squelettes vêtus en moine se tiennent à l'entour, dans l'attitude de la prière. Je ne répondrai point comme ce prince allemand, lorsqu'on lui demandait ce qu'il avait trouvé de plus beau à Rome. — Le cimetière des Capucins.—Non, je suis un peu de l'avis de Louis Veuillot, que les squelettes sont faits pour être enterrés.

L'église des Jésuites est l'une des plus vastes et des plus belles de Rome ; le marbre et l'or, l'argent et les pierres précieuses y abondent. — Sainte-Marie-des-Anges, que j'ai ensuite visitée ne lui cède en rien pour la grandeur, elle a cent mètres de long, et s'élève sur les ruines des Thermes de Dioclétien. Ces Thermes étaient immenses ; suivant la tradition, 3,200 personnes pouvaient s'y baigner à la fois.—Des jardins délicieux, des salles d'études et de gymnastique attendaient les baigneurs et leur offraient les plaisirs qui exercent le corps et l'esprit, ou les douceurs de la conversation dans un repos voluptueux. Michel-Ange fut chargé de convertir en église la partie la mieux conservée (la cella Calidaria ou bibliothèque), mais il était alors âgé de plus de 80 ans, et il ne put achever ses plans, lesquels furent entièrement changés et altérés par Vanvitelli. On remarque la fresque célèbre du Dominiquin, le martyr de saint Sébastien et la statue de saint Bruno, par un sculpteur français, Houdon.

Les jardins et le monastère de Saint-Onofrio ont été immortalisés par le séjour et la mort du Tasse, « qui voulut commencer dès ici-bas, avec de saints religieux, la conversation qu'il devait continuer au

ciel pour l'éternité. » On voit encore l'arbre sous lequel il aimait à s'asseoir, et qui est devenu pour l'univers entier le chêne du Tasse. Des pieds de cet arbre séculaire, fracassé par la foudre, le regard enveloppe un vaste panorama, l'oreille perçoit les rumeurs affaiblies de la ville, et l'âme plane dans les régions élevées où les agitations cessent. Elle suit les mouvements enfiévrés de la foule qui se presse, contemplant de son sanctuaire toutes ces fourmis qu'on appelle des hommes s'agitant sur une motte de terre qu'on nomme le monde, et que les savants appellent une étoile, ou plutôt une modeste planète. — En s'élevant tout s'épure, se fond, s'harmonise et devient une modulation lointaine et sublime, qui répète ce qu'elle murmurait à l'oreille du Tasse la veille de sa mort: « Le passé
» est l'ombre de l'avenir, que nous ne saurions voir
» encore, et l'avenir est une chaîne immense qui va
» s'élevant toujours, et dont le premier chaînon est
» cette terre où nous apprenons à mourir, et le dernier
» le ciel, où nous apprendrons à vivre ! »

On remarque dans l'église du couvent une vierge peinte par Léonard de Vinci, la seule fresque que Rome possède de ce maître, et l'on vous montre dans la cellule où expira le grand poëte, les derniers objets en sa possession, son encrier, un miroir, une lampe, une ceinture, et enfin le masque en plâtre pris sur le visage de cet homme sublime, « qui s'éteignit dans le
» besoin en léguant à l'Italie, oublieuse alors, tous les
» trésors de son âme. La misère dans la vie, la gloire
» dans la mort, n'est-ce pas là trop souvent le sort
» réservé au génie ? »

Non loin du chêne du Tasse s'élevaient encore à Saint-Onuphre les hauts cyprès sous lesquels saint Philippe-de-Néri rassemblait ses disciples afin de leur apprendre ces beaux chants religieux, connus sous le nom d'oratorio et qui enrichirent alors l'église d'une musique nouvelle. Et le saint et le poète qui se reposèrent sous les mêmes ombrages, quittèrent aussi la terre la même année 1595. — « La gloire trahit le Tasse la sainteté seule ne trahit jamais ceux qui lui vouent leur culte. »

L'église San-Piétro-in-Vincoli est un but de pèlerinage pour tous les voyageurs; c'est là qu'est le célèbre Moïse qui devait couronner le mausolée de Jules II. Moïse tient les tables de la Loi, et son pied ému, violent, porte à terre comme pour écraser les ennemis de Dieu. Moïse est la loi incarnée, vivante ; sur sa tête brillent les rayons qui, plantés au front comme deux cornes, rappellent à l'esprit ce bouc terrible de la vision, « qui n'allait qu'à force de reins et frappait de cornes de fer. » Cette merveilleuse statue donna à Michel-Ange les plus pures et les plus intimes satisfactions, et il y a deux versions sur la cicatrice ineffaçable, qu'elle garde aux genoux. L'une raconte que lorsqu'on porta à l'église ce groupe titanesque, Michel-Ange, qui marchait devant lui, s'indignant de le voir aller si lentement, se retourna et lui jetant son maillet qui le frappa aux genoux, s'écria vivement: Eh ! que ne vas tu donc, n'es-tu plus en vie ? L'autre rapporte qu'après avoir terminé cette figure admirable, Michel-Ange la touchant aux genoux de son lourd marteau, lui dit avec tendresse: « Parle donc maintenant ! » Quoi qu'il en soit, on peut encore lire aujourd'hui ce point d'interrogation tombé de la main de l'artiste. On admire également à San Pietro des peintures du Guide, du Guerchin, du Dominiquin et des mosaïques datant de 680. — Dans quelques églises, de petites tribunes particulières assez élevées s'avancent à l'intérieur comme des balcons, et beaucoup d'autels sont ornés de grandes draperies en soie de différentes couleurs frangées d'or. On retrouve aussi quelquefois en face de la chaise l'ambon où se lisaient l'épître et l'évangile.

Comme vous l'avez compris, toutes ces basiliques, toutes ces églises, où nous adorons le vrai Dieu, le Dieu vivant, s'élèvent pour la plupart sur des ruines païennes, comme pour en purifier le souvenir ; aussi trouve-t-on parfois une antique statue, une Minerve quelconque faisant face à la sainte la plus authentique. C'était un chef-d'œuvre, on l'a gardé, et dans la conservation de ce trésor artistique, on comprend tous les efforts de l'art chrétien, succédant à l'art païen et s'en accommodant de son mieux. Il n'est pas rare de rencontrer à côté des chapelles dédiées à la Reine des Vierges, les vestiges des temples profanes où l'on invoquait Vénus, et tous les dieux du plaisir et de la débauche, frappant contraste des choses d'ici-bas, mais qui prouve de la manière la plus évidente le triomphe de la croix, c'est-à-dire de la souffrance, de l'humilité, du sacrifice et de l'immolation de soi-même, sur les idoles anéanties du paganisme. A côté des œuvres éclatantes, on retrouve encore de vieilles peintures effacées et de nulle valeur rapportées de Grèce, au moment des fureurs insensées des iconoclastes, mais que la Foi et la Piété ont consacrées ; aussi avons-nous prié à notre tour devant ces images vénérées, où tant de générations sont venues s'agenouiller. Cependant, chose étrange et incompréhensible, ce peuple italien, travaillé par l'esprit du mal, tend à devenir incrédule et athée, non point pour revenir aux dieux olympiques définitivement abolis, mais pour professer une religion tout aussi fausse et plus séduisante encore ; les nombreuses doctrines du rationalisme, sensualisme, matérialisme, rapportant tout à la satisfaction des désirs, on devient à soi-même son propre dieu ; cela fait une loi facile à suivre, il est toujours commode de croire à ce qu'on aime, et de pratiquer ce qui est agréable.

« Le mot païen *paganus*, a pour racine *pagus*, village, campagne. C'était primitivement un terme de mépris en usage parmi les soldats, pour désigner tout ce qui n'était pas militaire, comme en français *Pékin*. *Nisi vincitis pagani estis*, dit un général romain à ses soldats qui faiblissaient. — Il ne fut employé pour signifier païen ou non chrétien, que lorsque la religion chrétienne fut devenue dominante au IIIe siècle. »

Eh bien oui, reniant son passé, l'Italie contemple avec indifférence tant de merveilles enfantées par le christianisme, qui depuis dix-huit siècles a été le plus grand inspirateur de tous ses génies. La Foi devrait au contraire s'agrandir et s'épurer devant tant de souvenirs précieux, car tous ces témoignages de sainteté laissés par les martyrs sont non-seulement vivants par la tradition, mais encore par tous ces temples pieux, et par toutes les œuvres d'art élevés à leur mémoire. Les païens étaient ardents à la poursuite des chrétiens, âpres à la curée des martyrs, mais une fois les jeux et les supplices accomplis, le spectacle de la mort leur suffisait, et ils s'inquiétaient peu de ce que devenaient les cadavres. Les chrétiens pouvaient donc les enlever, cacher en lieu sûr leurs restes mutilés, et marquer d'une manière secrète l'emplacement même du supplice, aussi le trésor des reliques accumulées à Rome est-il inépuisable. Il semble que rien n'ait été perdu, ou que tout ait été retrouvé dans cette cité splendide, dont la destinée a été de réunir les puissances de la terre et celles du ciel, les empereurs du monde et les disciples du Christ; on a des portraits de la Vierge par saint Luc à en faire une galerie, un portrait de Jésus-Christ à douze ans, un autre donné par saint Prudent à saint Pierre. — Saint-Jean-de-Latran conserve la baguette de Moïse, la table sur laquelle Notre-Seigneur, mangeant pour la dernière fois avec ses apôtres, institua l'Eucharistie ; la pierre où les soldats jouèrent sa robe sans couture ; deux colonnes du temple de Jérusalem, fendues au moment où le Sauveur expira, deux autres pilastres de marbre blanc avec anneaux de fer, dans lesquels on plantait les bâtons qui portaient les sentences, et qui durent marquer la condamnation du Christ. — Dans un cloître attenant à l'église, œuvre du XIIIe siècle, fort bien conservée, on se repose sur la margelle du puits où Notre-Seigneur s'assit lui-même, quand il demanda à boire à la Samaritaine. Tous ces pieux souvenirs sont dus à la vénérable mère de Constantin, sainte Hélène, qui ne craignit pas, à l'âge de quatre-vingt ans, de partir pour Jérusalem à la recherche de la croix du Thabor, et revint chargée des plus précieuses reliques.

On montre à Sainte-Marie-Majeure quelques brins de paille, des langes et la crèche de Jésus, et à Santa Prassède la colonne à laquelle il fut attaché pendant la flagellation. On conserve à Saint-Pierre le *sudarium*, ou saint suaire, qu'on a mis au-dessus de la statue de sainte Véronique qui portait le jour du crucifiement ce mouchoir sans prix sur lequel s'imprima la face du Sauveur. — On a également placé en vis-à-vis, au dessus de la statue de saint Longin, l'un des premiers martyrs de notre foi, la lance avec laquelle il frappa Notre-Seigneur au côté, et en fit jaillir l'eau et le sang, « ouvrant ainsi pour le monde une source de grâces où il fut le premier à puiser le salut. » Longin n'était alors que l'un des centurions de la cohorte qui assistait au crucifiement, mais bientôt témoin des miracles qui s'opéraient, éclairé de la lumière d'en haut, il voit le crime des Juifs, se frappe la poitrine et rend témoignagne à la divinité de Jésus-Christ, en s'écriant au moment de sa mort : « Celui-ci était vraiment le fils de Dieu ! » Cette lance précieuse fut envoyée au Pape par le sultan Bajazet, qui espérait en retour de ce don rencontrer dans le Saint-Père un allié qui l'aidât à le délivrer de son frère Zizim.

Enfin, l'on a trouvé et l'on conserve à l'église Santa-Croce-in-Gerusalemme la planche en bois portant l'inscription *Jesus Nazarenus rex Judæorum*, un des trente deniers d'argent de Judas, les osselets du doigt de saint Thomas, emblème du doute offert à son tour à une crédulité que la foi du reste ne commande pas.

S'il nous a été donné de voir d'admirables choses dans ces couvents, jadis interdits aux femmes et ouverts par le roi d'Italie, qui en a chassé les pieux habitants, il est bien à craindre que toutes ces richesses accumulées et conservées depuis des siècles par les soins constants et jaloux des bons religieux, disparaissent dans un temps plus ou moins éloigné, quand Victor-Emmanuel, qui s'est empressé de mettre en pratique le principe prussien, que la force prime le droit, aura de nouveau besoin d'argent. Les Romains commencent à trouver le joug dur, les voilà marchant à coups de lois nouvelles et d'impôts excessifs, regrettant maintenant l'administration facile et douce, indulgente et paternelle du Saint-Siége. Le clergé italien vaut infiniment mieux que sa réputation. Appartenant généralement aux classes élevées de la société, il est instruit, savant même, et passe pieusement son existence dans l'étude et le travail, menant une vie sobre et rangée.

Le collége romain est une école justement célèbre dans le monde entier, ainsi que l'université de la Sapience, où cinquante cours différents sont faits par autant de professeurs ; de plus, Rome renferme des colléges de presque toutes les nations. Il faut bien le reconnaître, les Romains sont intelligents, et aussi remarquables dans les sciences que dans les arts. Au milieu de cette grande atmosphère catholique qui a purifié le monde, en présence des grandeurs incomparables du passé, des merveilleuses beautés de la nature et du génie, ils puisent aux sources même des nobles éléments de la vie physique et morale, une élévation naturelle qui développe l'esprit et le cœur, l'amour des arts et du beau. Le prêtre, après avoir bu à ces sources fortifiantes, aspire encore plus haut ; il trouve des germes de sainteté qu'il est appelé à faire fleurir, et qui se pressent en foule dans les actes des martyrs, dans cette ère de douleur, où la Foi, persécutée jusqu'à la mort, enfanta tous les héroïsmes, où le trône pontifical ne fut que le premier degré menant à l'échafaud.

Quatre-vingt-deux Papes sont honorés comme saints, et quarante ont versé leur sang pour le Christ. Pie IX, à son tour n'est-il pas le plus parfait modèle, et ne laisse-t-il pas, lui aussi, deviner toute la sainteté de son âme en ces jours de troubles et d'épreuves. — Malheureusement on a trop souvent confondu les prêtres avec les employés de l'administration papale, qui tous, comme les avocats du reste, portent la soutanelle. Il en est résulté que les étrangers, les voyageurs qui n'ont vu toutes choses qu'en passant, et sans pouvoir s'en rendre bien compte, ont commis les méprises les plus étranges et les erreurs les plus grossières, ils sont revenus vous disant : Un jour j'ai donné dans une église quatre sous à un monsignor en soutane violette ; un soir, j'ai vu au théâtre un abbé qui ne se gênait pas pendant le ballet pour applaudir et lorgner. — Eh! non, voyageur inadvertant, — les évêques ne gardent pas les sacristies, vous parliez tout bonnement au bedeau ; cet abbé n'était pas le moins du monde prêtre, mais simple employé au Vatican, très-honnête homme au demeurant, libre de tout vœu, ayant femme et enfants, et pouvant se rendre à tous les théâtres à son gré.

J'ai gardé pour la fin cette magnifique basilique reine

de l'univers, par laquelle on commence généralement; c'est qu'à Saint-Pierre comme au Vatican, il faudrait pouvoir s'éterniser. — Vous savez cette réponse du Saint-Père à un étranger qui lui faisait ses adieux. — « Saint-Père, j'ai passé quinze jours à admirer toutes » les merveilles que renferme votre capitale, et main- » tenant que j'ai tout vu, je pars. » Ah! répond le Pape, vous n'êtes resté que quinze jours, je ne m'étonne plus alors que vous vous en alliez, car il faut l'avoir habitée au moins six mois, cette Rome superbe, pour comprendre qu'on a encore beaucoup à voir et tout à étudier. »

Oui, dans cette Rome superbe, dans cette ville unique, on peut rechercher tous les arts, suivre toutes les philosophies, depuis les principes de la sagesse antique basée sur l'orgueil de l'homme et périssable comme lui, jusqu'aux maximes suprêmes du Christianisme, fondées sur l'Humilité, la Charité, la Foi, se livrer en un mot à toutes les études dont les racines plongent dans les raisonnements humains, et dont les dernières cîmes se perdent au Ciel, dans les révélations de Dieu !

On arrive au Vatican par une immense place, de forme elliptique, enveloppée, sur les côtés par le Bernin, d'une colonnade composée de quatre rangs de colonnes gigantesques formant trois allées; celle du milieu est assez large pour que deux voitures y passent de front ; ces portiques reposent sur deux cent quatre-vingt-quatre colonnes de vingt mètres d'élévation, et sont couronnés par une balustrade soutenant de nombreuses statues colossales de près de quatre mètres de haut. — La place en elle-même a deux cent quarante mètres dans un sens, et cent quatre-vingt-onze dans l'autre. Au centre se dresse le fameux obélisque transporté d'Héliopolis par Caligula, et que Sixte V fit élever par Dominique Fontana, ainsi que je vous l'ai déjà raconté. Comme sur la place de la Concorde, deux fontaines monumentales lancent les nappes argentées et les gerbes floconneuses de leurs eaux jaillissantes, qui s'élèvent jusqu'à sept mètres dans les airs.

Les projets de cette incomparable basilique, qui coûta plus de deux cent cinquante millions appartiennent au pape Paul V. — Jules II en posa la première pierre en 1506, mais elle ne fut achevée qu'en 1616 sous le pontificat d'Urbain VIII. « Ni le temple d'Ephèse si
» renommé parmi les païens, ni celui de Salomon, si
» célèbre parmi les Juifs, ni Sainte-Sophie de Cons-
» tantinople, présentement la principale mosquée des
» Turcs, ni l'Escurial des environs de Madrid, ni les
» plus belles cathédrales de France, n'ont rien de com-
» parable à cette auguste basilique. Elle est toute bâtie
» de marbre dedans et dehors ; sa grandeur et son élé-
» vation sont merveilleuses ; son pavé, ses murailles
» et ses voûtes sont si admirablement ornées, qu'ils
» semblent avoir épuisé toutes les forces de l'art ; son
» dôme qui monte jusqu'aux nues, est un abrégé de
» toutes les beautés de la peinture, de la sculpture et
» de l'architecture ; sa couverture est de cuivre doré ;
» enfin tout y est si rare et si exquis qu'il surpasse tout
» ce qu'on s'en peut imaginer. C'est dans un lieu si
» magnifique que reposent les cendres précieuses du
» pêcheur qui, il y a dix-huit siècles, vivait au bourg
» de Bethsaïde, situé sur les bords de la mer de Galilée,

» et qui fut tiré de sa barque pour devenir le pilote de
» l'Eglise. Les empereurs, les rois, les plus grands
» princes du monde sont venus l'honorer ici même, les
» infidèles et les hérétiques ont été comme forcés de le
» respecter. Lorsqu'Alaric, roi des Goths, prit Rome,
» ayant permis le pillage à ses soldats, il voulut que les
» églises de Saint-Pierre et de Saint-Paul fussent des
» asiles inviolables, et défendit de toucher aux per-
» sonnes et aux choses renfermées dans leur enceinte,
» et lorsque l'impératrice Théodora commanda à An-
» thime de se saisir du pape Vigile (qui condamnait ses
» hérésies) en quelque lieu qu'il le pût prendre, elle en
» excepta la basilique de Saint-Pierre comme un lieu
» si saint et si auguste, qu'il devait être exempt de
» toute violence. Seuls, les républicains français s'é-
» tant emparés de Rome en 1798, n'eurent pas le res-
» pect de leurs devanciers, ils dépouillèrent toutes les
» églises de leurs objets d'or et d'argent. Il fallut donc
» livrer les statues qui renfermaient les restes précieux
» de saint Pierre et de saint Paul ; ces reliquaires
» plus riches qu'élégants dataient de 1369, et étaient
» ornés d'un grand nombre de pierres précieuses don-
» nées par Charles V, roi de France, mais on garda soi-
» gneusement les saintes reliques, qui restèrent ren-
» fermées dans une boîte de fer-blanc jusqu'en 1803. A
» cette époque une très riche espagnole, la duchesse de
» Villa Hermosa, voulut réparer en grande partie les
» pertes causées aux églises de Rome par la rapacité
» des Français, et c'est à elle qu'on doit les deux nou-
» veaux bustes qui renferment les chefs vénérables de
» saint Pierre et de saint Paul. »

On entre dans ce superbe monument par un vaste portique de cent quarante-trois mètres de long qui prépare bien aux merveilles qui vous attendent. Constantin et Charlemagne, ces deux grands soutiens de la chrétienté, en gardent le seuil ; trois portes donnent accès dans l'intérieur, mais chose étrange, inouïe même, ce vaisseau immense ne produit nullement l'effet auquel on s'attend. J'ai été bien plus frappée de la beauté grandiose et saisissante de Saint-Paul-hors-les-Murs. Ce n'est qu'à force de marcher sans arriver au maître-autel qu'on finit par en comprendre l'immensité. Est-ce une qualité ? Est-ce un défaut ? Il me semble que tout ce qui est grandiose devrait le paraître; cependant ses admirateurs enthousiastes prétendent au contraire que c'est là son plus grand mérite, que si ses proportions gigantesques ne vous étonnent pas d'abord, cela provient de leur admirable harmonie. Du reste il faut bien le reconnaître, Saint-Pierre est la seule église du monde où il y ait des lointains, et voici les dimensions colossales, comparées aux plus vastes basiliques, de ce temple, bâti en forme de croix latine, et surmonté de onze coupoles. Sa longueur totale est de cent quatre-vingt-sept mètres ; la nef transversale a cent trente-cinq mètres, et la hauteur de la nef du milieu quarante-six mètres et demi, les deux anges enfantins en marbre soutenant les bénitiers ont six pieds. .

Saint-Pierre a donc cent quatre-vingt-sept mètres.

Saint-Paul-de-Londres, cent cinquante-huit mètres.

La cathédrale de Florence, cent quarante-neuf mètres.

Celle de Milan, cent trente-cinq mètres.

Sainte-Pétrone-de-Bologne, cent trente-deux mètres.

Sainte-Sophie-de-Constantinople, cent dix mètres.

La hauteur de Saint-Pierre de Rome n'est dépassée que par celle de la flèche de Strasbourg (environ quatre cent quarante pieds), et celle des Pyramides d'Egypte, (quatre cent cinquante pieds). La coupole magnifique du centre, œuvre de Michel-Ange, a quarante-huit mètres de diamètre et cent trente-huit mètres de hauteur (la flèche des Invalides, à Paris, n'a que cent cinq mètres).

Sur un magnifique entablement ménagé dans la frise de la coupole, on lit ces paroles, prononcées à un pauvre pêcheur, ignorant et inconnu, et qui demeureront éternelles : « *Tu es Petrus et super hanc petram œdificabo ecclesiam meam; et tibi dabo claves regni cœlorum.* » Au centre de la coupole, est le grand autel papal, placé au-dessus de celui de la confession, et surmonté d'un reliquaire gigantesque, couronné d'un baldaquin, dont les colonnes torses, de l'ordre composite, ont été fondues avec les bronzes provenant de la toiture du Panthéon. L'intérieur est rempli d'ossements de saints. Ce baldaquin s'élève à la même hauteur que le palais Farnèse, l'un des plus grands de Rome, et il a un mètre de plus que la plate-forme de l'Observatoire de Paris.

Cette basilique sans pareille renferme quarante-cinq autres autels, la plupart ornés de grands tableaux en mosaïque, que les étrangers prennent, tant ils sont fidèlement copiés et rendus, pour les toiles originales, lesquelles depuis longtemps déjà ont été enlevées à cause de l'humidité qui les altérait, et menaçait de faire ainsi disparaître plusieurs chefs-d'œuvre des plus grands maîtres. Trois cent soixante-dix-sept statues ajoutent encore à la magnificence de ce temple auguste, sans oublier la célèbre statue de saint Pierre, dont le pied est usé par les baisers des pèlerins.

Tout au fond, au-dessus de l'autel du chœur, est placé le monument en bronze doré, qu'on nomme chaire de saint Pierre, soutenu par les statues colossales des quatre grands Docteurs de l'Eglise, saint Ambroise et saint Augustin, représentant l'Eglise latine, saint Athanase et saint Chrysostôme, représentant l'Eglise grecque, et qui renferme la chaise de bois qui servit au prince des apôtres. Les Papes doivent s'y asseoir au vingt-cinquième anniversaire de leur exaltation, en souvenir des vingt-cinq ans de pontificat de saint Pierre. Mais, hélas ! nul encore n'y a pris place, aucun Pape n'avait vécu assez ; Pie IX seul eût pu s'y asseoir ; mais il a dépassé la bienheureuse année dans des temps de troubles et de malheurs ; aussi, la persécution qui s'attache à lui, l'empêche-t-elle désormais de reparaître dans le temple digne de sa grandeur et de sa sainteté.

. Que vous dirai-je encore ? Autels, chapelles, mausolées, tout est magnifique, tout est splendide. Le tombeau de Paul III, Farnèse, est un des plus remarquables. Sur la base de ce monument, par Guillaume de la Porte, sont assises la Prudence et la Justice : la Prudence a les traits d'une vieille femme ; mais la Justice est représentée par la plus belle personne qu'on puisse rêver. Elle excitait à un si haut degré l'enthousiasme des visiteurs, que le pape Urbain VIII se crut obligé de la faire habiller par le Bernin, qui lui tailla une tunique en métal, un peu raide, cela se conçoit, quoiqu'il ait fait de son mieux.

Le tombeau d'Alexandre VII contraste par sa sévérité. La Mort, de sa main décharnée, soulevant les draperies qui l'enveloppent, indique un sablier renversé au Pontife en prière. Le monument funéraire de Clément XIII est aussi remarquable ; les deux lions couchés sur le socle de ce monument, dûs au ciseau de Canova, passent pour les plus beaux de la sculpture moderne.

La grande vasque en porphyre d'un seul morceau, qui forme les fonds baptismaux, provient du fameux *tumulus* devenu le fort Saint-Ange. Elle contenait jadis les cendres de l'empereur Adrien, qui mourut en disant *adieu à son âme*, et voulut qu'on mît sur sa tombe qu'il avait été tué par les médecins (*Turba medicorum regem interfecit.*) A Dieu ne plaise que je veuille médire des Esculapes modernes, mais ce raisonnement de l'empereur romain est encore maintenant celui de beaucoup de gens, à commencer par les médecins eux-mêmes. Le docteur Jobert de Lamballe n'écrit-il pas en tête de l'un de ses ouvrages : « Lorsque la maladie n'est pas contrariée par les médecins, il est rare qu'elle tue le malade ! »... Que dites-vous de cet aveu ?

Adrien, qui n'avait que soixante-deux ans lorsqu'il passa de vie à trépas, eut, pendant toute la durée de son règne, ce qu'on appellerait aujourd'hui la manie de la truelle ; pendant le court espace de vingt ans, il éleva un mur de quatre-vingt milles entre la Calédonie et la Bretagne, pour prévenir les incursions des barbares ; releva Jérusalem sous le nom d'Ælia Capitolina, bâtit des temples en Egypte, construisit les arènes de Nîmes, le pont du Gard, les aqueducs de Troyes, et enfin, à Rome, son propre mausolée; il se fit bâtir un tombeau redoutable comme une forteresse, de mille pieds de circonférence, pour recouvrir des restes qui ne prennent pas six pieds, pour renfermer des cendres contenues tout entières dans une coupe. N'est-ce pas le comble de l'orgueil ? Mais n'est-ce pas aussi une grande manifestation de la puissance humaine et de la volonté de ces Romains qui ne connaissaient pas d'obstacles ?

Dans cette métropole du monde, douze Franciscains, parlant toutes les langues, attendent dans douze confessionnaux les personnes qui veulent s'adresser à eux. La religion n'a pas de patrie, ou plutôt elle est la patrie de tous ceux qui croient et espèrent.

La magnifique esplanade de la coupole est aussi bien curieuse à visiter ; elle est envahie par une population étrange qui s'y est créé des demeures qu'elle habite ainsi suspendue entre la terre et le ciel ; elle naît, vit et meurt dans ce village sans nom qu'elle aime comme son pays et dont le sol n'est autre que les voûtes de Saint-Pierre. Cette population qu'on appelle les *San Pietrini*, sont des ouvriers de tous les états, chargés de l'entretien de la basilique et du palais ; ils sont au nombre d'environ quatre cents avec femmes et enfants et même chiens et chevaux, n'en soyez pas étonnée, car on arrive aux plate-formes de ces voûtes si élevées par des rampes en taille douce, n'est-ce pas encore merveilleux ?

La boule dorée qui domine l'édifice, et d'où s'élance la croix, haute de cinq mètres, ne peut davantage s'apprécier qu'en y montant en compagnie des quinze autres personnes qui peuvent facilement s'y promener.

Le Vatican, auquel travaillèrent tour à tour les architectes les plus célèbres, est véritablement un monde. Cette demeure sainte, élevée de trois étages, renferme une infinité de salles, de galeries, de chapelles, de corridors, une bibliothèque immense, un musée incomparable, des cours et des jardins; dans le jardin pontifical on voit l'élégante villa Pia (casino du Pape), construite pour Pie IV, création de Pirro Ligorio, la plus originale peut-être de l'architecture moderne, et le passé, qui revient sans cesse se placer devant le présent, rappelle qu'à l'emplacement même de cette villa, où Pie IX aime à se reposer, au milieu de ces jardins consacrés par sa présence, il y a dix-huit siècles, le dernier de la maison des Césars, Néron, faisait éclairer ses fêtes par des chrétiens changés en flambeaux vivants.

On compte au Vatican vingt cours, huit grands escaliers, dont deux à trois rampes, et deux cents escaliers de service, treize mille chambres, en y comprenant les souterrains. Masqué du côté de la place par la colonnade, on ne peut se douter du développement de ce palais, qui est comme une ville dans une autre ville, la cité des Pontifes dans la cité des Césars.

Pourrons-nous jamais nous rendre compte de tous les

trésors accumulés dans ses appartements, de tant de richesses incalculables et sans nombre ? Voici la bibliothèque, non vitrée, à panneaux en bois peint ; aussi ne laisse-t-elle point malheureusement deviner les ouvrages sans prix qu'elle renferme, au nombre de cent vingt-cinq mille, en y comprenant vingt-trois mille six cents manuscrits; quelques rayons vitrés sur des tables, et de grandes vitrines au centre permettent d'apercevoir des papyrus égyptiens, des manuscrits de Boccace et de Plutarque tout raturés, des livres dédiés au Saint-Père, ainsi que les vœux, adresses, discours qu'il reçoit de tous les pays, richement reliés et enchâssés dans le velours, l'or, l'ivoire, les pierres précieuses.

On s'arrête ensuite quelques instants au musée chrétien, qui renferme les premiers monuments de notre foi. Hélas ! il n'y a guère que des débris ; mais s'ils n'intéressent que médiocrement l'esprit, ils touchent vivement le cœur par tous les souvenirs qui s'y rattachent.

Le Métallothèque offre aussi un intérêt tout particulier, en ce qu'elle est la première galerie de minéralogie qu'on ait vue en Europe. Sa fondation date de 1585. Le pape Sixte-Quint l'institua par le même décret, qui portait qu'une bibliothèque et une imprimerie seraient établies dans le sacré palais.

Qui n'a entendu parler des loges et des chambres de Raphaël, où il est tout à la fois architecte, décorateur et peintre ? ces loges comprennent une série de cinquante-deux peintures, représentant les principaux faits de l'Ancien et du Nouveau Testament. Ces peintures ont été plusieurs fois reproduites. La France, au palais des Beaux-Arts, en possède une assez bonne copie, des frères Balze. La Russie aussi, Catherine les ayant fait exécuter pour son palais de l'Hermitage. Je vous confierai tout bas, en profane que je suis, que ces loges très-effacées, tout aussi endommagées par les restaurations inintelligentes de Sébastien del Piombo que par la soldatesque de Charles-Quint, ne sont pas ce que j'admire le plus. Jadis, ces loges, dans leur parfait état de conservation, étaient si admirables que Lanzi raconte, dans son histoire de la peinture en Italie, qu'un domestique cherchant un tapis pour l'étendre sous les pieds du Saint-Père, qui arrivait inopinément, alla se heurter la main contre une peinture représentant une tapisserie, tant l'imitation était absolue. « Si cette anecdote peut paraître une contrefaçon de l'histoire du tableau d'Apelles, représentant des fruits que les oiseaux vinrent becqueter, elle prouve du moins en quelle réputation étaient alors ces tableaux si remplis de vérité qu'on ne craignait pas d'en exagérer la louange jusqu'à l'invraisemblable. » Les chambres, au nombre de quatre, infiniment mieux conservées, m'ont paru beaucoup plus belles ; elles sont aussi l'œuvre de Raphaël, aidé par quelques-uns de ses élèves. Ses tapisseries non moins célèbres, appelées Arazzi, parce qu'elles furent fabriquées à Arras, en France, d'après ses ordres et sur ses dessins, occupent aujourd'hui une longue galerie au-dessus des jardins du Vatican.

Toutes les murailles et la voûte de la chapelle Sixtine, construite en 1493 sous Sixte IV, chapelle particulière du Pape, sont revêtues des magnifiques fresques de Michel-Ange, dont les plus célèbres sont les six jours de la Création et le Jugement dernier. Toujours maître, qu'il tînt le compas, le ciseau ou le pinceau, cet ange de génie comme de nom, suivant l'expression même de l'Arioste, peignit de préférence à fresque, rejetant la peinture à l'huile qu'il appelait avec dédain un métier d'amateur.

Ses lectures favorites étaient les poëmes de l'illustre proscrit de Florence, et on a dit avec raison que cette fresque du Jugement dernier, qui porta si loin sa gloire, est une véritable page du Dante. Du reste, s'inspirant de tout ce qui est grandiose et sublime, Dieu était pour lui l'artiste éternel, le grand maître, et parfois il s'écriait dans le feu de l'inspiration : « Le marbre tremble et frissonne devant moi. »

Après la chapelle Pauline, ornée aussi de quelques tableaux remarquables, on traverse une galerie de peintures renfermant quarante chefs-d'œuvre, et l'on entre dans le musée proprement dit. Vingt salles remplies de merveilles vous attendent, c'est à tomber en extase, à se mettre à genoux. Ce sont des milliers de colonnes gigantesques, de statues colossales, de bronzes précieux, de marbres anciens, de mosaïques inimitables, de sarcophages splendides, de chars antiques en marbre, de vasques, de coupes, de bassins en jaspe, en porphyre, dans de telles proportions que c'est à peine si on peut y croire en les voyant. Pour contenir le bassin en porphyre rouge antique, trouvé dans la maison dorée de Néron, le Pape a été obligé de faire construire tout exprès une grande salle qu'il remplit tout entière.

L'élégante cour du Belvédère ne renferme que des chefs-d'œuvre placés dans les quatre cabinets de ses angles. — Le groupe de Laocoon est admirable ! quelle douleur, quelle angoisse, dans le visage du père et des fils ; on sent les muscles se tendre, et les os se broyer sous l'effort tout puissant des reptiles monstrueux qui vont les étouffer. — Cette œuvre attribuée, selon Pline, aux trois sculpteurs Rhodiens, Agésandre, Polydore et Athénodore le second, trouvée en 1506 dans les ruines du palais de Titus, fut achetée au XVIe siècle par le cardinal de la Rovère, depuis Jules II ; malheureusement une main et l'avant-bras ont été restaurés, et l'on s'en aperçoit terriblement. Admirable aussi le superbe torse en marbre blanc, trouvé aux bains de Caracalla, et qu'on appelle le Torse du Belvédère, sculpté par Apollonius fils de Nestor l'athénien ; Michel-Ange qui l'exaltait bien haut, se disait l'élève de ce torse. C'est là aussi que se trouve le célèbre Apollon du Belvédère dont tout le monde a entendu parler. Admirons encore Mars et Vénus de Praxitèle et ce beau bronze antique, Rémus et Romulus aux pieds de leur mère figurative — une louve : c'est le nom que donnaient alors les premiers Romains aux femmes de mauvaise vie.

Je m'arrête. Il faudrait nous égarer ensemble dans le dédale de tant de merveilles pour vous en faire comprendre toutes les splendeurs ! Non, les personnes qui ne les connaissent pas ne pourront jamais s'en faire qu'une idée bien imparfaite, même à l'aide des meilleures descriptions.

Saluons en finissant, dans la salle à croix grecque, pavée de mosaïques antiques, les deux précieux sarcophages de l'impératrice sainte Hélène, trouvés à Tor Pignattara (hors la porte Maggiore) et de sainte Constance, fille de Constantin. Ces deux immenses sarcophages couverts d'un bas-relief, d'un travail admirable, soutenus chacun par quatre lions furieux, ont été taillés dans un bloc de porphyre haut comme une maison.

C'est à peine si la vie d'un artiste a suffi à créer chacun d'eux, le porphyre originaire d'Egypte étant de toutes les pierres connues la plus dure à tailler, et la seule qui résiste presque indéfiniment aux influences atmosphériques. On a toutes les peines du monde à casser le porphyre, et sa dureté dépassant même celle de l'acier, dont il fait jaillir par le choc ou le frottement des étincelles, il faut le diamant pour le polir et le travailler. Ainsi donc, ces deux monuments sont peut-être l'œuvre de plusieurs artistes, qui poussant l'amour du beau jusqu'au délire, jusqu'à l'abnégation la plus absolue, ont suivi les plans indiqués sans y changer un coup de ciseau.

Oui, l'Italie a eu des hommes assez détachés d'eux-mêmes, assez désintéressés de leur nom, qui restera ignoré, assez oublieux de leur talent, de leur génie, sacrifiant leur idée propre et leur goût particulier, pour continuer et achever, par pur amour de l'art, l'œuvre conçue et commencée par un autre, auquel resteront tout le mérite et la gloire.

Oui, ce peuple a l'amour des arts, le respect de la conservation, le culte du souvenir, et, dans ses moments de troubles et d'agitations, il ne voudrait pas toucher à l'ongle d'une statue. Chez nous, c'est un artiste, Courbet, qui démolit la colonne Vendôme, et quand nous faisons des révolutions, nous ne sommes contents que lorsque nous avons mis le feu et tout jeté par les fenêtres. Nous sommes essentiellement inconstants, et la versatilité est une loi qu'en notre beau pays l'on pousse jusqu'à la folie ; nous voyons continuellement intervertir l'ordre des choses les meilleures et les mieux établies, uniquement pour le plaisir de changer. Passe encore ce désir du nouveau dans les modes, dans des futilités qui ne tirent pas à conséquence ; mais ce même goût du changement dans le sérieux de l'existence, dans les institutions, dans les lois même, est vraiment inconcevable. Voici un nouvel administrateur quelconque : Vite, dit-il, défaisons, s'il est possible, ce que notre prédécesseur a fait, ou bien faisons du nouveau, coûte que coûte, serait-ce absurde, serait-ce affreux, il faut bien que notre nom s'attache à quelque chose, pour qu'on s'en souvienne dans l'avenir. Passer à la postérité, c'est le rêve ! — C'est cette personnalité, cet amour immodéré du moi haïssable dans la vie privée, aussi bien que dans l'administration publique, qui gâte tout en France. Du reste, ce besoin insensé de ne pas tomber dans l'oubli s'est retrouvé à tous les âges du monde. Erostrate, incapable de s'illustrer par une œuvre de bien, brûle, la nuit même de la naissance d'Alexandre, l'une des sept merveilles de l'univers. Son but était atteint, puisqu'aujourd'hui encore on raconte l'histoire de l'obscur Ephésien qui incendia le temple de Diane, et réduisit en cendres ce monument que l'Asie, avec toutes ses provinces, qui avaient contribué à son édification, avait mis deux cents ans à bâtir. Erostrate fut condamné à mort, et le feu qui dévora son corps aurait dû dévorer son nom, comme il avait fait du temple; point, son nom survit par la grandeur du forfait!

Notre audience du Saint-Père.

Vous me demandez de longs détails sur nos réceptions au Vatican, je vais vous les donner comme vous les désirez. Oui, bien chère amie, nous avons eu le bonheur d'obtenir plusieurs audiences solennelles et particulières, du Saint-Père ; toutes les grâces à la fois; aussi demeurons-nous particulièrement reconnaissantes au commandant de l'*Orénoq e*, M. Léon Briot, auquel nous devons ces faveurs ; il a conquis toutes nos sympathies par son amabilité et sa complaisance à nous rendre mille services, et à nous guider un peu partout, ainsi que sa charmante femme qui nous a reçues comme on accueille des amies ; leur gracieux souvenir restera à jamais réuni à tous ceux déjà si agréables que nous rapportons d'Italie.

Pendant la Semaine Sainte, presque toutes les réceptions ont été générales. Le Jeudi-Saint nous étions plus de huit cents personnes : c'était vraiment la réception d'un roi. Bien avant le pont Saint-Ange, les voitures faisaient queue et n'avançaient plus qu'au petit pas.

Et pendant que nous traversions ce pont majestueux, ma pensée franchissant d'un bond en arrière plus de deux cents ans, se retrouvait ici même, au supplice de la belle Cenci, de l'héroïne des légendes du XVIIe siècle, je voyais son échafaud se dresser devant le fort Saint-Ange, et j'entendais son dernier cri au bourreau ; Dieu veuille que si tu lies mon corps pour le supplice, tu délies mon âme pour l'immortalité ! *Tu leghi il corpo al supplicio, e sciogli l'anima all'immortalitâ.* Mais revenons à la solennité de l'heure présente et à notre émouvante réception.

La tenue d'étiquette est toujours de rigueur ; les hommes, en uniforme, ou habit et cravate blanche, les femmes, en robe de soie noire, les mains dégantées et la tête recouverte d'une mantille de dentelle noire, posée à l'espagnole (du reste, la mantille noire ou blanche règne dans toute la péninsule italique). A Gênes et à Milan, surtout, elle est aussi répandue que le chapeau. Henriette va faire le tour de l'Italie sans sortir le sien de son carton ; son voile posé en mantille lui donne un véritable air indigène ; beaucoup d'Italiens l'ont déjà prise, au premier moment, pour une compatriote.

Une foule énorme de tous les pays et de toutes les religions (les catholiques étaient les moins nombreux), assistait donc à cette audience solennelle où se pressaient Allemands, Russes, Anglais, Polonais et Français ; car il ne faut pas se le dissimuler, Pie IX est une des grandes figures du siècle, la plus sainte et la plus vénérable de toutes. Oui, lorsqu'il a paru entouré de sa garde d'honneur et de ses cardinaux, vêtu de la soutane et du camail de laine, blanche comme la neige, rehaussé d'une magnifique ceinture et de hautes chaussures de maroquin rouge, toute sa personne était empreinte de la majesté royale.

L'éclat de son abondante et superbe chevelure blanche lui faisait comme une auréole d'argent, et rendait presque terne la blancheur immaculée de son vêtement. Il a vraiment quelque chose d'inspiré dans le regard, d'angélique dans le sourire. Sur ce visage auguste, on lit la résignation et la foi, la sérénité et l'espoir, le calme de l'esprit et l'excellence de l'âme, la bonté, l'aménité, l'abnégation, auxquelles se mêle parfois un éclair de franche et douce gaieté. Et cet homme, ce roi, que la Providence a élevé si haut, au-dessus des autres rois, est devenu plus grand encore dans le malheur. A côté de son diadème royal, à côté de sa tiare, triple couronne des souverains pontifes, l'âge, la souffrance et la sainteté ont aussi placé leur triple couronne,—oui, la sainteté ! Si quelques Papes se sont montrés plutôt remplis de l'esprit de l'homme que de l'esprit de Dieu, s'il s'est commis peut-être quelques erreurs, l'Eternel a envoyé Pie IX pour les effacer. L'Eternel, qui ne veut que des victimes pures, des hosties saintes, des holocaustes sans tache, qui envoya son fils, le Verbe divin fait homme, pour le charger de tous les crimes du monde, Louis XVI, le meilleur des rois, pour payer la rançon des rois coupables, le Tout-Puissant a choisi Pie IX pour racheter, par ses vertus angéliques et sa charité sans bornes, les abus ou les fautes qu'ont pu commettre ses prédécesseurs.

Ni la parole, ni la plume ne peuvent rendre cette touchante et profonde émotion qui a saisi toute l'assemblée comme un courant électrique, et envahi les cœurs, lorsque sa main s'est étendue pour bénir !.....

> « Tous sont tombés aux pieds du Pontife suprême
> » Dont le front, couronné du triple diadème
> » De l'âge, du malheur et de la sainteté,
> » A déjà les splendeurs de l'immortalité !

» Du Pontife royal j'ai vu la main sacrée,
» Bénir, bénir encor..... sa tête vénérée
» Laissait tomber sur nous ces paroles du cœur,
» Qui révèlent d'en haut la céleste douceur ;
» Puis l'accent d'une voix filiale et bénie
» S'offrit pour consoler sa cruelle agonie.
» Plus heureux que le Christ au chemin des douleurs,
» Il garde des amis pour essuyer ses pleurs !
» Et son œil s'éclairant d'un sourire ineffable,
» La couronne d'épine à son front vénérable,
» M'apparut moins sanglante ; un instant dans sa main
» Vint s'alléger le poids de son sceptre divin. » (1).

Alors, un Allemand s'avançant aux pieds du Saint-Père, a pris la parole au milieu d'un religieux silence (et voyez la prépondérance de notre langue, la langue diplomatique du reste, cet Allemand s'adressant à un Italien, le Saint-Père, lui a parlé en Français). Sa Sainteté a répondu, avec des larmes dans la voix, à ce discours fort beau et fort bien dit ; mais malheureusement pour nous le Saint-Père ne s'est exprimé qu'en Italien, au lieu de répondre en Français, comme il le fait généralement.

Laissez-moi encore vous citer une lettre écrite de Rome, il y a quelques années, au journal l'*Ami de la Religion* : elle peint admirablement Pie IX, et fait bien comprendre les sentiments et l'émotion qui s'emparent de ceux qui l'approchent :

« Que vous dirai-je du Pape ? Je l'affirme sans au-
» cune exagération, tout ce que nous en avons en-

---

(1) Extrait d'un voyage à Rome de Mgr Angebault, par Madame Félicie du Faouëdic, religieuse à la Retraite d'Angers.

» tendu dire est au-dessous de la réalité. C'est un
» homme d'un charme extraordinaire. La grâce, l'éléva-
» tion, la sérénité, éclatent en sa personne ; son sou-
» rire, son geste, charment invinciblement. Je n'ai
» jamais vu tant de grandeur et de bonté réunies, tant
» de finesse et de profondeur, avec tant de simplicité
» et de candeur. Ajoutez à cela le reflet de sa double
» souveraineté et la grâce d'une piété angélique : le
» prestige est irrésistible. *Il est né souverain*, écrivait
» un prince après avoir vu le Pape. Cela est vrai; c'est
» l'impression qu'on en reçoit tout d'abord. Un grand
» seigneur romain, après sa première audience, ex-
» primait ainsi la même pensée : C'est un roi, disait-
» il, et l'on croirait qu'il l'a toujours été. On ne peut
» se faire une idée de l'émotion du peuple, de la joie
» qui brille dans tous les regards en sa présence ; j'ai
» vu cela, surtout à la campagne, dans des villages où
» il se promenait familièrement à pied, au milieu de la
» foule qui se pressait autour de lui. C'est inexprimable,
» et c'est cet ascendant, cet éclat supérieur, cette di-
» gnité, cette amabilité incomparable de sa personne,
» qui excitent un enthousiasme si extraordinaire. On
» ne peut s'en défendre, on ne peut le voir sans que
» l'admiration et l'amour s'emparent du cœur. »

C'est vraiment un père, et personne plus que lui n'est digne de ce nom. « Le nom de Pape fut origi-
» nairement donné par les fidèles à tous les dignitaires
» de l'Eglise, comme une appellation exprimant le
» respect et l'amour ; les simples fidèles se regardant
» comme les enfants des évêques et des apôtres, leur
» piété filiale leur avait mis aux lèvres la belle ex-

» pression de Pape, c'est-à-dire père ou quelque chose
» de plus tendre encore. Cependant, l'usage prévalut
» de ne l'accorder qu'au Souverain-Pontife, puis, comme
» les schismatiques se l'arrogeaient fastueusement, le
» Pape Grégoire VII, en 1073, la troisième de son pon-
» tificat, tint un Concile à Rome contre les schismati-
» ques, dans lequel il fut statué que le nom de Pape
» ne serait plus donné qu'à un seul homme, dans
» tout l'univers chrétien, au Chef suprême de
» l'Eglise. »

En regagnant nos voitures dans les cours intérieures, nous avons de nouveau traversé de grandes salles, des vestibules imposants, des escaliers d'honneur ; sur chaque palier se cadençait le pas régulier de la garde suisse du Saint-Père, armée d'une longue hallebarde et un peu habillée comme Arlequin ou les jeunes pages du bon vieux temps : habits avec haut de chausse, manches avec crevés et bouffants, culottes courtes et bas collants, le tout, y compris les bas, d'une étoffe de trois couleurs, à raies rouges, jaunes et noires. Ce costume ne manque pas de pittoresque, et tranche agréablement au milieu des grands escaliers sévères et des salles interminables.

A notre audience particulière, nous nous sommes agenouillées, au moment où le Saint-Père a paru ; il s'est dirigé vers nous et nous a relevées en nous tendant la main. Je vous assure qu'avant d'embrasser son anneau, je l'ai gardée longtemps, et que je l'ai serrée bien fort, cette main vénérable que je tenais (on n'a pas toujours l'honneur et le bonheur de prendre la main du Pape dans la sienne.)

« Très-Saint-Père, lui avons-nous dit, Françaises et Bretonnes, nous sommes venues déposer à vos pieds l'hommage de notre dévouement, de notre respect, de notre amour et de nos profondes sympathies à toutes vos douleurs! »

Le Pape nous a alors parlé de notre pays..... de nos familles... car dans son cœur paternel il a pour chacun un mot qui l'intéresse ; et il a ajouté, s'adressant à ma cousine, dont le mari, officier de l'armée de mer, est venu plusieurs fois à la défense du Saint-Siège : « Portez à ce cher époux, à ce brave marin, l'assurance de ma bénédiction toute particulière. Oui, a-t-il repris avec cette bonté parfaite qui le caractérise, avec ce sourire céleste qui ne tient déjà plus à la terre, je vous bénis toutes les deux, vous, vos familles, vos amis, tous ceux qui vous sont chers !... »

Le Saint-Père a bien voulu nous signer de sa main ces précieuses bénédictions et nous autographier sa photographie. Il nous a également béni quantité d'objets de dévotion, et je vais rapporter, pour les distribuer comme un cher souvenir, médailles, chapelets, *Agnus Dei*.

Comme vous le savez, l'*Agnus Dei* est une médaille (il y en a de toutes les grandeurs), portant toujours d'un côté l'empreinte de l'agneau, et de l'autre différentes effigies, celles des saints, du Pape, les armes du Saint-Siége. Ces *Agnus Dei*, que sainte Thérèse considérait comme des instruments de protection et de sanctification, ajoutant qu'elle donnerait volontiers sa vie pour en défendre la sainteté, sont pétris de la poussière des saints et de la cire du cierge pascal bénit par le Saint-Père. Ils ne se trouvent point dans le commerce, et il est assez difficile de s'en procurer. Cependant, Mgr Pelami, Palazzo Corimboni, en distribue chaque semaine le mardi, de midi à une heure, aux personnes qui se présentent chez lui.

Depuis l'âge de cinquante-quatre ans, Pie IX, au milieu des splendeurs, mène la vie d'un anachorète. Lorsqu'il monta sur le trône pontifical, voici le langage qu'il tint à son majordome: «Lorsque j'étais évêque d'Imola, je dépensais un écu par jour; lorsque je fus cardinal, je dépensai un écu et demi ; maintenant que je suis Pape, vous ne dépasserez pas deux écus.» Le Saint-Père couche sur un modeste lit de fer, sans rideaux, recouvert d'un seul matelas, un vrai lit de collégien, et malgré son grand âge, en toute saison il se lève à cinq heures et demie et s'habille seul. Il monte alors dans une chapelle particulière, où le Saint-Sacrement est toujours exposé, et se dispose, par la méditation et la prière, qui font souvent couler ses larmes, à sa messe, qu'il dit à sept heures et demie ; il assiste ensuite en action de grâces à la messe de l'un de ses chapelains, puis, avant de se retirer, donne la bénédiction aux prêtres et aux étrangers admis à cette cérémonie.

Il est à peu près neuf heures ; on lui apporte son déjeûner, qui se compose généralement d'un bouillon et d'une tasse de café noir. Après ce modeste repas, il passe dans son cabinet et travaille avec ses cardinaux une partie de la matinée ; c'est aussi l'heure de son courrier, toujours très considérable.

Quand le Pape est bien portant, il reçoit de onze heures et demie à midi et demi, car chaque jour les demandes d'audience se renouvellent et souvent en grand nombre, pour des princes ou d'humbles étrangers, pour des congrégations religieuses ou des corporations laïques, pour tous les pèlerins, enfin, venus des quatre coins de l'univers, dans ce palais unique et universel où le monde entier se donne rendez-vous. Comme ces audiences, sans cesse renouvelées, sont très fatigantes, depuis quelques années seulement et d'après l'ordre exprès des médecins, Pie IX prend, quelques instants auparavant, un bouillon arrosé d'un demi-verre de Bordeaux ou de Capri ; jusque-là il n'avait jamais bu que du vin blanc ordinaire; il se promène ensuite dans les jardins, et toujours à pied.

Depuis 1871, le Saint-Père n'est pas monté en voiture, et Rome n'a plus revu le plus magnifique des carrosses traîné superbement par huit chevaux. A une heure et demie, Sa Sainteté retourne dans sa chapelle, où elle reste en adoration jusqu'à deux heures ; c'est le moment du dîner, qui se compose invariablement d'un potage, d'un bouilli et d'une volaille, qu'on sert ensemble sur un grand plat, entourés de légumes; le Saint-Père ne touche presque jamais à la viande, il prend quelques légumes, un peu de friture romaine et un fruit, — la récitation du chapelet et du bréviaire, que le Pape dit exactement chaque jour comme un simple prêtre, occupent les heures suivantes.

A quatre heures, il fait une seconde promenade. S'il pleut, il n'a que l'embarras du choix dans ce palais sans fin, et se promène souvent dans la bibliothèque, les logge et les stanze de Raphaël. S'il fait beau, il descend dans son allée favorite, tapissée de volubilis et bordée d'orangers superbes ; il aime à s'asseoir à son extrémité, à l'ombre d'un saule pleureur qui touche la fontaine de la Zitella, et à émietter du pain et des gâteaux aux jolis pigeons-paons dont la robe est blanche comme la sienne. Pendant les grandes chaleurs, le Saint-Père prend une allée voisine, plus ombreuse, au fond de laquelle s'élève la reproduction en miniature de la grotte de Lourdes. Il ne rentre qu'au moment de l'*Angelus*, qu'il récite à haute voix, suivi du *De Profundis*.

Puis il s'occupe encore des affaires de son royaume spirituel, donne des signatures, parfois quelques audiences, et soupe à neuf heures, plus frugalement encore qu'il n'a dîné. — Ce repas ne se compose que d'un bouillon, de deux pommes de terre cuites à l'eau, assaisonnées de sel, et d'un fruit.

A dix heures, rentré dans sa chambre, le Saint-Père se couche, toujours sans le secours de personne, et va demander au sommeil l'oubli des inquiétudes et des tourments au milieu desquels il vit, et qui l'assiégent de nouveau à chaque aurore.

Le mauvais temps a contrarié toutes nos excursions *extra muros*. Que pouvions-nous voir, les pieds dans la boue, la tête dans l'eau, avec un voile de brouillard devant les yeux ? Nous n'avons pu aller ni à Frascati, ni à Albano, ni à Ostia. Nous n'avons pu voir Tivoli, lieu de délices des anciens et des nouveaux Romains, et jugez de nos regrets par cette description que fait Châteaubriand : « Il serait difficile de trouver dans le reste du monde une vue plus étonnante et plus propre à faire naître de puissantes réflexions. Je ne parle pas de

Rome dont on aperçoit les dômes, et qui seule dit tout. Je parle seulement des lieux et des monuments renfermés dans cette vaste étendue ; voilà la maison où Mécène, rassasié des biens de la terre, mourut d'une maladie de langueur ; Varus quitta ce coteau pour aller verser son sang dans les marais de la Germanie; Cassius et Brutus abandonnèrent ces retraites, pour bouleverser leur patrie. Sous ces hauts pins de Frascati, Cicéron dictait ses Tusculanes; Adrien fit couler un nouveau Pénée aux pieds de cette colline, et transporta dans ces lieux les noms, les charmes et les souvenirs du vallon de Tempé. Vers cette source de la Solfatare, la reine captive de Palmyre acheva ses jours dans l'obscurité, et sa ville d'un moment disparut dans le désert. C'est ici que le roi Latinus consulta le dieu Faune, dans la forêt de l'Albunée ; c'est ici qu'Hercule avait son temple, et que la Sibylle Tiburtine dictait ses oracles ; ce sont là les montagnes des vieux Sabins, les plaines de l'antique Latium ; terre de Saturne et de Rhée, berceau de l'âge d'or, chanté par tous les poëtes, riants coteaux de Tibur et de Lucrétile dont le seul génie français a pu retracer les grâces, et qui attendaient le pinceau du Poussin et de Claude Lorrain. »

Il nous a fallu renoncer à visiter tous ces palais, toutes ces villas aux ombrages séculaires, aux cascades gigantesques, aux champs de fleurs merveilleux, jetés en si grand nombre sur cette terre fortunée, dernier souvenir échappé de l'Eden. — Oui, toutes les campagnes de Rome ont une inconcevable grandeur ; elles se baignent dans des vapeurs infinies, qui arrondissent tous les contours et donnent aux

paysages une sorte de solennité inconnue ailleurs. « Quelquefois de beaux nuages, comme des chars lé-
» gers portés sur le vent du soir avec une grâce inimi-
» table, font comprendre l'apparition des habitants de
» l'Olympe sous ce ciel mythologique ; quelquefois
» l'antique Rome semble avoir étendu dans l'Occident
» toute la pourpre des consuls et des Césars, sous les
» derniers pas du dieu du jour. Cette riche décoration
» ne s'efface pas aussi vite que dans nos climats; lors-
» que vous croyez que ces teintes vont disparaître,
» elles se raniment sur quelque autre point de l'hori-
» zon ; un crépuscule succède à un crépuscule, et la
» magie du couchant se prolonge jusque dans la nuit.»

Il a fallu enfin dire adieu à toutes ces grandeurs de la campagne de Rome, au lac de Bracciano, d'une remarquable étendue, trente-deux kilomètres de tour, et trois-cents mètres de profondeur ; aux lacs de Némi et d'Albano, situés à trois cent quarante mètres au-dessus du niveau de la mer, dans des sites enchanteurs, et d'une profondeur considérable comme celui de Bracciano, ce qui s'explique lorsqu'on apprend que ces trois lacs occupent le fond de cratères éteints. Le lac de Némi s'appelait dans l'antiquité le miroir de Diane, à cause d'un autel qui lui avait été élevé sur ses bords et dont on a retrouvé les vestiges. C'est dans ce temple que régnait un usage bizarre et cruel, dont parle Strabon: « il fallait en avoir tué de sa main le grand prêtre pour le devenir à son tour. »

Il a fallu dire adieu à la villa Mécène, d'où sortent les trois fameuses cascatelles, formées des eaux de l'Anio qui tombent au fond d'une vallée en plusieurs chutes d'une hauteur de plus de cent pieds.

Dire adieu à la cité de Tusculum, où naquit Caton, et que Cicéron habita, ainsi qu'aux villes de la côte du Latium, à Lavinium, à Laurentum, noms poétiques et rendus à jamais célèbres par la muse de Virgile, cette muse charmante qu'aucune traduction ne peut rendre et qu'on a comparée, dans sa pureté et sa délicatesse, au duvet d'un beau fruit. Nous eussions voulu visiter Ostia, dont la citadelle sert de prison aux galériens occupés à fouiller l'antique Ostia. On y a découvert des objets d'art précieux, des temples, des thermes, des rues bordées de maisons ; pour nous, c'eût été déjà comme un avant-goût de Pompeï. Il a fallu renoncer à voir toutes ces belles choses, toutes ces campagnes délicieuses, ornées d'antiquités, que le voyageur recherche ardemment, avide de connaître toutes les merveilles du passé, avant qu'elles aient complètement disparu sous la main du temps, qui les détruit chaque jour à l'inverse des beautés de la nature, qu'il rajeunit sans cesse.

Peut-être avant de quitter Rome pour tout-à-fait, vous sera-t-il agréable de connaître la fin de l'histoire de la lionne blessée au cœur que nous avions croisée comme un ouragan dans l'escalier de l'hôtel. Elle n'a tué personne et s'est bornée à porter plainte à la princesse Marguerite, laquelle, en sa qualité de femme de commandant (Humbert étant généralissime de toutes les armées), donne audience aux femmes d'officiers qui le demandent. On a pris des informations ; toutes les plaintes de la jeune femme étaient fondées : abandon complet de la mère et des cinq enfants, dot à peu près dissipée. Aujourd'hui, l'époux infidèle, condamné à un an de forteresse, peut réfléchir tout à son aise aux amertumes du fruit défendu. Je veux espérer pour son bonheur à venir et celui de sa chère moitié, qu'il jure quoiqu'un peu tard, comme dans la fable, qu'on ne l'y reprendra plus.

Notre réveil à Naples.

Puisque vous suivez avec tant d'intérêt nos pérégrinations sur la carte, chère bonne amie, ouvrez votre atlas, car nous sommes bien réellement à la cheville de la botte, mais il ne nous a pas fallu trois jours pour y venir de Rome, comme autrefois ; quelques heures de chemin de fer, une nuit de wagon, et nous nous sommes reveillées au fond du golfe de Naples, sur cette perle des mers enchassée dans des ondes d'azur, le cap Misène et la côte de Sorrente.

Videre Napoli poi mori! Voir Naples et puis mourir! ont traduit les Français peu soucieux du sens de leur phrase. Quoi ! voir cette ville unique, couchée comme une reine sur un lit de flots d'or, avec ses pieds de saphir, sa ceinture de montagnes diaprées, sa couronne de feu, qu'on nomme le Vésuve, et demander à mourir ! Non, quand on connaît tout cela, le bon sens dit : Voir Naples et puis y vivre. La vérité, la voici : Mori est un village, une campagne des environs de Naples, peut-être plus délicieuse encore, s'il est possible, et les Italiens sans songer au jeu de mots qui ne peut se faire que dans leur langue, et que nous avons si inconsidérement traduit dans la nôtre, ont tout simplement dit : Voir Naples et puis voir Mori.

C'est bien ici, dans l'ancienne Parthénope, que la vraie Italie commence, n'ayant plus rien de nos idées ni de nos habitudes ; c'est ici que l'élégant far niente et le doux nonchaloir se donnent carrière ; c'est à Naples qu'on pourrait faire de curieuses études de mœurs, cette ville ayant conservé toute sa couleur locale, son originalité primitive, un cachet tout à elle. Cependant, comme partout ailleurs, on y entend la musique monotone des orgues de barbarie et le cri perçant des marmots, qui ne manquent pas, Dieu merci !

Tout ce qui brille n'est pas or, mais on aime ce qui reluit, dans ce beau pays où le regard et l'oreille cherchent partout des jouissances. Jusqu'à présent, je m'étais dit en voyant les gravures et peintures italiennes, qui ont su rassembler à la fois toutes les couleurs du prisme : Vraiment, ces pauvres peintres sont comme les poëtes ; ils voient tout de travers et ne restent jamais dans la réalité ! Eh bien ! si, toutes les couleurs de l'arc-en-ciel se retrouvent sur la terre teintées à l'infini par la nature et le soleil, il y a du bleu dans la mer et le ciel, de la pourpre et de l'or dans le Vésuve, du vert dans les champs, du gris, du rose et du violet sur les montagnes, et les Napolitains, qui peignent leurs maisons de toutes les couleurs, et qui s'habillent de toutes les nuances, n'ont fait en cela qu'imiter la nature, cette grande inspiratrice des arts et du beau. Tous ces tons si criards, si disparates entre eux, deviennent charmants lorsque le soleil s'y joue, leur donnant un air de fête et de gaîté qui met tout le monde en belle humeur.

Chaque jour, des étrangers qui viennent de visiter le Bosphore, avouent que rien n'égale la magie des lignes et des couleurs que l'on admire ici, quand tous les rayons du soleil, limpides, vaporeux, se perdent eux-mêmes dans des profondeurs lumineuses ; le soir, la transparence et l'élasticité de l'air sont encore plus remarquables, et, à de grandes distances, tous les bruits de la terre et de la mer arrivent distinctement pendant cet unique crépuscule de Naples où tous les rayons ne s'éteignent pas quand le jour meurt.

Naples est, par excellence, la cité de la vie extérieure. Dans certains vieux quartiers étroits et sombres on dort, on s'habille, on cuisine et l'on mange dans la rue; il est vrai de dire que les maisons de ces quartiers infects semblent des bouges aux étages supérieurs, et des caves au rez-de-chaussée. Il ne fait guère bon s'aventurer dans ces antres de la misère et de la saleté ; on court risque de n'en pas revenir seul, et la garnison qu'on rapporte parfois dans les plis de sa robe, qu'on s'empresse de quitter en rentrant, pourrait très-bien la mettre en marche toute seule, comme le burnous légendaire des Arabes. Il y a même des familles qui n'ont pour tout bien qu'une hotte, dans laquelle chacun dort à son tour, pendant que les autres s'en vont à la recherche de la maigre picorée qui doit les faire vivre, au lieu de courir le monde honnêtement, comme les Savoyards, ou comme les Zingaris, Gypsies ou Gitanos, qui n'ont point de patrie: ils restent Bohêmes dans leur pays, dont le soleil, la mer et toutes les beautés les retiennent captifs, paraît-il, au-dessus de tout autre bien-être.

Ce peuple aime le mouvement qui ne donne pas de peine ; celui des plaisirs, le bruit et les couleurs tapageuses, les robes vert-cigale font fureur, et on les voit se promener en compagnie d'un tablier bleu, d'un corsage rouge et d'une chevelure pyramidale. Sur les épaules de la même personne, vous assistez à des batailles effroyables de toutes les couleurs, à des démêlés atroces de toutes les nuances; c'est le ponceau qui lutte avec le jaune, le violet qui s'élance sur le rose, des franges bleues qui mordent un corsage vert. Bref, les premiers jours nous croyions voir passer le carnaval partout.

Le grand luxe et le grand plaisir des Napolitains, c'est de se promener en voiture ; le nombre des équipages particuliers est incroyable, et les fiacres ne sont pas chers, tout le monde peut s'en payer. Douze sous la course, un franc l'heure. Autrefois même, il y a quinze ou vingt ans, alors que la course n'était que de huit sous, la garde se relevait en carrosse, ils partaient quatre, à douze pas du poste, les remplaçants présentaient les armes aux remplacés, qui se hâtaient de reprendre le véhicule, et fouette cocher ! chacun en était pour son sou, et quand il accompagnait ses hommes, le caporal passait par dessus le marché. Les pauvres qui veulent aussi se donner du bon temps cultivent les douceurs du coricolo, où l'on se promène quatre heures pour dix centimes.

Le coricolo est un mauvais char-à-bancs à deux siéges et à deux roues, traîné par un bucéphale étique, qui court comme le vent. Le char de Pluton, quand il enlevait Proserpine, n'allait pas si vite. De ce léger voiturin à quatre places au plus, vous voyez sortir douze ou quinze têtes bronzées, riant, chantant, grouillant, s'accrochant aux roues, aux claires-voies, aux brancards ; quand la bande est trop nombreuse, on attache sous la voiture un filet, en forme de hamac, où trois ou quatre se blottissent, pendant que deux autres enfourchent la monture, formant, dans l'ensemble, une grappe humaine de tous les tons, une macédoine de toutes les nuances. Où-sont ils, les anciens, qui ne connaissaient que sept couleurs ? Dans un coricolo on en voit vingt-cinq à la fois.

Comme je viens de vous le dire, les Napolitains aiment trop le bruit et la criaillerie, et comme on se blase sur tout, ce bon peuple fait, de temps en temps, une petite révolution qui lui sert de prétexte pour faire plus de tapage et se divertir un peu. La fidèle ville de Naples, ainsi qu'elle s'intitule, n'en est qu'à sa trente-neuvième infidélité. Naples ne veut pas toujours la même chose, mais elle veut passionnément et s'ennuie des meilleurs gouvernements, comme du reste.

« L'ennui naquit, dit-on, de l'uniformité. »

Et à ce propos laissez-moi vous raconter une petite anecdote d'un roi adoré par ses sujets, et qui pourtant ne put reprimer leur dernière insurrection, tant elle fut violente, qu'en ayant recours à l'Autriche.

« Un jour, une pauvre femme dont le mari venait
» d'être condamné à mort par le tribunal de Calabre,
» quitta ses montagnes sur le conseil de son avocat, et
» vint à Naples pour demander au roi la grâce du con-
» damné.

» A cette époque régnait sur les Deux Siciles un
» prince qui résumait en lui le caractère de sa nation,
» prince qui fut d'abord Ferdinand IV, quand il monta

» sur le trône en 1759, qui, de 1806 à 1810, régna sur
» l'île de Sicile seulement, puis prit le nom de Ferdi-
» nand Ier, lorsqu'en 1816 il réunit de nouveau Naples
» à la Sicile et qui, enfin fut surnommé *Pasone* par les
» lazzaroni dont il était l'idole. Ce n'était point pour l'in-
» jurier qu'ils lui donnaient ce sobriquet, tiré de la
» longueur de son nez ; c'était par une familiarité
» amicale.

» Rien n'était plus facile que de trouver accès auprès
» de ce roi, qui toujours courant à pied ou à cheval
» dans les rues de la ville, se laissait aborder par tout
» le monde. Malheureusement, cette fois, Ferdinand
» n'était ni dans les rues ni sur les places, ni même
» dans son palais, où les gens du peuple entraient
» comme chez eux ; il était à Capo-di-Monte pour y
» chasser le becfigue, car la chasse était le plaisir
» favori de ce petit-fils de Henri IV. La pauvre femme
» monta donc à Capo-di-Monte, mais comme le roi
» courait encore à travers champs, et qu'elle n'aurait
» su où le trouver, elle demanda aux gardes la per-
» mission de s'asseoir sur les marches du palais pour
» l'attendre, car elle était brisée de fatigue ; cette per-
» mission lui fut accordée sans la moindre difficulté.
» Les gardes savaient qu'en agir autrement c'eût été
» déplaire à leur maître.

» La solliciteuse s'assit donc sur la première marche
» de l'escalier par lequel le roi devait monter pour
» rentrer dans ses appartements. Une fois assise, quelle
» que fût la gravité de la situation où elle se trouvait,
» quelque vive que fût sa préoccupation, la fatigue
» fut la plus forte. Après avoir quelque temps lutté, elle

» appuya sa tête contre le mur et s'endormit. Il y avait
» un quart d'heure qu'elle dormait profondément,
» lorsque le roi rentra. Il était de fort bonne humeur ;
» les becfigues n'avaient pas manqué, le temps avait
» été superbe et la chasse heureuse. Bref, il se trouvait
» dans la meilleure disposition d'esprit, quand il
» aperçut la pauvre solliciteuse.

» Qu'est-ce ? s'écria-t-il tout en faisant signe de ne
» point éveiller la dormeuse. Puis s'approchant d'elle,
» il la regarda avec une curiosité bienveillante, et
» voyant un papier plié en pétition sortir de sa poi-
» trine, il le tira doucement, le lut, et ayant demandé
» une plume, il écrivit au bas quelques mots italiens
» que je traduirai librement ainsi : *Accordé ; la fortune*
» *vient en dormant*, puis il signa: FERDINAND, roi. Après
» quoi il replia le papier, le remit à sa place, donna
» l'ordre de ne pas éveiller la bonne femme; défendit
» expressément qu'on la laissât parvenir jusqu'à lui et
» rentra joyeusement dans ses appartements, une
» bonne action de plus sur la conscience.

» Au bout d'une grande heure, la dormeuse s'éveilla,
» se frotta les yeux et s'informa si le roi était rentré.
» Lorsqu'elle apprit qu'il était passé devant elle, elle
» s'arracha les cheveux. Hélas ! elle avait manqué
» l'occasion qu'elle était venue chercher de si loin.
» Elle supplia le capitaine des gardes de lui permettre
» d'entrer, mais celui-ci, qui avait sa consigne, répondit
» par ce terrible mot : Impossible ! Le roi s'était ren-
» fermé, il ne voulait voir personne, et de deux jours il
» ne sortirait pas.

» La pauvre femme dut donc renoncer à tout espoir,
» et elle repartit désolée pour la Calabre.

» A son arrivée, et comme il n'était point encore
» l'heure où elle pouvait entrer à la prison, elle se
» rendit auprès de son avocat afin de lui dire le triste
» résultat de son voyage. Elle lui raconta tout ce qui
» s'était passé, confessant même que c'était par sa
» faute qu'elle avait perdu une occasion que désor-
» mais elle ne retrouverait plus ou qui se présenterait
» trop tard.

» L'avocat, tout en écoutant sa cliente, jouait ma-
» chinalement avec la pétition que celle-ci lui avait
» rendue. Enfin, il l'ouvrit par hasard, et toujours par
» hasard y ayant jeté les yeux, il poussa un cri de
» joie, se leva et entraîna vers la prison la pauvre
» femme, qui le crut fou.

» Tout s'expliqua : le mari fut rendu à sa femme,
» ivre de bonheur, et tous deux prirent le chemin de
» Naples pour remercier leur bienfaiteur.

» La condamnation du Calabrais n'avait rien d'in-
» famant ; c'était une affaire de contrebande, il était
» fin, insinuant, adroit. Bref, il plut à Ferdinand, qui
» l'attacha à sa personne comme chef de sa police, et
» qui s'en trouva bien, car il lui resta fidèle et dévoué
» jusqu'à son dernier jour. »

Naples est un peu pavée comme Nice, de grandes dalles régulières, à la seule différence que celles-ci sont en pierre et celles-là en lave. Ce pavage, très-glissant par fois, ne fait pas l'affaire des chevaux, lesquels sont ici superbement harnachés, tout caparaçonnés d'or; c'est-à-dire que le cuir des harnais disparaît sous les lames, barrettes, boutons, anneaux de cuivre bien astiqués qui les recouvrent; de plus le collier supporte un véritable monument de même métal, girouettes à quatre ou cinq branches, pagodes élevées, clochetons carillonnants. J'en ai même vu un couronné de la tiare du Pape. On n'est pas plus inventif! Du reste, ce métal poli au feu et très-bien entretenu joue un grand rôle à Naples, qui a le monopole des lits en cuivre, comme Gênes a celui des lits en fer. Il y en a de tous les genres : les plus beaux sont les lits Louis XV avec baldaquin, et les lits jumeaux réunis sous la même couronne; à Gênes, le fer est travaillé, ciselé, surchargé de fleurs peintes au naturel, ce que je trouve plus prétentieux et moins beau en définitive que tous ces rouleaux de cuivre tordus avec art, unis et brillants. L'intérieur du lit se compose d'un sommier, d'un matelas et d'un seul oreiller de laine bien dur : un oreiller de plume est un grand luxe.

Les lits en bois sont à peu près inconnus, et pour cause, toute l'Italie méridionale surtout donnant asile à de vilains insectes plats, rougeâtres, qui se nichent jusque dans le fer et qui s'en viennent la nuit, pendant votre sommeil, concurremment avec l'espèce ailée, festoyer sur votre personne. Le dictionnaire d'histoire naturelle appelle tous ces insectes carnivores. Non, ils ne vont pas jusque-là, mais je les place bien volontiers dans la famille des *sangsuces*; aussi le moustiquaire en tulle et mousseline empesés formant plafond et cloison autour du lit, qu'il ferme hermétiquement, est-il de première nécessité, utilité charmante, puisqu'elle donne à tous les lits l'air de jolies chapelles blanches.

Les appartements non plus ne sont pas généralement tendus de papier comme en France; on en voit beaucoup de peints à fresques, encore une réminiscence du passé, où fleurs, oiseaux et papillons, en compagnie des plus jolies arabesques, s'enroulent et se déroulent, s'enlacent et s'enguirlandent, se poursuivent, se joignent et se séparent gracieusement tout le long des murailles, rendues par ce décor aussi fraîches et agréables à habiter qu'à regarder.

Les Napolitains se distinguent par leur nonchalance; le climat les y prédispose sans doute, trop beau il ravit les sens, mais il énerve l'âme, aussi sont-ils là paresseusement étendus toute la journée, au soleil, l'hiver, se chauffant le dos comme des lézards, à l'ombre, l'été, humant les brises de mer, mais ne faisant rien ou à peu près, et parodiant ce mot de Mécène couché sur l'herbe du champ de Mars : Que n'est-ce cela travailler! *Utinam hoc esse laborare.* Les priez-vous de faire une commission ? Bah! répondent-ils, nous avons déjà gagné six, huit, dix sous ce matin, c'est plus qu'il ne faut pour vivre aujourd'hui, cherchez ailleurs. Du reste, qu'est-ce qui se préoccupe de manger à Naples ? Les riches vivent d'un rayon de soleil et d'une glace; les pauvres, d'une tranche de ce même soleil et d'un morceau de pain frotté d'ail. La nourriture n'est donc pas meilleure qu'à Rome : le veau y est également inconnu; on mange du mouton, du bœuf et du buffle, viande longue et dure, devant avoir beaucoup d'analogie avec celle du cheval; je regrette même qu'on les mange, ces beaux buffles, quelquefois noirs, mais généralement blancs, aux cornes immenses, et dont les grands troupeaux animent si vigoureusement la campagne d'Italie, toujours un peu inanimée ; il me semble aussi qu'il y a bien moins d'oiseaux qu'en France, et cela se comprendrait jusqu'à un certain point, puisqu'il y a moins d'arbres, ce que la gent ailée préférera toujours aux arbustes et aux fleurs; mais je n'en sais trop rien, car, même ici, malgré les sourires du printemps, nous ne sommes pas encore arrivés à la saison des nids et des chansons.

On aperçoit aux environs des villes en général, et de Naples en particulier, beaucoup de fabriques de pâtes et de macaroni. L'Italie en envoie au monde entier. J'ai pris au premier abord ces fabriques pour des teintureries, m'imaginant que tous ces longs vermicelles jaunâtres qui sèchent dehors roulés sur des claies, étaient autant d'écheveaux de laine attendant la teinture.

A côté du peuple misérable et indolent s'agite aussi une population ouvrière et industrieuse. Naples est renommée pour ses tissus d'or et d'argent, ses passementeries, ses cordes à instruments de musique et pour ses instruments même, sa parfumerie, ses camées sur coquille, ses bijoux de laves et ses coraux. Mais, entre nous soit dit encore, quand vous voudrez en acheter, de ces bijoux, adressez-vous, à Paris, à un orfèvre connu. Ici on trompe les étrangers le plus qu'on peut, et de la belle manière. Ces bons Napolitains sont très-persuadés qu'on ne fait pas six cents lieues pour rapporter la marchandise ou faire des reproches au marchand ; tout est à des prix exorbitants ; on surfait de moitié, et l'or garanti n'est qu'un alliage au plus bas titre. On nous a fait un collier en perles de corail à trois ou quatre tours, quatre mille francs, collier magnifique j'en conviens, mais quatre mille francs, cela commence à bien faire ; somme toute, ces parures se chiffrent toujours par plusieurs centaines de francs! Du reste, on vous vend très-bien pour du corail une cire rouge, vernie, durcie, en ayant toutes les apparences, rien de plus. Quant à la lave, cette fameuse lave du Vésuve dont on parle tant, la supercherie est plus complète encore, puisqu'il n'y en a pas de vraie.

Les marchands vous disent avec le plus grand sang-froid : « Nous avons peu de camées foncés cette an-
» née ; pour les fabriquer il faut de la lave noire,
» laquelle est très-rare, et ne se trouve que lorsque la
» pluie est tombée sur la lave brûlante et coulante,
» pendant l'ébullition ; mais voici des camées jaunes,
» gris, blancs, des œuvres d'art, comme vous voyez,
» ils sont sculptés à la main. » Vous payez en conséquence. Revenu au pays, vous vous empressez, bien fière, d'étrenner votre parure qui casse la première fois que vous la mettez. Vous courez chez le bijoutier, qui vous déclare sans ménagement que votre or est du cuivre, vos coraux souvent de la cire, et vos laves toujours une sorte de pâte faite de la terre la plus commune, cassant facilement et coulée dans un moule, quelque chose dans le genre de nos bois durcis de France. Le mieux est quand on veut rapporter des souvenirs, de prendre mosaïques, coquilles et coraux en fabrique et de les faire ensuite monter au retour,

à son goût, de la manière et de la matière qu'on veut.

Le théâtre fait les délices de toute la population. Nous avons entendu *Faust* à San Carlo, le plus vaste théâtre de l'Europe, comme celui de Milan en est le plus beau, dit-on, et dans cette terre classique de la danse, le ballet a duré un temps infini, nous y avons constaté la même frénésie qu'à Gênes, le même enthousiasme « pour les femmes qui n'ont d'esprit que dans les jambes. »

Chaque quartier a ses théâtres, sans compter des guignols à tous les coins de rue et des marionnettes en plein vent, dansant toute la journée à la grande jubilation des enfants et des badauds, qui sont là, plus que partout ailleurs, de grands enfants ; on court avec un égal empressement au spectacle et à l'église. Oui, dans ce pays où la paresse est un culte, la colère et les querelles une habitude ; où l'on joue du poignard plus vite que du poing, toutes les madones qu'on rencontre nichées à l'angle des maisons sont garnies de fleurs le jour, et éclairées le soir. C'est bien la superstition qui entretient ce zèle, mais enfin il existe ; du reste, ils ont toutes sortes de superstitions et l'influence de la *jettatura*, autrement dit du mauvais œil, n'est pas la moins terrible. L'ennemi, c'est le *jettatore*, et ce n'est pas une invention d'hier, puisqu'il existait chez les Grecs et les Romains ; les cornes seules ont la vertu de préserver de ces influences mystérieuses et pernicieuses ; on fait généralement venir ces cornes de Sicile, sans compter les cornillons en écaille ou corail que l'on porte au doigt, au cou, à la chaîne de montre ;

faute de ce bijou, on se défend avec la main en cornant les deux premiers doigts. Des étrangers qui en riaient ont fini par y croire, tenant continuellement leur main droite dressée en regard des passants pour se préserver du mauvais sort. Le cardinal Mazarin, venu au monde dans le royaume de Naples (Abruzzes), *mais dont le cœur était français si sa personne et son langage ne l'étaient pas*, croyait fermement à la jettatura. Toutes les fois qu'il s'agissait de la nomination d'un personnage aux nombreuses charges dont il disposait, le ministre, lui adressait d'abord cette question: *Mossou, êtes-vous hourou?* (heureux) Si le candidat avait le malheur de répondre qu'il n'était pas né sous une bonne étoile, Mazarin le renvoyait impitoyablement, Vous ne pouvez me convenir, disait-il : *Je ne veux employer partout et toujours que des gens houroux!*

Les Napolitains ne sont pas moins paresseux que superstitieux, et ce défaut capital, qui fait le malheur des individus, fait à plus forte raison celui des peuples. Il est certain qu'à Naples ces tendances fâcheuses prouvent une fois de plus, et d'une manière évidente, que le travail, loin d'être l'ennemi, est le véritable ami de l'homme; puisqu'ici, — qui le croirait ? — la durée moyenne de la vie n'est que de vingt ans, comme en Russie. Les extrêmes se touchent, et le froid et le chaud paralysent également les ressorts de la vie. En France, la durée moyenne est aujourd'hui de quarante ans, et dans les comtés riches d'Angleterre, elle atteint jusqu'à cinquante ans.

On meurt donc beaucoup à Naples et souvent de maladie de poitrine ; nulle part la phthisie n'est plus commune, parce qu'il a été décrété qu'il fait toujours beau, ce qui n'est qu'une pure convention ; parce qu'à force de se mettre en garde contre le chaud on reste désarmé contre le froid qui finit par vous atteindre et vous porter des coups mortels. Rien n'a donc été fait pour vous préserver d'un ennemi dont on veut méconnaître la présence: les portes et les fenêtres ferment mal, et vous livrent aux courants d'air; il n'y a pas de cheminées, et je commence à être de l'avis de ce voyageur qui disait : N'allez pas l'hiver en Italie, ni l'été en Russie; l'Italie n'ayant rien fait contre le froid, ni la Russie contre le chaud, n'allez visiter ces climats extrêmes qu'aux époques où le pays, l'industrie et l'art combinés ont déployé toutes leurs ressources pour obtenir la plus forte somme de bien-être et de confortable. Allez l'hiver en Russie chercher les appartements bien clos, les tapis, les fourrures, les températures de serre chaude. Allez l'été en Italie chercher les fruits exquis, la fraîcheur des mers, la brise caressante, les belles nuits tièdes et parfumées.

Notre hôtesse de Rome nous a empêchées de prendre nos parapluies, « porter autre chose à Naples que des ombrelles, fi donc ! A Rome il pleut, j'en conviens, a-t-elle ajouté (en effet, pensai-je tout bas, voilà quinze jours que cela ne cesse pas), mais à Naples on ne se fatigue que d'un soleil éternellement brillant, que d'un ciel éternellement bleu, ce beau climat n'a jamais fait mentir sa réputation. » Nous n'étions pas plutôt arrivées que la pluie a commencé, et nous avons vu s'épanouir de tous côtés des « *riflards* » de toutes couleurs, rouges, jaunes, verts, grands comme des pavillons et tout à fait dignes de servir de modèle à ceux que le député philanthrope, Glais-Bizoin, dans ses accès de générosité, et peut-être aussi par calcul électoral, offrait naguère aux dames des halles de Saint-Brieuc.

Beaucoup de boutiques sont en plein air, et des charrettes remplies de fleurs et de fruits, circulent toute la journée comme un marché ambulant. On rencontre aussi par la ville de petits ânes couverts de hottes immenses en pailles tressées, traînant jusqu'à terre, et chargées de légumes qu'on échafaude en pyramide. Ceux que nous avons aperçus chargés de radis frais, avaient l'air, de loin, de petites montagnes vertes et roses, trottant avec des oreilles d'âne.

L'Italie est le pays des fleurs, et Naples en est la reine.

Les fleurs?... n'est-ce pas le plus charmant symbole de la grâce et de la beauté? n'est-ce pas la plus suave poésie de la nature? Aussi les Italiens croient-ils fermement, comme M. Dalloz, que la première fleur fut le premier besoin de la première femme. On vous poursuit donc de bouquets (douce persécution quand elle n'est pas poussée trop loin). J'aurais voulu tous les acheter, mais qu'en faire? Nous en avons refusé de ravissants, composés de plus de cinquante camélias qu'on nous offrait à un franc.

Des fourneaux volants sont installés aux carrefours des rues, où jeunes et vieilles, ces dernières faites comme des sorcières, font frire et sauter dans l'huile les *frutti di mare* (fruits de mer) et toutes sortes de pâtisseries, à la mine hypocrite, aussi agréables à l'œil qu'épouvantables au goût. N'ayant pu manger les miennes, je les ai offertes à un gamin de cinq ou six ans qui m'a fait la moue sans les prendre ; cela m'a rendue perplexe, je me demande qui peut manger ces piles de gâteaux détestables, bons tout au plus à figurer auprès de certains macaronis que le peuple prend à poignée en l'enlevant bien haut et en le laissant filer comme une glu jusqu'à ses lèvres.

Naples, grande ville, très-étendue, déroulant longuement ses anneaux aux bords de la mer Tyrrhénienne, contient près de quatre cent cinquante mille habitants. Le quai de Chiaja, dont fait partie la *villa Nazionale* (du temps du roi de Naples on disait *villa reale*, tous les peuples ont les mêmes faiblesses), est la promenade favorite, le corso ; fort belle et fort bien plantée, elle a des vues ravissantes. Si le regard s'abaisse, il rencontre la mer infinie, s'il s'élève, il retrouve l'or et l'azur du ciel, sur lequel se dessine le panache sombre et fumant du cratère.

Nous logeons sur ce large quai où nous pouvons tout à notre aise voir *passer les passants qui passent* du balcon de l'hôtel installé dans l'ancien palais de l'ambassade d'Autriche. La promenade est parfaitement disposée pour satisfaire tous les goûts ; une piste sablée pour les cavaliers et les amazones se faufile entre le boulevard des voitures et la promenade proprement dite, où les piétons s'asseoient pour entendre la musique et prendre des glaces à des kiosques charmants.

Il y avait foule nombreuse la première fois que nous nous y sommes rendues, et nous avons été nous perdre dans cet océan de têtes, dans cette houle humaine comme une vague de plus.

Le quai de Chiaja conduit à son extrémité au quartier des pêcheurs, qui s'étend jusqu'à Sannazaro, lieu habité jadis par le poëte Sannazar, surnommé le Virgile chrétien, qui l'a chanté et lui a donné son nom.

Trois ports indiqués par un phare gigantesque, le port militaire, le port marchand et le petit port, sorte de bassin intérieur, seul reste de l'antique cité de Palæopolis, animent la ville, et plusieurs châteaux l'entourent et la défendent dans des positions admirables : le château Saint-Elme, le château de l'Œuf, qu'on appela longtemps Ara Lucullana, (parce qu'on assure qu'il occupe l'emplacement de l'ancienne villa de Lucullus à Parthénope), jusqu'à ce qu'il ait enfin tiré son nom de sa forme. Il fut la demeure des premiers rois de Naples, et le jeune Augustule dernier, empereur de Rome, y fut enfermé par Odoacre, roi des Hérules et premier roi d'Italie ; et enfin, le château Neuf (le plus vieux de tous), bâti en 1283 par Charles d'Anjou, et qu'on a en partie démoli en 1862.

Les places, généralement petites, ne sont pas en rapport avec les dimensions de la ville, et les rues, à part quelques quartiers plus récents, sont toujours trop étroites. Elles ont beaucoup de dénominations ici : strada pour les plus larges, via pour les moyennes, vico pour les rues de traverse, vicoletta pour les ruelles, et enfin sotto-portico quand le vico passe sous des arcades ; ce genre de construction jeté en travers d'une petite rue, interceptant l'air et la vue, est très-fréquent à Naples.

Vouloir écrire la vie historique de cette grande ville,

ce serait vouloir entreprendre le récit des luttes sans fin qui l'ont toujours déchirée ; point de mire des rois ambitieux, cette Capoue favorite des anciens Romains, excita au plus haut degré les convoitises de tous ses voisins. République pendant trois cents ans, du IXe au XIIe siècle, elle eut, durant cette longue période, ses meilleurs jours de paix et de tranquillité. A partir de ce moment, sa destinée l'entraîna de nouveau dans des guerres continuelles, et les siècles, qui passent dans la vie des nations comme les ans dans l'existence de l'homme, la retrouvèrent constamment occupée à se défendre ou à attaquer, à vaincre ou à être vaincue. Mais oublions les luttes du passé et revenons aux charmes du présent.

Les églises de Naples ne sont point aussi belles que celles de Rome, qui ne peuvent être égalées ; mais elles sont presque aussi nombreuses. On compte deux cent cinquante-sept églises, dont quarante-huit paroissiales, soixante chapelles dites Serotines, où se réunissent le soir les ouvriers, et cent quatre-vingt-deux chapelles appartenant à des confréries.

La cathédrale Saint-Janvier, l'une des plus riches et des plus vastes, est bâtie sur l'emplacement des deux temples d'Apollon et de Neptune. N'étaient-ce pas là les dieux qui convenaient à une ville dont les pieds baignent dans les flots bleus d'une mer limpide, et dont la tête s'élance dans les rayonnements d'un soleil sans tache.

Cette cathédrale renferme de beaux tableaux et plusieurs mausolées de papes et de rois. Sous la tribune du maître-autel, en porphyre, se trouve une sorte de crypte, ou chapelle souterraine, tout incrustée de marbres sculptés, qu'on appelle la confession de Saint-Janvier, et dont le tabernacle, en argent massif, renferme la fiole miraculeuse, pleine du sang du martyr. De plus, deux grandes chapelles ou églises, annexées à la cathédrale, s'ouvrent dans les nefs latérales : à gauche, celle de la Santa Restituta, ancienne basilique de Naples; à droite, le trésor de Saint-Janvier ; cette chapelle est remplie de peintures rappelant les miracles du saint et exécutées par les meilleurs peintres italiens, mis en grande rivalité à cette époque. C'est dans cette chapelle que s'opère, le premier samedi de mai, le 19 septembre et le 16 décembre, le miracle de la liquéfaction du sang de saint Janvier; nous ne l'avons pas vu par conséquent, mais les Napolitains mettent tant de feu et tant de foi quand ils parlent de leur patron, que, reniant l'école de saint Thomas, je m'en rapporte à leur crédulité..

Je ne vous énumérerai pas toutes les églises que j'ai visitées, décorées de peintures et de tombeaux, qui sont comme à Rome l'un des principaux ornements. Effleurons seulement celles qui m'ont paru offrir un intérêt particulier.

Santa Chiara, commencée en 1310, achevée avec modifications et sans ailes, présente plutôt l'aspect d'une salle que d'une église. Elle se distingue encore par de nombreuses tombes royales, dont plusieurs sont des monuments importants pour l'histoire de la sculpture.

L'église Saint-François-de-Paule, presque aussi grande que le Panthéon de Rome, en est une imitation ambitieuse, de l'avis des uns ; très-réussie, aux yeux des autres ; somme toute c'est un temple remarquable.

San Philippo Neri renferme dans ses vastes nefs plusieurs peintures de grands maîtres italiens et un tableau de Mignard, notre gracieux compatriote. Toutes les voûtes à fresques sont de Solimène. Je remarque aussi beaucoup de peintures de Lanfranc, qui excellait dans les coupoles, car ici nous ne rencontrons plus que de nouveaux artistes et de nouveaux noms. Nous voguons en pleine école napolitaine, cette école, qui, fondée par Tommaso Degli Stefani eut, elle aussi, ses maîtres illustres et ses jours de gloire.

Arrêtons-nous à Sainte-Marie-de-la-Piété, qu'on nomme encore San Severo, parce qu'elle sert de sépulture à plusieurs membres de la famille di Sangro, princes San Severo. Outre leurs tombeaux, elle renferme trois groupes en marbre qui m'ont frappée, offrant chacun l'exemple d'une difficulté vaincue. La Pudeur, par Corradini, nous apparaît sous les traits d'une jeune fille dont la beauté idéale et les grâces exquises se laissent deviner sous son voile de marbre blanc. Le Vice convaincu, par Francesco Queirolli, représente un homme de haute stature enveloppé d'un filet dont il essaie de se débarrasser. Ces mailles de cordes, souples et flexibles, sont si admirablement tissées dans le marbre, que nous les avons touchées pour nous assurer qu'elles n'étaient pas de chanvre. Je n'ai vu nulle part reproduite cette idée originale, et quel tour de force ! ce filet est taillé dans le même bloc que la statue qu'il a donc fallu sculpter comme a travers. Et enfin le Sauveur, descendu de la croix et recouvert d'un linceul, vrai miracle d'art et de patience, car on comprend que cette toile transparente, molle, qui adhère au corps divin qu'elle enveloppe, est encore toute trempée de la sueur de la mort..... Cette œuvre, très vantée en son temps surtout, est de Sammartino.

Sur la place del Mercato, s'élève l'église du Mont-Carmel, bâtie par Elisabeth de Bavière, en mémoire de la mort de ses deux fils Conradin et Frédéric, épisode douloureux de l'histoire de Naples. Cette église renferme encore le tombeau de Thomas Aniello, et par abréviation populaire Mazaniello. Cette même place fut le théâtre de la puissance passagère de ce jeune pêcheur d'Amalfi qui, en l'espace de neuf jours, acclamé par le peuple et par les artistes que l'Espagne opprimait et qui, sous la conduite de Salvator Rosa, prirent le nom de Compagnie de la Mort, fut placé sur les degrés du trône, puis traîné dans les égoûts, assassiné enfin et enterré magnifiquement ensuite, et qui ne laissa de cette couronne fugitive qui l'avait rendu fou d'orgueil, ivre de royauté, qu'une longue traînée de feu et de sang. Comme tous les fils du peuple, ignorant et grossier, il en voulait à la noblesse, et pendant quatre jours, il incendia ses palais et fit périr ses représentants.

Terminons nos pieuses stations par le couvent de San Martino, perché comme un donjon sur le haut de la colline Saint-Elme. Une vue merveilleuse vous attire et vous retient sur ce lieu élevé, embrassant la cité, les flots, les îles, les campagnes, les monts et le

Vésuve, car de quelque côté qu'on regarde à Naples, on l'aperçoit toujours comme un roi sur son trône, dominant ses Etats, terres désolées dans ses environs, mais riches et brillantes du côté de la mer et de la ville.

San Martino était un monastère de savants chartreux, dispersés par ordre du roi qui s'est emparé de leurs biens. On a converti les principales salles du couvent en musées. La céramique y domine, et là se retrouvent ses spécimens les plus remarquables de toutes les époques : miroirs, coupes, coffrets, girandoles, lustres de Venise, biscuits, poteries, faïences, tout ce que cet art charmant a produit en Italie, où il est né, du reste, à Faenza, dont il garde à jamais le nom.

On montre le haut fauteuil doré du prieur, dans le grand parloir, où tant d'étrangers de distinction furent reçus, et la table de milieu, en marbre, soutenue par un groupe élégant, les trois grâces. En France, cela nous effaroucherait bien fort de rencontrer ces belles déesses chez des moines; en Italie, rien de ce qui est beau n'offusque. L'art n'a pas de nudités, les églises le prouvent tous les jours.

Nous avons admiré la chapelle avec ses peintures, ses statues et ses mosaïques, le chœur en bois sculpté, la sacristie ornée d'admirables tableaux, et le reliquaire, sorte de chapelle parallèle à la sacristie et aussi grande qu'elle, toute lambrissée de reliques sans prix, enchâssées dans l'or, l'argent, l'ivoire, les bois rares et les pierres précieuses. Nous avons parcouru le réfectoire, meublé comme au temps des bons religieux : bancs étroits, tables grossières, chargées d'une vaisselle plus grossière encore, les modestes cellules, le cloître et le cimetière, entouré de hauts balustres couronnés de têtes de morts, le tout en marbre blanc, et enfin les jardins, si propres à la méditation et à la prière, dans un site ravissant, où l'œil peut indifféremment s'égarer au ciel ou sur la mer, ces deux infinis; jardins superbes, dominant la ville, dont les rumeurs confuses viennent s'éteindre à leurs pieds.

En sortant, on nous a fait traverser une salle renfermant le carrosse de Charles III, qui plus tard devint roi d'Espagne, après avoir laissé sa couronne des Deux-Siciles à son troisième fils Ferdinand. Ce carrosse d'apparat, entièrement doré, tout capitonné de velours et à grands panneaux de glace, ne mesure pas moins de trente pieds.

On dit les catacombes de Naples plus belles que celles de Rome et taillées à trois étages dans la roche vive. Nous ne les avons pas visitées; elles n'ont plus qu'une issue, et l'étage inférieur a été comblé à l'époque où tant de milliers des victimes de la peste de 1656 y furent ensevelies.

Laissez-moi maintenant vous parler du musée : il renferme à lui seul plus de richesses antiques qu'aucun autre au monde, et compte plus de soixante mille objets d'un intérêt sans égal, à cause de tous les trésors fournis par Pompéi, Herculanum, Pouzzoles et *tutti quanti*. Sarcophages merveilleusement fouillés, bains de marbre et de porphyre, statues, peintures, mosaïques, bronzes, verreries, poteries et terres cuites, bijoux, médailles, papyrus, antiquités osques et égyptiennes, tout est là réuni, vous initiant aux siècles passés, que vous reconstituez, comme si le temps leur avait fait grâce.

On compte environ seize cents peintures retrouvées à Pompéï, Herculanum et Stabies, antérieures à l'ère chrétienne et généralement inspirées par l'Illiade et la mythologie; cependant on voit aussi plusieurs sujets relatifs à l'art dramatique, acteurs et gladiateurs, quatre sujets monochromes sur marbre, exemplaires très-rares de ce genre de peinture, des animaux et des natures mortes.

Plus de mille inscriptions honorifiques, funéraires, païennes et chrétiennes, tapissent la salle où sont placés l'hercule Farnèse, le dieu des gladiateurs, chef-d'œuvre de l'athénien Glycon, et le taureau Farnèse, autre chef-d'œuvre grec, trouvé dans les thermes de Caracalla, et attribué aux deux sculpteurs rhodiens Apollonius et Tauriscus.

Les collections osques, étrusques et égyptiennes, nous font remonter aux temps les plus reculés; voici les sandales d'un grand prêtre, des amulettes, des momies, des figurines, des miroirs, des bronzes, des vases superbes, de toutes les formes et de toutes les grandeurs, où le rouge et le noir se donnent carrière, traçant les dessins les plus capricieux, des armes et des armures. Voici Ptolémée en compagnie d'Isis, fouillés dans le plus pur marbre de Paros. Voici un arbre généalogique, en bois de sycomore, et le célèbre papyrus, avec caractères grecs, contenant le nom des ouvriers employés aux travaux du Nil, trouvé dans une construction souterraine de Memphis.

Entrons maintenant dans les dix galeries consacrées

aux grandes sculptures, au nombre de quinze cents ; malheureusement beaucoup de ces admirables statues, léguées par l'antiquité, ne nous sont point parvenues intactes, plusieurs ont été brisées, et quelques marbres même ont été calcinés et décarbonatés par l'action des laves.

Dans la salle des empereurs et des impératrices, nous avons vu des bustes d'un nouveau genre, en marbre de plusieurs couleurs. Torse marbre vert, par exemple, draperie marbre rouge ou jaune, tête en marbre blanc, et pour donner plus de vie aux figures, aux femmes surtout, les artistes ont ajouté des yeux en émail noir, tranchant vivement sur la pâleur du visage de marbre blanc. Ce regard a quelque chose de saisissant, mais on a voulu trop bien faire : en cherchant à reproduire les jeux de physionomie qui ne se prêtent qu'à la peinture, l'art grave et sérieux de la statuaire y a beaucoup perdu : le mieux est souvent l'ennemi du bien.

Néron, à tous les âges, a toujours une figure atroce, et tous les rois de la race de Tibère, avec leur front bas, leur tête plate, volumineuse et carrée, ont quelque chose de dissimulé, de méchant, un crâne d'animal féroce. C'est ici qu'il est facile de rendre hommage aux souverains déifiés. L'apothéose, enlevant toutes les draperies, les statues revêtues du manteau royal sont les infortunés qui attendent encore et attendront longtemps les honneurs divins.

La salle de Jupiter renferme la statue gigantesque de ce dieu, taillée dans le marbre grec et trouvée à Cumes ; le torse de Bacchus, autre chef-d'œuvre, des groupes en porphyre, en albâtre oriental, en basalte vert ; c'est là aussi qu'est le buste de Psyché, tête ravissante, l'une des plus pures et des plus exquises productions du ciseau grec. Elle est connue dans le commerce, qui l'a reproduite à l'infini, sous le nom de Vénus de Naples.

La statue colossale de Flore, autre chef-d'œuvre grec, trouvée comme l'hercule Farnèse aux thermes de Caracalla, préside la salle qui porte son nom, et où l'on voit encore la célèbre mosaïque de la bataille d'Issus, trouvée en 1831 à Pompéï, dans la maison du Faune.

La salle des grands hommes contient une foule de têtes illustres : Socrate, Zénon, Lycurgue, Eurypide, Homère, (l'un des plus beaux bustes) et enfin Atlas, soutenant le ciel, monument intéressant de l'astronomie ancienne.

La galerie des bronzes est la plus riche qu'on connaisse. Rome en possède peu, l'empereur d'Orient, Constant, l'ayant dépouillée de tous les siens. On cite *Mercure au repos*, remarquable composition, et le *Faune dansant*, qu'on regarde à bon droit comme la perle de la galerie: il fut trouvé à Pompéï dans la *casa* qui porte son nom. Un autre Faune attire encore l'attention, celui-ci ivre et dormant sur une outre, servait de clef à un énorme conduit d'eau. On l'a retrouvé, gardant encore le liquide qu'on lui avait confié il y a plus de deux mille ans.

La collection des petits bronzes, comprenant quatorze mille objets rangés dans sept salles, nous initie complètement à la vie et aux habitudes des anciens. Lampes, candélabres, balances avec poids et mesures, couleurs et ustensiles de peintre, pain, blé, fruits, savon, reste de vin et d'huile, et jusqu'à une casserole pleine encore d'une espèce de *polenta*, destinée à un repas que l'irruption vint suspendre *in œternum*; des trépieds, des braseros, des vases à parfum, des instruments de chirurgie et de sacrifice, des idoles, les dieux lares et pénates, des aiguilles, des dés à coudre, une batterie de cuisine à suffire à tous les restaurants de Paris, fourneaux économiques pour faire griller la viande et chauffer l'eau en même temps, poêles, moules à pâtisserie, fours de campagne, mon Dieu oui! comme à présent, et tourtières que certains savants s'entêtèrent longtemps à prendre pour la coiffure de l'époque; hein! se mettre des chapeaux de métal dans un pays où le soleil brûle, ne paraissait guère en rapport avec les goûts du peuple le plus délicat et le plus raffiné de la terre. Mais les savants veulent tout expliquer, et quand le domaine du vrai leur paraît trop vulgaire, ils se lancent sans réserve dans l'invraisemblable et l'impossible.

On retrouve tout le mobilier qui composait un appartement romain, lits, fauteuils, siéges divers, objets de toilette, vêtements, linge d'amiante et toile de ménage, billets de théâtre et *tesseres*, plaques d'ivoire qui servaient aussi à inscrire le nom de la pièce, celui de l'auteur et le numéro de la place à occuper. On voit encore les célèbres tables d'airain d'Héraclée, trouvées en 1732, antérieures de trois siècles à l'ère chrétienne, et contenant l'indication de la mesure des champs consacrés à Bacchus et à Minerve... Oui, toutes ces choses que l'œil contemple en quelques heures et qui vous transportent de tant de siècles en arrière, intéressent au plus haut point; ce musée renferme tout, les arts et la science, le luxe et l'utilité, et il faut voir cela pour le croire et comprendre que décidément il n'y a rien de neuf sous le soleil, si nous exceptons les applications récentes de la vapeur et de l'électricité ! Nous tournons tantôt dessus, tantôt dessous ; une nation se fond et disparaît pendant qu'un autre naît et grandit, et je me représente volontiers la civilisation comme la fortune, un pied sur une roue qui élève les uns pendant qu'elle écrase les autres.

La salle des gemmes et objets précieux vous fascine à son tour. Ouvrez les yeux : Voici deux mille objets antiques d'or et d'argent, vaisselles de toutes sortes, anneaux, boucles, chaînes, bracelets, pendants d'oreilles ; tous ces bijoux, d'un travail exquis et d'un goût parfait, attestent l'habileté des anciens. A ces trésors s'ajoute la collection de camées et pierres gravées de la maison Farnèse, et la fameuse Tazza Farnèse en sardoine orientale. Cette œuvre unique pour la grandeur de la pierre et la perfection du travail, trouvée au tombeau d'Adrien, non loin de la coupe en porphyre qui gardait ses cendres, représente le Nil d'un côté et la tête de Méduse de l'autre.

Puis le moyen-âge fournit aussi son tribut, armes, faïences, bronzes, sculptures sur ivoire, coffrets en vermeil délicieusement fouillés.

La salle des antiquités de Cumes n'est pas moins remarquable : elle contient la collection des verres antiques, la plus importante qui soit au monde, comprenant quatre mille objets, et celle des terres cuites, au nombre de cinq mille.

Je m'attendais dans la salle des papyrus à voir se dérouler sous mes yeux des feuillages inconnus, recouverts de caractères étranges, il n'en est rien; vous apercevez en entrant trois mille rouleaux, ayant à peine soixante millimètres de diamètre, rangés sur des rayons vitrés, qui vous semblent, comme aux ouvriers qui les découvrirent et les jetèrent tout d'abord, une foule de petits morceaux de charbon. Cependant on reconnut l'erreur; mais vint alors la difficulté de les déchiffrer, qui parut insurmontable. Ils restèrent ainsi longtemps ces papyrus, jusqu'au moment où l'indomptable persévérance du père Antonio Piaggi trouva le moyen tant cherché, et parvint à fixer et à dérouler sur des membranes transparentes ces rubans légers qui ne présentent guère plus de consistance que le papier noirci par la flamme.

C'est ainsi que l'histoire des siècles écoulés se reconstruit peu à peu par l'infatigable labeur des savants, tandis que le temps présent accumule et enfouit à son tour avec insouciance des énigmes pour l'avenir.

La collection de numismatique n'est pas moins belle. A l'aide de ses cinquante mille médailles de tous les temps, on peut retrouver l'histoire des nombreuses villes détruites et presque oubliées, d'Italie et de la grande Grèce.

La galerie de tableaux contient neuf cents peintures, la plupart intéressant surtout l'histoire de l'école de Naples. Il y a cependant une salle où Ribeira, Albert Dürer, Le Corrége, Titien, Raphaël, Claude Lorrain, Jules Romain, les frères Carrache et d'autres maîtres encore se sont donné rendez-vous. Au milieu de ces tableaux magnifiques, j'ai admiré plusieurs toiles du Dominiquin, resté fidèle aux principes de son maître Annibal qui n'admettait jamais plus de douze figures dans une composition. Ces peintures, exécutées dans toute la plénitude de son talent, datent du moment où il vint se fixer à Naples, après avoir accepté l'offre de décorer la fameuse chapelle Saint-Janvier, alors qu'il cherchait à retenir la fortune rebelle et à conquérir la gloire. «Mais de même que dans une épaisse forêt, jamais le soleil ne dore les faibles pousses, ainsi la fortune ne rayonne que sur les cimes les plus élevées, et encore faut-il qu'elles sachent se courber sous le vent de la prospérité. » Il ne lui fut donc point donné d'achever son œuvre, il mourut empoisonné dans cette même ville de Naples, le 15 avril 1641, victime de la jalousie, qui arma la main des artistes napolitains, envieux de son talent. A cette époque, la renommée se payait souvent fort cher. Le peintre florentin Masaccio mourut également empoisonné par un rival, et personne n'ignore que Pergolèse paya de la vie l'immense succès de son *Stabat*.

Mais à part cette salle garnie de chefs-d'œuvres, toutes les autres peintures m'ont paru fort secondaires. Du reste, je n'oserais pas me prononcer, car je suis une profane, et d'ailleurs, « en matière d'art, le public est le
» pire juge ; mais ce mal ne date pas d'hier, son origine
» coïncide avec l'époque néfaste où commença la confu-
» sion de l'art ; dès ce jour apparut le premier critique
» dérouté lui-même, tout en voulant guider les autres à
» travers les dédales de la nouvelle Babel. Aux siècles
» de l'art plastique, l'éducation artistique, au lieu d'être
» spéciale, comme chez nous, faisait partie intégrante de

» l'éducation générale. L'art se mêlait aux choses de
» la vie publique. Il avait son siége à l'aréopage et sa
» place au forum. Aujourd'hui nous professons des arts
» industriels; tandis qu'autrefois on ne connaissait que
» des industries artistiques, qui démocratisèrent l'art
» au lieu de le prostituer.

» Le vase destiné à conserver l'huile ou le vin aurait
» pu, avec des proportions plus grandes, orner le fron-
» tispice d'un temple ou d'un palais, sans le céder en
» rien aux purs modèles dont il était la copie scrupu-
» leuse ou parfois le rival indépendant. Sur les murs
» grossiers de la boutique ou dans l'atrium de la maison
» privée, clients ou chalands pouvaient admirer, comme
» l'original lui-même, le décalque d'une fresque célèbre.
» On vulgarisait en reproduisant, tandis que nous pro-
» fanons en pastichant.

» Notre éducation artistique est à celle des anciens ce
» que le style *empire* fut au pur style grec, ce que la Ma-
» deleine est à la maison carrée, ce que le Panthéon de
» Soufflot est à celui d'Agrippa. Mais ce n'est pas seule-
» ment l'*utilitarisme* qui a faussé le sens artistique du
» public, c'est surtout l'égarement de l'art lui-même, de
» l'art véritable, qui ne veut rien avoir de commun avec
» le domaine industriel. Il est manifeste que l'art, tel que
» les anciens l'entendaient et le pratiquaient, c'est-à-
» dire circonscrit dans les limites de la sphère qui lui es
» propre, dut être plus accessible à la foule qu'il ne l'est
» de nos jours ; il dut parler directement aux yeux et se
» révéler pour ainsi dire à première vue dans la splen-
» deur simple de sa pensée et de sa forme. Athènes,
» Corinthe, Mégare, Delphes, Sicyone, Argos et My-

» cènes, Ephèse et Pergame, Rome et Capoue eurent
» leurs publics capables de porter un jugement sou-
» verain sur les productions artistiques de ces grandes
» époques, où l'idée du beau était populaire comme
» aujourd'hui l'idée de liberté.

» Les diverses renaissances de l'art, qui depuis ont
» illustré certaines périodes des temps modernes, pro-
» cédèrent presque toutes de l'antiquité. Au flambeau des
» vraies traditions s'allumèrent des génies tels que Ra-
» phaël, Léonard de Vinci, Le Corrége, Michel-Ange, et
» plus les œuvres produites furent grandes, moins le be-
» soin se fit sentir d'avoir des critiques pour les interpré-
» ter. Il n'était pas à craindre que le public fît fausse route.
» L'art et l'artiste s'imposaient, car ils marchaient tous
» deux dans une voie large et lumineuse. Alors, ainsi
» que dans l'antiquité, l'art était exercé comme un sa-
» cerdoce auquel on se préparait par une étude appro-
» fondie des connaissances préalables. De là cette in-
» faillible sûreté de dessin, cette science merveilleuse
» de la ligne, qui donnait le même cachet de grandeur à
» toutes les œuvres, quelles qu'en fussent d'ailleurs les
» dimensions. Telles statuettes antiques présentent des
» formes aussi grandioses que les Minerves de Phidias,
» et l'œil se plaît à les élargir sans que la beauté des
» proportions en soit altérée.

» Mais aujourd'hui nous sommes loin, bien loin de ces
» apogées-là. L'art s'est mis à l'unisson des productions
» littéraires de l'époque ; il est devenu ciseleur, exact,
» scrupuleux, observateur, érudit, souvent spirituel,
» parfois profond, presque toujours prétentieux et ma-
» niéré, jamais naïf et grand; le ciseau taille des Vénus

» de boudoir et des Jupiter d'étagères ; mais l'artiste ne
» va pas plus loin, et ses facultés de conception s'étio-
» lent, et ses efforts demeurent stériles. Cependant, si
» l'on se demande qui l'emporte, de l'idéalisme ou du
» réalisme, nous répondrons qu'en fait d'art, c'est l'art
» lui-même, *nescio quid divinum*, qui fait paraître bien
» mesquines les plus grandes querelles d'école. Etes-
» vous artiste, ne l'êtes-vous pas ? voilà toute la ques-
» tion. Après cela, ayez votre tempérament, votre in-
» clination personnelle, votre façon de voir, de sentir,
» de comprendre et d'interpréter. Ayez votre manière ou
» votre procédé, que nous importe, pourvu que vous sa-
» chiez nous plaire. Si vous savez nous parler et nous
» intéresser, nous émouvoir et nous toucher, vous pos-
» sédez l'art véritable. Après cela, c'est au public et au
» critique à se diriger sagement, comme un pilote con-
» duit son bâtiment à travers des écueils sans
» nombre. »

Mais revenons à Naples et à ses richesses : elle possède encore trois cent dix-sept mille volumes, y compris plusieurs milliers de manuscrits.

Examinons aussi les palais. Cependant ils sont loin d'avoir la beauté et la splendeur de ceux de Gênes et de Rome. On ne visite guère que le palais royal, construit en 1600 par le vice-roi, comte de Lemos. Il renferme quelques belles peintures; sa façade, ornée d'une riche corniche, avec vases et pyramides alternant d'une longueur de cent trente-sept mètres, est l'œuvre de Domenico Fontana.

La campagne de Naples est capitonnée de villas charmantes à habiter, mais n'offrant qu'un intérêt secondaire aux étrangers. On cite celle des rois de Naples, assise aux portes de la ville, au milieu de vastes jardins qui contribuent beaucoup à son agrément. Elle fut commencée en 1738 par Charles III; mais cent ans après elle n'était encore qu'aux deux tiers. Depuis trente ans, les travaux ont été repris et continués.

La villa Regina Isabella, ainsi appelée du nom de la reine-mère, et appartenant aujourd'hui au comte del Balzo, passe pour la plus grande et la mieux située, sur la colline de Capodimonte ; et enfin la villa Santangelo, bâtie sur les pentes occidentales du Vésuve, dans le goût élégant des maisons de Pompéï, et dont la vue s'étend sur la mer, la ville et la campagne, attire presque toujours les visiteurs.

Bonsoir et bonne nuit, chère amie, il est grand temps de se reposer, car demain, dès l'aube, nous partons pour le Vésuve. Nous allons voir le roi et le géant de ces lieux.

Le Vésuve.

Le Vésuve, en courroux sous ses monts caverneux,
Recommence à mugir avec un bruit affreux,
Et déchaîne, en poussant une horrible fumée,
Sur son gouffre tonnant, la tempête enflammée.
Elle échappe soudain, et des sommets ouverts,
En colonne de feu s'allonge dans les airs :
Des foudres souterrains et des roches fondues
S'élancent de l'abîme et vont rougir les nues.
Le bitume et le soufre épandus à torrents,
Roulent sur la montagne en sillonnant ses flancs,
Des plus profonds ravins ils comblent le passage,
Des fleuves infernaux ils sont l'horrible image.

CASTEL.

La route du Vésuve est d'abord charmante. En partant du pont de la Maddelena, on côtoie la mer, bordée de villas enfouies dans la verdure, jusqu'à Portici, qui n'est autre que l'antique Herculis porticum, dont parle Pétrone. On traverse cette jolie petite ville, presqu'un faubourg de la grande, très-appréciée des Napolitains, qui vont s'y promener en partie de plaisir, pendant l'automne surtout. Un peu plus loin, si le cœur vous en dit, vous prenez, pour l'excursion projetée, un guide à Resina, autrefois Retina, port d'Herculanum. Mais nous n'avons point pris de guide, effrayées par ce que nous venions de lire sur une colonne en ruine, dans un latin effacé, dont voici la traduction :

O NOS PETITS-FILS !
C'EST VOTRE INTÉRÊT QUI EST ICI EN CAUSE,
LA VEILLE TIENT LE FLAMBEAU DEVANT LES PAS DU LENDEMAIN
RETOURNEZ-VOUS POUR Y FIXER VOS YEUX.
VINGT FOIS DEPUIS LA CRÉATION DU SOLEIL, SI L'HISTOIRE
NE MENT PAS, LE VÉSUVE S'EST ENFLAMMÉ,
ENVELOPPANT TOUJOURS DANS UNE EFFROYABLE RUINE
CEUX QUI HÉSITAIENT A FUIR.
DE PEUR QUE PLUS TARD IL NE PROFITE DE VOTRE IRRÉSOLUTION
POUR VOUS SAISIR, JE VOUS EN AVERTIS :
CETTE MONTAGNE EST GROSSE DE BITHUME, D'ALUN, DE FER,
DE SOUFRE, D'OR ET D'ARGENT,
DE NITRE ET DE TORRENTS D'EAU ;
TÔT OU TARD ELLE S'ENFLAMMERA ET ELLE METTRA AU JOUR TOUT
CE QU'ELLE RENFERME.
MAIS AUPARAVANT ELLE ENTRE POUR AINSI DIRE EN TRAVAIL,
ELLE S'ÉBRANLE ET ELLE ÉBRANLE LA TERRE,
ELLE FUME, ELLE BRILLE, ELLE LANCE DES FEUX,
ELLE MUGIT, ELLE SE LAMENTE, ELLE TONNE, ELLE MET EN FUITE
LES HABITANTS D'ALENTOUR.
RETIRE-TOI TANDIS QUE TU LE PEUX ;
DÉJA L'HEURE DE L'ENFANTEMENT EST VENUE : LA MONTAGNE S'OUVRE
VOMIT UN LAC MÊLÉ DE FER
QUI SE PRÉCIPITE ET DEVANCE LES FUYARDS TROP LENTS ;
S'IL TE SAISIT, C'EN EST FAIT, TU ES MORT !

> L'an 1631 de l'ère chrétienne, le seizième jour avant les calendes de janvier, sous le règne de Philippe IV, et sous Emmanuel Fonseca et Cusman, comte de Monterry, vice-roi.

Plus bas on lit encore ce second avis :

LES ÉRUPTIONS DES TEMPS ANCIENS S'ÉTANT RENOUVELÉES
ET LES AVANT-COUREURS EN AYANT ÉTÉ MOINS SIGNIFICATIFS,

MOINS NOMBREUX QUE DE COUTUME,
VOLCAN ÉPARGNA CEUX QUI S'EFFRAYÈRENT DE CES SYMPTOMES;
IL DÉVORA LES IMPRUDENTS QUI N'Y FIRENT POINT ATTENTION
ET LES HOMMES AVIDES,
A QUI LEURS PÉNATES ET LEURS MEUBLES
FURENT PLUS CHERS QUE LA VIE.
TOI DONC, SI TU ES SAGE, PRÊTE L'OREILLE AUX CRIS DE LA MONTAGNE
MÉPRISE TES PÉNATES, TES HARDES, FUIS SANS RETARD !

Le marquis ANTONIO SCARES MESSIA,
préfet de la ville.

Peu après Portici, la route passe sur les coulées de lave des années 1737 et 1794, aux environs de Torre-del-Greco plusieurs fois détruite par les éruptions, (qui firent périr chaque fois des milliers de personnes) et qui retrouva toujours des habitants pour la rebâtir. — Est-ce l'amour de la patrie qui habitue ce peuple à vivre ainsi, et sans métaphore, sur un volcan? Est-ce la pauvreté qui l'enchaîne à un sol ingrat qu'il trouverait difficilement à vendre? Je n'en sais rien, le fait est que nous avons entrevu des villages aux pieds du monstre qui les a déjà dévorés sept fois, et dont les habitants sont toujours revenus, ses fureurs calmées, reprendre possession de leurs terres bouleversées et de leurs maisons en ruines. A partir de ce moment, la route garde un air morne, solitaire et désolé. Des champs de sable blanc côtoyés de sentiers de poussière noire, des murs lézardés, des maisons croulantes, quelques arbres étiques étouffant sous les couches de poussière, qui surchargent leur maigre feuillage, tel est le tableau ! C'est ainsi que nous sommes arrivées en voiture, par une grande route qui franchit les bases du mont, jusqu'à l'observatoire, entourées d'enfants, presque aussi légèrement vêtus que leur premier père dans le paradis terrestre, qui remplissaient notre voiture de fleurs pâles, dernière végétation, de pierres brûlantes, de laves tourmentées. A peine descendues, nous nous trouvons entourées d'une foule de guides armés de cordes et de bâtons crochus, qui nous engagent vivement à tenter l'ascension. La phalange des touristes est assez nombreuse aujourd'hui : les hommes ne demandent pas mieux, mais les femmes ne s'en soucient guère, sauf une ou deux intrépides; pour se mettre d'accord, on a recours au suffrage universel, qui n'est bon que dans les petites choses, et comme cette fois il ne s'agit pas des destinées d'un empire, la majorité des voix étant pour l'ascension, les récalcitrantes prennent courageusement leur parti et se rendent de bonne grâce.

Nous commençons alors au milieu de scories énormes, de blocs de laves qui se sont figées en affectant les formes les plus bizarres, décrivant des cercles à l'infini, des courbes hérissées, des croupes immenses, des ravins profonds, à croire que tous ces plis tortueux sont les ondes, pétrifiées dans leur course, d'un torrent emporté, dont les flots se tordant, se heurtant, s'enroulant et se déchirant dans l'effort de la lutte, sont retombés épuisés après le combat. Nous avons commencé, dis-je, une marche des plus difficiles, car il n'est déjà plus question de route ni même de sentier. — C'est juste à moitié chemin de l'ascension que la fatigue atteint son apogée, c'est là qu'on peut goûter à l'aise les charmes de la lassitude. Quelques pierres rangées circulairement attendent les voyageurs, on fait halte... Un gamin que vous n'avez pas vu d'abord apparaît, un panier sur l'épaule; il en retire quelques bouteilles du fameux Lacryma Christi, que vous goûtez pendant que les guides vident les fioles à votre santé. Un moment de grand découragement vous saisit : d'un côté les laves, de l'autre les cendres encore plus difficiles à gravir! et là, accroché aux flancs de la montagne, que votre regard s'élève ou s'abaisse, il y a toujours un chemin énorme à faire; et revenir sur ses pas, redescendre ces scories, est peut-être aussi fatigant que de les monter. De nouveau, on vous propose de vous porter dans des sortes de fauteuils à brancards, cela coûte soixante francs par personne; de plus, il faut cinq heures pour être ainsi monté, et pendant tout ce temps, vous avez, à chaque pas, nouvelle épée de Damoclès, la perspective agréable de dégringoler tous ensemble, porteurs et portés. C'est alors que le bon fauteuil de votre chambre, le sofa du salon, l'herbe du pré soyeux, la fraîcheur des ombrages, vous apparaissent avec des séductions inconnues. Eh quoi! toutes ces choses délicieuses et charmantes, je les ai chez moi, sous la main, à chaque heure, et je n'en savais rien!....

Pour aimer votre patrie, quittez-la, a dit Victor Hugo, et rien de plus réel au fond que ce paradoxe; il est certain qu'à son retour au pays, on lui découvre une foule de mérites que l'habitude, cette seconde nature, vous eût toujours empêché d'apprécier.

En marche! Il n'est plus le temps de faire ces retours. sans doute cette ascension n'est pas une petite entreprise ; mais on n'a pas tous les jours un volcan à sa portée, et nous serons si contentes de l'avoir faite.... quand nous en serons revenues...., si satisfaites d'avoir gravi ces flancs abrupts, pressé ces cendres brûlantes, foulé à nos pieds le front orgueilleux du géant.... Nous montons encore, nous montons toujours. Les guides vous jettent des cordes auxquelles on se suspend, et vous touchez de la main l'endroit où vous allez tout à l'heure mettre le pied ; il semble que la montagne fuit devant vous et s'élève toujours.... Nous n'arriverons jamais !....

L'ascension des pentes de cendres qui cèdent sous les pas, présentant une inclinaison de cinquante degrés, devient de plus en plus pénible. Le visage en feu, mon cœur battant à se rompre, j'ai senti une courbature soudaine envahir tous mes membres. J'ai cru que j'allais rendre l'âme entre quatre bandits, je parle de nos guides, braves garçons au demeurant, mais n'ayant nullement des figures rassurantes. Voyant que je n'en peux mais, et ma cousine non plus, ils se sont rapprochés deux à deux et nous ont portées sur leurs épaules pendant quelques minutes, le temps de respirer et de nous remettre un peu..... Allons, du courage ! quelques pas encore et nous touchons le sommet..... Hourra ! Nous sommes au faîte..... La fumée nous aveugle, et le soufre, qui brûle, mêlé de sel amoniaque, de nitre et de vitriol, nous asphyxie ! Le vent glace nos fronts et le sol brûle nos pieds ; c'est une vision infernale, c'est vraiment une terre de feu !..... Des bruits souterrains, des détonations comme une décharge d'artillerie, résonnent à chaque instant dans cette fournaise ardente, dans ce gouffre insondable, où tout semble s'ébranler ; mais chacun est si las qu'on s'assoit n'importe où.

Le ciel, chargé de vapeur noires qu'aucun rayon ne déchire, voile d'un épais brouillard la merveilleuse vue du golfe ; et nous n'avons pu nous écrier comme Châteaubriand devant ce spectacle unique, devant cette baie semée d'îles comme de pierres précieuses : « C'est le Paradis vu de l'Enfer. » Je le regrette moins, puisque c'est à peu près le même panorama que celui que nous avons vu se dérouler de San Martino, tandis que nous jouissons ici d'un spectacle qui m'était inconnu. — Nous sommes sur des cendres, sur des laves, sur des flammes, et en même temps noyés dans les nuages que nous voyons sous nos pieds courir comme des fous.

Le Vésuve qui, à sa base, mesure environ sept lieues de pourtour, a douze cents mètres d'élévation, et la bouche du cratère un mille de circonférence ; mais on ne peut mesurer ses bords lorsqu'il fume comme aujourd'hui, ses tourbillons vous retenant à l'écart ; d'ailleurs, plus d'un voyageur téméraire a roulé dans l'abîme sans qu'on ait pu lui porter aucun secours. Sans doute, on ne tombe pas directement au fond, le vide n'est pas taillé droit comme un puits, mais ne roulerait-on qu'à huit ou dix mètres, l'air embrasé, les gaz brûlants et les odeurs sulfureuses doivent étouffer bien vite, et les ténèbres produites par la fumée dont l'imprudent est enveloppé font obstacle même à toute tentative d'assistance. On se repose en brûlant ses bâtons, qui s'enflamment au contact du sol, pendant que les guides versent de nouveau le vin traditionnel, et que le Vésuve cuit et sale les œufs du modeste repas que vous allez faire.

L'histoire des éruptions du Vésuve n'est qu'une longue série de catastrophes effrayantes. En l'an 472, éruption terrible dont parle Procope, des cendres furent transportées jusqu'en Grèce. De l'éruption de 1500 à celle de 1631, le Vésuve se reposa; mais pendant que le géant sommeillait, son voisin, le mont Etna, se réveillait violemment.

C'est aussi pendant cet intervalle de plus d'un siècle, en 1538, que fut soulevé le mont Nuovo, qui s'éleva subitement à cent trente-quatre mètres au-dessus de la baie, absorbant et comblant une partie du lac Lucrin, lequel occupait déjà le fond d'un ancien cratère.

En 1631, la mer de Naples fut mise à sec par le Vésuve; comme les dieux homériques, le colosse eut soif à son réveil, et vidant sa coupe tout d'un trait, il but jusqu'à la dernière goutte les eaux amères du golfe, qu'il rejeta ensuite sur les campagnes environnantes. Le 20 mai 1737, la montagne vomit par plusieurs bouches des torrents de matières métalliques en fusion, qui coulèrent jusque dans la mer; la lave roula pendant plus de deux lieues, formant un fleuve de feu, large de soixante pas et profonde de vingt-cinq pieds. Six semaines après, quand on tenta de briser cette lave qui barrait la route, on en fut bien empêché, l'intérieur était encore ardent et liquide.

Trente ans plus tard, cachée dans le sein d'une fumée considérable, s'élevant à une grande hauteur, une pluie de cendres descendit sur le pays, et quatre jours après, un torrent de lave, qui avait près de trois lieues d'étendue sur une lieue de large, remplit un vallon de vingt mètres de profondeur.

L'éruption du 25 décembre 1813 ne dura que quatre heures, mais elle recommença le lendemain et la colonne de fumée s'éleva alors à quatre mille deux cents toises (huit mille quatre cents mètres) au-dessus du niveau de la mer. « Les inondations de boue ne furent pas
» moins destructives que celles de la lave elle-même,
» car telle est l'abondance des pluies dues à la masse des
» vapeurs lancées dans l'atmosphère, qu'il se précipite
» le long des flancs du cône de véritables torrents qui se
» chargeant d'une poussière volcanique impalpable, et
» entraînant avec eux des cendres incohérentes, acquiè-
» rent une consistance suffisante pour justifier le nom
» de laves aqueuses. Bien que le Vésuve soit le moins
» élevé des volcans, il en demeure le plus célèbre, grâce
» à une particularité singulière. Ce point, en définitive,
» si peu étendu, contient une plus grande variété d'es-
» pèces minéralogiques qu'aucun autre point de la
» surface du globe, d'une étendue pareille. Le Vésuve
» forme comme trois montagnes superposées. Le cône
» volcanique, ou Vésuve proprement dit, l'Ottaïano,
» la montagne la plus basse, et la Somma, formant au
» nord et à l'est du premier une ceinture semi-circu-
» laire, à parois abruptes du côté intérieur, et à pentes
» médiocrement inclinées à l'extérieur. Une vallée de
» cinq cents mètres de largeur existe entre la Somma
» et le Vésuve. On pense généralement que cette
» vallée s'ouvrit lors de l'épouvantable éruption de
» 79, où périt Pline, le naturaliste, et qui ensevelit

» Stabies, Herculanum et Pompéï, non sous des tor-
» rents de lave, car il paraît que cette éruption n'en
» produisit pas, mais sous des masses de débris pon-
» ceux identiques au tuf de la Somma, et qui existaient
» déjà comme dans toute la Campanie.

» Lors des éruptions, la fumée s'élève du cratère sous
» la forme d'une colonne perpendiculaire jusqu'à une
» hauteur de trois mille mètres, et s'élargit à son ex-
» trémité supérieure, d'une façon qui l'a fait comparer
» à un pin. Les pluies de cendres et de petits frag-
» ments de pierres ponces, dites *lapilli* ou *rapilli*,
» durent quelquefois plusieurs jours. Elles durèrent
» douze jours dans l'éruption de 1822, observée par
» M. de Humboldt. La vapeur d'eau chaude, lancée à
» la hauteur de trois mille mètres, se condense dans
» une atmosphère plus froide, et cette brusque con-
» densation augmente la tension électrique ; des éclairs
» sillonnent en tout sens la colonne de cendres, et on
» entend le roulement du tonnerre, distinct du bruit
» du volcan. Outre les cendres et les *lapilli*, le Vésuve
» lance encore des pierres, mesurant un mètre cube,
» jusqu'à la hauteur de douze cents mètres. Parfois,
» sous l'influence de la pression intérieure, c'est-à-
» dire de la dilatation de ses flancs sous l'action de la
» chaleur, de la vapeur et des gaz, la montagne se
» crevasse et la lave coule par des bouches ouvertes
» bien plus bas que le cratère. La lave conserve sa
» chaleur interne quelquefois pendant des années en-
» tières, étant recouverte à sa surface de scories, qui
» sont de mauvais conducteurs de la chaleur au dehors
» et qui ainsi la condensent et la maintiennent au

» dedans. On a observé en 1819, à l'Etna, un courant
» qui, neuf mois après sa sortie du cratère, s'avançait
» encore sur une pente considérable, en parcourant
» un mètre environ par heure. On estime la vitesse
» ordinaire de la lave, à sa sortie du cratère du Vésuve,
» à mille mètres par heure. A la suite des éruptions,
» il y a parfois aussi un dégagement d'acide carbo-
» nique de dessous les anciennes laves et dans les sou-
» terrains et les caves ; et ce phénomène est désigné
» sous le nom de mofettes (*mofete*). En 1822, il se ma-
» nifesta quarante-et-un jours après l'éruption. En
» 1794, il fit périr beaucoup de personnes, qui furent
» asphyxiées. La durée des phénomènes volcaniques
» est variable. Tantôt ils conservent leur activité et se
» reproduisent pendant des années entières, tantôt ils
» s'apaisent rapidement. »

J'aime la manière dont Strabon, l'exact géographe, parle du mont Vésuve sous Auguste, quelques années avant la fameuse éruption de 79. — Selon lui, ce vieux volcan, éteint depuis des siècles, n'est bon, tout au plus, qu'à produire comme son frère et ami l'Etna, d'excellents raisins :

« Là dit-il, est le mont Vésuve, extrêmement fertile,
» si vous exceptez son sommet, qui est totalement
» stérile, et qui paraît couleur de cendre ; on y voit
» même des cavernes remplies de pierres de la même
» couleur et qui semblent avoir été brûlées et calci-
» nées par le feu, d'où l'on pourrait conjecturer que
» ces lieux ont été autrefois enflammés et qu'il y avait
» en cet endroit un volcan qui n'a cessé que lorsque
» les matières inflammables ont été consumées. Peut-

» être que c'est cela même qui cause la fertilité des
» lieux voisins, comme on dit des environs de Catane,
» dont le terrain mêlé des cendres du mont Etna, est
» devenu un excellent vignoble ; car la glèbe, ainsi
» brûlée, doit avoir une graisse et des sels qui la ren-
» dent plus fertile. »

Que dites-vous de l'appréciation de ce géographe et géologue ?....

Quand on s'est levé pour le départ, j'étais presque habituée aux fumées du cratère, à l'âpre parfum de ses cassolettes, à ses grondements inoffensifs, et toute disposée déjà à parler de ce bon Vésuve comme Strabon. Vraiment, pour ne concevoir aucun doute, je crois que j'aurais été heureuse de contempler une petite éruption. Mais n'importe, le Vésuve, calme ou furieux, n'est-il pas un de ces spectacles qu'il ne faut voir qu'une fois pour s'en souvenir toujours !

Le retour est fantastique : on ne suit pas le même chemin et l'on descend en un quart-d'heure ce qu'on a mis deux heures et demie à monter. Toutes ces cendres cédant un peu, comme les tourbes de notre pays, plus on va vite et moins on enfonce. Les guides vous prennent alors bras dessus, bras dessous, et vous entraînent dans l'espace, aux sons d'une sorte de complainte douce et rhythmée ; on fait des enjambées de deux ou trois mètres, je pense, et l'on s'en va rebondissant de place en place comme une balle de caoutchouc ; c'est une course folle, inouïe, vertigineuse. Et nous courions toujours dans le brouillard, qui semblait s'ouvrir et se refermer comme un gouffre.... Je croyais à chaque pas que nous nous précipitions dans l'abîme ; nous devions avoir l'air d'une sarabande infernale : j'ai pensé aux sorcières des légendes. Bref, nous sommes arrivées ; comment ? Je n'en sais rien. Nos cheveux flottaient au vent, nos chapeaux dansaient sur nos épaules, nous n'avions plus de souliers..... Nous étions éperdues de cette descente, en un clin-d'œil, de la tête du géant à sa première ceinture.

Nous avions franchi les cendres ! Après avoir repris haleine quelques instants, nous avons pu recommencer, à travers les scories, notre course, beaucoup moins désordonnée, cette fois, et regagner l'hôtellerie de l'Hermitage qui touche l'Observatoire, mais l'émotion et le froid de là-haut nous avaient saisies, nos dents claquaient. Nous avons fait faire grand feu pendant que le cocher attelait sa voiture, que les guides nous offraient des médailles, coulées lors de la dernière éruption, et que nous réglions nos comptes.

Nous eussions bien fait de stipuler nos conditions avant de partir, et nous avons été quelque peu exploitées : cinquante centimes chaque œuf ; dix francs par guide, et chaque dame n'en a pas moins de deux ou trois qui s'imposent bon gré mal gré ; enfin, on ne va qu'une fois dans sa vie au Vésuve, à moins d'être un savant ou un possédé... Et je ne regrette rien, maintenant que c'est un fait accompli. Que les voyageurs à venir fassent leur profit de mon avis charitable.

La voiture attelée, les gamins ont reparu comme par enchantement, prenant leur plus douce voix pour demander des petits sous. — Comme on n'en a jamais en Italie, j'ai bien vite épuisé ma faible provision, et alors nos gamins se sont mis à trépigner et à se tordre de désespoir; l'un d'eux crispait ses doigts dans ses cheveux incultes et trouvait, sans doute, ce jour-là, qu'il n'en aurait jamais assez pour se les arracher : une vraie comédie, très-bien jouée, mais pas sincère du tout; les acteurs prêts à rire au besoin. On a pu nous faire de la monnaie ; je laisse tomber dix centimes. Un gamin se précipite et me demande trois sous pour m'en avoir relevé deux à ma portée. Je lui en ai donné quatre, pour rendre complet cet épisode, qui peint si bien l'esprit des Napolitains, qui vous appellent ma signora, ma comtessa, ma duchessa, pour obtenir un petit sou, qui rient toujours quoi qu'il advienne, et qui s'en vont chantant et dansant, que leur main soit pleine ou vide. Après avoir distribué nos billets aux guides et nos sous aux gamins, qui grouillaient autour de notre voiture, se faufilant comme des serpents que nous avions encore peur d'écraser, les bandes se sont dispersées petit à petit, nous permettant de respirer librement et de savourer les douceurs d'une locomotion tranquille.

Un dernier spectacle nous attendait pourtant au troisième lacet de la montagne. Nous retrouvons nos gamins qui se *peignaient* tout de bon pour se voler nos pauvres sous. — Passe encore ; les gamins se battent dans tous les pays. — Mais voici qu'un peu plus bas nous apercevons nos guides, des hommes de vingt-cinq ans au moins, qui, à leur tour, se plumaient d'importance pour s'arracher tous nos billets ; l'un d'eux avait la figure en sang. On n'a pas idée de cela ! N'auraient-ils pas été capables de remonter jusqu'à nous ? Aussi, donnons-nous l'ordre au cocher de presser les chevaux, autant que le permettent les pentes glissantes et rapides du chemin.

Tel est l'échantillon que nous a donné ce peuple traître et dissimulé, cachant sous des dehors doucereux la fourberie de son caractère, car il faut bien le reconnaître, l'Italien est faux en général, et le Napolitain en particulier. Partout, marchands, hôteliers, cicerones vous accablent de politesses et de prévenances ; c'est dans leur nature. Huit jours avant notre arrivée, Madame S., notre hôtesse de Rome, hôtesse bonne et charmante comme on n'en rencontre pas, qui nous a entourées de soins et de sympathie, disait à l'aimable famille polonaise que nous devons retrouver à Florence : « Je n'aime que les races du Nord, les Anglaises, les Allemandes, les Russes ; quant aux Françaises, vraiment je les déteste. »

La dame de l'hôtel de Naples allait mieux faire encore. Prenant Henriette pour une véritable insulaire, et lui parlant anglais, elle avait déjà commencé à déblatérer contre notre race, sous prétexte que son premier mari, un Français, l'avait rendue malheureuse, ajoutant que les Françaises sont insupportables partout, excepté chez elles, lorsque nous l'avons arrêtée court en si beau chemin, lui rappelant que les hôteliers du monde entier doivent aimer les voyageurs de tous les pays, par l'excellente raison, la meilleure de toutes, qu'ils les font vivre. Enfin, on n'est pas parfait ! Bref, les Italiens sont polis, complaisants, disposés à vous dire des choses gracieuses et à faire ce que vous désirez ; ces belles phrases ne sont pas sincères, mais cela suffit pour des inconnus ; le fond disparaît sous la forme, qui vaut infiniment mieux en passant. D'ailleurs, étrangers d'un jour, ne sommes-nous pas les oiseaux voyageurs qui viennent jouir quelques instants du ciel bleu, de la brise caressante, du climat plus doux, mais qui rêvent toujours à la patrie ?...

En reconnaissance de ce que les Français ont fait pour eux, les Italiens les détestent cordialement (l'ingratitude n'a-t-elle pas toujours été la fille du bienfait?) Seules les Françaises n'ont pas de nationalité; d'ailleurs dans ce beau pays les femmes des quatre coins du monde, fussent-elles Hottentotes ou Caraïbes, ont droit aux égards et à la politesse de ce peuple essentiellement galant.

Pompéï.

.... en franchissant ton seuil
Tout un monde à la fois se lève du cercueil !

Ici la pensée s'absorbe, l'esprit se creuse. Pompéï! n'est-ce pas tout ce que l'Italie renferme de plus curieux et de plus saisissant?.. Se retrouver tout à coup, sans préambule à trois mille ans de distance, cela ne tient-il pas du prodige?... Considérer les maisons avec leurs appartements, les appartements avec leurs fresques et leurs mosaïques, lire sur le seuil des demeures : *Ave* ou *Salve,* écrit en mosaïque noire et blanche, regarder dans leurs niches, à l'entrée, les dieux domestiques qui semblent vous souhaiter la bienvenue, les Pénates distributeurs des richesses, et les Lares gardiens de la famille ; retrouver dans les cuisines des peintures représentant des autels à Fornax, la divinité des Fourneaux ; promener dans les cours intérieures, ornées de grands bassins de marbre blanc, et souvent de la statue du maître. — Revoir les temples avec leurs colonnes et leurs dieux, les rues avec leurs fontaines et leurs trottoirs, et, sur les gros pavés de lave, ce qui prouve nécessairement des éruptions antérieures à celle de 79, la trace des derniers chars qui les ont sillonnés, n'est-ce pas renversant? Une ville qui s'est subitement endormie du sommeil éternel après deux mille ans d'existence, qui s'est figée instantanément dans l'exercice de sa puissance et de sa force, au milieu de son activité, de son commerce, de sa splendeur, dans toute la plénitude de la vie; cette ville qui dort là depuis tantôt vingt siècles, on y entre comme si c'était d'hier. — Voici les pains qu'on n'a pas eu le temps de sortir du four, voici les amphores telles qu'on les avait rangées dans les caves, gardant encore l'huile et le vin qui s'y sont desséchés ; voici des moulins à grain, voici des restaurants, des bains publics, des mosaïques intactes et des fresques si belles, qu'il semble que l'artiste vienne d'essuyer ses pinceaux. — Tout cela saisit l'imagination et s'en empare au plus haut point.

Pompéï, ensevelie par l'éruption de 79, était, comme Herculanum, un port de mer à l'embouchure du Sarno; ces deux villes remontent à une haute antiquité. Herculanum paraît même avoir été une ville plus artistique que Pompéï, fort occupée de commerce, ce qui ne l'empêchait pas d'être très-élégante aussi ; Cicéron y avait une jolie villa où il reçut Auguste et d'illustres personnages. Il y écrivit ses *Offices* et s'y retira après la bataille de Pharsale.

» En l'an 63, Pompéï fut ruinée en partie par un
» tremblement de terre qui dévasta la Campanie. Ce-
» pendant la ville avait déjà repris toute sa splendeur,
» quand le 23 novembre 79, au milieu du jour, éclata
» l'éruption qui devait l'engloutir sous des torrents
» d'eau et de cendres, dans lesquelles on ne retrouve
» aucune des matières que vomit aujourd'hui le volcan.
» Plus tard, les Pompéins revinrent fouiller ce sol
» d'ensevelissement qui n'avait point encore acquis

» son épaisseur actuelle de plus de quatre mètres (on
» peut y reconnaître sept couches superposées au-
» dessous de la terre végétale), et ils retirèrent de leurs
» habitations leurs trésors et les objets précieux
» de leurs édifices. Ils se rebâtirent un village à
» quelque distance, auquel ils donnèrent également
» le nom de Pompéïa. Cette nouvelle Pompéï fut à son
» tour ensevelie, et probablement par l'éruption de
» 472. On ne s'explique pas que la découverte de cette
» ville n'ait pas été faite dès 1592, lorsque l'habile ar-
» chitecte Domenico Fontana, chargé d'amener les
» eaux du Sarno à Torre dell'Annunziata, fit creuser
» un canal au milieu même de l'emplacement de
» Pompéï, traversant le Forum et le temple de Vénus.
» C'est tout à fait fortuitement que Pompéï et
» Herculanum ont été découvertes dans le XVIIIe
» siècle.

» En 1711, Emmanuel de Lorraine, prince d'Elbeuf,
» ayant besoin de marbres pour orner une maison
» qu'il faisait construire à Portici, apprit que dans un
» puits creusé à Resina par un boulanger, on
» en avait rencontré en abondance. Il ordonna de
» continuer les fouilles : Herculanum était retrouvé.

» En 1748, des paysans travaillant à faire un fossé,
» mirent au jour des objets d'art. Le roi Charles VIII,
» averti de cette découverte, fit poursuivre les re-
» cherches — et Pompéï, ensevelie depuis dix-huit
» siècles, reparut à la lumière. — Pompéï était for-
» tifiée par des murailles qu'on a découvertes en 1814,
» comprenant un double mur de vingt à trente pieds
» de hauteur et renfermant un terre-plein assez large

» pour être parcouru, en certains endroits, par trois
» chars de front.

» Les rues sont droites en général, et très-étroites ;
» un grand nombre le sont tellement qu'on peut en
» franchir la largeur d'une seule enjambée. Un seul
» char pouvait y circuler ; on voit encore les traces
» des ornières. Elles sont bordées de trottoirs élevés.
» Quelquefois un dé en pierre est placé au milieu de la
» rue, pour faciliter le passage d'un trottoir à l'autre
» en temps de pluie.

» L'architecture qui règne à Pompéï dans les édi-
» fices publics est une corruption de l'architecture
» grecque.

» Les habitations particulières n'ont, la plupart, que
» deux étages. Quelques-unes en avaient trois, comme
» la maison de Diomède. Ces maisons, bâties presque
» toutes sur un même plan, sont remarquables par
» la petitesse des pièces, ainsi que par les décorations.
» Il faut se rappeler que la ville de Pompéï, bien qu'en-
» sevelie depuis dix-huit siècles, est une ville neuve
» et rebâtie peu de temps avant l'éruption qui l'a en-
» gloutie. Cette circonstance lui a enlevé son carac-
» tère archaïque et a contribué à la monotonie de ses
» constructions, refaites à la hâte.

» La disposition principale des maisons de Pompéï
» consiste en deux cours intérieures, environnées de
» portiques et d'appartements; l'une, l'*atrium*, espèce
» de forum, destiné à recevoir les visiteurs et les étran-
» gers ; l'autre, le *peristylum*, appropriée à la vie
» privée et domestique. C'est là le type de la maison
» romaine correspondant à la double vie privée et pu-

» blique des citoyens. Les dispositions variaient
» d'étendue et d'importance, selon la fortune des pro-
» priétaires. Les principales étaient les suivantes : le
» *prothyrum* ou vestibule, ayant une porte d'entrée
» sur la rue et une seconde porte ouvrant à l'intérieur
» sur l'atrium. L'*atrium* était une salle carrée dont le
» plafond laissait au centre une ouverture (*compluvium*),
» donnant du jour à la cour et livrant passage aux
» eaux pluviales, qui étaient reçues dans un bassin
» carré (*impluvium*), situé au milieu. Le portique
» autour de la cour était désigné sous le nom de
» *cavœdium*. Autour de l'atrium, étaient distribuées
» des chambres à coucher (*cubicula*) éclairées par la
» porte. Au fond de l'atrium était le *tablinum*, salle
» d'audience où l'on conservait les images des ancê-
» tres et les archives de la famille. De chaque côté,
» deux pièces appelées ailes (*alœ*), avaient en partie
» la même destination. Le tablinum servait quelque-
» fois de pièce de communication entre l'atrium et le
» péristyle : cette communication s'effectuait ordinai-
» rement par un corridor appelé *fauces*.

» Le péristylum était une cour ouverte à l'air, au
» milieu, et entourée d'un portique à colonnes, servant
» d'abri pendant la pluie. Au centre était un petit par-
» terre orné de fleurs. Un mur, à hauteur d'appui,
» *pluteus*, s'étendait entre les colonnes. C'est autour
» du péristyle qu'étaient les appartements intérieurs,
» entre autres la salle à manger, désignée sous le nom
» de *triclinium*, d'après les trois lits placés autour de
» la table, et sur lesquels les convives se couchaient
» pour prendre leur repas. Il y avait des triclinia

» pour l'été et pour l'hiver. Des chambres à coucher
» étaient distribuées autour du péristyle, comme au-
» tour de l'atrium. Au fond du péristyle était l'*œcus*,
» salle élégante, ouvrant sur le jardin, et où se te-
» naient les femmes. Il y avait encore l'*exedra*, salle
» avec des bancs en hémicycle pour la conversation; la
» *bibliothèque*, la *pinacotheca* ou galerie de tableaux;
» le *lararium* ou chapelle des dieux domestiques; la
» salle de bains. Tout au fond était un petit espace
» libre, planté de fleurs et d'arbustes, nommé *xystus*;
» on y voyait des fontaines et des statuettes. C'est là
» qu'était, sous des treilles, le triclinium d'été. Dans
» quelques maisons, comme dans la maison de Sal-
» luste, les appartements des femmes occupaient à
» part une partie de l'habitation, à la manière d'un
» harem.

» L'entrée des appartements était gardée par des
» esclaves qui habitaient de petites chambres conti-
» guës. Les pièces du premier étage, désignées aussi
» sous le nom de *cœnacula*, servaient à loger les pro-
» visions et les esclaves. Cet étage avait seul des fe-
» nêtres sur la rue. Il présentait quelquefois des ter-
» rasses ombragées de treilles. Des conduits en plomb
» y amenaient l'eau, sans doute pour l'agrément de
» ces jardins aériens. On a trouvé du charbon dans les
» chambres de quelques maisons, mais point de trace
» de cheminées ni à Pompéi, ni à Herculanum; il
» existe toutefois des espèces de fours avec des tuyaux.
» L'absence d'écuries et d'étables n'est pas moins re-
» marquable, même dans les auberges; les squelettes
» des chevaux gisaient dans les cours. Au lieu de nu-

» méros sur les maisons, une inscription en lettres
» rouges ou noires indiquait le nom du proprié-
» taire.

» Les maisons même des riches propriétaires étaient
» entourées de boutiques dans lesquelles ils faisaient
» vendre leurs denrées, ou qu'ils louaient. Elles se fer-
» maient la nuit avec des volets à coulisses. Les plus
» petites boutiques aussi bien que les maisons sont
» ornées de mosaïques et de peintures. »

Malheureusement ces peintures, qui avaient conservé toute leur fraîcheur, s'altèrent une fois exposées à l'air, et l'on transporte tous les objets précieux au musée de Naples qui n'a pas fini de s'enrichir, un tiers seulement de Pompeï ayant été fouillé et déblayé jusqu'à présent. Ce que je regrette bien vivement, c'est qu'on n'ait pu reconstituer Pompeï en lui laissant toutes ces belles choses là où on les a retrouvées, mosaïques, fresques, statues, objets mobiliers (car il paraît que les meubles étaient également somptueux, et trois lits incrustés d'argent découverts récemment en font foi). C'eût été complet de voir ces meubles à leur place dans les appartements, puis ces mêmes appartements restaurés dans le goût du temps, les maisons réparées pour la conservation des fresques, et les toitures pour la conservation des maisons toutes effondrées par les couches de détritus successivement accumulées par le temps.— Cela eût été charmant sans doute, mais il aurait fallu compter sans son hôte, un hôte terrible, les évents du Volcan.

Entrons dans cette ville déserte, et commençons par la rue des Tombeaux, dont les monuments sont presque intacts. Ce parfait état m'a frappée vivement, et je me demande si cette destruction qui s'est bien plus attaquée aux vivants qu'aux morts, aux hommes qu'à leur œuvre, n'a point été un châtiment. Du reste ce ne serait pas la première ville punie par le feu, dont l'histoire garde le souvenir.

Voici l'*ustrinum* où l'on brûlait les corps, — et le *triclinium* où se célébrait le repas funèbre. La table de marbre et les lits de pierre qu'on recouvrait d'un tapis, sont là, attendant la famille et les amis qui doivent venir boire à la santé de ceux qui ne sont plus, qui viennent de cesser d'être. Voici des tombes élevées et d'autres souterraines, avec portes en marbre sur pivot de bronze ; partout encore on peut lire les inscriptions et les noms, et déchiffrer sur ces pierres « les regrets que les vivants donnaient aux trépassés. » Puis, les vivants sont morts à leur tour, car la vie fuit « comme les roues d'un char entraînant les hommes, plus vite que le vent n'emporte la poussière du grand chemin. » Plusieurs de ces sépulcres sont ornés de bas-reliefs intéressants ; l'un d'eux représente une jeune femme déposant un filet sur le cadavre d'un enfant. — Pauvre oiseau, la mort vient de le prendre dans son réseau inextricable. — Un autre bas-relief nous montre une barque légère, dont deux petits Génies carguent les voiles. Le voyage de la vie est fini.

Dans cette même rue, se retrouvent aussi les restes d'une vaste construction, qu'on croit avoir été une hôtellerie, et où s'arrêtaient les voitures et les chevaux ; ces derniers n'entraient point en ville ; de petits chars, traînés par des esclaves, y circulaient seulement.

Comme je vous l'ai dit, le pavage est fait en bloc de lave, grossière imitation des dallages de Rome qui, en cela, n'avait fait qu'imiter Carthage. Selon Isidore, le peuple carthaginois fut le premier qui pava ses rues avec des pierres, et ce fut Appius Claudius Cœcus qui introduisit cet usage à Rome, cent quatre-vingt-huit ans après l'expulsion des Tarquins.

La porte d'Herculanum, bien conservée, gardant ses trois arcades, fermait extérieurement, à la manière des donjons du moyen-âge, par une porte en bois descencendant dans des rainures profondes, encore visibles.

Il ne reste plus à signaler de ce côté qu'une niche voûtée, ou guérite, dans laquelle on a retrouvé le squelette du soldat de garde à la porte, qui, fidèle à son poste, y chercha un refuge pendant l'éruption, au lieu de s'enfuir avec les habitants. Il avait la visière de son casque baissée.

Maintenant parcourons les quartiers de la cité riche et commerçante. Voici un café : ses fourneaux n'attendent que le feu, et ses amphores le vin ou l'huile, son enseigne indique même le genre de boisson qu'on y trouve.

Voici la maison d'un médecin et la pièce où l'on a trouvé ses instruments de chirurgie, voire même de la charpie et des onguents.

Voici la maison du pesage, garnie de balances, de pesons, de poids en marbre et en plomb.

Voici la boulangerie, avec moulin et four ; quand on l'a découverte, blé et farine dans les amphores, vases pour l'eau : tout était en place.

Voici une pharmacie indiquée par un groupe de serpents s'enroulant extérieurement sur les murs; de plus on y a trouvé quantité de fioles et de préparations médicales.

Examinons attentivement la maison de Caïus Sallustius, l'une des plus élégantes de Pompéï et dont l'atrium passe pour le mieux conservé; on y a retrouvé plusieurs squelettes de femmes se sauvant; l'une d'elles, sans doute la maîtresse du logis, avait quatre bagues à un seul doigt, cinq bracelets, un miroir en argent et quantité d'or monnayé.

La maison du poëte tragique n'est pas moins élégante, type précieux des maisons privées les plus petites, véritable bonbonnière; malheureusement on lui a fait perdre son cachet en lui enlevant ses plus belles peintures, déposées à Naples, et il en arrive ainsi pour toutes les demeures les mieux conservées. On leur prend tout ce qui faisait leur charme, tout ce qui ferait leur grand mérite, en les désorganisant tout à fait; ne faudrait-il pas les retrouver, pour que l'illusion fût complète, telles absolument qu'elles étaient (et on l'aurait si bien pu) lorsque Cicéron recevait Auguste, et que Diomède faisait ses vendanges, car l'immense quantité d'amphores rangées encore aujourd'hui dans les caves de son habitation, confirme ce que l'on croit déjà : que l'éruption eut lieu peu après la récolte du raisin.

En votre qualité d'habile maîtresse de maison, vous connaissez l'usage de toutes les poteries, et vous savez que l'amphore ou vase de terre cuite, à deux anses, étant très-pointue du bas, ne pouvait tenir debout. On la fixait en l'enterrant dans le sable jusqu'à moitié, et le vin s'y conservait indéfiniment. Chaque amphore, hermétiquement fermée et lutée avec une espèce de résine, portait une étiquette avec la date marquée par l'année du consulat. Pline, qui parle du vin fort estimé de Pompéï, ajoute cependant qu'il ne peut se conserver que dix ans.

L'habitation de Diomède offre un des rares exemples d'une maison non-seulement à trois étages, mais d'étages non superposés, et bâtis à différents niveaux sur la déclivité de la colline. Cette demeure est vraiment incroyable : dans l'une des chambres à coucher, avec alcôve (*zotheca*), on aperçoit les anneaux qui retenaient les tentures du lit ; on retrouve aussi dans un parfait état de conservation, les divers appartements destinés aux bains froids et aux bains de vapeur introduits par le luxe dans les demeures riches : ces pièces et toutes celles qui sont distribuées autour du péristyle à quatorze colonnes sont remarquables par leur petitesse et l'élégance de leur décoration.

On a retrouvé beaucoup de squelettes à l'intérieur et un seul en dehors du jardin, celui-ci tenant une clef, beaucoup de pièces d'or et d'argent et des vases précieux. C'était sans doute le maître de la maison, qui, oubliant sa famille dans la folie du désespoir, s'enfuyait vers la mer.

Dans le petit musée établi depuis peu, on remarque des moulages obtenus à l'aide de plâtre liquide versé dans les cavités formées par les cendres durcies autour des cadavres étouffés, et reproduisant les victimes dans l'horrible vérité de leur agonie, ainsi que quelques corps-pétrifiés qu'on a pu retirer sans les briser. On comprend que cette inondation de cendre et d'eau chaude a formé une boue qui, en corrodant les chairs, n'a pas tardé à se durcir, et à faire des malheureux enduits de cette pâte, de véritables hommes de pierre ; l'un d'eux, couché à terre, se tordant dans les convulsions de la douleur et de l'épouvante, tient dans sa main une bourse, de l'or inutile et qui n'a pu le sauver !... A l'articulation des doigts crispés, la boue n'ayant pas rencontré de chairs pour s'y couler, a glissé sur les os, qui apparaissent jaunes et polis comme de l'ivoire.

Voici la maison d'un statuaire. On y a découvert des blocs de marbre, quelques statues dégrossies seulement, et tous les instruments propres à cet art.

Voici l'académie de musique ou maison du chorége, décorée de fresques représentant toutes des instrutruments de musique, des acteurs, des scènes tragiques.

Voici la boutique du Foulon (Fullonica), encombrée des ustensiles nécessaires à l'industrie du teinturier-dégraisseur. Tous les murs étaient couverts de peintures représentant des hommes, des femmes et des enfants plongeant, séchant, foulant, cardant les étoffes. (Vraiment ces Pompéïens ne pouvaient pas vivre sans peintures.) Dans la pièce à côté on a retrouvé la machine pour repasser et mettre en presse, et nous nous imaginons bonnement avoir inventé quelque chose et marcher dans un siècle de progrès !...

Voici encore la maison du Faune, l'une des plus somptueuses. Au lieu de peintures, toutes ses décorations étaient en mosaïques ; on y a recueilli quantité de choses précieuses, objets mobiliers, ustensiles de bronze, bijoux en or massif.

Voici d'autres maisons intitulées : Maisons du roi de Prusse, de l'impératrice de Russie, du grand duc de Toscane, de la reine Caroline, parce que ces demeures ont été découvertes ou déblayées devant ces souverains. Jadis, après avoir fouillé une habitation et en avoir enlevé les objets précieux, on l'enterrait de nouveau. Ce procédé, qui semble barbare, avait son bon côté, celui de conserver toutes choses intactes. Bien franchement, toutes ces maisons ouvertes aux quatre vents se détériorent chaque année, les fresques s'effacent vite, et les mosaïques, qui ne craindraient rien, ni l'air, ni le soleil, ni la tempête, ni la pluie, mais qu'à l'aide de certains procédés on est parvenu à enlever parfaitement, s'en vont enrichir les musées. Bientôt ces ruines antiques deviendront de jeunes ruines ; heureusement que les fouilles continuant, les découvertes nouvelles rappelleront les anciennes en remémorant ce qu'elles furent.

Du reste, pour ne pas se perdre dans ce dédale de constructions, il fallait des signes de reconnaissance, un fil conducteur, pour ne pas confondre tant de demeures différentes et généralement construites sur les mêmes plans. On s'est donc inspiré des peintures, des mosaïques, ou des statues trouvées dans ces maisons. On a dit : Maison du poëte tragique, parce que la principale peinture représente un homme lisant un rouleau, et que l'une de ses mosaïques, fort curieuse, non loin de celle si célèbre du chien enchaîné

avec l'inscription *cave canem*, nous montre le chorége introduisant les acteurs ; ici ce sont des suppositions toutes gratuites, car le grand nombre de bijoux, bagues, bracelets, qu'on a retrouvés également, peut aussi bien faire supposer que c'était la demeure d'un bijoutier. — Par exemple, la maison dite des *suonatrici* (musiciennes) ne laisse aucun doute sur les titres, noms et qualités de son habitant. — « Les musi-
» ciennes peintes dans le protyrum et parmi lesquelles
» est une femme jouant de la double flûte, expliquent
» son nom. » La principale curiosité de cette habitation est la disposition singulière du xyste en terrasse, formant au fond du tablinum une sorte de petit théâtre de marionnettes, dont les acteurs sont figurés par une foule de statuettes, de personnages, d'animaux. Plus loin est une fontaine en mosaïque et coquillages, vraiment délicieuse, gardant, appuyée près d'elle, une charmante statuette qui laissait tomber l'eau des cascades sur des degrés de marbre. Tout cela forme un ensemble de rococo antique des plus curieux. On a retrouvé sur l'adresse d'un pli le nom de l'heureux propriétaire de ces joujoux. Lucretius était flamine de Mars et décurion de Pompeï.

Voici encore bien d'autres rues. Dans cette maison on a découvert quantité d'œufs, c'était le fruitier ; ici, quantité de savon, c'était l'épicier ; là, quantité de gâteaux, c'était le pâtissier ; dans d'autres magasins, quantité d'amulettes et de bibelots comme on dit à présent. Voici des affiches illisibles maintenant, mais que l'on a traduites. L'une d'elles s'adressait aux gamins : « Sous peine d'amendes... etc., » les gamins ne valaient pas mieux qu'aujourd'hui, et les défenses étaient à peu près les mêmes : celle-ci se terminait par cette virulente apostrophe : « Qu'il soit en butte à la colère de Vénus, protectrice de Pompéï, celui qui endommagera cet avis. »

Nous venons de pénétrer l'intérieur des Romains, de nous initier à leur vie privée. Avant de quitter cette ville palpitante d'intérêt, la plus grande curiosité de l'Italie, parcourons ses édifices.

Voici les bains, établissements d'utilité publique, considérable moyen d'hygiène dont tout le comfort nous est inconnu quand il était si apprécié chez les anciens qui, en cela, se montrent supérieurs à notre civilisation, plus jeune cependant de dix-huit siècles. Les prétendus progrès modernes n'ont pas encore reconnu la nécessité d'établissements du même genre et du même comfort. Tout ici est en place, les voûtes même des salles sont conservées, il ne manque plus que l'eau. Voici le côté des hommes et celui des femmes ; voici le vestiaire garni de bancs et de niches taillées dans le mur, remplaçant nos porte-manteaux actuels. Voici la salle des bains froids (*frigidarium*) et la chambre chaude (*tepidarium*), dont la douce température servait d'intermédiaire entre les bains de vapeur et les bains froids. Cette salle, richement décorée, est éclairée par le haut, mais une fenêtre vitrée à châssis de bronze permettait d'en rafraîchir la température. Au milieu, grand bassin de bronze avec trois bancs de bronze également. Du tepidarium une porte conduisait aux bains chauds (*caldarium*). Ici, grand bassin de marbre blanc, et vase immense destiné à l'eau bouillante, d'où s'échappait la vapeur. Les murs et les pavés de cette salle sont creux et communiquaient avec les fourneaux. Voici encore les vases à l'huile parfumée (*guttus*) et le strigile, pour frictionner, à la sortie du bain: toutes choses qui nous sont étrangères et qui constituaient l'une des délicatesses de cette civilisation éteinte !

Comme Rome, Pompéï avait plusieurs arcs-de-triomphe, bâtis en briques et laves, revêtues de marbre, et deux forums. C'était le moins que chaque ville pût avoir : *Forum civile*, affecté aux tribunaux, réunions politiques ; *forum venale*, servant de marché. Le forum de Pompéï, pavé de marbre, était entouré, sur trois côtés, d'une colonnade dorique en marbre blanc, et orné de statues. Ruiné par le tremblement de terre de 63, le forum était en pleine restauration au moment de la dernière catastrophe.

La basilique, d'ordre ionique, est fort grande aussi, mais ce monument conserve des traces de dévastation qui prouvent qu'il fut fouillé après l'éruption. Cependant, sur l'une des colonnes à moitié brisée, on vous montre, en caractères grecs et latins, à peu près illisibles, ces vers d'Ovide :

> Quoi de plus dur qu'un roc ? Quoi de plus mou que l'onde,
> Qui laisse au dur rocher une empreinte profonde ?

Nous voyons donc beaucoup de temples, des statues colossales et des marbres variés, mais bien moins qu'à Rome; ici, ils revêtent seulement de compagnie avec les stucs et les fresques, les constructions bâties de briques et de laves ; nous voyons encore des portiques et des colonnades; malheureusement presque toutes ces belles colonnes sont brisées, éparses de tous côtés ; il reste des socles, des fûts marquant leur emplacement, mais rien d'aussi complet que dans les maisons particulières. Le plus vaste de ces temples était consacré à Vénus, protectrice de Pompéï.

Au milieu de la cour du temple d'Auguste, appelé aussi Panthéon, s'élevait un autel entouré de douze piédestaux. L'un des côtés de cette même cour donne accès à douze chambres que l'on suppose avoir été celles des Augustals ou prêtres d'Auguste.

La disposition d'une salle attenante renfermant une grande table de pierre et le voisinage d'une petite porte feraient penser que ce lieu était destiné au débit de la chair des victimes que les prêtres vendaient au peuple. L'on a retrouvé, dans une caisse à serrure, à côté de la porte, une grande quantité d'argent, produit présumé de cette vente. Si les prêtres d'Auguste vendaient les produits de l'autel, ceux du temple d'Isis les mangeaient bien. On a découvert dans ce temple des escaliers secrets, permettant aux prêtres, à ce que l'on suppose, de s'introduire derrière les statues pour leur faire rendre des oracles. Plusieurs squelettes furent trouvés dans les chambres. L'un de ces bons prêtres était encore à table, où ses petits profits le nourrissaient passablement, à en juger par le poisson, le poulet, les œufs, le vin, les fleurs dont il était couronné et la guirlande retrouvée près de lui. Le squelette d'un autre prêtre était au pied d'un mur, une hache à la main, il s'était déjà ouvert deux issues, et ne put aller plus loin.

Donnons un coup d'œil à ces nouveaux thermes, peut-être encore plus élégants et plus confortables que les autres, et terminons par le quartier des casernes, situé à l'une des extrémités de la ville, comme le camp des prétoriens à Rome. Les chambres basses de ces grands bâtiments étaient destinées aux soldats et celles de l'étage supérieur aux officiers. Des casques, des jambières d'un riche travail en relief, des épées à poignée d'ivoire, qu'on y a retrouvés, le prouvent assez, ainsi que des bijoux et des objets de toilettes pour les dames, ce qui semble indiquer que les officiers vivaient en famille. On a même découvert des colliers en or massif, dont l'un orné de douze émeraudes, ce qui a paru d'un bien grand luxe pour de simples femmes d'officiers, n'appartenant pas aux grades élevés. C'est dans cette caserne, comme on dirait de nos jours, qu'on a retrouvé le plus grand nombre de squelettes, près de cent, bel exemple de la sévère fidélité du soldat romain à sa consigne.

Un mot des théâtres, plaisir favori, et aussi nombreux alors qu'aujourd'hui par toute l'Italie. On y rencontre les vestiges de tout ce qui compose les nôtres. Des *designatores* conduisaient les spectateurs à leur place. Les gradins du bas, endroit privilégié, étaient séparés des places réservées au peuple par une précinction, et l'*orchestra* gardait des siéges de bronze pour les principaux magistrats. En avant de la scène était le *pulpitum*, plate-forme où les chœurs se faisaient entendre. Le grand théâtre était entouré, de deux côtés, d'un portique formé par quatre-vingt-dix colonnes doriques, et destiné à abriter les spectateurs en cas de pluie. Tous ces gradins, au nombre de vingt-neuf, sont en marbre de Paros, et gardent pour la plupart leur numéro. On retrouve encore l'entrée, séparée de la galerie, des femmes de distinction, des belles patriciennes, qui n'assistaient au spectacle qu'invisibles et derrière un grillage de fer ; et les anneaux des poutres destinées à soutenir le *velarium* ou tente, que l'on étendait au-dessus du théâtre pour abriter les spectateurs du soleil. Ce voile, cependant, ne préservait pas toujours complètement de la chaleur ou de la pluie ; quand le vent devenait furieux, il était difficile de le tendre. Les spectateurs se couvraient alors la tête de chapeaux, toges, capuchons divers ou même de l'umbella ou umbracula, qui servait dans les promenades. Ovide conseille aux jeunes gens de porter les ombrelles des dames, et il parle ailleurs d'Hercule, couvrant Omphale d'un parasol pour la défendre du soleil. Il y avait aussi, pour les jours brûlants d'été, des réservoirs d'eau destinée à retomber en pluie rafraîchissante et parfumée au *crocus* ou au *safran* surtout, l'odeur à la mode et de prédilection chez les Romains.

L'amphithéâtre, situé également à l'une des extrémités de la ville, était immense et l'on pourrait lui appliquer ce que Mgr Gerbet dit du Colisée, qu'il appelle un colosse oriental costumé à la grecque. Il pouvait contenir plus de trente mille personnes, et quarante vomitoires donnaient accès à la foule. On y voyait, comme à Rome, des combats de gladiateurs et de bêtes féroces. C'est même pendant un de ces spectacles intéressants qu'eut lieu l'éruption, et ce fait explique le petit nombre de squelettes retrouvés à Pompéï (environ six cents jusqu'à présent). Toute cette foule séparée de la cité par des torrents de cendres chercha son salut dans une autre direction. Mais, hélas ! l'éruption étendit ses ravages de tous côtés, et la campagne a gardé plus de victimes que la ville.

Notre guide nous a ensuite conduites dans une grande salle remplie d'albums et de photographies de tous genres, où nous nous sommes reposées en faisant notre choix. J'approuve beaucoup cette méthode qui coupe court à tout différent et qu'on devrait employer partout. A Pompéï et dans quelques musées, le droit d'entrée est fixe, et défense aux guides d'accepter quoi que ce soit ; mais ils ont permission d'élever un petit magasin d'albums, de gravures, de photographies qu'ils vendent à leur profit et tout le monde y trouve son compte. Le guide touche ainsi sa gratification, et le voyageur rapporte un souvenir.

Dès mon retour, je vais relire les *Derniers Jours de Pompéï*, avec un nouvel intérêt, comme je revois en ce moment cette lettre de Sénèque à son excellent ami Lucilius ;

« J'ai appris que Pompéï, cette ville célèbre de la
» Campanie, vient de s'écrouler dans un tremblement
» de terre ; et, ce qui est étrange, au milieu de l'hiver,
» saison que nos ancêtres regardaient comme exempte
» de ces sortes d'accidents. (Cette catastrophe arriva
» aux nones de février, sous le consulat de Régulus et
» Virgilius (an de Rome 816, 60 de J.-C.) La Campanie
» qui n'avait jamais été complètement tranquille, mais
» qui cependant n'avait jamais éprouvé de si terribles
» malheurs, est dévastée. Une partie de la ville d'Her-

» culanum est détruite, l'autre paraît encore chance-
» lante. La colonie de Buceria est fortement endom-
» magée. Naples a quelques malheurs privés à déplorer,
» mais point de calamités publiques : elle n'est que
» légèrement atteinte par ce fléau. Plusieurs villas
» placées sur le sommet des montagnes sont seule-
» ment ébranlées, mais non renversées. On dit qu'un
» troupeau de six cents moutons a été étouffé, que des
» statues ont été brisées, et qu'après cet événement on
» a vu errer dans la campagne des hommes privés de
» sens et de raison. »

Aujourd'hui que ces événements ont été bien et dû-
ment pleurés, qu'ils sont si loin de nous, qu'on les a
assez oubliés pour élever de nouvelles villes sur l'emplacement des anciennes, je rends grâce au Vésuve de
nous avoir ménagé tant de surprises, car tout ce que
nous venons de voir ne tient point au rêve, à la poésie
de l'imagination, c'est même plus que des souvenirs,
ce sont bien des murs, des maisons, des rues, une ville
enfin, gardant les empreintes encore chaudes des malheureux qui l'habitèrent.

Nous avons aussi visité Castellamare, touchant Stabies, et comme elle ensevelie en 79. C'est là que périt
Pline l'ancien. Du reste, Naples et tous ses environs
sont assis sur des terres essentiellement volcaniques;
on compte je ne sais combien de cratères éteints. Castellamare, couchée au pied d'une montagne constellée
de villas, ombragées de chênes et de châtaigniers, de
myrtes et d'oliviers, est renommée pour la beauté pittoresque de sa situation, ses promenades délicieuses,
sa température préférable à celle de Naples, ses eaux

chaudes et froides, déjà célèbres chez les anciens, et le château royal qui la couronne, élevé sur la plus haute cime. On a comparé ses jardins à un parc anglais jeté sur une montagne suisse, avec les horizons lumineux du ciel italien. De ce lieu charmant, l'un des plus délicieux de tous ceux qu'habitent les déshérités de l'Eden, on pourrait rayonner par la montagne dans des campagnes nouvelles et toujours ravissantes, mais les brigands qui infestent ces cantons ont mis bon ordre aux rêves des touristes et aux excursions des curieux, ou bien il faut partir, non plus escorté d'un guide mais guidé par une escorte, car le brigandage est encore l'une des meilleures cordes industrielles de l'Italie méridionale. Terracine n'est-elle pas la patrie de Fra Diavolo, ce brigand fameux qui fit tant de mal aux troupes françaises, mais dont la poésie et la musique ont fait un héros. Ces aimables voleurs vous arrêtent avec toutes sortes de courtoisie ; ils ont le flair pour deviner votre position à vos apparences, et, suivant votre fortune préjugée, taxent la rançon. Ils vous engagent alors à écrire à votre famille, ce que vous faites avec empressement, comprenant trop bien qu'il vous sera impossible à vous seul de reconquérir votre liberté.

Les parents ou amis qui ne peuvent croire que l'Italie ait encore, en plein XIXe siècle, sa forêt de Bondy, font quelquefois attendre la réponse. Si la somme demandée,(dix, quinze, vingt, quarante mille francs, cela dépend,) n'est pas adressée dans le laps de temps indiqué, on vous coupe le bout de l'oreille, puis, pour prouver votre identité, les bandits l'envoient au pays avec l'avis charitable, que, si votre famille se fait tirer l'oreille, les brigands, eux, ne regardent pas à la couper, et qu'ils sont prêts à compléter la paire.

Un riche fils d'Albion, attaché d'ambassade, ayant eu le malheur de s'aventurer dans ces vastes campagnes, fut arrêté et rançonné d'importance. L'aimable Angleterre, qui tient pourtant très-fort à ses écus, fut obligée d'envoyer deux cent mille francs pour rentrer en possession de son jeune diplomate. Mais cette plaisanterie n'était pas de son goût, elle la trouva même très-mauvaise, et obligea l'Italie, qui ne sait pas plus protéger ses sujets que les *forestieri*, à partager l'amende, et à lui rembourser cent mille francs. Le gouvernement italien, qui n'est pas riche, quoiqu'il fasse, très-ému à son tour de cet impôt non prévu à son budget, prit les mesures les plus rigoureuses : plus de merci, plus de quartier. On envoya des soldats partout, et comme toujours on vint, on ne vit rien et on ne prit rien; les bandits avaient disparu comme par enchantement. Il est vrai de dire qu'un mois après le départ du dernier soldat, les brigands, en plus grand nombre, n'en fonctionnaient que mieux.

Sorrente, jadis habitée par les compagnons d'Ulysse, patrie du Tasse (Syrentum des Grecs, la ville des sirènes), renommée pour la beauté de ses femmes, conserve peu de souvenirs des anciens, mais le profond ravin qui la contourne de trois côtés, ses grottes au bord de la mer, les villages pittoresques qui l'entourent sont des curiosités naturelles qui charment et attireront toujours le voyageur. C'est sur cette côte et aux environs d'Amalfi surtout, qu'abondent les coraux dont Naples fait un si grand commerce.

Nous ne sommes point allées à Pœstum, malgré ses ruines de haute ancienneté, ses nymphées ou grottes antiques, ses champs de fleurs et ses buissons de roses, dont les poëtes ont célébré la beauté et qui s'épanouissent deux fois l'an avec une merveilleuse abondance. Non, leurs parfums délicieux n'ont point assaini l'air qu'on y respire, et la *mal' aria* y règne tant et si bien que, dès 1580, on l'appelait la ville maudite, et que ses habitants avaient été forcés de l'abandonner.

Une excursion charmante est celle qu'on fait à Pausilippe, qui signifie cessation de tristesse (*Pausis tès lupès*) promontoire avancé, tout couvert de villas modernes qu'on cite beaucoup. Je ne mentionnerai que celle de Serra Morna, où mourut l'incomparable Lablache, de regrettée mémoire, car le but principal des excursions à Pausilippe, c'est de voir le tombeau de Virgile, juste en face de Sorrente, berceau du Tasse. La mémoire de ces hommes illustres qui semblent les deux sommets du génie antique et du génie moderne, plane sur ces deux caps opposés, que la pensée rapproche et qui gardent et réunissent à jamais leur souvenir.

Il ne faut pas non plus omettre les deux immenses tunnels, l'un connu sous le nom de Grotta di Sejano, dont parle Strabon, plus long, plus large et plus haut encore que l'autre, la grotte de Pausilippe proprement dite. Cette grotte antique, longue de six cent quatre-vingt-huit mètres, large de six mètres, haute de soixante-seize mètres à ses extrémités, car l'intérieur est beaucoup plus bas, fut creusée dans le tuf volcanique pour faciliter les communications entre Naples et Pouzzoles. On est réduit aux conjectures sur ce travail gigantesque, que quelques antiquaires veulent attribuer aux habitants primitifs de la Campanie; mais cette énigme, comme tant d'autres, restera sans solution, car l'homme qui, dans son ardente curiosité, voudrait pénétrer le passé et l'avenir, rapprocher et devancer les âges, n'a pas toujours des documents certains sur sa propre histoire.

Cette belle grotte de Pausilippe, garnie cependant de reverbères, est tellement bien orientée, que de la fin de février jusqu'aux derniers jours d'octobre, le soleil couchant l'éclaire d'un bout à l'autre.

Virgile fut donc, selon ses désirs et selon la tradition, enterré près de ce mont Pausilippe, où il possédait une villa et où il avait écrit ses *Eglogues* et ses *Géorgiques*. Son monument funéraire, sujet à beaucoup de discussions, n'est plus aujourd'hui qu'un columbarium ordinaire et en ruine. Peut-être même (qui peut le savoir après dix-huit siècles?) ne renferma-t-il jamais les cendres du prince des poëtes latins, dont les chefs-d'œuvres lui attirèrent de son vivant l'admiration universelle et les bienfaits de l'empereur. Un jour, pendant la lecture du sixième livre de l'*Enéide*, Octavie, sœur d'Auguste, s'évanouit au moment où le poëte, dans un passage sublime, déplore la mort prématurée de son fils, le jeune Marcellus; en revenant à elle, la pauvre mère lui fit compter dix grands sesterces pour chacun de ses beaux vers, soit cinquante-deux mille francs de nos jours.

Des lianes, des lierres, mille plantes parasites envahissent cette tombe célèbre. Quant au fameux laurier, dont il fut tant parlé jadis, et dont les voyageurs rapportaient les précieuses feuilles, il brille par son absence.

Plusieurs lacs attirent encore l'attention, le lac de Fusaro, qui fut le Styx des anciens, (ô néant des grandeurs olympiennes !) prosaïquement renommé aujourd'hui pour ses huîtres et ses poissons qu'on va manger tout frais dans un casino établi au milieu de ses ondes. — Le lac Lucrin, marécageux, presque comblé, mais qui demeure célèbre par l'éruption de Monte Nuovo. Dans l'anse de Pouzzolles, le lac d'Averne entouré de collines couronnées de chataigniers, de vignes et d'orangers. Il occupe le fond d'un cratère, et son nom latin *Avernus*, du grec *Aornon*, signifie que les oiseaux n'osaient s'en approcher à l'époque sans doute où il exhalait encore des vapeurs sulfureuses. Annibal sur ses bords sacrifia à Pluton, et c'est en cet endroit que Virgile place la scène de la descente d'Enée aux enfers.

Donnons aussi un coup d'œil à la grotte légendaire de la Sibylle de Cumes, Amalthée (du reste elle a quantité d'autres noms) qui, dans ce lieu sacré, n'admettait que l'empereur seul à converser avec elle des destinées du monde, et qui vendit à Tarquin l'Ancien les fameux livres Sibyllins qui contenaient l'avenir de Rome. — La tradition ajoute que, consultés dans les grandes circonstances, on trouva toujours dans ces écrits d'utiles avis, et des révélations importantes.— Quoi qu'il en soit, et malgré la garde des quinze prêtres (*quindecemvirs*) chargés de veiller à leur conservation, ils furent brûlés dans un incendie du Capitole quatre-vingt trois ans avant l'ère chrétienne.

La côte insalubre de Baja (Baïes) et son triste château ne donnent guère idée de ce rivage qu'Horace célébrait comme le plus délicieux de l'univers. Entre Baja et Misène, se trouve le hameau de Bauli où Néron accueillit sa mère Agrippine, et se réconcilia avec elle au moment où il se préparait à la faire périr. César y avait une villa qui passa à Auguste.

Saluons, avant de quitter cette terre que tous les éléments de la nature se sont plu à embellir, saluons les îles charmantes, jetées comme des diamants sur du satin bleu, dans la mer qui leur sert d'écrin. Catulle, dans son enthousiasme devant ce tableau, s'écriait : « Oui, ces ondes jettent de joyeux éclats de rire aux rivages qu'elles enlacent tendrement, et ces rivages eux-mêmes, pleins de chants, de lumière, de parfums, sourient perpétuellement à l'homme. »

Adieu, Procida! Ton joli nom résonnera toujours douloureusement à toute oreille française! N'est-ce pas aux instigations de ton seigneur, Jean de Procida, qu'éclata à Palerme cette vaste conspiration connue sous le nom de Vêpres siciliennes, et où huit mille Français sans défiance, comme sans défense, furent massacrés le lundi de Pâques, 30 mars 1202, au moment où ils se rendaient tranquillement à l'office du soir!

Aujourd'hui tes échos répètent encore des coups de feu, car de tous temps les disciples de Nemrod sont venus te faire une guerre aussi meurtrière, mais permise, courant la plume et le poil sur tes monts fertiles

18

où pendant bien des années encore, ils trouveront amplement à exercer leur adresse.

Adieu, Ischia la grande, rendez-vous des élégants qui viennent aborder tes rives, dans des barques enguirlandées de feuillages et de fleurs! Adieu, terre souriante et poétique qu'Enée ne voulait plus quitter, et dont Virgile a fait les Champs-Elysées, malgré les dieux olympiques, qui t'ont rendue terrible pour Typhée aux cent têtes, le roi des géants, condamné à gémir éternellement sous le poids de tes voûtes profondes. Mais un souvenir plus doux et plus vrai que ceux de la fable s'attache à ces lieux. C'est à Ischia que Vittoria Colonna, la muse de Michel-Ange, vécut dans une chère retraite, au milieu des jouissances de l'esprit, et entourée de l'estime et de l'affection de tous ses contemporains, qu'elle charma souvent par les gracieuses inspirations d'une tendre poésie. « Quand Michel-Ange
» l'aperçut pour la première fois, il avait cinquante-
» sept ans ; ses habitudes et ses idées s'étaient em-
» preintes d'un certain mysticisme, né de la tristesse
» habituelle de son âme. L'apparition de cette créature
» angélique lui révéla un sentiment tout nouveau, jus-
» qu'alors peut-être inconnu à son cœur. Une affection
» chaste et ardente s'empara de lui, affection de dé-
» vouement et d'abnégation, où le cœur était tout,
» mais où les sens n'entrèrent jamais pour rien.

« Vittoria Colonna était bien alors la femme la plus
» séduisante, et la plus digne en même temps d'inspi-
» rer une noble passion. Belle et d'un génie élevé,
» c'était une âme vraiment antique au milieu des
» mœurs relâchées de son siècle. Elle avait habité une

» villa voisine de Rome, où, une fois par semaine, elle
» voyait Michel-Ange, dont le génie se ranimait avec
» plus de verve et d'éclat sous cette douce inspiration.

» Je vois, disait le pauvre poëte blessé au cœur, je
» vois sur votre visage, avec les yeux de ma pensée,
» je vois ce qu'on ne saurait bien dire dans cette vie
» terrestre.... C'est cette beauté divine, vrai rayon du
» ciel qui, plus que toute autre chose au monde, frappe
» les intelligences élevées.....

» Aussi, celui qui vous aime avec foi s'élève jusqu'à
» Dieu, et goûte ainsi par avance les douceurs de la
» mort... La vie de mon amour ne peut se mesurer
» sur la durée incertaine de ma vie : l'amour que j'ai
» pour vous ne sort pas d'un cœur fragile, il est tourné
» sans cesse vers le lieu sacré où jamais nulle affec-
» tion passagère, nulle passion coupable n'ont de-
» meuré.....

» Je vole avec vos ailes; entraîné par votre génie, je
» m'approche chaque jour davantage des cieux; mes
» pensées se forment dans votre âme, mes paroles
» naissent du souffle de votre voix. »

» Vittoria mourut. Elle mourut avant Michel-Ange,
» toute jeune et tant aimée. Depuis ce moment fatal,
» le poëte, frappé dans tout son être, garda jusqu'à la
» mort l'amertume de sa douleur ; il répandit encore
» quelques larmes de poésie sur sa tombe, lui faisant
» dire: je fus une mortelle, et maintenant un ange :
» Le monde m'a possédée un jour, et maintenant je
» possède le ciel. »

« Mais ensuite il renferma au dedans de lui-même
» sa peine inguérissable : ni la gloire, ni le génie ne

» purent le consoler de cette affection si douloureuse-
» ment brisée. »

Adieu Capri, au vin délicieux, aux fleurs embaumées ! Que ta Flore luxuriante recouvre les ruines des douze palais où Tibère, dont l'histoire nous a tracé une si sombre image, venait se vautrer dans l'orgie. Que son souvenir détestable et abhorré s'envole sur l'aile de tes parfums... Barberousse, lui aussi, voulut avoir un palais sur tes plus hautes cimes ; mais le temps qui balaie tout l'a jeté à son tour dans l'oubli. Parle-nous seulement de la France, et que ton rocher célèbre raconte l'attaque glorieuse que le général Lamarque, au commencement du siècle, tenta contre les Anglais commandés par sir Hudson Lowe et retranchés dans ton fort, regardé jusque là comme imprenable. Alors la victoire souriait à notre armée, qui vint planter sur tes murs son drapeau triomphant, et ajouter un fleuron de plus à la couronne qu'elle tressait à travers l'Europe !

L'île de Capri, autrefois Caprée, entièrement entourée de rochers calcaires à pic qu'elle couronne, et qui paraît découpée dans son contour par quatre grottes d'une profondeur immense, n'offre que deux points pour l'abordage des bateaux et une seule rampe pour l'escalader, bien raide, bien étroite, et composée de cinq cent trente-six degrés taillés dans le roc. Mais ce qui la rend célèbre, ce qui attire tous les voyageurs, c'est sa grotte d'azur, véritable féerie, située à moitié chemin, entre la pointe occidentale de l'île et la Marina, où l'on prend la petite barque nécessaire pour cette expédition.

L'entrée de la grotte, hérissée de rochers, où le frêle esquif se trouve ballotté comme dans une tempête, est si étroite et si basse qu'il faut presque se coucher dans la nacelle, pendant que la vague la pousse et lui fait franchir l'ouverture. On entrevoit le ciel un instant, puis plus rien qu'un gros rocher qui semble peser sur la poitrine. — Involontairement on ferme les yeux et l'on se blottit tout au fond. — Mais en se relevant, quel réveil et quel éblouissement! « La mer n'a plus qu'une respiration douce et silencieuse comme celle d'un lac. » Vous êtes dans une vaste grotte de cinquante-un mètres de long sur vingt-six de large, une demeure de fées, un palais de sirènes, où les yeux éblouis et fascinés se croient bien plutôt le jouet d'un rêve que les élus d'une délicieuse réalité. Après ce premier moment d'admiration et d'étonnement, un des rameurs se jette à la nage, et battant les eaux qu'il fait légèrement blanchir et écumer à la surface, vous permet de comprendre le bleu admirable de cet antre profond.

Voici comment M. Alexandre Dumas en parle :

« Ces eaux sont si limpides, si transparentes, si pures, qu'on semble flotter sur de l'air épaissi. Au plafond, des stalactites pendantes comme des pyramides renversées; au fond, un sable d'or mêlé de végétations sous-marines. Le long des parois qui se baignent dans l'eau, des pousses de corail aux branches capricieuses et éclatantes. Du côté de la mer, un point, une étoile par laquelle entre le demi-jour qui éclaire ce palais enchanté. Enfin, à l'extrémité opposée, une espèce d'estrade, ménagée comme le trône d'une somptueuse déesse, qui aurait choisi pour salle de bain une des sept merveilles du monde. » Oui, les ondes intérieures ont une couleur d'un si ravissant azur, la lumière dont elles sont pénétrées répand partout des teintes si suaves et si brillantes que l'on semble se mouvoir dans un gros saphir et qu'on se demande si un pan de la voûte céleste ne s'est pas incrusté là.

Angelo Ferrara fut l'heureux pêcheur qui découvrit, en 1822, cette grotte unique. Depuis cette époque, moyennant une faible redevance payée par les bateliers qui conduisent les touristes, il vécut de ses rentes, goûtant le *dolce far niente* et passant pour l'être le plus heureux de l'île.

Outre cette grotte splendide, il y a encore la grotte verte, renouvelant dans cette nuance, mais beaucoup moins idéale que le bleu, les surprises de la grotte d'azur. La grotte blanche, tapissée de stalactites, accessible seulement à un nageur, et la grotte du chien. « Aujourd'hui que tout le monde sait que le gaz car-
» bonique est impropre à entretenir la vie, qu'il éteint
» les corps en combustion, et qu'à cause de sa den-
» sité, plus grande que celle de l'air, il descend dans
» les couches inférieures, il n'y a qu'une curiosité
» niaise et cruelle qui puisse s'amuser du supplice ré-
» pété d'un chien qu'on entraîne de force, tandis que
» mis à l'abri du danger par votre taille élevée, vous
» assistez tranquillement aux dernières convulsions
» de son agonie. » C'est vous dire que nous n'y sommes point allées.

30 avril 1874.

C'est de l'idéale patrie des poëtes, le soir, quand tout est bleu, c'est de Venise la blonde que je date cette dernière lettre, écrite sur le sol étranger : mon premier courrier partira de la Castellanne.

De Naples à Rome nous avons voyagé le jour et admiré les montagnes sévères de la chaîne des Apennins, dont les croupes tourmentées festonnent le ciel ; nous avons aussi remarqué les champs fertiles et généralement bien cultivés des plaines.

Nous avons donné un coup d'œil aux villes s'échelonant sur notre voie, et salué d'un dernier regard et d'un respectueux souvenir la Ville éternelle.

> « A nos pieds Rome est là, dans sa beauté sévère...
> » Cette belle cité qui gouverna la terre
> » Dominera toujours le monde des esprits ! »

Oui, la cité qui renferme le Pontife saint, le Roi des rois demeurera sacrée, car nonobstant les prétentions de Victor-Emmanuel, l'ordre moral dominera toujours l'ordre matériel et tous les canons rayés du monde, Dieu merci, n'auront jamais le pouvoir de mettre le droit en poussière. Et le pape ne cèdera pas ses droits pour n'être « que le roi des prières et le prince des autels ». Il a besoin, nous en reconnaissons plus que jamais toute la nécessité aujourd'hui, il a besoin de son trône temporel pour maintenir sur des bases solides son pouvoir spirituel. Et le croiriez-vous, un libre-penseur a osé écrire à son retour de la capitale chrétienne, ces mots dont on a presque fait un proverbe: *Rome vue, Foi perdue*. Non, monsieur, c'est le contraire qu'il fallait dire, *Rome vue, Foi revenue*, excepté pour les incrédules de parti pris comme vous.

Nous avons donc salué Rome d'un dernier regard tout chargé d'espérance, de respect et d'amour, et continué notre route vers Livourne, Pise, Florence surtout que nous nous réjouissions de ne pas parcourir seules, et que nous avons visitée avec l'aimable famille polonaise que vous connaissez déjà, et que nous avons même entraînée jusqu'à Venise.

Toutes ces campagnes, toutes ces villes, offrent comme dirait Fénélon des horizons à souhait pour le plaisir des yeux. De Rome à Civita Vecchia, la ville de Trajan, qui remplace aujourd'hui le port d'Ostie envahi par les sables, l'aspect est monotone ; mais de Civita Vecchia jusqu'à Livourne c'est encore bien pis,— et de cette belle ville d'Ostie fondée, comme l'indique son nom, à l'embouchure du Tibre, et qui fut comme le Hâvre de Rome, il ne reste plus rien. C'est à peine si quelques maisons indiquent l'emplacement de cette cité florissante qui compta un jour quatre-vingt mille habitants dans ses murs fortifiés. Un autre souvenir, tout chrétien, celui-ci, se rattache encore à Ostie. C'est là, en effet, que Monique, le parfait modèle des mères, vint mourir entre les bras de son cher Augustin.

Nous traversons donc une terre désolée, et malgré la

poésie de la solitude on sent que la vie est mal à l'aise devant cette mer diamantée, ce ciel de saphir et ces prairies d'émeraude. La mal'aria règne dans ces lieux inhabités, coupés à de longs intervalles par quelques stations, et qu'animent seulement de temps en temps de grands troupeaux vagabonds que la locomotive met en fuite. « Est-ce l'humidité ou l'absence de forêt qui
» cause ce mauvais air, qui coule dans les veines
» comme un subtil poison ? Dans les temps très an-
» ciens, comme au temps d'Enée, il y avait dans tout
» le Latium de grandes forêts, et l'on n'aperçoit dans
» l'histoire de ces époques reculées aucune trace de
» mortalité causée par la mal'aria. » Varron, qui vivait sous Auguste, dit : « Toute l'Italie n'est-elle pas tellement garnie d'arbres qu'elle a l'air d'un verger. » Ce fléau des maremmes et des marais Pontins, est resté un problème inexplicable. Depuis mille ans, on parle de ce phénomène meurtrier, de ce fluide invisible qui tue, sans que la science ait pénétré son secret.

Les marais Pontins traversés jadis par la voie Appienne et d'une étendue de cent lieues aux alentours de Rome, étaient si salubres dans l'antiquité, que vingt-trois villes s'y étaient fondées, aujourd'hui ils sont à peu près abandonnés à cause des fièvres intermittentes qui les enveloppent chaque été, et qui se manifestèrent à la fin de la République romaine au moment où le labourage fut abandonné pour l'herbage et où les eaux envahirent les terres. Depuis, tous les souverains de Rome, les papes surtout, ont entrepris des travaux de dessèchement et d'assainissement, quelques terrains ont été rendus à l'agriculture, mais le résultat est loin d'être complet puisque ces marais demeuraient le foyer de miasmes pertilentiels.

Il en est de même des maremmes (ce mot veut dire en italien *littoral*) qui se divisent en bassins aux environs de Sienne, Pise, Livourne et qui se composent de plaines basses, humides, séparées de la mer par des collines de terre d'alluvion. Ces espaces fort grands qui comptent à peine quatre-vingts habitants par lieue, étaient avant la domination des Césars, la partie la plus peuplée de l'Italie. Cosa, Populonia, et plusieurs autres villes étrusques y florissaient, mais après l'invasion romaine, tout le pays se couvrit successivement de bois et de marécages. Dans les temps modernes les ducs de Toscane ont fait de vains efforts pour le repeupler — et sauf la campagne de Pise pour laquelle les travaux n'ont pas été inutiles et qui est redevenue saine et fertile, les maremmes sont restées les mêmes; celle de Grosseto la plus désolée de toutes, n'est toujours qu'un immense désert ne gardant nulle trace des villes, châteaux et monastères dont elle était encore couverte au moyen âge. — A partir de cette époque plusieurs causes concoururent, en grand, à dépeupler tout à fait le pays : les guerres intestines, les déprédations des condottieri et surtout la terrible peste noire de 1348.

A l'une des stations nous avons vu descendre un élégant, coiffure garibaldienne, cravache flexible, grandes bottes molles, une figure à caractère et la désinvolture d'un beau bandit Italien. Une douzaine de paysans, costumés à l'espagnole, manteau et sombrero, l'attendaient, conduisant en bride un superbe cheval que notre cavalier a promptement enfourché. Avant le départ du train, nous avons pu suivre quelques instants cette bruyante caravane, car tous ces paysans montés sur de fringants coursiers, chassaient devant eux une troupe de quarante à cinquante chevaux indomptés, et tous n'ont pas tardé à disparaître dans le tourbillon de poussière soulevé par leur galop furieux.

Cela nous a semblé une vision des mœurs sauvages dans les plaines du Nouveau-Monde. — Quelque chose d'emprunté aux scènes de l'Australie. Nous avons questionné un voyageur, enthousiaste passionné du grand chef des chemises rouges, mais complaisant, qui nous a répondu que ce jeune Italien, en tournée seigneuriale, était un riche propriétaire, dont tous les fermiers venaient à la rencontre, non-seulement pour lui faire escorte d'honneur, mais aussi pour veiller à sa sûreté, ces terres inhospitalières n'étant pas moins infestées par la mal'aria que par les brigands qui se réfugient aux pieds des montagnes qui bornent l'horizon, enserrant la plaine à droite pendant que la mer la festonne à gauche. Les chevaux sauvages sont une ruse de guerre; on les pousse ainsi en avant afin d'effrayer les bandits, qui s'enfuient à l'approche de cette nombreuse cavalcade, qui passe comme un torrent, et s'efface comme l'éclair.

Notre compagnon de route, mis en belle humeur par ces détails que nous avions écoutés avec attention, s'est mis d'abord à nous parler de tout et de rien; mais ayant démêlé qu'il voyageait pour le commerce des fleurs artificielles, nous lui avons demandé quelques renseignements, et une fois entré dans ce sujet, son véritable élément, il nous a appris beaucoup de choses intéressantes, tout en rendant hommage à la France. Oui, nous a-t-il dit, c'est chez vous que toutes les nations vont faire l'apprentissage de la coquetterie. La Mode, cette déesse à laquelle l'univers entier sacrifie, n'a qu'un temple, et ce temple c'est Paris ; c'est là que toutes ses prêtresses viennent chercher l'inspiration, le mot d'ordre du grand conseil de l'élégance et du bon goût en matière de toilette. Vous avez le monopole de ces charmants riens qui distinguent si avantageusement la mise des femmes, et pour les fleurs artificielles, vous avez poussé si loin la contrefaçon de la nature, qu'aucun pays encore n'a pu surprendre vos secrets.

De tous temps on a imité les fleurs; les Egyptiens, les Grecs, les Romains les ont connues. Dans les fouilles de Thèbes on en a découvert faites de toile de lin; celles de Pompéï étaient en soie, quelquefois en filigranes d'or. En Chine, on faisait usage de fleurs artificielles bien avant l'ère chrétienne, et les manuscrits nous racontent que les grandes dames du Céleste-Empire excellaient à confectionner les fleurs de leurs parures. A l'aide du mica, elles imitaient à ravir les fleurs du thé, du prunier et du pêcher. Pendant cette conversation animée, la route fuyait, et quelques bois de pins, à l'approche de Livourne nous ont annoncé la fin du désert insalubre que nous parcourions depuis deux heures. Nous sommes donc entrés dans cette grande ville sous un soleil éblouissant, qui versait des flots d'or et scintillait joyeusement partout.

Livourne, qui doit sa fortune aux Médicis, et qui,

au XIIIe siècle, n'était qu'un village, compte aujourd'hui cent mille habitants. Port franc, grand entrepôt de commerce entre l'Italie, l'Europe occidentale et le Levant, tout occupée de ses affaires, elle ne pense guère aux arts, et n'offre rien de remarquable aux touristes. Traversons le Corso, grande et large rue bordée de magasins superbes, et qui se change tous les jours, pendant une heure, en bourse en plein air, et, pour ne pas perdre de temps, reprenons le train vers Pise.

Pise, d'antique mémoire, fondée d'après Pline et Strabon, à la suite du siège de Troie, nommée par les Lydiens d'un mot de leur langue, qui signifie port en croissant; Pise, la grande capitale d'une république qui, du Xe au XIIIe siècle fut l'une des premières puissances commerciales et maritimes de l'Italie, rivale de Gênes; Pise, dans une plaine fertile, avec son groupe de monts de mille pieds de haut, étendant ses bras sur les deux rives de l'Arno, à dix kilomètres de la mer, et qui compta jadis cent cinquante mille habitants, n'en renferme plus que vingt-quatre mille aujourd'hui. En 1851, elle s'est vu enlever son université, l'une des meilleures et des plus anciennes, et qui était comme le quartier latin de la Toscane, ou mieux encore l'Oxford ou le Heidelberg de l'Italie. Toute la ville s'est révolutionnée à l'annonce de cette mesure qui arrachait à Pise la dernière de ses gloires, laissant à dater de ce jour funeste, la décadence entrer, toutes portes ouvertes, dans ses murs; mais rien n'y a fait, le grand duc est resté inexorable. C'était le coup de grâce. Adieu la science, mais adieu les réjouissances publiques aussi, car les joyeux étudiants menaient de front l'étude et le plaisir. Tous les trois ans on fête toujours religieusement San Ranieri ; mais qu'est devenue cette éclatante *Luminara* qui faisait pâlir celles de Venise et accourir des quatre points cardinaux? Cette illumination avait lieu le long des quais de l'Arno, qui serpente capricieusement à travers la ville, et de là le secret de l'éclat incomparable de ses cascades d'or, de ses nappes de feu (murailles, ponts, arcades, et jusqu'aux toitures, tout était tapissé de lampions) qui, par un effet d'optique, semblaient sans horizon et sans limites. Non, le bruit des fêtes n'éveille plus l'antique *Julia* des Romains. On n'y entend que le fracas des vents qui, se ruant aux pieds des Apennins, tourmentent ses édifices solitaires, et le cri du faucon, l'oiseau des montagnes, qui fait son nid au faîte de ses palais inhabités.

Cependant, au milieu de cet abandon croissant, Pise a conservé son cachet, sa physionomie particulière, et c'est une cité vraiment à part. Une chose digne de remarque en Italie, c'est que chaque ville, et Dieu sait que nous sommes loin de les avoir toutes parcourues, garde sa personnalité, si l'on peut s'exprimer ainsi, un aspect qui lui est propre, des beautés qui ne se généralisent pas ailleurs, en sorte qu'au lieu de se nuire entre elles, elles se font réciproquement valoir. Chaque ville a ses gloires, son histoire, dont l'intérêt ne le cède en rien à sa voisine ; partout les élégances du présent unies aux splendeurs du passé, les antiquités sans prix et les palais merveilleux.

Pise, comme toutes les républiques italiennes, devint le théâtre de guerres intestines, qui contribuèrent tout autant à sa ruine que les attaques réitérées de ses rivales, Venise et Gênes surtout, qui lui porta des coups mortels. En méditant sur les destinées de cette belle Italie, on en vient à regretter qu'elle ait tant d'histoires, heureux en effet les peuples qui n'en ont pas, car aussi bien dans les temps antiques que modernes, elle n'a été qu'un vaste et continuel champ de bataille ; pendant des années elle n'a respiré que l'air impur de la guerre, et la vague révolutionnnaire, d'ondulation en ondulation, l'a trop souvent conduite à la guerre civile. Non-seulement les diverses républiques qui peuplaient son territoire, jalouses réciproquement de leur puissance, ne songèrent qu'à porter la ruine chez leurs voisines, et passèrent des siècles à se dévorer entre elles ; mais l'étranger y est sans cesse descendu. Sans parler des barbares, Autrichiens, Espagnols, Français, l'ont tour à tour ravagée, et il n'est pas aujourd'hui de petit village, si ignoré et si modeste qu'il soit, qui ne raconte avec orgueil l'histoire militaire de son passé et les faits héroïques de ses habitants, qui, trop souvent ignorants de l'art de triompher, surent toujours généreusement mourir.

Mais vous avez hâte que je vous parle des monuments de Pise, comme moi j'avais hâte d'aller les admirer ; réunis sur la même place, la cathédrale, le baptistère, le campo santo, et la célèbre tour penchée excitent l'intérêt et la curiosité au plus haut point. Ces quatre monuments étranges et magnifiques, en traversant les siècles, resteront là debout comme l'éclatant témoignage de la grandeur et de la richesse de Pise au moyen-âge.

Le dôme, monument important dans l'histoire de l'architecture italienne, fut commencé par Buschetto en 1063. Sa longueur est de trois cents pieds et l'intérieur est divisé en cinq nefs. La chaire primitive, dont il ne reste que quelques fragments, est de Jean de Pise qui, ainsi que Nicolas, se plut à embellir sa patrie. Ses magnifiques portes sont de Jean de Bologne, artiste français, né à Douai en 1524, mais fixé à Bologne, dont il prit le nom. Etant allé de bonne heure à Rome pour étudier les grands maîtres, on raconte qu'il présenta à Michel-Ange une sculpture où il avait mis tout le fini dont il était capable. Celui-ci la brisa en disant qu'il fallait savoir ébaucher l'ouvrage avant de songer à le perfectionner. Loin d'en être blessé, Jean, reconnaissant de cet avis, redoubla d'assiduité au travail. Il étudia pendant des années, car le talent n'est pas généralement comme le boulet qui fait brèche du premier coup, mais comme la mine patiente qui n'aboutit qu'après de longs efforts, et c'est grâce, sans doute, à cette petite mésaventure qu'il devint dans la suite l'un des meilleurs sculpteurs de son temps.

On remarque encore à la cathédrale des peintures d'Andrea del Sarto, d'Allori, de Passignano, et un autel, en argent massif, véritable œuvre d'art, donné par les Médicis. Le tabernacle, surmonté d'un dôme élégant soutenu par quatre anges, est d'un fini admirable. La grande lampe en bronze, qui se balance au milieu du dôme, mit, par ses oscillations, Galilée sur la voie de la théorie du pendule, comme l'inclinaison du Campanile lui servit à faire des expériences sur les lois de la gravitation.

Le Campo Santo, célèbre monument du génie de Jean de Pise, fils de Nicolas, architecte et sculpteur comme son père, est un cimetière que les Pisans voulurent consacrer à leurs grands hommes. L'intérieur présente une cour entourée de portiques avec soixante-deux arcades à jour; les murs sont entièrement recouverts de fresques des vieux maîtres toscans du moyen-âge et de la renaissance; malheureusement, elles sont bien effacées aujourd'hui. Un grand nombre de sarcophages, des débris de marbre, des sculptures antiques et modernes sont rangés sous les portiques.

Le Baptistère est en marbre comme le Dôme et le Campanile. Commencé en 1133, il ne fut achevé que vers le XIV° siècle; sa hauteur est de cinquante-cinq mètres jusqu'au sommet de la coupole. Au centre, grand bassin octogone en marbre, orné d'incrustations d'un beau travail. La chaire de Nicolas de Pise est un des monuments importants de l'art au moyen-âge. Le Baptistère que les Pisans déclarent eux-mêmes le plus beau fleuron de leur couronne artistique, superbe dans sa forme arrondie, qui permet d'en embrasser l'ensemble, a pourtant quelque chose de froid comme un temple protestant, mais que réveille bien vite la voix du custode, qui entonne un chant que des échos nombreux et sonores répercutent à l'infini; ces sons résonnent avec tant de force, et leurs vibrations sont si prolongées, qu'on les croirait sortis de l'orgue le plus puissant.

Voici donc cette célèbre Tour-Penchée, ce Campanile commencé un peu plus tard que le Baptistère, vers la fin du XIIe siècle, par Bonnano de Pise et Guillaume d'Innsbruck, et terminé au XIVe siècle par Thomas, fils d'André de Pise (comme l'on dirait dans les généalogies de la Bible, tous ces artistes l'étaient de père en fils); ce monument, unique au monde, est de forme cylindrique, à huit étages ; l'escalier règne entre le mur intérieur et la colonnade extérieure de deux cent neuf piliers, qui sert comme de rampe à l'escalier qu'elle accompagne jusqu'au sommet. Sa hauteur est de cinquante-neuf mètres et son inclinaison de cinq mètres. Le sol a-t-il cédé? mais les murs n'ont pas une lézarde. L'a-t-on bâtie ainsi, et pour quel motif? Vaincre une difficulté?... Ce serait alors la plus étrange des constructions. Telles sont les questions que se poseront encore longtemps la science et les savants. Tout porte à croire que le sol aura cédé sous son poids lorsque la tour était déjà élevée à moitié de sa hauteur, et qu'on l'aura continuée ainsi; les sept cloches qu'elle renferme, sonnées tous les jours, confirment sa solidité. Après en avoir monté les trois cents marches, également en marbre de Carrare, on jouit, de la plate-forme, d'une vue fort étendue. Aux pieds de la tour, la ville dessinant à cette distance une silhouette enfantine ; à côté, l'Arno, déroulant ses rubans dans la campagne; plus loin, les montagnes de Lucques, et enfin, tout à l'horizon, les Apennins dont les cimes, éternellement neigeuses, se confondent avec le ciel.

Les artistes Pisans fabriquent quantité de petits objets en marbre et en albâtre, coupes de toutes formes, statuettes de toutes grandeurs; ils s'étudient à copier fidèlement l'antique, et l'on retrouve chez eux tous les groupes célèbres. C'est là seulement que j'ai revu, sculptée en marbre blanc, cette délicieuse mosaïque des colombes, où quatre de ces charmants oiseaux s'abreuvent gracieusement penchés sur le bord d'un bassin. Naturellement ces artistes s'inspirent aussi de leurs monuments, qu'on est bien aise de retrouver en miniature et de rapporter en souvenir.

Pise est la patrie de l'illustre Galilée, le véritable fondateur de la physique expérimentale. La hardiesse de ses idées sur le mouvement de la terre et l'immobilité du soleil, en contradiction avec la Bible, le conduisit devant le tribunal de l'inquisition, où il fut contraint d'abjurer ses doctrines à genoux. C'est en se relevant qu'il proféra à demi-voix cette parole que tout le monde sait : *E pur si muove*, et pourtant elle se meut !

Galilée ne fut point jeté dans les cachots comme on s'est plu à le dire, il lui fut même permis de résider dans une campagne auprès de Florence et d'y poursuivre ses études. Mais à partir de ce moment il ne voulut plus rien publier.

Si Pise s'honore d'avoir vu naître Galilée, elle rougit d'avoir donné le jour à Ugolin, comte de Gherardesca. Ugolin conspira plusieurs fois contre sa patrie qu'il tenta d'asservir. Il se défit de ses ennemis par la mort ou le bannissement, laissa les Génois battre à la Meloria la flotte pisane, dont il avait le commandement, et finit par devenir le tyran de son pays. Il ne tarda pas alors à se brouiller avec l'archevêque de Pise, Roger d'Ubaldini, prélat ambitieux, qui complota sa perte et fit prendre les armes au peuple, l'an 1288. Ugolin, attaqué dans son palais fut pris après une vigoureuse résistance avec trois de ses fils et l'un de ses petits-fils. Enfermés dans une tour, située dans l'emplacement même qu'occupe aujourd'hui la place des Chevaliers, qui n'était pas alors dans l'enceinte de là ville, on les y laissa mourir de faim. L'admirable plume du Dante a immortalisé *la Tour de la Faim*, et depuis, le supplice d'Ugolin et de ses enfants a été cent fois reproduit par le ciseau ou le burin.

J'ai encore à vous parler longuement de Florence, toujours reine et charmante, tenant d'une main sa couronne de roses et de l'autre son sceptre des lettres et des arts de la renaissance. Si Rome est la grande souveraine des arts, Naples celle des fleurs, Venise celle des mers, Florence est la souveraine de l'harmonie. Oui, dans cette belle ville aristocratique, on aime passionnément le luxe et l'élégance, les fleurs et les parfums, la poésie et la musique, et le soir, pendant que les nombreux théâtres gardent les *dilettanti*, des chants suaves attirent dans les rues les promeneurs qui s'attroupent autour de jeunes ouvriers, faisant de l'art à la façon dont M. Jourdain faisait de la prose, artistes sans s'en douter, et dont les voix délicieuses charment et retiennent. Ils chantent parfois seuls, en s'accompagnant d'une guitare, mais souvent en partie, rhythmant les airs du pays, tantôt avec la douceur plaintive de la mélopée, tantôt avec l'accent joyeux du triomphe, et le mélange de toutes ces voix graves et légères, profondes et sonores, mais toujours mélodieuses, est d'un effet magique dans l'ombre et le silence de la nuit. Ces Florentins chantent comme les autres parlent.

« Jadis Athènes, au point de vue du patriotisme, de
» l'art, des nobles idées, de l'élégance et du bon ton
» était le soleil de la Grèce ; dans les temps modernes,
» l'Athènes de l'Italie, c'est la belle Florence. »

L'Arno, frère du Tibre, coupe la ville en deux parties inégales. Comme celles du fleuve romain, ses eaux sont jaunâtres et limoneuses, ce qui s'explique très bien, étant fils de la même mère, la montagne de Falterona, située entre Florence et Rimini : d'un côté descend l'Arno, de l'autre s'épanche le Tibre.

Les quais de Florence, les plus beaux de l'Italie, désignés sous le nom de Lungo l'Arno (Lungarno), sont pendant l'hiver le Corso à la mode, le rendez-vous du beau monde, car ici, à l'inverse de ce que l'on tente partout, l'égalité n'a pas encore passé son niveau sur cette ville élégante et le peuple se mêle difficilement à l'aristocratie.

Beaucoup moins développée sur la rive gauche du fleuve que sur la rive droite, bordée de magnifiques palais, cette jolie ville a succédé à l'antique cité cyclopéenne de Fiesole, qui de la montagne descendit dans la plaine pour donner le jour à Florence, la fleur de l'Etrurie. Alors les habitants de Fiesole, qui trafiquaient avec tous les pays environnants, afin d'éviter aux acheteurs les fatigues de l'ascension, descendirent dans la vallée au milieu d'un champ de roses où ils étalaient leurs marchandises. Un champ de roses a donc été le berceau de Florence et lui a donné son nom. Ses armes parlantes rappellent cette émigration de la montagne au vallon : Rose de gueules sur champ d'argent.

A l'heure qu'il est, la place du Grand-Marché est située dans l'emplacement même du champ de roses, qui n'a rien gardé de son arôme, hélas !

Florence compte dix portes toujours ouvertes et un grand nombre de places. Les deux principales sont celles du Dôme et de la Signoria, forum florentin. Sur cette place, destinée d'abord à la convocation du peuple se trouve la fameuse *Loggia de' Lanzi*, autrefois corps-de-garde des lansquenets (*lanzichenecchi*) à la solde des Médicis. On l'appelle encore Loggia d'Orcagna, nom de l'architecte qui éleva ce portique en 1355. Deux lions gardent l'escalier. C'est au milieu de statues antiques et de groupes par Jean Bologne qu'on aperçoit le célèbre Persée coupant la tête de la Méduse, ouvrage en bronze de Benvenuto Cellini, et qui lui occasionna tant d'angoisses racontées par lui-même d'une manière si animée dans ses curieux mémoires.

La fontaine de Neptune, par Ammanati, la statue équestre de Côme Ier, par Jean Bologne, et enfin le palais vieux, d'un aspect si caractéristique, précédé de quelques statues, au milieu desquelles on remarque le David de Michel-Ange, alors âgé de vingt-huit ans seulement, embellissent encore cette place.

Celle du Dôme, outre quelques statues modernes et une plaque de marbre indiquant l'emplacement où Dante aimait à se reposer le soir, contient les trois merveilles architecturales de Florence. *Il duomo*, le Baptistère et le Campanile de style gothique italien, idéale création du Giotto. Ceci est encore un tout autre genre qu'à Pise, et nous ne devons le retrouver nulle part. Ici le Campanile justifie son nom, bien mieux que celui de Pise, qui n'est vraiment qu'une tour, assez célèbre du reste ; ici, c'est bien le clocher aérien qu'on rêve, et, malgré ses quatre-vingt-quatre mètres de hauteur, il est resté ferme et droit après cinq siècles comme aux premiers jours. Charles-Quint disait qu'il était si beau qu'on aurait dû le conserver dans un étui ; beau comme le Campanile, dit encore avec orgueil le peuple florentin. On admire aussi ses nombreux bas-reliefs et ses statues colossales.

Le Baptistère, édifice octogone, bâti sur l'emplacement de l'ancienne cathédrale, est surtout remarquable par les belles mosaïques de l'intérieur et les bas-reliefs de ses trois admirables portes en bronze. Celle du sud est d'André de Pise, les deux autres sont de Ghiberti ; il travailla pendant vingt ans à celle du nord qui fut placée en 1424. Quant à celle de l'est, Michel-Ange disait lui-même qu'elle était digne de fermer l'entrée du Paradis.

Le Dôme sera le chef-d'œuvre par excellence quand il sera terminé. Les Florentins ayant résolu d'élever dans leur ville un monument qui surpassât en grandeur et en beauté tout ce qui avait paru en Italie, s'adressèrent à Arnolfo di Lapo, qui commença son œuvre en 1298. A peine les fondements furent-ils posés qu'il fit creuser des puits profonds pour préserver le monument de son génie des inondations ou des oscillations de terrain, puis il s'écria avec enthousiasme : Je te sauve des tremblements de terre, que Dieu te garde de la foudre ! Les travaux, non interrompus, durèrent cent soixante ans, mais hélas ! toute la façade du grand portail reste à faire, et l'on se demande avec effroi si la ville sera jamais assez riche pour l'entreprendre.

On nous a assuré qu'un Anglais, plus millionnaire encore qu'artiste passionné (ce qui n'est pas peu dire), vient d'offrir douze cent mille francs pour la reprise des travaux, mais à la condition qu'on les achève. Je fais des vœux ardents pour qu'il en soit ainsi, et que ce bel exemple de générosité soit suivi. N'est-ce pas la meilleure et la plus noble manière de dépenser ses richesses ? Compléter une merveille dédiée à Dieu, encourager les arts, faciliter le travail qui donne la vie et le bien-être, ne sont-ce pas là des œuvres pies ?

Pour vous faire une idée de cette magnifique église, voici ses dimensions : longueur totale cent quarante neuf mètres, au transept quatre-vingt-quatorze mètres, largeur de la nef quarante mètres, hauteur depuis le sol jusqu'à l'extrémité de la croix, qui surmonte l'édifice, cent quinze mètres.

L'extérieur est entièrement revêtu de marbre blanc et de couleur. La merveille du Dôme est la coupole élevée par Brunelleschi, hardi prédécesseur de Michel-Ange ; son dôme a précédé celui de Saint-Pierre de plus d'un siècle, et voici comment Michel-Ange lui-même en parlait : « Il est difficile de faire aussi bien, il est impossible de faire mieux. »

Cette admirable cathédrale renferme plusieurs mausolées, entr'autres ceux de Brunelleschi et de Giotto ; derrière le maître-autel se trouve, à peine achevé, un groupe en marbre de *la Piété*, dernier ouvrage de Michel-Ange, qui le destinait à son tombeau. Le chœur en marbre, exécuté par Bandinelli, sous Côme Ier, est orné d'un bas-relief de quatre-vingt-huit figures, d'un travail exquis tout le pavé de la cathédrale, qu'on nomme aussi *Santa Maria del Fiore*, Sainte-Marie-de-la Fleur, composé de marbres différents, semblable à un parterre émaillé de roses, forme une décoration bien digne de son nom et de la belle Florence, née dans les fleurs aussi et dont les splendides monuments, remplis eux-mêmes de chefs-d'œuvre, en font une des principales cités du monde ; vous le voyez, de nouvelles surprises et de nouvelles admirations nous attendent encore ici, dans les églises et dans les musées surtout.

On a la fièvre des arts et de l'inconnu, tout ce qu'on voit se mêle à ce qu'on a vu, c'est une ivresse de merveilles; on ne dort plus, on ne mange plus, et c'est ce qu'il y a de moins malheureux car du côté de l'art de gueule, comme disait Montaigne, l'Italie pèche beaucoup, et nous semble dans une ignorance impardonnable, à nous enfants de la vraie patrie des gastronômes et des gourmets, dont les palais délicats n'apprécient les productions naturelles qu'accommodées par la science exacte et recherchée des Brillat Savarin ou des Vatel modernes; cependant, nous n'étions pas comme certains voyageurs, dont nous avons fait la connaissance en passant, un couple sans poésie aucune et dans l'étoffe duquel il n'entrait que de l'humble prose, natures épaisses qui, ne comprenant que les jouissances matérielles, s'occupaient beaucoup plus de victuaille que de beaux arts, et refroidissaient continuellement notre enthousiasme par cette phrase stéréotypée sur leurs lèvres : Ah ! oui, l'Italie c'est un bien beau pays, mais comme on y mange mal.

Revenons à nos chefs-d'œuvre. — Comme je vous l'ai déjà dit, la plume et la parole sont bien pâles pour les traduire, il faudrait les voir sans songer à les expliquer, sans essayer d'exprimer les impressions diverses qu'ils font naître, les courants d'idées nouvelles qu'ils font circuler. Buffon disait de Platon qu'il était un peintre d'idées, et en cela n'est pas Platon qui veut; il avait une science qui ne peut guère s'acquérir, c'était un don venu du ciel.

L'église Santissima Annunziata ou des Servites (ordre religieux dit aussi serviteurs de la Vierge, et connu en France sous le nom de Blancs-Manteaux), renfermant le monument de Jean de Bologne, en partie sculpté par lui-même, est remarquable par ses peintures et sa célèbre fresque de la *Madonna del Sacco*, dont Andrea Vannucci (fils d'un tailleur *Sarto* d'où le nom d'Andrea del Sarto sous lequel il est seulement connu), s'est plu à enrichir le cloître.

L'église del Carmine doit à quelques pieds de mur peints à fresque de vivre à jamais dans les fastes de l'art. Oui, grâce à ces fresques, commencées en 1415 par Masolino da Panicale, continuées par Masaccio, morts jeunes tout deux, et terminées par Filippino Lippi, elle est devenue le sanctuaire vénérable où le Perugin, Raphaël, Léonard de Vinci, Michel-Ange, sont venus étudier tour à tour.

L'église Santa Croce, en marbre blanc et de couleur

à l'extérieur, mais nue, sombre, austère à l'intérieur, et remplie de monuments élevés à des mémoires chères et illustres, a été appelée le Panthéon de Florence. Parmi tous ces mausolées, cénotaphes ou sépulcres, j'ai remarqué les tombeaux de Michel-Ange, de Dante, d'Alfieri, par Canova, de Machiavel et de Galilée. La chaire, par Benedetto da Majano, ainsi que le crucifix du transept de gauche, par Donatello, artiste florentin, sont des œuvres de grand mérite. Sur la place qui précède l'église, on a élevé, en 1865, une statue commémorative du six centième anniversaire de la naissance de Dante Alighieri.

Arrêtons-nous à San Lorenzo, monument de la munificence des Médicis, encore simples particuliers. Cette église garde aussi plusieurs tombeaux des membres de cette famille, celui de Giovanni dei Medici est couronné d'une statue admirable par Donatello, qui résuma tout son talent dans cette œuvre entreprise en reconnaissance des bontés de la famille de Médicis, qui le protégea toute sa vie. Doué d'une imagination ardente et rêveuse tout à la fois, d'un esprit délicat, et poétique, artiste en un mot, Donatello n'entendait rien au positif de la vie, et voici la jolie petite anecdote qu'on raconte à ce sujet : Un Médicis, Pierre, lui offre un domaine dont les revenus lui permettront de vivre dans l'aisance. Ce présent l'enchante, le voilà donc assuré de ne pas mourir de faim, et pouvant sans arrière-pensée se livrer à son art favori. Au bout d'un an, il court chez son bienfaiteur le prier de reprendre son domaine. Je ne sais auquel entendre, dit-il, je suis accablé de récriminations, le fermier se plaint du temps, la fermière de son troupeau, moi des impôts. J'aime mille fois mieux manquer de tout que de m'occuper de choses qui m'abreuvent de dégoûts et me font perdre l'inspiration. A partir de ce jour, Pierre lui accorda une pension qui lui permit de passer tranquillement sa vie exempt de toute préoccupation matérielle. Si l'on en croit Vasari, Donato, pour l'appeler par son nom (Donatello est un diminutif, ce qui chez les Italiens est souvent un signe d'affection). Donato aurait incliné d'abord à imiter trop servilement la nature. Il avait fait un crucifix en bois pour l'église Santa Croce, et s'était étudié à le modeler avec une vérité extraordinaire. Philippo Brunelleschi lui reprocha ce style tourmenté. « Tu as copié très-habilement, dit-il, l'homme qui a posé devant toi, mais ce n'est pas un Dieu que tu as figuré, c'est un paysan. » Donato, blessé de cette critique, répondit : « il est plus facile de parler que d'agir, prends un bloc de bois et fais un Christ à ta manière. » Brunelleschi ne prit pas d'engagement, mais il commença en secret un Christ qu'il termina après quelques mois d'un travail assidu. Alors, un matin, il invite Donato à déjeuner ; les deux amis partent ensemble, sur la place du Marché-Vieux, Philippo achète quelques vivres et les remet à Donato en disant : porte cela à la maison et attends moi, je t'y rejoindrai dans un instant. A peine entré dans l'atelier, Donato aperçoit sous un jour favorable le crucifix de Philippo, frappé d'admiration, hors de lui-même, il tend les bras en ouvrant les mains, le déjeuner lui échappe, les œufs font l'omelette à terre, et le fromage roule dans un coin. Mais rien n'est capable de le tirer de son étonnement. Sur ces entrefaites arrive Brunelleschi qui lui dit en riant : que diable as-tu, Donato, et nos œufs et notre fromage, comment allons-nous déjeuner? J'ai mangé ma part, répond Donato, ramasse la tienne si tu veux. — C'est bien, c'est bien, tu fais des christ et tu as eu raison de le dire, moi je ne fais que des paysans.

De tous ces monuments funéraires de San Lorenzo, l'un des plus remarquables assurément est celui d'une princesse de Molke, enlevée à la fleur de l'âge. On lit sur les traits de cette belle jeune femme en marbre blanc, soutenue par deux anges, qui paraissent l'entraîner, la lutte de la vie aux prises avec la mort, le combat que l'âme, qui veut bien partir, livre au corps qui voudrait rester, et qui semble demander grâce : donnez-moi quelques jours, laissez-moi vivre encore...

La vieille sacristie contient aussi des trésors, mais elle s'efface devant la nouvelle, commandée par Léon X. Celle-ci est l'œuvre entière de Michel-Ange, qui la fit exécuter sous ses yeux en 1520 — et qui l'orna des magnifiques groupes de *la Méditation* (*il Pensieroso*), statue rappelant les traits de Laurent de Médicis, et qui apparaît entre *l'Aurore,* une femme superbe et nonchalante, qui soulève paresseusement ses voiles, et le *Crépuscule,* un homme au visage sombre et recueilli. Le *Jour* et la *Nuit* gardent le tombeau du duc Julien ; le *Jour* n'est qu'ébauché, il reste quelque peu indécis dans ses formes ; mais que la *Nuit*, malgré son hibou, m'a paru belle. Quelle suave créature que cette jeune femme qui dort dans l'attitude la plus gracieuse, le visage doucement appuyé sur la main.

Le brave et éloquent Strozzi composa pour cette dernière statue le quatrain suivant :

« La Notte, che tu vidi in si dolci atti
» Dormire, fu da un angel scolpita
» In questo sasso ; e, perchè dorme, ha vita ;
» Destatà ; se nol credi, e parleratti.

« La Nuit que tu vois dans cette douce attitude
» Du sommeil, c'est la main d'un ange qui l'a sculptée
» Dans ce marbre, et puisqu'elle dort, elle vit,
» Réveille-la si tu ne le crois pas ; et elle te parlera. »

Michel-Ange répondit à Strozzi par cet autre quatrain vigoureux, dans lequel il fait allusion à l'état d'avilissement où était tombée Florence, et qu'aujourd'hui l'on pourrait trop justement, hélas ! répéter pour notre pauvre France :

« Grato m'è il sonno e più l'esser di sasso
» Mentre che il danno è la vergogna dura ;
» Non veder, non sentir, m'è grand ventura
» Però, non mi destra : Deh ! parla basso. »

« Il m'est doux de dormir et plus encore d'être marbre,
» Dans ce temps où le malheur et la honte règnent sur la patrie.
» Ne pas voir, ne pas sentir, c'est un bonheur pour moi,
» Ne m'éveille donc pas ! de grâce..... parle bas !... »

Tous ces groupes, et celui de la Vierge et de l'Enfant-Jésus, à peine dégrossis et cependant déjà d'une puissance d'expression remarquable, ont converti cette sacristie en un sanctuaire délicieux de l'art, où l'esprit aimerait à se recueillir et à rêver, éveillant tout un monde dans le domaine de la pensée. Mais il faudrait du temps, beaucoup de temps, des heures et des jours pour se pénétrer de tant de merveilles.

Quant à la chapelle des Médicis proprement dite, et consacrée aux sépultures de la famille ducale, elle est d'une richesse incomparable; le marbre antique, l'or, les pierres précieuses, turquoises, agates, porphyre, malachite, lapis lazuli s'y pressent en foule.

Commencée en 1604, on y travaille encore aujourd'hui. Jusqu'à présent elle a coûté vingt-trois millions, et il en faudra dix-sept autres pour qu'elle soit achevée.

On visite aussi l'église et le couvent de San Marco; celui-ci, suivant l'habitude royale, a été converti en musée. L'église renferme quelques belles peintures et le tombeau de Pic de la Mirandole, marqué par la double noblesse du sang et de l'intelligence, et qui mourut si jeune, à trente et un ans, après avoir, par sa précocité et sa science, émerveillé tous ses contemporains. C'est dans ce couvent, dont il était prieur, que vécut le fameux dominicain Savonarole qui, pendant trois ans, à la tête du peuple, tint en échec la puissance des Médicis, mais qui finit par payer bien cher sa gloire et ses quelques jours de triomphe, en mourant sur le bûcher.

Voici encore le couvent Santa Maria Novella. C'est assez vous faire l'éloge de son église en vous disant que Michel-Ange l'appelait sa fiancée.

On y remarque la belle madone de Cimabuë. Ce premier monument de la renaissance de l'art à Florence fut porté en triomphe par le peuple depuis l'atelier du peintre jusqu'à l'église. — Le chœur, très-remarquable aussi est entièrement peint à fresque par Domenico-Ghirlandajo, le maître de Michel-Ange; dans une des chapelles latérales, se trouve le fameux crucifix que Brunelleschi fit en concurrence avec Donatello.

Le cloître vert, ainsi appelé à cause des peintures en camaïeu exécutées avec de la terre verte par Paolo Uccello, attire l'attention, ainsi que la chapelle dite espagnole, ornée de grandes peintures murales. De là nous nous sommes rendues à la célèbre pharmacie du couvent, où nous avons goûté, dans un salon charmant, en compagnie de nos aimables Polonais, le fameux alkermès et respiré les arômes de toutes les fleurs. Nous l'avons visité en détail, ce laboratoire émérite, depuis l'officine, encombrée de mortiers, de cornues, de philtres, jusqu'au boudoir odorant garni de glaces et de velours, où l'élégante clientèle des moines se donnait rendez-vous. Grâce à leur connaissance des simples et à la perfection de leurs produits, ces bons moines se faisaient bon an mal an, quatre millions de revenus. Quelle aubaine! Le roi s'est empressé de faire main-basse sur le couvent et sur les moines, aussi cette fois, gardant tous ceux qui étaient nécessaires à la fabrication de ces produits vraiment supérieurs, dont on continue la vente au profit du gouvernement. Cela fait toujours quatre millions et sert de pendant aux quatre ou cinq autres millions que rapportent les jeux de loterie dont les Italiens sont fous.

Dès qu'ils ont *una lira* (un franc), c'est pour courir à

la loterie qui n'enrichit que l'Etat et à leur détriment, ils le savent fort bien, mais comment passer indifférent devant les affiches tentantes et alléchantes qui couronnent dans toutes les rues la porte des bureaux, comment ne pas entrer? C'est irrésistible ! Ils mettraient jusqu'à leur dernier sou et joueront jusqu'à leur dernier jour. Ce genre d'exploitation du gouvernement italien n'a rien de très-moral, il engage le certain pour l'incertain, entraîne vers des chances hasardeuses et détourne au profit d'un gain généralement illusoire l'honnête salaire du travail.

On visite encore Santa Maria Nuova, élevée près de l'hôpital du même nom, et fondée en 1287, par Folco Portinari, père de la Béatrix de Dante.

L'église Or San Michele, remarquable par ses statues et par ses belles peintures, estimées parmi les meilleures de l'école florentine, renferme encore deux chefs-d'œuvre : le superbe tabernacle en marbre blanc du maître-autel, auquel Orcagna travailla onze ans, et le *Saint-Marc*, de Donatello, statue à laquelle, dans un moment d'enthousiasme et d'admiration, Michel-Ange dit un jour : « Marc, pourquoi ne me parles-tu pas ?... »

On peut encore visiter la chapelle des Apôtres, bâtie par Charlemagne, et beaucoup d'autres églises, mais d'un intérêt secondaire.

Occupons-nous maintenant des palais et des musées qu'ils renferment.

Le palais Vieux, sur la place de la Signoria, dont la cour bien décorée et les salles élégantes contrastent avec l'austérité de la façade, a toujours été le palais du gouvernement, habitation du grand duc Côme, siége de la république, chambre des députés quand Florence devint capitale, voilà ses principaux titres. De cette même place on passe dans une cour garnie de portiques et décorée de vingt-deux statues de Toscans illustres; tous les bâtiments qui entourent cette cour de trois côtés, constituent le palais des Offices (Uffizi), dont les galeries demeurent célèbres à l'égal de celles du palais Pitti.

Oui, Florence comme Rome, est la gardienne de richesses incalculables. C'est un monde de merveilles. Là encore il faudrait voir et admirer ensemble, il faudrait écrire avec mille burins et non avec une simple plume. On est tout abasourdi par la foule de choses qui ont tenu dans vos yeux, et qui dansent encore pour en sortir comme pour y entrer.

Florence renferme plusieurs bibliothèques publiques dont la principale, sous le portique des Uffizi, contient deux cent cinquante mille volumes et dix mille manuscrits; des collections de numismatique dont la plus importante ne comprend pas moins de quatre-vingt mille médailles; un musée fort intéressant d'histoire naturelle, auquel se rattachent un cabinet de physique, un jardin botanique et un observatoire. L'Académie des beaux-arts et le Musée national sont encombrés de peintures, de marbres, de bronzes, de collections antiques et modernes, mais les deux grandes curiosités artistiques n'en demeurent pas moins les galeries Uffizi et Pitti. Ce fut un simple commerçant florentin, Luca Pitti, qui, vers 1440, sur les plans de Brunelleschi, commença ce **magnifique** palais, dont la façade, construite en blocs énormes taillés à bossages, (plusieurs dépassent vingt-cinq pieds de long), se développe sur une étendue de plus de deux cents mètres.

N'ayant point eu le moyen de l'achever, ses héritiers le vendirent cent ans plus tard pour neuf mille florins d'or à Eléonore de Tolède, duchesse de Côme ; c'est à partir de ce moment que les Médicis y établirent leur résidence, et que Côme le réunit à son propre palais, au moyen d'une galerie de deux cent cinquante toises, qui traverse l'Arno et passe au-dessus du Pont Vecchio, il voulait ainsi s'assurer une retraite en cas de soulèvement. Ce long corridor (qui relie les galeries Uffizi et Pitti) est orné de dessins de maîtres et de vieilles tapisseries des Gobelins, vraiment admirables et dans un parfait état de conservation. Oui, ces magnifiques gobelins, à grands sujets fleurdelisés, ont traversé les âges sans en ressentir les atteintes, tandis que nous, pendant l'ère sanglante de 93, nous brûlions les nôtres, à Paris, à Versailles, au palais de Rennes, partout enfin où ces belles tapisseries avaient le malheur de représenter les armes du roi, la fleur de lys de France ou l'hermine de Bretagne.

Nous n'allons point suivre les salles méthodiquement comme elles sont indiquées, cela n'en finirait pas ; c'est l'affaire des guides, laissez-moi vous parler, seulement en quelques mots, de ce qui m'a le plus frappée.

Par exemple, au palais des Uffizi, de la salle de la Tribune, pavée de marbre d'un grand prix, et voûtée de nacre, de perles ; elle ne contient que des chefs-d'œuvre. L'*Apollinaire*, modèle de grâce, par Cléomène, fils d'Apollodore d'Athènes, est un charmant pendant à la *Vénus*, qu'on attribue au même artiste. Cette admirable Vénus des Médicis fut trouvée à la villa Adriana, près Tivoli, brisée en treize endroits ; mais tous les morceaux précieusement recueillis ont été habilement rapprochés. Avant la découverte de la Vénus de Milo, que possède le Louvre, la Vénus de Médicis était considérée comme la plus parfaite de l'antiquité. A côté du *Satyre*, attribué à Praxitèle et restauré par Michel-Ange, on s'arrête devant le *Remouleur*, un marbre qui parle et qui travaille. L'air attentif de ce personnage qui aiguise son couteau a donné lieu à différentes hypothèses ; les uns pensent qu'on a voulu représenter un esclave épiant une conjuration, celle de Catilina ou de Brutus, les autres disent que cet homme n'est point un espion, mais le Scythe chargé par Apollon d'écorcher Marsyas.

Les *Lutteurs Antiques* dont on suit le combat font frissonner. Ces deux hommes ne semblent plus en faire qu'un, tant leur enlacement est complet. On voit les muscles se tordre, les nerfs se crisper. On suit les mouvements désordonnés de la respiration qui leur manque, à bout de force, dans les ardeurs de la lutte, et l'on souffre et l'on palpite avec eux. Oui, cela fait vraiment battre le cœur. Voilà les groupes.

Les tableaux, au nombre de quarante, ne sont pas moins précieux ; il y en a six de Raphaël. C'est là qu'est l'original de la belle Fornarina, et chacun sait que Raphaël n'a laissé que vingt-sept portraits à l'huile considérés comme authentiques. Il excellait à rendre la ressemblance. « On raconte que le cardinal Posia, da-

» taire de Léon X, entrant dans une salle à demie éclai-
» rée, où était placé le portrait de ce Pape, alla s'age-
» nouiller devant la peinture, en lui présentant des
» bulles à signer. » Bembo mandait au cardinal de Santa Maria, in Portici : « Raphaël vient de peindre notre poëte Tébaldéo avec tant de vérité, qu'il ne se ressemble pas autant à lui-même que cette peinture lui ressemble. » La comtesse de Castiglione écrivait en vers latins à son mari absent : « Quand je suis seule, je regarde ton image peinte par Raphaël, sans pouvoir en détacher les yeux, je lui souris, je lui parle, il me semble qu'elle me comprend et qu'elle va me répondre par ta voix ; ton fils te reconnaît et t'appelle. C'est ainsi qu'en te regardant je cherche à me consoler et à oublier la lenteur des jours. »

Non loin de cette altière Fornarina, se trouve l'une des plus suaves compositions de Raphaël, la *Vierge au Chardonneret*. La figure de l'Enfant Jésus est idéale, et dans ses traits à la fois enfantins et profonds, sérieux et charmants, se retrouve l'heureux mélange de la nature humaine unie à la nature divine, le sourire de la terre et l'inspiration du ciel.

Voici l'éclatante et superbe *Vénus* du Titien, l'une des merveilles de l'école coloriste, et le *Repos en Egypte*, tableau plein de grâce et de vérité, dû à l'immortel Corrège, que la gravure même ne peut rendre, et qui fait partie de cette célèbre phalange d'artistes qui ferment le XVe siècle et ouvrent le XVIe.

Il y a encore la galerie de peinture des vieux maîtres (150 mètres de long s'il vous plaît) d'un grand intérêt pour les véritables artistes étudiant l'art consciencieusement ; plus loin, une admirable série de sarcophages, bustes, statues antiques où l'on retrouve comme au musée de Naples, beaucoup de têtes impériales, et enfin la salle des sculpteurs modernes dont Michel-Ange est le roi. Mais, hélas! je le repète sans cesse, ce ne sont pas des jours, mais des mois qu'il faudrait pour approfondir toutes ces belles choses.

On voit également au musée des Uffizi des toiles remarquables de plusieurs femmes. De Lavinia Fontana, de Beatrix Siries, de Giovanna Fratellini, toutes trois Florentines ; de Rosalba Cariera, Vénitienne comme la charmante Marietta Tintorella, dont l'histoire, en souvenir de son amour filial et de son talent, a bien voulu confondre les pinceaux avec ceux de son père.

Au palais Pitti, où l'art moderne s'est fastueusement installé dans seize grandes salles, d'une élégance toute particulière, mais où le pinceau et la palette dominent en souverains, parmi tant d'œuvres hors ligne, il faut rendre hommage à *la Piété*, peinture admirable, par Frà Bartolommeo, à *la Vierge à la Chaise*, tant de fois reproduite et que tout le monde connaît, à *Rebecca à la Fontaine*, par le Guide, à l'*Adoration de l'Enfant Jésus*, par Vanucci, dit le Perugin, la gloire de Pérouse, d'où il tire son nom, comme Paul Véronèse prend le sien du lieu où il est né, Vérone. Le Pérugin fut le maître de Raphaël, et peut être considéré comme le véritable fondateur de l'école romaine.

La *Madeleine*, du Titien retient longuement. C'est bien là cette belle blonde, enveloppée comme d'un manteau royal par le réseau d'or de ses longs cheveux soyeux qui essuyèrent un jour les pieds divins. Cette jeune femme aux joues de rose, aux yeux de saphir, a déjà oublié sa beauté ; on voit que ce regard profond reçoit l'inspiration d'en haut, et que ce cœur qui se détache de la terre ne battra bientôt plus que pour le ciel.

Nous avons également contemplé une *Sainte Famille* de Michel-Ange, charmante conception, où la Vierge, dans une attitude céleste, passe par dessus son épaule l'Enfant-Jésus à saint Joseph.

Michel-Ange avait demandé soixante-dix écus pour ce tableau, d'une finesse d'exécution admirable. On sembla trouver ce prix élevé ; il le doubla aussitôt, et Agnolo Dani, gentilhomme florentin, qui l'avait commandé, s'empressa de donner les cent quarante écus, de peur de voir Michel-Ange remettre une surenchère. Comme contraste, je vais vous parler des Parques dues au même pinceau. Ici, tout est tourmenté et violent ; quelle fièvre, quelle torture dans l'expression de ces trois mégères aux lèvres minces, au nez crochu, au teint hâvre, au regard fauve, haineux, que la vie désespère. La première tient la quenouille et le fuseau ; la seconde passe le fil, d'un œil scrutateur, à la troisième sœur qui le saisit avidement, et dont les yeux ardents, et qui ne se sont jamais adoucis, lancent des éclairs terribles. Elle ignore les douceurs réservées à ceux qui font grâce. Ce fil qui vient de glisser entre ses ciseaux, elle va le trancher de cette main osseuse et décharnée qui ne doit pourtant jamais se lasser. Clotho vient d'ouvrir sa bouche horrible et la sentence est prononcée, et à chaque nouvelle seconde, inflexible toujours, elle brise ce ressort mystérieux qu'on nomme la vie. La nuit suivante, j'en ai rêvé : je voyais sans cesse la parque jaune tranchant mon fil, je veux dire mon existence, que j'essayais en vain de vendre chèrement.

Plus loin, mon œil s'est reposé avec bonheur sur la *Douce Vierge* de Murillo et la *Sainte Famille* de Rubens, le premier des artistes flamands et le plus fécond des peintres. J'ai encore admiré la *Vision d'Ezéchiel,* splendide composition de Raphaël ; un *Moïse* du Guerchin (le *louche* et dont le vrai nom est Barbieri) ; une *Sainte Famille* de l'Albane, et la *Madeleine* du Dominiquin, au visage ascétique, révélant l'austérité la plus absolue. C'est en vain qu'on cherche à retrouver sous ses traits, épuisés et flétris, la belle jeune femme du Titien. Celle-ci c'est la vraie Madeleine ; c'est bien la femme qui, pour racheter ses premiers jours oubliés dans le plaisir, passa sa vie entière dans les mortifications de la plus rigoureuse pénitence, en souvenir de Celui qui lui promit un jour le pardon en échange de son amour.

Nous avons donné un dernier regard d'admiration, — à la lettre on ne peut s'en détacher, — aux toiles vraiment angéliques de Giovanni de Fiesole, qui n'aspira à d'autre gloire qu'à celle du Paradis et qui refusa de devenir archevêque de Florence pour rester un grand artiste et un saint religieux, Frà Angelico, nom sous lequel il est seulement connu. Il est le peintre des anges et des saints, comme Raphaël est celui des madones. Il nous initie aux scènes des élus comme s'il les avait contemplées ; suivant la tradition, il ne peignait ses images du ciel qu'à genoux et à travers ses larmes, et personne ne sut unir aussi intimement et à un degré aussi supérieur que lui, les inspirations de l'art et celles de l'amour religieux. « Il faut que ce bon moine ait visité le Paradis, disait Michel-Ange, et qu'il lui ait été permis d'y choisir ses modèles. »

Je finis par le beau tableau où Garofalo, s'inspirant des anciennes traditions, où il est dit que la Vierge Marie, portant l'Enfant Jésus, apparut à Auguste, ainsi que je vous l'ai déjà raconté, met l'empereur en présence d'une sibylle qui lui révèle le mystère de l'Incarnation. Cette composition vigoureuse semble fouillée dans la toile plutôt avec le ciseau et le maillet qu'avec le pinceau et pourtant ce n'était pas le genre de Garofalo qui excellait surtout dans la manière suave des Vierges de Raphaël, dont il imita si bien les compositions que plusieurs de ses œuvres ont été souvent attribuées à ce maître. Par allusion à son nom, (Garofalo veut dire œillet en italien), presque toutes ses toiles originales ne portent pas d'autre signature que cette jolie fleur, variée dans ses nuances et élégamment jetée à l'un des angles du tableau.

Le palais Pitti et les Offices renferment de précieuses collections de gemmes, mais on ne visite que très-difficilement celles des Offices fermées depuis un vol considérable commis en 1860. — Toutes les pièces d'argenterie de la collection Pitti sont attribuées à Benvenuto Cellini. Un mot encore sur les splendides tables en mosaïques et bois pétrifiés que renferment ces deux musées ; quels sont ces bois pétrifiés veinés de toutes les couleurs, froids, brillants et polis comme du marbre ? sans doute une sorte de pierre dure. Toujours est-il que ces tables de grandes dimensions sont couvertes de fruits, de fleurs, de coquillages, de papillons, d'oiseaux, d'une délicatesse infinie, d'une vérité saisissante, une fidèle copie de Dame Nature dans ses compositions les plus gracieuses. — La plus grande de ces tables, exposée par des artistes modernes, est en vente, nous avons voulu en savoir le prix. Un jour, à Nantes, un guéridon de ce genre me plaît ; combien? neuf cents francs. A Paris, je vois une table beaucoup plus belle que mon guéridon, et je demande encore combien ? neuf mille francs, cela commençait à être honnête; mais, cette fois-ci, à Florence, je sais que l'art est infini et n'a pas de prix, cependant, devinez la réponse : neuf cent mille francs ! Neuf cent mille francs ! une fortune ! Cette table fut envoyée à Paris, à l'exposition de 1867, où malgré sa magnificence inouïe (elle est toute en mosaïques de marbre, et de pierre dure, reposant sur un groupe de bronze, œuvre d'art), elle ne trouva pas d'acquéreur et je crains qu'il en soit ainsi longtemps. Autrefois, les rois se payaient de ces fantaisies là, mais ils ne sont déjà pas si riches aujourd'hui, et les particuliers, quelque millionnaires qu'ils soient, regarderont toujours à mettre une fortune dans un seul meuble.

On passe du palais Pitti dans le jardin Boboli, où l'on se promène dans des allées ombreuses au milieu de grottes, statues, bassins, vasques et cascades, et dont la vue est fort belle et fort étendue, embrassant toute la ville. Quelques palais de Florence renferment comme ceux de Rome des collections intéressantes;

Ici il y a également un palais Corsini, dont les peintures sont fort belles. Les étrangers ne manquent pas non plus de se rendre au palais Strozzi, dont la corniche est très remarquable, et qui présente le plus beau type des palais Florentins. Mais à force de visiter tant de palais cela finit par devenir à peu près la même chose ; pour changer, cette fois, bornons-nous aux maisons célèbres de Florence.

Voici la Casa Buonarotti, léguée à la ville avec tout ce qu'elle contient par le dernier descendant de la famille de Michel-Ange, le conseiller Buonarotti. On voit dans ce petit musée consacré à la mémoire du grand artiste, quelques ouvrages de sa jeunesse, et différents objets lui ayant appartenu : son épée, sa canne, la table où il écrivait. Nous avons également visité la maison du grand poëte Alfieri. En 1788, il vint se fixer en France, qu'il aimait alors à appeler, *la patrie de la liberté*. La France était bien en effet une terre de liberté encore en ce moment sous le meilleur des rois. C'était, après son mariage avec la femme vraiment supérieure qui le guidait et l'inspirait depuis quatorze ans, la comtesse d'Albany, mariée en premières noces au derniers des Stuart, et surnommée à Rome la reine des cœurs, mais effrayé par les excès du 10 août 1792, ce n'était plus la liberté déjà, c'était la licence, il s'empressa de revenir à Florence où le gouvernement révolutionnaire français, si couvert de crimes, le traitant en émigré, le dépouilla de la plus grande partie de sa fortune placée sur les fonds français. Ces événements effacèrent complètement ses tendances républicaines. A partir de ce moment, la France et la Révolution finirent par lui inspirer avec les sentiments de la plus vive horreur, une haine implacable qu'il ne cessa d'exhaler dans ses écrits. — Il ne vécut que dix ans dans cette modeste maison où il est mort, à cinquante-quatre ans seulement, épuisé par ses travaux. — L'addition complète de ses œuvres, réunies après sa mort par la comtesse d'Albany, ne comprend pas moins de trente-cinq volumes.

Voici la demeure où Durante Alighieri est né, (on peut dire par abréviation Dante ou l'Alighieri, mais non pas *le* Dante, l'article en italien ne pouvant se mettre que devant les noms de famille) et où il aurait si bien voulu mourir, après avoir erré vingt ans de ville en ville, luttant contre la misère, et essayant par tous les moyens possibles de rentrer dans sa patrie. Vains efforts, il mourut en exil, à Ravenne, à peine âgé de cinquante-six ans. Sa vie fut des plus accidentées. Guelfe ardent, il se signala, après la mort de Béatrix, enlevée à l'âge le plus tendre, dans plusieurs expéditions contre les Gibelins, et remplit avec succès un grand nombre de missions politiques, ce qui lui valut le titre de *Prieur*, ou magistrat suprême de Florence. Mais il ne jouit pas longtemps de cet honneur. Deux ans après, il quittait sa patrie pour n'y jamais revenir! Dante doit son immortalité à ses écrits, à ses poëmes, à la composition si célèbre de la *Divine Comédie*. Je vous dirai tout à l'heure à quel fatal événement il doit l'inspiration de ce chef-d'œuvre, bizarre parfois, obscur souvent à cause de toutes les allusions dont il est rempli, et que nous ne pouvons plus comprendre, mais qui n'en demeure pas moins l'une des plus sublimes créations enfantées par le génie de l'homme. C'est aussi le premier poëme écrit en langue italienne. Jusque là on n'écrivait qu'en latin.

Voici la maison où mourut Machiavel, profond penseur, mais qui ne s'effraya pas de développer dans ses écrits cette détestable politique qui a reçu depuis le nom de machiavélique. Quoi qu'il en soit de la perversité de ses doctrines, on l'a souvent comparé à Tacite, et on ne peut lui contester le titre de grand écrivain.

En face est la demeure où l'historien Guicciardini, *antipode* dans ses actes et dans ses écrits de Machiavel, vînt finir sa carrière. Il passa en faisant le bien, et son souvenir cher à sa patrie en est aussi l'une des gloires les plus pures.

Entrons dans la maison de Benvenuto Cellini, né et mort à Florence après en avoir été longtemps absent. — Il se distingua dans la carrière des armes avant de se distinguer dans celle des arts. Au siége de Rome, en 1527, il tua de son arquebuse le connétable de Bourbon qui entourait déjà le fort Saint-Ange, et blessa grièvement le duc d'Orange. Plus tard, il vint en France, attiré par François Ier, qui le combla de bienfaits pendant qu'il travaillait au château de Fontainebleau; mais ce rude jouteur, dont l'orgueil inflexible et le caractère ombrageux le mirent mal avec tous les souverains qui voulurent le protéger, perdit bientôt les bonnes grâces du Roi, et revint dans son pays où il exécuta plusieurs groupes en bronze et en marbre fort estimés; cependant les travaux qui lui ont acquis la plus grande célébrité, sont ses ouvrages d'orfèvrerie et de ciselure, très rares et sans prix aujourd'hui. En

1774, un Anglais voyageant en Italie, paya huit cents louis une tasse d'argent signée de ce maître.

Saluons la demeure de Galilée, et dirigeons-nous en dehors de la ville, vers une modeste habitation qui depuis quatre siècles attire la foule des étrangers. C'est la maison de Giovanni Boccacio, ou tout simplement Boccace. Mais, chose étrange, le créateur de la prose italienne est né à Paris en 1313 ; son père, marchand de Florence, étant venu trafiquer dans notre capitale, alors qu'au XIV^c siècle le commerce était très actif entre la France et l'Italie. Il revint tout jeune à Florence, mais fut bientôt renvoyé à Paris pour étudier le commerce. Giovanni négligea parfaitement les chiffres et n'aligna que les vers ; son père alors le dirigea sur Naples, et franchement ce n'était pas là le lieu qu'il fallait choisir pour lui faire oublier la poésie ; devant cette belle ville, assise dans un site enchanteur, couronnée de flammes, au pied du tombeau de Virgile, il devint cent fois plus poëte et rêveur qu'auparavant, et son père, au désespoir, dut renoncer à en faire un marchand. En 1332, le fils rebelle revint près de son père, et se fixa définitivement à Florence. Il fut l'intime ami et le confident de Pétrarque, dont la gloire ne jeta jamais la plus petite ombre sur leur affection. Boccace partagea même ses joies lorsque le triomphe vint chercher l'humble prêtre pour le conduire, la même année 1340, au Capitole et à l'Université de Paris, alors la plus célèbre de l'Europe. Bocacce lisait et admirait ses poésies, qu'il éleva si fort au-dessus des siennes qu'il finit par les brûler presque toutes, et se mit à écrire en prose dans l'idiome national. C'est surtout le

Décameron (les dix jours) qui l'a placé à la tête des prosateurs italiens, et qui a contribué à fixer cette belle langue ; il a aussi laissé une description pathétique et saisissante de l'horrible peste qui désola la ville en 1348. Boccace, qui n'est connu que comme un conteur admirable, était en même temps un érudit, on lui doit de savants traités : il fit copier à grands frais nombre de manuscrits grecs et latins, et fut le premier à faire venir de Grèce en Italie des copies de l'Illiade et de l'Odyssée.

Si plusieurs génies sont venus s'éteindre à Florence, cette terre charmante et bénie a donné également le jour à beaucoup de célébrités. Ses nombreux peintres ont formé une des écoles remarquables d'Italie, l'école Florentine, dont Cimabuë peut être regardé comme le fondateur. Un jour Cimabuë se promenant dans la campagne, frappé de la figure intelligente d'un jeune pâtre, le prit comme élève et l'emmena chez lui. Il venait de pressentir le talent de Giotto, qui, né au milieu des champs qu'il avait longtemps contemplés, devait, avec ses pinceaux, faire revivre l'étude de la nature depuis longtemps abandonnée. Il dépassa son maître dans ce genre de peinture, et, par le choix des modèles les plus beaux qu'il revêtit des formes les plus nobles, il prépara, sans s'en douter, Raphaël, le plus grand des peintres modernes.

Cherubini, ce compositeur élégant qui réussit dans tous les genres, est né à Florence ainsi que notre charmant Lulli, qui, dès l'âge de treize ans, quitta sa patrie pour se fixer en France où il mourut, à Paris, en 1687, âgé de cinquante-quatre ans. Il écrivit avec une égale facilité la musique de chambre et la musique de théâtre; pendant le court espace de quinze ans, il produisit dix-neuf opéras, et il excella dans la musique religieuse. Ses compositions un peu monotomes, paraissent démodées aujourd'hui, et cependant il doit être considéré comme le véritable fondateur de l'opéra français. Madame de Sévigné disait en sortant d'une répétition de *Cadmus* : « il y a des endroits de la musique qui m'ont déjà fait pleurer ; je ne suis pas seule à ne pouvoir les soutenir, l'âme de Madame de la Fayette en est tout alarmée. » Du reste, au milieu de tant d'œuvres qu'il nous a laissées, une seule suffirait pour le sauver de l'oubli, c'est le fameux air national. — *God save the king* qu'aucun Anglais n'entend jamais sans se découvrir et saluer.

Florence est encore la patrie du pape Léon X (Jean de Médicis) dont le règne est également remarquable par les événements politiques ou religieux et le progrès des arts.

Et d'Americ Vespuce, le hardi pilote et savant cosmographe, qui eut l'honneur de donner son nom au Nouveau-Monde, tandis que le célèbre géographe génois, Christophe Colomb, le véritable explorateur de l'Amérique, desservi par l'indifférence, attaqué par l'envie, mourait à l'âge de soixante-dix ans, accablé d'infirmités et de chagrins, après avoir passé sa vie à lutter plus encore contre les hommes que contre les flots.

Nous avons admiré les belles parures étalées chez les joailliers, les mosaïques en tous genres, plates ou en reliefs, sur pierre dure ou molle, car c'est dans cette contrée qu'on trouve la substance magnésienne d'un vert obscur tendre, et douce au toucher, imitant admirablement le marbre antique vert, mais infiniment plus facile à travailler, que nous nommons serpentine, et qu'ici on appelle *verde dell' imprunetta*. Enfin, toutes ces charmantes choses en marbre ou en pierre qu'on fabrique à Florence nous ont intéressées, ainsi que ses jolies soies qui portent son nom, ses pailles fines et souples comme un gant, dont nous avons rapporté les plus délicieux chapeaux ; ses poteries riches ou communes, mais toujours élégantes.— Toutes les bouteilles, grandes ou petites, sont blanches, transparentes comme un verre de mousseline, et recouvertes à moitié d'un fourreau de paille tressé fort gentiment. J'ai aussi remarqué qu'on conserve le vin à l'aide d'une cuillerée d'huile ajoutée quand la bouteille est pleine. Au moment de servir, on jette vivement la première lampée mêlée d'huile, et le vin qu'on boit ensuite est parfait. Le palais Royal tout garni de magasins de bijouterie, c'est ici le pont Vecchio, au-dessus duquel court la galerie Pitti. Les autres ponts, presque tous anciens, ne manquent pas de pittoresque non plus. Je ne vous parlerai que du *ponte Alla Carraja* (pont des chariots) devenu historique après l'affreux drame, que je vais vous conter, et dont il fut le théâtre en l'année 1304. Les Florentins, furent de tous temps, passionnés pour les fêtes et les spectacles. Un jour de cette année 1304, les habitants du faubourg San Frediano, eurent l'idée d'offrir « à la cité un pompeux spectacle dans lequel » on verrait tout ce qui se passe dans l'enfer. Jugez » de l'enthousiasme des Florentins. Le pont de la

» Carraja fut décoré à cet effet, et les spectateurs cou-
» vrirent ses loges par milliers. Des échafaudages
» avaient été dressés sur le lit de l'Arno, et des plates-
» formes agencées sur des tréteaux. Alors, vers le
» soir, dans l'ombre, jaillirent de grands feux, des
» brasiers dévorants et des flammes formidables. Dam-
» nés se tordant dans la Géhenne, démons les aiguil-
» lonnant; tous les genres de supplices mythologiques
» et autres amusaient à cœur joie les bons Florentins,
» lorsque soudain, d'une part, le pont, trop chargé,
» s'écroule; de l'autre, le feu prend aux charpentes.
» Démons et damnés, curieux de toutes sortes, ac-
» teurs et spectateurs tombent dans les eaux du
» fleuve. Je vous laisse à vous figurer l'épouvante, le
» désordre et l'horrible catastrophe. Beaucoup de gens
» périrent et furent à même d'aller voir, en effet, ce
» qui se passait dans l'autre monde, selon le programm-
» me. Mais, chose étrange, de pareil malheur il résulta
» ceci : que Dante, étant l'un des spectateurs de cet af-
» freux sinistre, conçut de ce moment le poème de
» l'enfer. »

Nous n'avons pas voulu passer notre dernier jour à Florence, un dimanche, sans aller aux Cacines, le bois de Boulogne de l'endroit, et l'illusion a été complète un moment dans ces larges allées, remplies de promeneurs et de promeneuses en toilettes élégantes, circulant à l'abri des grands arbres, chênes verts, hêtres, sapins, mélèzes, aux troncs vêtus de lianes et de lierres grimpant et s'accrochant partout. Nous sommes donc allés nous délasser de l'admiration des beautés de l'art par l'admiration des beautés de la nature, et quelle joie nous a donné la fraîcheur de ces beaux ombrages ; c'était une image de la patrie, un reflet de nos belles végétations du nord, et tout cela vu à l'heure de l'effet, comme disent les peintres, à l'heure où le crépuscule, aux teintes vaporeuses et indéfinies, se lève doucement éclairé des derniers rayons du jour...

Le nom de Cacine vient du mot cacina, en français ferme. La Cacina faisait jadis partie des domaines du grand duc de Toscane.

Au bout de l'allée principale se trouve un casino, où la musique se fait entendre et où l'on trouve tous les rafraîchissements désirables : lait frais, glaces, sirops ; mais quand sept heures sonnent à la cathédrale Santa Maria del fiore (quel joli nom d'église), tous les promeneurs se hâtent de regagner leurs voitures. Un brouillard épais commence à s'élever de terre, et le serein à Florence donne la goutte, les rhumatismes et la cécité ; c'est l'Arno qui cause tant de maux ; chacun se hâte de fuir et nous avons fait comme tout le monde.

Du reste, nous avons très-bien employé notre dimanche, et, entre la promenade et la grand'messe, un peu trop mondaine, une musique excellente, à vous faire danser sur votre chaise, et des bouquets parfumés attendent votre choix au sortir dans le bas de la nef. Nous avons tous ensemble visité le couvent supprimé de San Salvi, dans un site encore ravissant ; vraiment ces bons religieux savaient bien choisir. Isolés du monde, restés humbles, austères, méditatifs, tels que la foi du moyen-âge nous les représente, se regardant comme passagers d'un jour; ils dressaient leur tente bien haut pour contempler les merveilles de la création, qui les rapprochaient de plus en plus du Créateur, et là, devant l'infini, ils apprenaient l'oubli de la terre à regarder les cieux.

Nous avons parcouru les jardins dominant la vallée de l'Arno, les cloîtres, les cellules. Le gouvernement de Victor-Emmanuel a laissé quelques moines pour l'entretien du couvent et des chapelles, riches aussi d'œuvres d'art, entre autres la *Cène*, peinte à fresque, par Andrea del Sarto. Les pères touchent un franc par jour et les frères cinquante centimes. Ces brillants revenus que le roi d'Italie accorde dans sa munificence ne peuvent ni entretenir le couvent ni faire vivre les quelques moines restés, si modestes que soient leurs besoins. Aussi fabriquent-ils des liqueurs, des parfums, des pâtes pectorales, des savons à toutes les essences, fort renommés du reste. Nous avons donc fait d'amples provisions, et, c'était comme à Naples, rénumérer la complaisance de notre cicérone, en faisant une bonne œuvre et en rapportant des souvenirs. Oui, le roi d'Italie a fait fermer tous ces couvents qui faisaient tant de bien. De tous temps, le soin des malades a été inscrit parmi les règles des ordres monastiques. C'est encore dans ces mêmes couvents que, durant les siècles de barbarie, on a su conserver les éléments de toutes les sciences, les cultiver, et sauver les anciennes traditions de médecine et de pharmacie. Ces bons moines, opposant ainsi à la tyrannie, à l'injustice, à la force brutale, le dévouement, l'abnégation, la charité;

fortifient l'âme et le corps, ouvrant des refuges à la prière comme à la souffrance.

Ce que j'admire, c'est la résignation de ces excellents pères, qui acceptent tout sans murmurer et ne se plaignent de rien, qui parlent sans amertume des misères qu'on leur a faites, des exactions auxquelles on les a soumis, s'en remettant en toute confiance entre les mains

De Celui qui commande à la fureur des flots
Et qui peut des méchants arrêter les complots.

En rentrant, avant de boucler ma caisse, j'ai déposé à côté des mosaïques destinées à mon père et du chapeau acheté pour ma fille, j'ai déposé, couchés dans un lit de ouate, à l'adresse de ma mère, des flacons exquis qui doivent guérir toutes les migraines présentes, à venir, et surtout passées, soit dit *in petto*, et pour mes fils, des sabres bien inoffensifs, en cristal, remplis de parfums.

Nous avons donc quitté Florence le soir, entourées de faquins (en italien *fachino portefaix*) obséquieux et fatigants, qui vous tourmentent de leurs services, courant après votre voiture pour vous tendre la main à la descente, pour charger et décharger vos malles (les cochers, de connivence avec eux, ne bougeant non plus qu'une borne de leur siége), pour les entrer en gare et vous exploiter le plus possible ; mais chut ! ne médisons pas de Florence, c'est le seul petit trait italien qui se soit révélé du côté de l'exploitation. La nourriture s'est humanisée, et les pâtisseries élégantes vous offrent à toute heure et à des prix raisonnables, les pâtés chauds, les choux neigeux et les glaces parfumées.

Je me suis endormie en me disant : C'est donc à Venise que je vais me réveiller ! Chaque fois que le train s'arrêtait, m'arrachant au sommeil (car ici c'est le silence qui réveille et le bruit qui endort), cette pensée délicieuse caressait mon rêve ! Venise la belle, l'unique et merveilleuse Venise, la patrie par excellence des rêveurs, des musiciens, des peintres, de tous les artistes en un mot. Venise, la ville la plus singulière qu'on puisse imaginer, qui, par son originalité même, ses rues sont des rivières, ses voitures des gondoles, ses maisons des palais, et par toutes les richesses qu'elle renferme, dernier souvenir de ses splendeurs passées, demeure une des plus belles villes du monde. Quoique sans fortifications, elle passait autrefois pour une place forte des plus importantes de l'Europe. Depuis un siècle elle s'en est allée s'amoindrissant, et sa population a diminué de près de moitié : elle reste à cent et quelque mille âmes, après avoir compté plus de deux cent mille habitants. Alors, aux époques de sa gloire, elle avait quatre mille navires, quarante mille marins et seize mille ouvriers constamment employés dans ses arsenaux.

Venise doit son origine à quelques familles de Padoue qui, pour éviter la fureur des Huns qui incendiaient l'Italie au Ve siècle, se retirèrent dans le golfe de Venise, sur les lagunes de l'Adriatique, qui occupent une surface d'environ six cents kilomètres carrés.

Cette ville sans pareille, presque entièrement bâtie sur pilotis, se composa d'abord de quatre-vingts îlots ; mais elle en compte trois cent six aujourd'hui, reliés les uns aux autres par quatre cent cinquante ponts. Trois cent dix sont d'une seule arche, présentant continuellement à gravir leur cintre si prononcé.

Au milieu de tant de ponts, le Rialto, par ses dimensions et sa beauté, ressemble à un roi dominant ses sujets; d'une seule arche et tout en pierre, il repose sur plusieurs milliers de pilotis et mesure quarante-huit mètres de long sur quatorze de large, il présente au regard trois passages larges et réguliers ; celui du milieu, tout garni de boutiques, le rend animé comme une place. De tous temps il a toujours été très fréquenté. Sans lui, force est de le reconnaître, les Vénitiens auraient fini par perdre l'usage de leurs jambes.

Depuis le railway, dont la construction a nécessité des travaux gigantesques (le grand viaduc qui traverse la lagune, haut de quatre mètres, long presque de quatre kilomètres, compte jusqu'à deux cent vingt-deux arches), deux nouveaux ponts de fer ont été jetés sur le grand canal, dont les bords jusque là n'étaient reliés que par le Rialto. Le grand canal large, dans certains endroits, de soixante-dix mètres, long d'une lieue, et décrivant à peu près la forme d'un grand S, coupe la ville en deux, et c'est à lui, comme à la grande artère, que viennent aboutir tous les autres canaux. On appelle lagune une sorte de lac ou flaque d'eau épanchée sur un rivage plat. Il y a la lagune morte, marais marécageux et stationnaire, et la lagune vivante que le flot renouvelle. Venise est heureusement pour sa salubrité bâtie dans la lagune vivante ; mais le jour, il n'y a pas d'illusions ; ces canaux qui charrient toutes les immondices de la ville, dont les ondes troubles et noires sentent parfois mauvais, n'ont rien de séduisant et manquent complètement de charme, sauf le grand canal qui est toujours magnifique. L'on pourrait même croire Venise une ville malsaine à habiter, si la mer, dont les brises viennent purifier l'air, et le flux changer les eaux, ne se chargeait de tout assainir.

Figurez-vous qu'il n'y a pas un trottoir, pas un cordon de pierre le long des maisons. Leur seuil ouvre dans les canaux même et si toutes les villes d'Italie ont leurs rues trop étroites, Venise n'a plus que des ruelles, bien pavées sans doute, mais où l'on passe à peine deux de front, et où le soleil ne pénètre jamais, avec leurs maisons à cinq étages quand elles n'en ont pas huit, et dont les habitants n'ont plus alors pour voisinage que les hirondelles... et les étoiles. On peut circuler en ville sans prendre de gondole, mais en tournant sans cesse sur soi-même dans un réseau inextricable de ruelles, qui vous obligent à faire trois fois plus de chemin. Vous aurez peine à le croire, Venise ne compte pas moins de deux cent quarante-neuf places, grandes comme la main, et de deux mille cent cinquante ruelles, longues et larges comme le doigt, et ornées, comme à Naples, de madones, illuminées tous les soirs et fleuries tous les matins. Souvent, après avoir marché pendant une heure dans ce labyrinthe, dont aucune Ariane ne tient le fil, se retrouve-t-on juste au point de départ.

Venise est idéale à habiter un mois ; mais c'est la ville

des ombres et du silence, jamais de bruit à l'exception des chants et de la musique, pas de voiture, pas de chevaux. Un seul a caracolé sur la place Saint-Marc, celui de Napoléon Ier, lors des guerres d'Italie. Pas de cochers se gourmandant; au contraire, tous les hommes attachés aux neuf mille gondoles qui circulent jour et nuit, affectent le plus grand calme ; pas de phrase, aucune parole inutile, quelques mots de convention, brefs, sonores, pour éviter les chocs au tournant des canaux où les gondoles se rencontrent, se croisent, se rasent sans qu'il arrive jamais d'accident. L'équipage des riches Vénitiens se compose donc d'une gondole en bois sculpté, dont le prix n'excède guère deux mille francs, manœuvrée par deux serviteurs gondoliers, on n'en peut mettre plus, en grande livrée ; l'été, on met des tentes ou felzi de couleurs, ce qui relève un peu la tristesse et la monotonie des gondoles, entièrement revêtues de noir, drap ou velours pour les très-élégantes. L'intérieur d'une gondole représente assez bien, en plus grand, les anciennes chaises à porteur, ayant quatre places au lieu d'une seule, mais, comme elles, doublée de velours rouge, avec deux panneaux à glaces mobiles de chaque côté. Représentez-vous donc une vaste chaise du bon vieux temps, posée au milieu d'une barque mince et svelte, avec un long cou à l'avant, qui lui donne assez l'air d'un cygne qui plonge, et vous aurez une juste idée de la gondole vénitienne. Sombre comme la nuit, silencieuse comme la mort, avec son petit édifice au milieu, elle a assez l'air d'une tombe qui passe..... Seule, la gondole de la mort, car ici, défunts ou vivants, tout le monde s'en va en gon dole, est rouge, ainsi que tout le cortége ; la châsse, les draperies, les porteurs, les assistants, les suivants, tout est flamboyant. Cela m'a fait l'effet d'une marche diabolique, une vision de spectres rouges.

On construit les maisons en gondoles, lesquelles amarrées les unes aux autres, reçoivent les échafaudages. A côté stationnent les gondoles pour le sable et la chaux. L'eau qu'on va chercher bien loin, en terre ferme, pour remplir les citernes garnies d'une épaisse couche de sable, qui l'épure et la rafraîchit, arrive en gondole ; alors s'approchent les porteuses d'eau, dont les seaux de cuivre rouge, sont attachés aux extrémités d'un bâton placé sur leurs épaules, dans un costume aussi laid qu'étrange. Jupe très-courte, jambes et pieds nus, sur la tête chapeau d'homme, vieux tromblon déformé qui jadis fut noir sans s'en souvenir. Quelques-unes sont encore jolies là-dessous.

Le marché passe en gondole, et ces pyramides de légumes, fruits et fleurs, ne trottent pas comme à Naples, elles glissent sans bruit, et vogue la nacelle. Les petits marchands à la criée circulent en gondole, et du quatrième ou du cinquième étage on fait sa provision sans sortir de chez soi. Un léger panier descend au bout d'une ficelle ; le vendeur le charge des produits demandés, la corde remonte, le panier s'agite, et crac en un instant le voilà de retour. Vous voyez donc que la gondole, production naturelle de Venise, est inséparable de la lagune, elles se complètent l'une par l'autre. Et quand on arrive dans cette ville étrange, les gondoles de tous les hôtels vous attendent en gare, comme ailleurs les omnibus. Mais pourquoi cet uniforme noir à toutes les gondoles ? L'histoire reste souvent indécise, incertaine, et sa clarté douteuse s'en va s'affaiblissant d'autant plus qu'elle plonge plus avant dans les ténèbres du passé. Ici il y a deux versions : l'une raconte qu'un grand seigneur, reconnu aux couleurs de sa gondole, fut assassiné un soir qu'il rentrait chez lui. Les coupables n'ayant pu être retrouvés, le doge décida qu'à l'avenir, les gondoles seraient toutes peintes de la même couleur, en noir, comme signe de deuil d'abord, ensuite pour les confondre toutes sans pouvoir en reconnaître aucune. Il décréta également qu'on ne pourrait plus les décorer d'ornements et d'armoiries, comme on l'avait fait jusque là. L'autre version rapporte que le luxe et la richesse des gondoles, garnies de tapis rares, revêtues d'or, de peintures et de mosaïques, étant poussés jusqu'à la folie, un édit parut pour arrêter ce torrent, et Venise, comme la France, à tant de reprises, eut à son tour des lois somptuaires.

Voici ce qu'on lit à ce sujet :

« Les tendances au luxe avaient fait instituer un tri-
» bunal des pompes, dont les ordonnances défendaient
» à tout Vénitien, noble citadin ou autre, de porter
» aucune étoffe bordée de frange, de galon d'or ou d'ar-
» gent, on ne souffrait pas même l'acier ou le jais et
» toutes choses reluisantes; les livrées, les peintures et
» les dorures des gondoles furent alors prohibées; il n'y
» avait d'exception qu'en faveur des étrangers et des
» novices, c'est-à-dire des nouvelles mariées. Les pre-
» miers étaient dispensés des règlements pendant six
» mois seulement, et les mariées pouvaient porter une

» frange d'or rehaussée d'un fil de perles au bas de
» leur jupe pendant les deux premières années de leur
» mariage ; mais l'arbitraire de cette loi, sur les toi-
» lettes surtout, la rendit impraticable, et comme toutes
» les lois somptuaires, elle ne tarda pas à être élu-
» dée. »

Le fait est que toutes les gondoles sont bien uniformément noires et fort tristes à l'œil. Si j'étais roi d'Italie, aujourd'hui surtout que Venise n'a plus guère de grands seigneurs à assassiner, je rétablirais la permission de varier les couleurs pour les gondoles, et je la retirerais aux gondoliers si débraillés, si mal tenus, et qui ne se rachètent que par leur pose gracieuse. Ceux-ci auraient un uniforme comme les cochers de Milan, ce qui réveillerait un peu et embellirait beaucoup l'ensemble du coche Vénitien. — Signalons en passant un petit tribut qu'on ne peut éviter, et tout à fait couleur locale. Chaque fois que vous sortez, un jeune faquin ou un vieux gondolier en retraite, harponne votre gondole d'un bâton crochu, vous offre son appui pour entrer ou sortir, et vous oblige à subir une *bonne main* qui peut se renouveler vingt fois par jour.

Comme point central, l'unique et l'éternel rendez-vous de Venise, c'est la place Saint-Marc, longue de cent soixante-quinze mètres, et large de quatre-vingt, entourée sur trois côtés de belles constructions avec galeries ; au fond sur le quatrième côté, se dessine l'admirable cathédrale de Saint-Marc. Toutes les arcades sont garnies de magasins élégants et de cafés somptueux, dont quelques-uns ne ferment jamais, restant ouverts jour et nuit en toute saison. Les douceurs du far niente sont inépuisables dans ces charmants cafés-restaurants, qui vous invitent au repos et à la bonne chèrr. On y mange des viandes et du gibier de toutes sortes, et des poissons délicieux. Vénise est renommée pour ses huîtres, que, dans les hôtels à la mode, on vous fait modestement payer douze francs la douzaine (heureusement qu'on en mange encore à moins); ses turbots, qu'on pêche en abondance, ses sardines exquises qu'on a surnommées les ortolans de l'Adriatique, on vous propose aussi en fait de *frutti di mare*, un mets excellent et tout à fait national, des *Pidocchi* (poux de mer) quelle horreur ! nous n'avons même pas voulu les voir sans parler d'en manger, n'ayant pas encore oublié les *fritelles* napolitaines et les *finocchi* romains. Nous trouvons partout la carte des menus écrite en français, et il en est ainsi dans tout le monde civilisé, le français n'étant pas moins la langue des cuisiniers que celle des diplomates. Je remarque sur les grands hôtels en caractères d'un mètre de haut, *cuisine française*, c'est déjà une bonne recommandation, mais quand le maître de l'établissement place à la tête de ses fourneaux un cordon bleu pouvant s'intituler, fût-il de Landerneau ou de Carcassonne, *chef parisien*, c'est le suprême du genre. Le peuple de Venise, généralement indolent, et les trois quarts de sa population, suivant l'expression pittoresque de notre guide, *jouissant* de l'assistance publique, vit un peu, comme celui de Naples, de fritures. On mange sans jamais faire de cuisine, et la table est toujours mise. Avez-vous faim? voici une *friturerie* remplie de beignets et de poissons. Avez-vous soif? voilà des pastèques, et comme l'indique l'enseigne, *con il mellone d'acqua si mangea si beve et si lava la facia,* avec le melon d'eau, on mange, on boit, et on se lave la figure, quel profit! et le soir venu, on a dépensé quelques centimes pour faire des repas homériques et vivre comme les dieux.

La place Saint-Marc varie ses aspects suivant les heures: le matin, elle est le rendez-vous des affairés, qui font les cent pas en causant de leurs affaires, pendant que les plus pressés la traversent furtivement; l'après-midi, vers deux heures, le décor change, et les dalles de la place, couvertes d'une foule ailée aux nuances les plus douces et les plus chatoyantes, se trouvent métamorphosées en une vaste et charmante mosaïque. C'est toute une histoire que celle de cette mosaïque mouvante et brillante.

Au XIIIe siècle, l'amiral Dandolo assiégeant l'île de Candie, fit connaître à Venise, au moyen de pigeons voyageurs, la conquête de l'île; la République, qui poursuivait ardemment ce succès, ordonna que les pigeons porteurs de cette excellente nouvelle, auraient droit de cité; qu'ils seraient conservés religieusement et nourris aux frais de la ville. Telles les choses se passèrent alors, telles elles se passent encore aujourd'hui, et leur inombrable descendance, qui niche dans les combles du palais des doges et les édifices voisins, la cathédrale en loge des légions, sont nourris par l'édilité, qui leur fait jeter la picorée chaque jour vers deux heures. Ce décret de la République de Venise est le seul qui ait été respecté, même par les Autrichiens.

Dès qu'un étranger paraît sur la place, cinq ou six gamins accourent lui présenter des cornets de grain, que les pigeons habitués à cette manœuvre se hâtent de venir becqueter. Ils ne sont nullement farouches, ces jolis pigeons, j'en ai pris dans la main avec la seule intention de les caresser, mais j'ai aperçu quelques indigènes rouler des yeux si féroces en me regardant, que je me suis empressée de les remettre au vol. Ce peuple les révère, et ils restent sacrés comme jadis les oies du Capitole ou le palladium des Troyens.

C'est sur cette place Saint-Marc qu'avaient lieu ces fêtes magnifiques dont l'histoire garde le souvenir. Voici la rapide description de l'une d'elle, offerte à Henri III, de passage à Venise, lorsqu'il quittait le royaume de Pologne pour la couronne de France. J'emprunte ce récit aux *Mosaïstes* de Georges Sand.

« Le jour de Saint-Marc, 1570, selon Stringa, et 1574
» selon d'autres auteurs, l'immense procession fit le
» tour de la Piazza, sous les tentes en arcades dres-
» sées à cet effet, en dehors des arcades des Procu-
» raties, trop basses pour donner passage aux énormes
» croix d'or massif, aux gigantesques chandeliers,
» aux châsses de lapis-lazuli, surmontées de lys d'ar-
» gent ciselé, aux reliquaires terminés en pyramides
» de pierres précieuses. etc. Aussitôt que les chants
» religieux se furent engouffrés sous les portiques
» béants de la basilique, tandis que les enfants et les
» pauvres recueillaient les nombreuses gouttes de cire
» parfumée répandues sur le pavé par des milliers de
» cierges et cherchaient avidement quelque pierrerie,
» quelque perle échappée aux joyaux sacrés, on vit se
» découvrir, comme par enchantement, au milieu de la
» place, un vaste cirque entouré de tribunes en bois,

» gracieusement décorées de festons bariolés et de
» draperies de soie sous lesquelles les dames pouvaient
» s'asseoir, à l'abri du soleil, et contempler la joûte.
» Les piliers qui soutenaient ces tribunes étaient cou-
» verts de banderolles flottantes sur lesquelles on li-
» sait des devises écrites dans le naïf et spirituel dia-
» lecte de Venise. Au milieu, s'élevait un pilier co-
» lossal en forme de palmier, sur la tige duquel grim-
» paient une foule de charmants lézards dorés, ar-
» gentés, verts, bleus, rayés, variés à l'infini ; de la
» cime de l'arbre, un beau génie aux ailes blanches se
» penchait vers cette troupe agile et lui tendait de
» chaque main une couronne. Au bas de la tige, sur
» une estrade de velours cramoisi, avec un dais de
» brocard, orné des plus ingénieuses arabesques, sié-
» geait la reine de la fête, la donneuse de prix, la pe-
» tite Maria Robusti, fille du Tintoret, belle enfant de
» dix à douze ans, que Valerio Zuccato (l'un des plus
» remarquables mosaïstes de la basilique de Saint-
» Marc) se plaisait à appeler, en riant, la dame de ses
» pensées, et pour laquelle il avait les plus tendres
» soins. Lorsque les tribunes furent remplies, Maria
» parut habillée à la manière des anges. Des anges de
» *Giambellino*, avec une tunique blanche, une légère
» draperie bleue de ciel et un délicat feston de jeune
» vigne sur ses beaux cheveux blonds qui formaient
» un épais rouleau d'or autour de son cou d'albâtre.
» Messer Orazio Vecelli, fils du Titien, lui donnait la
» main. Il était vêtu à l'orientale. Les tribunes étaient
» remplies des dames les plus brillantes, escortées de
» jeunes cavaliers. Dans une vaste enceinte réservée,

» plusieurs personnages importants ne dédaignèrent
» pas de prendre place, le doge Luigi Mocenigo leur
» en donna l'exemple. Il accompagnait le jeune duc
» d'Anjou qui allait devenir roi de France, et auquel
» il avait à cœur de faire les honneurs de la ville et de
» déployer à ses yeux, habitués à la joie plus austère
» et aux fêtes plus sauvages des Sarmates, le luxe
» éblouissant et la gaieté pleine de charme de la belle
» jeunesse de Venise. »

Aujourd'hui, ces grands jours sont passés, mais le soir, toutes les chaises entassées dans les coins de la place sont accaparées par les promeneurs, et comme on ne craint pas les voitures, la place, littéralement dallée de figures humaines, devient un salon « auquel le ciel seul est digne de servir de voûte, » a dit Napoléon Ier, où l'on cause en humant la brise et en avalant force glaces et sirops. De petits marchands ambulants vous entourent, offrant de frêles bijoux de coquillage, de verre filé, des gondoles écritoires, et mille autres riens qu'ils appellent *galanteries*, parce qu'on peut les offrir aux dames. Les marchands que je préfère sont ceux de fruits glacés; ces fruits, enfilés en brochette sur un mince roseau, entourés d'une coquille de papier blanc, coquettement découpée, et trempés dans un suc parfumé sont d'une fraîcheur délicieuse et d'un goût exquis. Tous ces petits Vénitiens papillonnent autour de vous au milieu de jolies bouquetières et de brillantes chanteuses, qui vous offrent fleurs et roulades, accompagnées d'un orchestre complet et de musiciens de toutes sortes. Les violons chantent, les lèvres vocalisent, la flûte roucoule, les hautbois gazouillent, la harpe soupire, les basses grondent. C'est un tohu-bohu, un pêle-mêle inexprimable, un ensemble fantastique. On chante, on rit, on s'amuse sans arrière-pensée, là, où jadis on tremblait, et où tant de larmes tombèrent furtives et silencieuses, en présence des douleurs morales et des tortures physiques qui déchiraient intérieurement la grande république et accablèrent si souvent ses sujets.

C'est de Venise qu'on peut dire qu'elle fait de la nuit le jour; on reste à jouir des belles nuits étoilées, pleines d'harmonie, de parfum, de lumière, et l'été, on ne songe guère à regagner son logis que lorsque l'aube blanchit l'horizon, et qu'on a vu rentrer les étoiles une à une dans les profondeurs du firmament; aussi, un ciel sombre et nébuleux prend-il les proportions d'une véritable calamité, et la pluie semble la peste aux Vénitiens. Le soleil et le grand air leur sont tout aussi nécessaires pour vivre que le pain et l'eau.

Les nobles Vénitiens se couchent tard et se lèvent plus tard encore. Aucun ne voudrait s'aventurer sur la place Saint-Marc avant midi, encore est-il de bon ton de ne s'y montrer qu'après le soleil couché. Aussi le soir, quand on sort pour arriver à la place ou se promener en ville, à travers toutes ces ruelles noires, on se croirait, lorsqu'on regarde le ciel, au fond d'un puits, si de chaque fenêtre entrouverte, il ne sortait un chuchotement mystérieux et léger comme les brises de la nuit.

« Le Broglio, sorte de Forum des nobles, était tout simplement la partie de la place Saint-Marc réservée entre le palais ducal, le retour des Procuraties neuves et la mer, autrement dit la Piazzetta. C'était donc un endroit exclusivement réservé à la noblesse ; quand elle se réunissait en assemblée, il était défendu d'y passer, et force lui était bien de s'y réunir, puisque, sous les peines les plus sévères, elle ne pouvait parler politique en aucun autre lieu. »

En 1272, on érigea sur cette piazzetta, qui n'est donc que le prolongement de la place Saint-Marc jusqu'au rivage, deux colonnes dont l'une porte saint Théodose, et l'autre le lion ailé de saint-Marc. Ce beau lion, qui vint après nos succès en Italie, orner pendant quelque temps l'esplanade des Invalides à Paris.

Du haut du clocher de Saint-Marc, la vue est splendide ; on pourrait épuiser tous les termes admiratifs du vocabulaire, sans épuiser son admiration. On ne voit que palais et églises, colonnes et statues, dômes et clochers, boules et croix, coupoles et aiguilles, tours et flèches ; vus de cette distance, les canaux semblent se dérouler comme l'hydre de la fable enserrant la ville de ses anneaux tortueux ; la mer apparaît comme une forêt plantée de mâts, et toutes les barques aux grandes voiles latines, les tartanes rouges, les félouques pontées, les galéasses et les bissones du pays, agitent comme des oiseaux leurs grandes ailes blanches sur les flots dorés. A l'horizon, les dernières îles s'échelonnant dans des vapeurs bleuâtres, qui confondent la mer et le ciel, n'apparaissent plus que comme des nuages légers et capricieux ; puis les flots plus rapprochés entourent leur reine et maîtresse comme de fidèles sujets, et lui apportent chacun leur tribut.

Ici l'île de Murano, qui possède l'une des plus importantes fabriques de miroirs et de verroteries, produits dans lesquels elle excelle, et que Venise envoie avec un juste orgueil jusqu'aux confins du monde.

Là, l'île de Burano, dont les femmes du peuple, de simples pêcheuses, descendantes d'Arachné sans doute, transforment les pelotons et les écheveaux de fil en ces délicieuses guipures, qui ont tant de valeur et de réputation, et comme elles sont assez belles, ces simples pêcheuses, on peut leur adresser ce proverbe arabe, un peu exagéré comme toutes les maximes orientales : Les mains d'une femme adroite renferment dix fées, logées sous dix feuilles de roses.

Non loin voici l'île de Giudecca, parterre et verger de Venise, dont la silhouette verdoyante apparaît sous les caresses du zéphir comme une nacelle de fleurs doucement bercée par les flots.

Nous apercevons encore Saint-Lazare-des-Arméniens, un couvent de religieux Mekhitaristes, ainsi nommés de leur fondateur Mekhitar. Ces moines, aussi savants que modestes, ne s'occupent que de science. Ils passent leur vie entière à traduire et à imprimer les meilleurs ouvrages du monde en langue orientale. Aussi avons-nous visité avec un grand intérêt leur riche bibliothèque, leur musée, leur imprimerie. L'humble prêtre qui nous montrait tout cela parle indifféremment huit langues.

Voici encore Saint-Georges-Majeur, la première île faisant partie de Venise « et qui porte forcément l'armure de son beau clocher rouge, de ses bastions blancs, de son bassin et des navires dont la haute futaie l'entoure. » Oui, tout ce panorama est merveilleux et dans l'extase, on ne trouve plus rien à dire, on contemple en silence...., car ce n'est pas seulement la mer, quoique ce ne soit plus la terre, ni encore les cieux, mais c'est un peu de tous ces éléments groupés dans l'infini. Ce beau Campanile dont la vue est si admirable fut commencé en 888, mais la bâtisse ne sortit du sol qu'en 1148. Il a trois cent trente-quatre pieds de hauteur, y compris l'ange debout, qui n'a pas moins de dix pieds pour sa part, et, chose surprenante, loin d'avoir fait comme les tours de Pise ou de Bologne, bâties cependant en terre ferme, ce fier clocher ne reposant que sur un sol fangeux, affermi seulement par des pilotis, n'a pas dévié de sa perpendiculaire ; aussi sa hardiesse et son élégance, en font-elles un édifice des plus remarquables. La base en pierres brutes a été masquée par un petit édifice carré, *loggia*, revêtu de marbre, de bronze, de statues, un vrai palais en miniature, chef-d'œuvre de Sansovino, artiste florentin, architecte et sculpteur comme Michel-Ange, et qui n'a guère été dépassé que par lui, mais qui demeura la plus grande partie de sa vie à Venise qu'il enrichit de ses œuvres.

C'est de cet audacieux Campanile, dont l'ange semble franchir les cieux, que s'élançaient jadis les sons lugubres des cloches de Saint-Marc, quand il s'agissait d'une exécution sanglante (la sérénissime république, pendant ses meilleurs jours de gloire, n'étant parvenue à maintenir sa puissance au-dedans comme au-dehors que par la terreur), ou les accords joyeux, lorsque le jour de l'Ascension, le Doge vêtu d'une robe de drap d'or, s'en allait pompeusement dans son bucentaure d'or, suivi d'une flotte nombreuse et d'un peuple immense, lancer l'anneau d'or à la pointe de Lido, dans les vagues de l'Adriatique frissonnant à l'approche du Doge, sous son manteau bleu, parsemé de fleurs, de bouquets et de couronnes, jetés en profusion, comme une jeune fiancée s'émeut à l'annonce de l'époux. « Le bucentaure, long de cent pieds, et large de trente, était manœuvré par quatre-vingt galériens; on jetait sur leurs épaules flétries une tunique de pourpre, pour les faire ressembler à des rois, fendant les flots avec des pagaies dorées. Ils réjouissaient leur labeur du bruit de leurs chaînes, comme au Bengale à la fête de Dourga, les bayadères, vêtues de gaze d'or, accompagnent leur danse du son des anneaux dont leurs chevilles, leurs bras et leurs cous sont ornés. Les forçats vénitiens mariaient le Doge à la mer, et renouvelaient eux-mêmes avec l'esclavage leur union indissoluble ! » Le Doge, quittant alors son trône de velours cramoisi, se penchait vers la mer, et y laissait tomber son anneau en prononçant ces mémorables paroles : « Mer, nous t'épousons en signe de notre véritable et perpétuelle domination. » Noble et féconde alliance dont pendant longtemps la République n'enfanta qu'honneurs et richesses. Cette brillante cérémonie n'est plus rappelée aujourd'hui que par une fête toute chrétienne, et qui cependant reste unique dans son genre, celle du Saint-Sacrement. Rien de plus saisissant que cette procession en gondoles, garnies de lumières et d'oriflammes, ornées de feuillages et de fleurs, dont les parfums se mêlent à ceux de l'encens, remplies du clergé en tenue solennelle, et d'une foule heureuse et recueillie, dont les chants émus, et les voix sonores font vibrer les airs et palpiter les flots.

Venise compte deux cents églises. Plusieurs sont fort belles, mais toutes s'effacent devant la basilique de Saint-Marc, qui n'est devenue cathédrale métropolitaine que depuis 1817, après la chute de la République. Jusque là attenant et communiquant avec le palais ducal, elle en était l'église particulière et ne recevait le public que lorsque la fête religieuse avait un caractère national.

La cathédrale est placée sous l'invocation du patron de la ville, saint Marc, victime des fureurs de Néron, et Venise a pour armes parlantes le lion, symbole de force et d'énergie du saint évangéliste; plus tard, quand le Doge fit battre monnaie en son nom, le lion de saint Marc remplaça toujours ses armoiries personnelles. Cette basilique est une merveille, avec ses cinq coupoles aériennes, ses galeries légères, ses rinceaux charmants, ses portiques superbes, ses cinq cents colonnes, non-seulement de porphyre rouge, mais d'un porphyre noir et blanc, si rare qu'on ne le retrouve plus, de vert antique, de jaspe, de Pentélique, de Paros et d'une autre sorte de marbre blanchâtre, veiné de vert et de gris, des plus précieux, et que les anciens nommaient *lapis phrygius*. Elle possède la plus grosse agate qu'on connaisse et une foule de richesses, passées du culte des idoles au service du vrai Dieu. «Saint-Marc, bosselé de dômes, tapissé de peintures, incrusté de mosaïques et chargé d'incohérentes dépouilles d'Orient, est un monument d'architecture byzantine, composite de victoires et de conquêtes, élevé à la croix comme Venise entière est un trophée. »

On estime à près de quarante mille pieds carrés les surfaces couvertes de mosaïques, dans les péristyles, les colonnes, les voûtes et tout l'intérieur. On dirait un semis éblouissant de perles, de diamants, de rubis, d'opales, d'onyx, de saphirs, de grenats, d'émeraudes ; mais retenez la bride de votre imagination : ces pierreries qui ruissellent sont tout simplement de petits cubes en verre, passés à toutes les couleurs et fabriqués ici près, à Murano, puis habilement enchâssés dans un mastic appliqué aux murailles par des maîtres mosaïstes qui en ont fait un art, presque rival de la peinture, que la mosaïque reproduit à s'y méprendre, tout en offrant plus de solidité qu'elle.

Par exemple, où nous avons vu de vraies pierres précieuses, à éblouir tous les regards, c'est quand nous avons contemplé la Pala d'oro, de Saint-Marc. « Cette Pala d'oro est un tableau bysantin, formé de lames d'or et d'argent massifs, sur lesquels sont peintes d'étranges et bizarres figures, acteurs représentant les scènes principales de la vie du saint évangéliste. Sur la surface de l'icône, sur les vêtements et les fronts des personnages, ici, là, partout c'est le plus étonnant fouillis de ciselures, de guillochis, d'arabesques, et le plus étincelant semis de camées, de perles, de diamants, de rubis ; et des émeraudes, et des smaragdes, et des topazes, et des opales, et des onyx, et des saphirs, et des turquoises, et des grenats, et des lapis-lazuli, et des camaïeux à en paver un Louvre. Le doge Orsoolo commanda cette icône à Constantinople, en 976. Elle était destinée à la première basilique, et elle ne décora que la seconde. C'est un splendide monument de l'art du bas empire au Xe siècle. »

Toutes les peintures, non moins belles, appartiennent à l'école vénitienne ; mais l'art, trop fantaisiste cette fois, a singulièrement mêlé le profane au sacré. Voici Cérès sur son char, faisant face aux Evangélistes ; plus loin, Hercule terrassant l'Hydre de Lerne, tout en emportant sur sa robuste épaule la biche effrayée de la forêt d'Erymanthe, fait vis-à vis à l'archange Gabriel, l'aile ouverte et le pied botté, oui, botté ! anachronisme choquant, mais qu'on est bien tenté de pardonner, en pensant à la main de maître qui l'a tracé.

Le trésor garde aussi les cinq premiers cahiers de l'Evangile de saint Marc, et Prague possède les deux derniers, qui furent accordés le 3 novembre 1357 à Charles IV, empereur d'Allemagne, venu en Italie à cette époque. Ces cahiers, qu'on ne peut plus lire, détériorés par l'humidité, qui en a fait une sorte de pâte, ne sont point écrits de la main de l'Evangéliste même, comme on le croit généralement par erreur, ils ne sont qu'une copie, qu'on estime être du VIe siècle, et extraite d'un gros volume écrit en latin et en lettres onciales, renfermant l'œuvre des quatre Evangélistes.

La forme intérieure de cette somptueuse basilique est une immense croix grecque avec coupole, et comme la croix grecque n'admet pas de bas côtés, la voûte de Saint-Marc repose sur les hautes murailles de l'édifice, sans aucun autre appui. Les trois magnifiques portes d'entrée sont de bronze incrusté d'argent, les vantaux de la porte de droite ont appartenu à l'église Sainte-Sophie, de Constantinople, et plusieurs colonnes, doublement précieuses au point de vue de l'art et de la foi, proviennent du Temple de Jérusalem.

On remarque aussi à l'autel du Baptistère une pierre rapportée de Tyr par le doge Domenico Michiel, en 1126, ayant servi, d'après la tradition, de chaire à Jésus-Christ, lorsqu'il prêchait aux Tyriens. « L'idée de cette pierre, changée en autel, est fort belle ; n'est-ce pas en effet sur cette humble pierre, divinisée par les pieds du céleste prédicateur, que sont fondées toutes les églises du monde chrétien, » dit à juste titre Théophile Gautier dans son *Italia*. Le chœur est constellé de colonnes superbes, de statues magnifiques de grandeur naturelle, et les stalles sont d'un admirable travail de marqueterie. J'ai aussi remarqué un siège d'évêque du VIIe siècle, *Cathedra*, d'où est venu le nom de cathédrale, donné aux églises qui ont un évêque. On voit encore des deux côtés du chœur les tribunes, drapées de soie rouge, du doge et du Grand Conseil, comme s'ils allaient venir s'y asseoir. C'est de la tribune de gauche qu'Henri Dandolo, quarante-et-unième doge, à l'époque de la quatrième croisade, en 1198, harangua le peuple, afin d'obtenir l'organisation d'une flotte qui secourut les Croisés. Malgré son grand âge, (il avait quatre-vingt-quatorze ans alors et ne voyait presque plus,) il obtint l'honneur du commandement et partit plein d'énergie et d'espoir. Arrrivé sous les murs de Constantinople, pendant que les Français attaquaient la ville par terre, sa flotte se porta avec une telle vigueur contre les remparts, qu'ils cédèrent bientôt. La ville fut prise, et quelques heures après flottaient triomphants, sur ses murs démantelés, les étendards de France et le drapeau de Saint-Marc.

C'était le temps des grands hommes et des grandes choses !

Un autre chef-d'œuvre encore est la porte de la sacristie, bronze et marbre blanc, à laquelle Sansovino travailla vingt années, et qu'il ne termina qu'à l'âge de soixante-dix-sept ans. Parmi toutes ces belles sculptures, aux têtes d'évangélistes et de prophètes, pleines du feu sacré, il en est trois tout humaines et qui contrastent singulièrement avec l'idéale expression des autres, ce sont celles de Sansovino, petit amour-propre d'auteur qu'on lui pardonne bien volontiers, celle du Titien,— jusqu'à un certain point il était digne par son génie de figurer dans ce grave aréopage;— mais devinez qui complète le trio, c'est à n'y pas croire ? Je vous le donne à deviner, comme Mme de Sévigné, en vingt, en cent, en mille... c'est inutile, n'est-ce pas, vous avez jeté votre langue aux chiens ? Eh bien ! c'est la face effrontée et sardonique de l'Aretin, dont Sansovino a immortalisé à jamais les traits, dans un sanctuaire ! Oui, de l'Aretin, de ce fou de méchanceté qui mourut d'un fou rire, et dont les lèvres amères et glacées qui, pendant la vie, distillaient leur fiel empoisonné et sifflaient comme des serpents, se desserrèrent tout à coup à la mort dans les convulsions d'un rire sans fin. Et, n'est-ce pas du destin à son tour une cruelle ironie ? L'amitié et l'inimitié eurent souvent alors les mêmes résultats. Michel-Ange, dans son admirable composition du *Jugement Dernier*, traça les traits de plusieurs de ses contemporains qu'il groupa, les uns avec les anges, les autres avec les démons. Ayant eu à se plaindre sérieusement de je ne sais plus quel cardinal, il le peignit d'une ressemblance parfaite et le fourra au fin fond des enfers. Grande colère du cardinal, qui court chez le Pape, jetant les hauts cris et le suppliant d'user de toute sa puissance pour faire effacer sa figure du séjour des réprouvés. « Calmez-vous, lui dit le Saint-Père, et prenez-en votre parti ; si Michel-Ange vous eût mis dans le purgatoire, j'aurais essayé de vous en faire sortir, mais vous êtes en enfer, je n'y puis rien ; mon pouvoir, en effet, quelque grand qu'il puisse être, ne va pas jusque-là... » Espérons que le souverain Juge aura été plus miséricordieux, et que ce pauvre cardinal, qui brûle toujours dans les flammes de l'artiste, est depuis longtemps au ciel !

En sortant, j'ai aperçu sous le vestibule un grand losange de marbre rouge, placé là en commémoration d'un fait glorieux pour Venise qui, sans être ni guelfe ni gibeline, n'accordant qu'un intérêt secondaire à la guerre du Sacerdoce et de l'Empire, prit cependant l'initiative d'un rapprochement entre Frédéric Barberousse et le Pape Alexandre III, insulté par les actes de ce souverain. Elle tint à honneur de réconcilier les deux antagonistes, fort irrités pourtant, et réussit dans son entreprise. Le Pape consentit à venir lui-même à Venise, considérée comme terrain neutre, et à apporter son pardon au farouche empereur d'Allemagne.

Cette réconciliation solennelle eut lieu le 24 juin 1177. Quand le Saint-Père approcha des lagunes, le Doge, le patriarche d'Aquilée, la noblesse et le peuple vinrent à sa rencontre. Le Pontife descendit à l'atrium, lieu fixé d'abord pour l'entrevue. Frédéric Ier, en l'apercevant, détacha son manteau, mit un genoux en terre et lui dit d'une voix ferme : *Non tibi, sed Petro* ! Je rends hommage à Pierre, dont vous êtes le successeur ; à quoi Alexandre III, relevant la tête avec dignité, répondit : *Et mihi et Petro* ! Et à moi et à Pierre ! L'empereur déclara publiquement, qu'ayant été trompé par de perfides insinuations, il avait injustement attaqué l'Eglise, qu'il regrettait de tout son cœur les maux causés par la guerre et le schisme qui en était résulté, et qu'il demandait la paix, qui fut jurée de part et d'autre sur les saints Evangiles. Toute l'assistance enthousiasmée entonna le *Te Deum*, puis le Pape officia avec grande pompe et solennité dans l'église de Saint-Marc.

C'est en souvenir et en reconnaissance de cette mémorable journée que le Pape offrit au Doge un anneau d'or, symbole de sa souveraineté sur l'Adriatique, et c'est ce fait qui donna naissance à cette singulière cérémonie du Doge, épousant chaque année la mer et lui jetant son anneau, « afin d'apprendre au monde que l'Adriatique est soumise au Doge comme la femme est soumise à son mari. »

Je ne vous ai point encore parlé des quatre chevaux de bronze (ils sont en cuivre), qui couronnent la brillante façade de Saint-Marc, et qui, sans contredit, sont l'une des décorations les moins motivées de cet étrange monument. Voici ce que je lis à ce sujet :

« Sur la plate-forme de la niche ouverte, semblent s'élancer les coursiers de bronze de Corinthe, verdâtres sous leur vernis d'or qui s'efface, de grandeur naturelle, leur crinière coupée droit, le poil hérissé, l'œil en feu, comme s'ils traînaient encore leur quadrige triomphal. D'où viennent ces quatre chevaux, magnifique objet d'art, fort bizarre pour une église? En dernier lieu de Paris, où ils ont fait la gloire de l'Arc-de-Triomphe du Carrousel; puis de Constantinople, où ils décorèrent l'hippodrome de Constantin jusqu'au XIII® siècle, époque où les Vénitiens s'en emparèrent; puis de Rome, de l'Arc-de-Triomphe de Trajan, auquel Constantin les avait enlevés, comme Trajan les avait dérobés à la maison d'or de Néron, dont ils ornaient le péristyle ; enfin, de Corinthe, qui avait vu le statuaire Lisyppe les fondre, et que les Romains en avaient dépouillée. »

Après avoir admiré tant de belles choses, cette profusion de peintures et de mosaïques, de bronzes et de marbres, cet ensemble ravissant de grâces et de richesses, à donner le vertige à l'imagination, l'œil s'effraie devant le parvis de ce beau temple, boursoufflé, moutonneux comme un lac agité ; on sent le travail incessant de la vague qui creuse en dessous, et ondule le sol.

Parcourons ensemble quelques églises encore, puis je vous parlerai des palais, du grand canal et du Lido. Beaucoup des monuments religieux de Venise sont ornés comme à Rome d'un même marbre pour chacun d'eux, mais différent pour tous. Ici, les murailles et colonnes sont en marbre jaune ; là, en marbre rouge ; ailleurs, c'est le vert ou le violet qui domine, et partout, peintures, mosaïques et mausolées ne font pas défaut.

L'église Saint-Jean-et-Paul, (dans le bref dialecte du pays, san Zani Polo,) est le Panthéon vénitien. Une foule de grands hommes remplissent cette église, et l'on est vraiment choqué, dit M. Valery, « de voir l'homme tenir tant de place dans la maison de Dieu. » Les arts y ont quelques représentants; voici le tombeau de Da Ponté, peintre charmant et poëte fougueux qui, dans un jour d'inspiration, se trouva digne de collaborer avec Mozart, dans ce magnifique *Don Juan*, la plus théâtrale de toutes les pièces de ce nom. Mais le dogat y demeure souverain. Presque tous les Doges sont enterrés ici, et, de tous ces monuments, le plus beau, que le comte Cigognara cite comme le parfait modèle de la sculpture vénitienne, est celui du doge Vaudramin. Les armes y figurent également, et nous avons admiré le cénotaphe (puisqu'il ne renferme qu'une peau), du vaillant capitaine Bragadino, le héros de Famagouste, qui fut écorché vif dans la capitale de l'île de Chypre par les Turcs vainqueurs, qui renvoyèrent sa peau aux vaincus. M. Charles Blanc, dans son livre *de Paris à Venise*, dit que « les Vénitiens auraient dû faire un tambour avec cette peau, comme les Hussites avec la peau du célèbre bohémien Ziska. En battant la charge sur ce tambour, on eût été sûr de la victoire.

Hélas! je trouve à Venise beaucoup d'analogie avec son héros, et, il faut bien le reconnaître, cette belle ville, si déchue de son ancienne splendeur, n'est plus aujourd'hui, en se servant d'une expression de Tertullien, *qu'une peau vivante*.

On remarque dans l'église de Saint-Moïse, d'un style vraiment baroque, la tombe du célèbre financier écossais Law, et à Saint-Sébastien, la simple pierre funéraire de Paul Véronèse, ce peintre fécond et charmant qui enrichit sa ville d'adoption de tant de chefs-d'œuvre, et dont le Guide disait : « Si l'on me donnait à choisir entre tous les peintres, je voudrais être Véronèse. »

Titien et Canova reposent à l'église Santa-Maria gloriosa dei frari ; sur l'un des carreaux du pavé de la nef on lit ces mots :

ICI REPOSE

LE TITIEN, ÉMULE DE ZEUXIS ET D'APELLE.

Et je vous assure que cette modeste dalle Titienne, que chacun foule aux pieds, contraste vivement avec le fastueux sépulcre de Canova qui éblouit le regard.

Le cloître, contigu à l'église, contient une collection sans pareille d'archives, conservées dans deux cent quatre-vingt-dix-huit chambres. L'église du Salut, grande et superbe, est un monument de la reconnaissance du peuple, lorsque le ciel écoutant ses prières, mit fin à la peste horrible qui décimait la ville au XVIIe siècle. L'intérieur est décoré des plus belles peintures de l'école vénitienne, et le dôme et les frontons ornés de cent vingt-cinq statues, donnent à son extérieur un profil imposant. Pour vous faire une idée de la masse énorme de ce bel édifice, vous saurez qu'il repose sur un million deux cents mille pilotis.

L'église Santa Maria Formosa, malgré ses plans bâtis sur les plus beaux modèles de Sansovino, et son tableau à six compartiments, œuvre capitale de Palma-le-Vieux, ne peut retenir longtemps le touriste, mais elle rappelle un souvenir historique des plus curieux, et que raconte ainsi M. Alfred Driou, dans son voyage pittoresque à Venise : « C'était la coutume à Venise que tous les mariages arrêtés entre les principaux habitants se célébrassent le même jour, avec une pompe à laquelle prenaient part tous les corps constitués de la république. Mais comme les fortunes n'étaient pas égales dans la ville, on décréta que : chaque année, douze jeunes filles, choisies parmi les plus pauvres, mais les plus vertueuses et les plus belles, seraient dotées aux frais de l'État, et conduites à l'autel par le Doge en costume. On poussa la délicatesse jusqu'à les parer d'or, de perles et de diamants, afin que l'amour-propre de ces rosières ne fût point humilié par la riche toilette des autres fiancées. Alors, la veille de la Chandeleur, des gondoles élégamment ornées et montées par les couples qui devaient être unis, se dirigeaient vers l'île San Pietro di Castello, où le patriarche faisait sa résidence, près de sa cathédrale, pour l'inviter à venir bénir les mariages le lendemain, à l'église Santa Maria Formosa, dans la petite île d'Oliveto, voisine de San Pietro. De tous les quartiers de la ville, les parents et les amis des fiancés leurs faisaient cortège, et la foule se pressant sur le quai des Esclavons, accueillait de ses cris joyeux chaque embarcation qui passait. En l'an 944, Candiano III étant doge, des pirates de l'Istrie instruits de cet usage, eurent la hardiesse de venir se cacher pendant la nuit au milieu des flots qui entourent l'île d'Oliveto, puis au moment où les fiancés entraient dans Santa Maria Formosa, ils traversent à la hâte le canal qui entoure l'île, fondent sur les jeunes filles que leurs amis désarmés ne peuvent défendre, les emportent sur leurs barques, et forcent de voiles pour s'éloigner. Le doge Candiano était présent. A la tête des époux éplorés, il parcourt la ville et appelle les Vénitiens à la vengeance.

Le rapt des pirates Istriens n'eut pas l'heureux succès de celui des Romains sur les Sabines, les *Casserelli*, les menuisiers, si vous aimez mieux, qui formaient la principale population de l'île d'Oliveto, fournissent bientôt le plus grand nombre de bateaux. On s'élance à la poursuite des ravisseurs, qu'on atteint dans les lagunes de Caorlo, en un petit port qui prit à cette occasion le nom qu'il a conservé, de Porto delle Donzelle. En quelques instants, les belles captives sont délivrées, sauvées avec leurs *arcelles*, le coffret renfermant leur dot, et les pirates sont taillés en pièces.

« La fête delle Marie, c'est-à-dire des Vierges, à laquelle donna lieu le retour des fiancés et leur aventureux hymen, s'est célébrée annuellement à Santa Maria Formosa, jusque dans les derniers temps de la République. Mais alors il n'y avait plus de mariages; le Doge se rendait simplement à l'église avec la seigneurie; le curé allait à leur rencontre, et leur offrait au nom de ses paroissiens, des chapeaux de paille dorés, des flacons de vin de Malvoisie et des oranges.

« Ces présents ont pour origine une scène touchante du moyen-âge. Après la délivrance des fiancés, on offrit aux menuisiers la récompense qu'ils pourraient désirer. Ils sollicitèrent seulement du Doge l'honneur de le recevoir dans leur paroisse, le jour de l'anniversaire du rapt. Le Doge frappé d'un tel désintéressement, et voulant leur donner occasion de demander davantage, feignit d'élever des difficultés sur la possibilité de sa visite, et avec la naïveté du temps il leur dit : Mais s'il venait à pleuvoir ? Nous vous donnerions des chapeaux pour vous couvrir, repondirent-ils.

— Et si nous avions soif ?

—Nous vous donnerions à boire, ajoutèrent les Casserelli.

Les douzes cuirasses d'or garnies de perles, qui jadis composaient la parure des fiancées n'existent plus ; elles furent vendues en 1797, afin de pourvoir aux pressants besoins de l'époque. Les perles gardées avec soin au trésor pendant l'administration française, ont servi depuis à payer l'entretien de l'église Saint-Marc, et sont passées dans les écrins des grandes dames de Vienne, qui ne les ont pas achetées trop cher. Ainsi ont disparu jusqu'aux dernières traces de la fête nationale et poétique delle Marie. »

Terminons nos pieuses stations par la superbe église des Jésuites, toute en marbre de Carrare, mais que l'artiste a trouvé sans doute trop blanc, trop nu, dans sa belle simplicité, et qu'il a veiné des incrustations les plus délicates et les plus gracieuses, de marbre vert ou de serpentine, faisant courir dans toute la hauteur de ses nombreuses colonnes, des guirlandes et des arabesques d'un travail charmant. Les voûtes sculptées sont revêtues d'or, et les murailles disparaissent entièrement sous les plus belles peintures de Titien et de Tintoret, mais comme il a toujours été impossible de contenter son père et tout le monde, on reproche à ce magnifique sanctuaire sa profusion de richesses et d'ornementation.

J'ai nommé deux enfants de Venise, Titien et Tintoret: celui-ci vécut en famille, et consacra presque tout son talent à sa ville natale. On l'a surnommé *il furioso Tintorello, un fulmine di penello*, un foudre de pinceau. Titien au contraire, voyagea beaucoup, et il peut être regardé comme le chef de cette éclatante école vénitienne, au chaud et riche coloris, dont les véritables fondateurs, au XV⁰ siècle sont les frères Bellini. Les premiers ils adoptèrent la peinture à l'huile, et tous les procédés de la science moderne. Jean Bellini voyagea beaucoup aussi lui, et resta pendant quelque temps à Constantinople, attaché à Mahomet II. On raconte que ce sultan lui ayant demandé un tableau de la décollation de saint-Jean, fit venir aussitôt un esclave qu'on décapita séance tenante, pour bien pénétrer l'artiste de son sujet. Après cette peinture qu'il exécuta de son mieux et à la satisfaction du sultan, Bellini fit valoir des raisons de famille pour revenir dans son pays, trouvant prudent d'échapper à la puissance d'un maître, qui, dans un jour de mécontentement, pouvait tout aussi bien faire trancher la tête de son peintre que celle de son esclave. C'est à son retour qu'il trouva Titien travaillant à l'atelier de son frère; qu'il devait bientôt dépasser de si haut que le sénat de de Venise le nomma premier pe   in de la République. Titien avait près d'un siècle quand il mourut de la

peste à Venise ; à plus de quatre-vingts ans, il peignait toujours avec la même fraîcheur de coloris et d'imagination, et il a produit dans sa longue et brillante carrière, un nombre considérable de chefs-d'œuvre. Le pape Léon X et François Ier, roi de France, essayèrent en vain de se l'attacher. Il voua tout son talent à Charles-Quint qui vivait avec lui dans la plus charmante intimité. Un jour qu'il peignait devant l'Empereur, son pinceau lui échappa des mains... celui-ci, se baissant promptement, le relève en lui disant : « Il appartenait au Titien d'être servi par un César. » Charles-Quint aimait à lui répéter : « Je puis faire des ducs et des
» princes à mon gré, mais il n'y a que Dieu qui puisse
» faire des artistes tels que vous. »

Venise adorait donc les arts qui la faisaient grande et belle, tout autant que le commerce qui la faisait riche et forte, et la musique la passionnait à l'égal de la peinture. Elle avait des écoles ouvertes à toutes les orphelines, à toutes les jeunes filles abandonnées par leurs parents trop pauvres pour les nourrir, où elle leur faisait apprendre quelques arts mécaniques, broderies, dentelles, fleurs en perles, et surtout la musique. On dit qu'il n'y eut jamais meilleur orchestre, ni meilleurs chœurs qu'aux Hospitalières ou aux Mendiantes de Venise.

Nous avons visité l'arsenal ; c'est un vaste établissement entouré de hauts murs, crénelés comme une citadelle, et occupant une île entière qui a près d'une lieue de tour. Tout cela est encore beau sans doute, mais n'est plus animé ; le mouvement est fini, la vie a cessé depuis longtemps. Au lieu de la foule des charpentiers, des voiliers, des calfats, des matelots et des mousses, *le vide a rempli* les trois quarts et demi de l'arsenal, et les fourneaux éteints, les chaudières rongées de rouille, les corderies sans rouets, les chantiers sans construction, attestent la même mort qui a frappé la ville. Les salles renferment beaucoup de choses intéressantes, des modèles de constructions navales de toutes sortes, des armes en grand nombre, de brillants étendards et de sombres instruments de torture, d'un acier poli et tranchant à vous donner froid jusque dans la moëlle des os, et dont se servit tant de fois le féroce Conseil des Dix.

On vous montre, renfermée sous verre, la miniature très fidèle du Bucentaure, dont il ne reste plus que le trône et la proue, or et pourpre ; l'anneau donné au doge par le pape Alexandre III ; les clefs en argent doré offertes à Napoléon Ier lors de sa visite à l'arsenal. Les armures de plusieurs doges et celle de notre bon roi Henri IV, qui en fit présent à la République ; l'épée que le Béarnais portait à la bataille d'Ivry était jointe à cette armure, mais elle manque aujourd'hui. Tout cela a raison d'être ici et n'éveille que la curiosité sans l'étonnement ; mais ce qui surprend véritablement, ce sont les arts se faufilant partout et s'unissant à l'industrie pour avoir leur droit de cité même à l'arsenal. Le monument de l'amiral Emo, par Canova, vous attend auprès de la carcasse d'un navire ; les files de canons vous apparaissent à travers de longs portiques ; et c'est au milieu de salles grandioses, voûtées d'arceaux délicats, soutenues de colonnes élancées, que vous admirez les armes modernes mêlées aux armes antiques conquises à Constantinople, à Lépante, à Chypre et en Morée. Ce qui surprend encore, ce sont les deux lions gigantesques qui gardent l'entrée de l'arsenal, et que nous avons examinés en finissant. « Chefs-d'œuvre de la statuaire antique enlevés l'un à Athènes, l'autre à Corinthe, par le doge Morosini, le vainqueur des Turcs, mais le dévastateur inintelligent du Parthénon. Ces deux marbres, chose tout à fait étrange et inexplicable, portent des caractères de l'alphabet des anciens Scandinaves qui n'avait que seize lettres, et qu'on retrouve encore en Suède. Ces empreintes runiques sont-elles descendues du Nord, ou sont-elles remontées du Midi ? C'est à cette dernière supposition qu'on s'arrête, et tout porte à croire que ces barres horizontales et verticales dérivent du phénicien, et qu'elles auront été apportées dans la Baltique par quelques marins de Tyr ou de Sidon, regardés comme les premiers navigateurs de l'antiquité.

Nous avons repris notre gondole, salué la villa d'Henri V et vogué vers le Lido, cette île charmante, chantée par Lord Byron, où l'on va en partie manger des poissons délicats, des fruits exquis, et prendre des bains dans un casino élégant dont les terrasses surplombent la mer, et dont la vue n'a plus de limites. Nous sommes en face des côtes accidentées de la Grèce, en face de cette terre si riche aussi des souvenirs du passé. Ah ! que ne pouvons nous déployer des ailes et voler jusque là. Mais un bruit sourd, comme le galop d'un cheval dans le lointain, nous ramène à la réalité ; nous nous retournons juste à temps pour voir disparaître, aussi vite qu'entrevu, un grand diable de bucéphale lancé à fond de train. Serait-ce une vision de Mazeppa ou du cheval de l'Apocalypse ! Ni l'un ni l'autre assurément ; mais ici ce simple cheval et ce modeste cavalier prennent à nos yeux surpris des proportions fantastiques. C'est le premier et dernier coursier que nous aurons vu pendant notre séjour à Venise. En quittant le Lido, l'allure tranquille de notre coche vénitien nous a conduits aux jardins publics. Oui, vous avez bien entendu : un jardin assez pâle, établi par ordre de Napoléon Ier en 1807, et qui n'a de remarquables que ses cactus gigantesques qui s'étalent sur les gazons verts. Puis nous sommes revenues vers le grand canal bordé de nombreux poteaux peints des couleurs les plus vives, et qui ont le double but d'arrimer les gondoles, et de les empêcher de dégrader les murailles en les frappant de trop près. Quelle voie princière, quelle avenue féerique, que cette promenade sur les flots adoucis de ce grand S majuscule de quatre kilomètres de long, et où se mirent et se déroulent les profils superbes, des façades grandioses, brodées et festonnées de sculptures, aux colonnes altières, aux portiques majestueux, de tous ces beaux palais dont quelques-uns, comme l'Académie des Beaux-Arts, gardent encore des trésors. Les palais et toutes les demeures ouvrent sur les canaux : Quelques portes dérobées s'aventurent seulement dans les ruelles ; car ces hôtels n'ont généralement ni cour, ni jardin, ni dépendances, et l'on décore du nom de jardin une plate-bande d'herbe et un rideau d'arbres. Cependant trois ou quatre palais font exception, et réalisent le rêve de tout riche vénitien : avoir un pan de terre à soi ! Ils ont positivement des corbeilles de fleurs, des massifs d'arbres et des tapis de verdure. Hélas! trop de ces magnifiques palais sont dans un état de délabrement qui prouve une décadence absolue. Ils sont déserts, et leurs maîtres, jadis revêtus de pouvoir et d'opulence, trop pauvres aujourd'hui pour les garder, se sont vus contraints de les vendre à l'encan. On en a fait des hôtels, des tavernes, des maisons garnies, et les propriétaires actuels, petits bourgeois mesquins, les louent par étage, ou même par chambre, au mois et à la quinzaine, et pas cher, je vous assure. C'est sordide et navrant, mais qu'y faire! D'ailleurs n'a-t-on pas vu, pendant un moment, un trafic plus honteux encore ? On a vu des Anglais, avec leur esprit nomade on les rencontre partout, pris de cette fièvre de l'antique qui brisait tout à Rome, on les a vus ici démolir ces beaux palais, achetés à vil prix par eux, en numéroter les marbres, en charger des navires, et les expédier dans leur Angleterre, trouvant charmant de défigurer cette belle et malheureuse Venise, et de transplanter ainsi tous ces monuments italiens de l'art et de l'histoire dans leur brumeuse patrie. On a heureusement coupé court à ce vandalisme, et Venise est encore restée assez elle-même pour nous rappeler ses splendeurs, voilées cependant d'une inexprimable mélancolie. Le rayonnement de ses immenses richesses s'est éteint, le prestige de ses armées triomphantes s'est évanoui, et la triple rangée de ses navires de guerre, qui l'entouraient comme d'une éclatante ceinture, a disparu pour jamais. Le soleil se joue aux cimes de tous les beaux palais qui ont survécu, et sourit à la vague azurée qui les caresse toujours, mais ce n'est plus la vie, et l'immuable nature mène le deuil de Venise du même front radieux qu'elle conduisait autrefois ses fêtes, quand son carnaval attirait les étrangers de toute l'Europe, ou que le peuple en liesse acclamait les soldats victorieux, qui venaient de lui conquérir une province de plus. Aujourd'hui faire vivre cette ville unique et sans pareille est la préoccupation constante de ses habitants. Toutes les digues qu'on a créées et qu'on relève sans cesse, pour contenir la mer, sont d'un travail et d'un prix considérables. En 1740, chaque pas vénitien, de la digue (cinq pieds de long), revenait à sept cents francs, et maintenant qu'on a reconnu la nécessité de donner plus de solidité encore à cet ouvrage, on calcule que chaque mètre coûte quinze cents francs. Cette aimable touriste qui nous disait avec un aplomb superbe : Moi je ne vais pas à Venise, il n'y a plus d'eau (hein ! voyez-vous d'ici l'Adriatique à sec, et la Méditerranée par compte puisqu'elles sont sœurs), m'a rappelé ce bavard de l'antiquité qui s'en allait partout annoncer la chute du Pont-Euxin dans la mer. Vraiment il y a des gens qui vous disent les plus grosses bêtises sans sourciller, de l'air le plus aisé et le plus sûr de soi. Cette intelligente voyageuse ignorait que, d'après le calcul des savants, l'accroissement du niveau de la mer étant de quatre pouces par siècles du côté des lagunes, Venise finirait nécessairement par s'abimer dans les flots, non point parce qu'elle y descendra, mais parce que les eaux monteront.

Mais revenons aux palais : plusieurs, comme dans

toute l'Italie, sont des musées dont les propriétaires jouissent moins, en définitive, que le public admis tous les jours à les visiter.

Nous avons donc admiré de nouveau des peintures de maîtres, des marbres antiques et des bronzes modernes, puis des miroirs, des lustres, des girandoles des fabriques environnantes, et des poteries de tous les temps, faïences de Florence, potiches de vieux Chine, service de jeune Sèvres, des meubles magnifiques ou charmants, dans tous les genres et de toutes les formes, où le luxe et la fantaisie se sont donné libre carrière.

La chambre à coucher d'une très-grande dame, petite maîtresse, nous a frappées par sa délicieuse élégance. Tout le mobilier est bleu et or, meubles, tapis, tentures; et le dessus de lit, en vieille guipure de Venise, qui coûta jadis douze mille francs, en vaut le double aujourd'hui. Si je ne vous cite que cette chambre, quoique tout le palais soit à l'avenant, c'est que nous avons encore à parcourir, et avec un grand intérêt cette fois, l'ancienne demeure de la duchesse de Berry.

Ce n'est pas une tempête dans un verre d'eau, c'est une ville dans un palais qui ne compte pas moins de cent quarante pièces, et en plus un carré de terre végétale. Pour Venise, c'est même un jardin, où la nature a bien voulu laissé tomber quelques reflets de ses beautés. L'intérieur se divise en grandes salles de réception, de concert, de théâtre, de danse; chapelle et oratoire, appartements particuliers, salons intimes, boudoirs, chambres à coucher, sans compter le dédale des appartements de service et du personnel, un monde toujours très-affairé et très-mouvant.

Ce palais fut cédé par les derniers descendants de la famille Vendramini, qui obtinrent de la duchesse de conserver un seul appartement dans leur splendide palais pour y finir leurs jours. Ils y sont morts en effet, et plus d'une fois la princesse regretta le voisinage perdu de ces aimables vieillards. A son tour, elle est partie pour le grand voyage d'où l'on ne revient pas, et cependant il semble qu'on l'attende encore (on n'a pas dérangé un coussin), et qu'elle va revenir s'asseoir dans le haut fauteuil de son cabinet de travail, ouvrant sur le grand canal, devant son ouvrage favori, une tapisserie dont les laines sont là, emmêlées à l'aiguille restée attachée au métier. Dans le grand salon nous nous sommes arrêtées devant deux colonnes d'un marbre jaune et splendidement beau, comme nous en avons peu vu. Ces colonnes, nous a répondu le guide interrogé par notre regard admirateur, proviennent du temple d'Ephèse. Oui, ma chère amie, de ce temple de Diane, l'une des sept merveilles du monde, brûlé par Erostrate, et que Catherine Cornaro rapporta à Venise après avoir quitté son royaume de Chypre et Jérusalem.

Vous voyez qu'on retrouve continuellement dans cette belle Italie le respect de la conservation et le culte du souvenir. Et, puisque j'ai prononcé le nom de cette reine charmante, entrons dans son palais, appelé Corner della Regina. Hélas! lui aussi se ressent des injures du temps et de celles des hommes. Seuls, ses souvenirs le sauvent de l'oubli. Jadis il fut une merveille, à l'époque où Catherine l'habitait sans arrière-pensée, sans songer que bientôt, cette même année, 1470, il faudrait partir pour suivre l'époux qu'elle venait d'accepter, Jacques III, roi de Chypre et de Jérusalem, et dernier descendant de Guy de Lusignan, seigneur français, auquel Richard Cœur-de-Lion avait donné ce royaume en 1191. Jacques, inquiété par le pacha d'Egypte, n'avait rien imaginé de mieux que d'imiter le Doge qui ne pouvait épouser qu'une vénitienne; Catherine Cornaro, fille de l'un des plus puissants patriciens, lui fut présentée : entraîné par sa beauté, il se prononça sur-le-champ en sa faveur, et le sénat, pour honorer cette alliance, adopta Catherine et la déclara fille de Saint-Marc ou de la République. Au bout de cinq ans de mariage, Jacques mourut sans postérité. Catherine lutta plusieurs années pour rester maîtresse de ses Etats; mais, entourée d'écueils, elle finit par remettre la direction de son royaume entre les mains du Doge, faisant abandon de sa couronne au profit de la République. Elle se retira alors à Padoue; mais le sénat, craignant de sa part quelques retours vers le passé, lui rendit la vie si dure dans cette ville, qu'elle se vit contrainte de revenir à Venise, où, l'ayant sous la main, on lui laissa plus de liberté. Sa vie, troublée sur les degrés du trône, devint plus douce au centre de l'amitié ; elle se consola aussi de ses ennuis par l'étude des belles lettres. Toujours reine par ses vertus, et tenant de son esprit et de sa beauté un sceptre et une couronne qu'aucune oppression ne pouvait lui ravir, elle sut s'entourer d'une cour d'amis, qui lui restèrent fidèles et dévoués jusqu'à son dernier jour. A bien des siècles de distance un autre Jacques devait s'inspirer de cette belle Catherine Cornaro et raviver sa mémoire. N'est-elle pas l'héroïne de la *Reine de Chypre*, ce charmant opéra de Jacques Halévy.

Voici également le palais d'une reine... de la danse, mademoiselle Taglioni, qui a su bien choisir entre les plus beaux. Admirons également le groupe des trois palais Mocenigo, illustrés par les Doges et l'historien de ce nom et par le séjour de lord Byron, qui traîna à Venise ses chats, chiens, paons, poules, sans omettre son favori, un singe ; enfin toute sa ménagerie, telle qu'il l'avait à Pise, lorsqu'il habitait le palais Lanfranchi. Il trouva, dans le voisinage des palais Mocenigo, une non moins belle mais plus violente fornarina que celle de Raphaël, et il fut souvent chercher près d'elle l'inspiration, lorsqu'il composait son *Don Juan* et son *Marino Faliero* (le seul Doge qui ait été traître à son pays), s'inspirant des lieux mêmes où se déroula cette tragique et lamentable histoire.

Voici encore le palais Foscari, qu'Henri III habita dant son séjour à Venise. Bordone l'enrichit de ses peintures, et il porte le millésime du XVe siècle, qui l'a marqué au sceau du style le plus pur.

On visite aussi le palais du dernier des Doges, Manin, si bien dépeint en deux mots, révolutionnaire par principe, homme d'ordre par nature ; le palais Trèves qui garde religieusement les deux derniers ouvrages de Canova, *Hector* et *Ajax*; et une demeure délicieuse, la Ça d'oro pour Casa d'oro, *Maison d'or*, fouillée, sculptée et brodée par le XIVe et le XVe siècle, dont les chefs-d'œuvre mêlés aux modernes élégances de l'Orient, en font la plus ravissante habitation qu'on puisse rêver. Les têtes architecturales sont remarquables ici comme dans presque tous les monuments de Venise, où l'on voit des chefs de géants, des chevaliers avec casques baissés ou visières relevées, des têtes d'hommes et de femmes aux cheveux différemment noués.

Passons rapidement devant le palais Giustiniani qui jadis tint rang parmi les premiers, et qui de décadence en décadence a fini par devenir l'hôtel de l'Europe, et faisons une longue pause au palais Cavalli, un vrai musée composé de belles peintures et de riches collections. Il appartient au comte de Chambord qui n'y vient plus depuis les envahissements du roi d'Italie, et cependant nous avons déposé nos cartes dans une coupe qui en contient des milliers, ce qui prouve une fois de plus que la pensée ignore l'espace et la distance, lorsqu'elle les franchit pour rejoindre ceux que le souvenir garde toujours présents. aussi, notre cœur à son tour, s'est-il envolé vers le maître de ce palais, vers le Roi exilé de la mère patrie, dont le bonheur est son vœu le plus cher.

Oui le Roi ! car il y a une chose qu'on ne peut lui ôter, c'est l'honneur d'être le représentant de ce que Royer-Collard nomme l'idée la plus profonde et la plus féconde à la fois qui soit jamais entrée dans les sociétés modernes, la *légitimité.*

Il y a encore bien d'autres palais disséminés sur les différents canaux. C'est beau et triste, beau pour l'art qui a inscrit ses fastes sur des pages de marbre, triste pour l'histoire, puisque chaque muraille révèle l'abandon ou les mystères de quelques drames sanglants.

Voici donc ce magnifique palais des ducs ou Doges d'où sortirent tant de sentences terribles à l'adresse de grands coupables sans doute, mais aussi d'illustres innocents ! Cet édifice ogival de l'austère république, où le mauresque et l'italien se marient avec tant de bonheur, à l'aspect étrange et grandiose, sévère et élégant, laisse une impression ineffaçable. Grands portiques, lions ailés, murailles à damier rouge et noir, brodées et semées de sculptures courant partout, statues nombreuses aux figures originales, galeries à jour et colonnes innombrables, tel est, au premier coup d'œil, l'ensemble qui miroite à vos yeux éblouis. La même fascination vous attend à l'intérieur ; aussi je suis loin d'approuver la boutade humoristique du président Des Brosses : « Le palais des Doges dit-il, est un vilain monsieur s'il en fut jamais, massif, sombre et gothique du plus mauvais goût ; les appartements, selon l'ordinaire des vieux palais, sont mal distribués, mal tenus, et assez obscurs ; le Doge est logé dans ce palais, et c'est de tout les prisonniers d'Etat le plus mal gîté à mon gré. » Le pétulant magistrat a bien certainement voulu voir les choses comme personne pour être tout seul de son avis. Hein ! que dire de cette définition d'un monument qui passe à bon droit pour une merveille, si ce n'est que l'on ne peut plaire à tous et à chacun, quoi qu'on fasse, qu'on marche à côté de son âne, qu'on monte dessus ou qu'on le porte.

Châteaubriand s'exprime différemment : « Dans

toute construction, la base est ordinairement forte, et le monument diminue d'épaisseur à mesure qu'il envahit le ciel; le palais Ducal est tout juste le contraire de cette architecture naturelle, et c'est là le secret de son étrange et incomparable beauté. La base, percée de légers portiques que surmonte une galerie en arabesques endentées de quatre feuilles de trèfle à jour, soutient une masse carrée presque nue; on dirait une forteresse bâtie sur des colonnes, ou plutôt un édifice renversé, planté sur son léger couronnement, et dont l'épaisse racine serait en l'air. »

La cour d'entrée garde deux magnifiques citernes, à margelles de bronze, découpées par la main d'un artiste et dorées par le frottement continuel des jolies tyroliennes, qui viennent sans cesse remplir, non leur amphore comme la Samaritaine du Christ, mais de grandes jarres de cuivre brillant; puis on pénètre dans le palais par l'escalier des Géants, qui doit son nom aux deux statues colossales de Sansovino, *Mars* et *Neptune*. C'est sur le palier d'un autre escalier, celui-ci n'ayant été construit qu'à la fin du XVe siècle, mais dans le même emplacement, qu'eut lieu le supplice de Faliero. Celui-ci oublia ses serments de fidélité à la République, et pour se venger d'une parole injurieuse échappée aux lèvres d'un patricien, Mikaeli Steno, il veut punir Venise entière et conspire contre elle. Oui, dans ces lieux où il avait reçu le manteau et la couronne ducale, or et velours cramoisi, assez semblable à un bonnet phrygien, il eut la tête tranchée et son sang arrosa les dalles de ce beau palais qu'il venait à peine d'achever. Du reste, la bonne République n'y allait pas de main morte, et aucune considération ne l'arrêtait lorsqu'elle s'imaginait son salut en danger : ni la position, ni l'intelligence, ni le talent, ne trouvaient grâce à ses yeux. Bassagnio, l'architecte de ce beau palais, y fut décapité et Calendario son décorateur, y subit la pendaison. On franchit ensuite l'escalier d'or (scala d'oro), qui justifie pleinement son nom. Il est entièrement revêtu de stucs peints des couleurs les plus rutilantes, et son entrée est gardée par *Atlas*, pliant sous le poids trop lourd d'un globe d'azur étoilé d'or, qui figure le Monde, et qu'*Hercule*, de sa main puissante, lui aide à soutenir.

C'est alors que s'ouvre l'immense enfilade des salles où l'art ruisselle sous toutes les formes, mais où Venise la somptueuse ne peut faire oublier Venise la cruelle. Que de drames douloureux se sont déroulés en ses murs ! Combien de malheureux ont parcouru machinalement ces appartements superbes sans en comprendre les beautés, absorbés par leur propre infortune ; combien, en franchissant le seuil de ce magnifique palais, ont senti l'espérance s'enfuir et se sont trouvés seuls, abandonnés, dans les ténèbres du désespoir et les tortures de l'agonie.

La grande salle du Conseil, mesurant cinquante-quatre mètres de long sur vingt-six de large, est toute lambrissée et plafonnée de peintures merveilleuses. Le Tintoret y a reproduit, dans une immense composition, la plus grande toile qui existe, les gloires du Paradis. Véronèse et Palma-le-Jeune y racontent les fastes de Venise, qu'on aperçoit sous les traits d'une reine victorieuse et superbe, le front ceint d'un diadème de palmes. Plus loin, on la retrouve entourée d'une auréole de rayons d'or, marchant sur les nuages au milieu d'un cortége nombreux de divinités olympiques qui la mènent à l'apothéose. La frise est décorée des portraits de soixante-seize Doges, à commencer par Obelerio IX, en 804 seulement ; car, cette suprême magistrature, conférée à vie, fut donnée pour la première fois à Paoluccio Anafesto, d'Héraclée, lorque le siége du gouvernement était encore à Malamocco.

A la place que devrait occuper Marino Faliero, recouverte d'un crêpe noir, on lit ces mots : *Hic est locus Marini Falethri decapitati pro criminibus.* Une seule fois cette belle salle du conseil fut changée en salle de fête, au couronnement de la dogaresse Grimani ; mais cela n'arriva qu'une fois, et pas plus que tous les autres appartements du palais, elle ne conserve de souvenirs joyeux. On se sent écrasé de tant de magnificence, ignoré et perdu dans ces grandes salles, et sans la pensée qui relève l'homme, l'on ne prendrait même à ses propres yeux, d'autres proportions que celles d'un atôme.

Mais continuons. Voici les salles du Collége, réservées aux audiences des ambassadeurs, de l'anti-collége, du Sénat, du scrutin ; celles des bas-reliefs, des bustes, des bronzes, des statues : tout cela décoré à l'italienne, avec des pavés de marbres précieux, des murailles cloisonnées d'or, des plafonds à caissons de chêne sculpté, et où le pinceau des artistes vénitiens s'est promené sans intervalles, semant partout des chefs-d'œuvre. Là, sont entassées toutes les merveilles rapportées de Grèce et d'Orient, dépouilles opimes que l'invincible République alors serait allée conquérir à la proue de ses navires et à la pointe de ses épées jusqu'aux confins du monde. Vous savez le mot spirituel d'un artiste devant cette réunion de choses aussi belles que disparates : « Vraiment Venise ressemble à un pirate retiré des affaires. »

Avant de les quitter pour tout-à-fait, laissez-moi vous dépeindre encore la voûte de l'une de ces belles salles, où la palette originale d'un grand artiste s'est plu à personnifier les douze constellations du Zodiaque à sa manière : Saturne apparaît sous les traits d'un vieillard barbu, assis sur le Capricorne ; à sa droite, il a une faux, à sa gauche une urne ou le Verseau, signe de Janvier; Jupiter, vêtu en magistrat de l'époque, se tient sur le Sagittaire; à droite il a un sceptre, signe de commandement, à gauche deux Poissons, signe du mois de Février ; Mars est représenté en guerrier, enfourchant le Bélier ; de la main droite il tient l'épée, symbole de la guerre, et de la main gauche un Scorpion, signe du mois d'Octobre. Un beau jeune homme, inondé de rayons d'or et assis sur le Lion, personnifie le Soleil. Vénus est à demi couchée sur le Taureau et couronnée comme une reine: sa main droite tient un miroir et sa gauche les Balances, signe du mois de Septembre. Mercure repose sur trois figures, à cause de sa triple puissance, sur terre, au ciel et dans les enfers ; il a d'un côté les Gémeaux et de l'autre la Vierge, signes des mois de Mai et d'Août. Cette brillante personnification du Zodiaque se termine par la Lune, représentée sous la figure d'une femme debout dans une gondole. Elle tient de ses doigts effilés un Croissant à droite et l'Ecrevisse à gauche, signe du mois de Juin.

La bibliothèque qui remonte au temps de Pétrarque qui l'enrichit de ses œuvres, et vint maintes fois y travailler quand il habitait Venise, ferait les délices des savants ; elle renferme dix mille manuscrits, et cent vingt mille volumes imprimés. Venise revendique l'invention du papier, et se vante d'avoir été la première ville d'Italie à imprimer, comme elle a été la première ville du monde à s'éclairer la nuit, en l'année 1178.

Nous avons parcouru les appartements privés du Doge, chapelle particulière, parloir, réfectoire, chambres à coucher, tels encore que les habitèrent ces potentats, ces chefs du plus terrible et du plus mystérieux des pouvoirs, marchant en tête de toute la noblesse européenne. Et n'est-ce pas une chose singulière que cette puissance illimitée que possédait l'aristocratie héréditaire dans une république comme Venise, où la considération et la splendeur n'étaient dues qu'aux heureux résultats de l'industrie et du commerce. N'est-ce pas un fait étrange et inexplicable qu'au moyen-âge, alors que la noblesse portait si haut ses étendards, que tous les fiers barons et grands seigneurs n'honoraient que le métier des armes, et se vantaient de ne savoir signer que du pommeau de leur épée, n'est-ce pas étrange, malgré tous les préjugés de l'époque, que cette aristocratie mercantile et industrieuse fût considérée par la noblesse féodale et guerrière de l'Europe comme la plus illustre entre toutes. Le livre d'or créé à la fin du XVe siècle, uniquement dans le but d'empêcher la bourgeoisie vénitienne d'arriver jamais au grand conseil, classant la noblesse par rang, réunit cette phalange de patriciens qui bientôt devait se recruter parmi les puissants et les rois, et former la plus compacte et la plus ambitionnée des aristocraties. Par un décret du Grand-Conseil de Venise, du trois avril 1600 on lisait : *Enrico di Borbone IV Rè di Francia et di Navarra con li figliuoli et discendenti suoi, sia annumerato tra i nobili di questo nostro maggior consiglio.*

Henri IV se fit inscrire au livre d'or, mais il dut passer au scrutin comme tous ceux qui ambitionnent cet honneur, et, ce qui n'a pu s'oublier, c'est qu'une voix, une seule à la vérité, osa s'élever contre lui. Aussi en 1795, lorsque Louis XVIII réfugié à Vérone, où le gouvernement vénitien l'avait d'abord accueilli avec distinction, reçut l'ordre de quitter le territoire de la république, il répondit ces belles paroles : Je partirai, mais j'exige auparavant qu'on me présente le livre d'or pour en effacer le nom de ma famille, et je réclame en plus l'armure de mon aïeul Henri. Devant cette fière et noble réponse la République se radoucit, mais Louis XVIII n'en quitta pas moins cette terre inhospitalière comme sa propre patrie.

Deux ans plus tard le livre d'or n'existait plus. Napoléon vainqueur le fit brûler, en rayant Venise du rang des nations. A cette époque toutes les républiques italiennes avaient leur livre d'or, bien moins important sans doute que celui de Venise ; ils ont tous disparus. Actuellement une seule puissance d'Europe garde le sien, c'est la Russie.

La salle della Bussola n'est à proprement parler, que

l'antichambre du Conseil des Dix. C'est dans cette pièce sinistre que se trouvait la gueule toujours ouverte du lion de saint Marc, destinée à recevoir les dénonciations secrètes. La gueule de bronze a disparu, mais le trou reste là béant et noir comme jadis. Cela fait mal à penser : quoi ! un moment de colère, de haine personnelle, l'envie et le mensonge qui toujours font alliance, une mauvaise plume et un chiffon de papier tenus d'une main mécontente, et l'accusation fausse se mêlant à la dénonciation vraie, cela suffisait pour appeler un honnête homme, un innocent au tribunal de l'Inquisition, dont le jugement, deviné d'avance, était toujours une condamnation. Ah ! nous y voilà, dans cette salle lugubre du Conseil des Dix : tout est en place ; voici les vieux sièges en cuir de Cordoue attestant de longs services, les tables et les écritoires. Involontairement nous parlons bas, un frisson court dans nos veines, nos regards anxieux interrogent les places vides et les portes closes. Mon Dieu, sommes-nous donc ici pour être jugées ?... Ce tribunal redoutable va-t-il s'assembler, et allons-nous voir paraître les dix conseillers noirs et les six rouges, qui, en réalité, composaient le Conseil des Dix ? Allons-nous avoir à répondre à ces juges farouches, à ces personnages terribles auprès desquels la pitié « au pied lent » n'arriva jamais ?

Quand le Conseil des Dix avait dressé les rôles des dénoncés, il les remettait au Conseil des Trois ou Inquisiteurs d'Etat, siégeant en robe noire et le visage masqué. C'était la Cour suprême, et l'histoire n'offre rien de semblable aux sévérités et aux cruautés de ces juges impitoyables, qui accusaient, jugeaient et condamnaient en secret et sans rendre compte à personne, armés de pouvoirs illimités et affranchis de toute responsabilité, ayant droit sans exception sur toutes les têtes, sur celle du Doge même. On raconte à Venise que ce pouvoir était si étendu qu'un jour un de ses membres fut étranglé par ordre de ses deux collègues aidés d'un inquisiteur suppléant. Ce tribunal, créé en 1310 après la conjuration de Boémond Tiepolo, et qui ne devait avoir qu'une durée temporaire, fonctionna aussi longtemps que la République qui le croyait nécessaire à son existence. Quoique moins sévère sur la fin, il ne disparut qu'avec elle. Ainsi ce tribunal où l'on n'inscrivait les sentences qu'en lettres de sang, et ce livre des nobles où on n'écrivait les noms qu'en lettres d'or, créés vers la même époque, eurent la même durée et tombèrent ensemble.

Lorsqu'une condamnation à mort était prononcée, les trois chefs descendaient dans les cachots, torche en main et masque au visage, et, ce qu'il y a de plus curieux, c'est qu'ils tiraient de ces mêmes prisons les bourreaux et les victimes. Ils donnaient lecture de la sentence aux prisonniers qui leur semblaient les plus aptes au rôle de sicaires ; celui qui acceptait recevait sa grâce sur le champ, et, après avoir prêté et reçu le serment du silence, il sortait à l'instant de prison pour aller préparer le coup...

« Le Conseil des Dix apportait dans les moindres détails de police autant de soin et de sévérité que pour les actes les plus importants de l'Etat. Au dernier siècle un grand seigneur français étant à Venise per-

» dit sa bourse; il se plaignit très-haut de la mauvaise
» surveillance du gouvernement, il se plaignit même
» si haut qu'il crut prudent de quitter Venise plus tôt
» qu'il ne l'avait dit ; il partit donc en gondole et il
» avait déjà gagné la pleine mer lorsque ses gondoliers
» s'arrêtèrent, refusant de donner un coup de rame
» de plus ; ils avaient aperçu la flamme rouge de la
» gondole du Conseil des Dix qui les suivait. Le voya-
» geur se croit déjà au fond d'un sombre cachot, ou
» peut-être précipité séance tenante, dans les lagunes,
» lorsqu'enfin le terrible bateau les rejoint, et l'un
» des hommes qui le montaient lui fait subir cet inter-
» rogatoire aussi précis qu'effrayant :

» — Monsieur, vous êtes le prince de Craon ?

» — Oui, Monsieur.

» — N'avez-vous pas été volé vendredi dernier?

» — Oui.

» — De quelle somme !

» — De cinq cents ducats.

» — Où étaient-ils ?

» — Dans une bourse verte.

» — Et soupçonnez-vous quelqu'un ?

» — Un domestique de place.

» — Le reconnaîtriez-vous ?

» — Certainement.

« Alors l'envoyé du Conseil des Dix soulève un man-
» teau au fond de la barque, et le prince de Craon voit
» un cadavre tenant à la main une bourse verte.

» Vous voyez que justice est faite, monsieur, lui dit
» le sbire, reprenez votre bourse que le voleur vous

» rapporte. Partez, et rappelez-vous qu'on ne remet pas
» le pied dans un pays quand on a douté de la sagesse
» de son gouvernement. »

Rassurons-nous comme le prince de Craon, et admirons cette belle salle qui n'a rien d'effrayant en elle-même, et qui ne paraît si lugubre que par les souvenirs qu'elle rappelle. Murailles et plafond sont enrichis des plus belles peintures, et, jamais voûte plus riante ni plus éclatante ne couvrit réunion plus horrible et plus cruelle, a dit je ne sais quel voyageur.

Cependant la même impression nous suit, le même effroi nous accompagne lorsque nous traversons le pont des Soupirs. Ce n'est pas l'attente du bonheur qui lui a fait donner ce nom, ce n'est pas l'espérance qui a fait battre tant de cœurs qui l'ont traversé, non, mais les horreurs de la torture et le désespoir de la mort! Ce pont, entièrement fermé, couvert, sombre, jeté à la hauteur d'un troisième étage, « peut se comparer à un sarcophage suspendu entre deux rives. » Ce pont, qui sort directement du palais, conduit également aux *puits* et aux *plombs*, ces prisons d'Etat qui gardent tant de secrets. Les *plombs*, ainsi nommés parce qu'ils sont placés sous les toits, livraient le prisonnier à toutes les ardeurs d'un soleil incandescent et aux fureurs de myriades de moustiques et d'insectes, bourdonnant et tourbillonnant comme une buée dans l'air, qui en restait épaissi. La tête de ces malheureux touchait au plafond de feu lorsqu'ils voulaient se tenir debout, et ils pouvaient à peine s'étendre; ils vivaient donc et mouraient dans des souffrances comparables à celles d'une fournaise. Fenimore Cooper appelle les plombs une boîte de métal ardent, et cependant, les plombs furent créés pour remplacer les puits reconnus trop rigoureux. Le supplice des puits était tout différent; leurs habitants pourrissaient sous terre dans des lieux immondes, où le grand air et le soleil ne pénétraient jamais. Les voilà, ces horribles cellules, aux portes bardées de fer, elles semblent encore attendre leurs victimes; la paille est en monceau, l'escabeau est dressé, le guichet qui recevait la cruche d'eau et le pain dur ouvre et ferme facilement. Ici encore, tout est en place comme au palais. Avançons encore, nous sommes arrivées au lieu des exécutions, et les instruments de torture ne sont pas loin, à l'arsenal. Voici le croc de la pendaison, le billot de la hache, et le trou glissant et visqueux, par où s'écoulait le sang jusqu'au canal. Ah ! mon Dieu, je crois qu'il y en a encore....... il me paraît tout rouge.. La terreur s'empare de notre esprit, nous frissonnons et notre regard scrute les ténèbres; car ce n'est pas un rêve, une fantasmagorie, le décor exagéré d'un drame. Non, c'est la réalité, et c'est à la lueur tremblante d'une torche enfumée que nous parcourons ces lieux d'horreur et d'épouvante. Voici enfin la porte basse ouvrant à la hauteur de l'eau; il me semble distinguer une forme noire dans ces flots sombres : c'est la gondole de la mort, plus mystérieuse que toutes les autres, conduite par un homme au visage voilé. Après avoir reçu un objet long et pesant elle s'éloigne, rapide et silencieuse, et mon imagination la suit au milieu des nombreux canaux creusés dans les gouffres sous-marins des lagunes, où elle se dirige vers le plus large et le plus profond de tous, le canal

Orfanello, celui qu'un décret des Dix prohibe à toute embarcation. Arrivé au centre, le bourreau gondolier saisit la proie qu'on lui a confiée, lui lie un gros boulet et la laisse glisser dans l'abîme qui s'entr'ouvre un instant pour se refermer à jamais sur elle !

Cependant, ces puits ne sont pas tellement sous terre qu'on puisse croire à cette légende d'un prisonnier qui, un jour de fête, étant parvenu à soulever une des dalles de la cour du palais, surgit tout à coup devant le peuple en liesse, comme un fantôme de l'autre monde. Il agite quelques secondes ses bras décharnés, ses yeux hagards, son corps de squelette, puis se sauve et disparaît sans qu'on ait jamais pu le retrouver, pendant ce premier moment de stupeur, qui paralyse toujours la foule, quand se déroule sous ses yeux une scène de cette nature, aussi saisissante qu'imprévue.

En compensation, on raconte aussi qu'un prisonnier sortit gros, gras et vermeil de ces oubliettes après dix-huit ans de captivité ; il avait vécu comme un crapaud dans l'intérieur d'une pierre. Chateaubriand, qui raconte aussi cette histoire, ajoute : « Honneur à la race humaine! quelle belle chose c'est. »

Ces antres formidables, sans issue, ont été le séjour du jeune Foscari, accusé d'avoir reçu des présents de princes ennemis de la République. C'est là qu'à trois reprises différentes il subit la torture, dont il finit par mourir en démence. C'est alors que son vieux père, le Doge, à qui Venise doit une partie de ses gloires, abreuvé de tant de chagrins, calomnié par l'envie, abandonné de ses proches, se vit contraint d'abdiquer sa dignité, puis vint l'heure où il entendit la grosse cloche de Saint-Marc sonner à toutes volées, en l'honneur de celui qui allait le remplacer. En ce jour le ciel était en fête comme la ville ; le soleil était d'or et la mer d'azur, les airs étaient remplis de cris bruyants et de carillons joyeux, qui retentissaient douloureusement dans son âme comme un glas d'agonie. Il ne put supporter cette dernière émotion qui résumait toutes les autres ; au moment où il voulait fuir encore plus loin, tout au fond de son palais, il tomba raide mort.

C'est ici que Carmagnola subit la torture et la mort, en récompense de ses victoires et après avoir battu, en 1427, à Macalo, les quatre généraux les plus habiles d'Italie, François Sforza, Piccinino, Ange de la Pergola et Guido Torello ; mais sa générosité envers les vaincus, et quelques revers éveillent les soupçons de la défiante république. Il est rappelé à Venise, reçu triomphalement le premier jour, puis jeté aux fers le second, jugé et condamné sans appel le troisième.

C'est encore ici que le dernier des Carrara eut la tête tranchée. Quelques années auparavant, son père et ses deux frères y avaient été traîtreusement pendus, car, une fois entrée dans cette horrible voie de soupçon, d'inquisition et d'exécution, Venise tournait dans un cercle de fer et de sang, dont elle ne pouvait plus sortir, même quand elle l'aurait voulu.

C'est encore ici que Zeno, grand amiral de Venise, vainqueur de tant de batailles, tout à coup soupçonné, sans preuve, de s'être laissé corrompre par François Carrara, languit deux ans dans ces infâmes cachots. Cependant, toujours fidèle malgré l'ingratitude, Zeno, appelé de nouveau devant le Conseil, répond encore cette fois avec le calme et la dignité d'une conscience tranquille, et termine sa chaleureuse défense en s'écriant : « S'il est quelqu'un parmi vous qui soit couvert de plus de cicatrices que moi, qu'il se lève et qu'il se déclare meilleur citoyen. » Ces derniers mots soulèvent l'assemblée en sa faveur : son innocence se fait jour, et, pour la première fois, de la bouche de ces juges inflexibles, la clémence va sortir ! Zeno fut rendu à sa patrie et au peuple qui l'adorait.

C'est encore ici que l'aventurier Casanova de Seintgalt rêva de reconquérir la liberté et y parvint après avoir accompli des miracles d'habileté dignes du baron Frédéric de Trenck.

Comme tous ses pareils, notre guide, qui sait par cœur les palais, les statues, les tableaux et les histoires, ne manque pas non plus de nous montrer la cellule de Silvio Pellico et de s'apitoyer à sa manière sur les malheurs de ce pauvre jeune homme, égaré par les rêves de l'indépendance, et qui repose depuis vingt ans dans le cimetière de Turin. Malgré les longs détails que Silvio donne lui-même sur sa captivité, plusieurs historiens persistent à croire qu'il ne fut jamais logé sous les plombs. Voici cependant ce qu'il écrit à ce sujet, et cette description est d'une si rigoureuse exactitude qu'il est impossible d'en douter.

« Je suivis le geôlier en silence. Après avoir traversé
» quelques passages et quelques salles, nous arri-
» vâmes à un petit escalier qui nous conduisit aux
» Plombs, célèbres prisons d'Etat sous la République.
» Là, le geôlier enregistra mon nom et m'enferma

» dans la chambre qui m'était destinée. Ce que l'on
» nomme les Plombs, c'est la partie supérieure de
» l'arrière-palais des Doges qui est toute couverte en
» plomb. Ma chambre avait une grande fenêtre avec
» une énorme grille de fer, et donnait sur le toit, éga-
» lement en plomb, de l'église Saint-Marc. Au-delà de
» l'église, je voyais, dans le lointain, l'extrémité de la
» Piazza et de toutes parts une infinité de coupoles et
» de clochers. Le gigantesque Campanile n'était éloi-
» gné de moi que de la longueur de l'église, et j'enten-
» dais ceux qui, placés à son sommet, parlaient un peu
» haut. On voyait encore, du côté gauche de l'église,
» une portion de la grande cour du palais Ducal, et sa
» Porta della Charta. Dans cette portion de cour est un
» puits où l'on venait constamment puiser de l'eau...
» Dans mon ennui, je donnai mon attention à quel-
» ques fourmis qui cheminaient sur ma fenêtre : je les
» nourris si somptueusement qu'elles allèrent chercher
» une armée de leurs compagnes, et ma fenêtre fut
» bientôt pleine de ces petits insectes. Je donnais
» pareillement mes soins à une belle araignée qui ta-
» pissait une des parois de ma prison. Je la nourris-
» sais avec des moustiques, et elle devint familière
» au point de venir sur mon lit et sur ma main, saisir
» sa proie entre mes doigts. Plût à Dieu que ces in-
» sectes eussent été les seuls à me visiter ! Nous étions
» encore au printemps et déjà les moustiques se mul-
» tipliaient d'une manière effrayante. Les chaleurs
» arrivèrent bientôt ; il est impossible de dire à quel
» point l'air s'échauffa dans le gîte que j'habitais. Placé
» en plein midi, sous un toit de plomb, ayant une fenêtre

» en regard du toit de plomb de Saint-Marc, dont la
» réverbération était ardente, j'étais suffoqué ; je n'a-
» vais jamais eu l'idée d'une chaleur si accablante. A
» ce cruel supplice venaient se joindre des moustiques
» en si grand nombre que, pour peu que je fisse un
» mouvement et les excitasse, j'en étais couvert ; le
» lit, la table, la chaise, le sol, les murs, la voûte, tout
» en était plein et l'air en contenait une multitude in-
» finie qui allaient et venaient sans cesse par la fenêtre,
» en faisant entendre un bourdonnement infernal. Les
» piqûres de ces animaux sont douloureuses, et quand
» on en reçoit du matin au soir et du soir au matin, et
» qu'il faut subir l'incessant ennui de penser aux
» moyens d'en diminuer le nombre, c'est trop de
» souffrance pour l'âme et le corps... Quand le soleil
» descendait sous l'horizon, c'était pour moi l'heure de
» la prière ! Oh ! comme je sentais Dieu ! comme je lui
» rendais grâce de trouver toujours un nouveau moyen
» de ne pas laisser languir les puissances de mon âme
» et de mon cœur ! Comme je sentais se raviver en
» moi la mémoire de tous ses dons précieux ! Je me
» mettais debout sur la fenêtre, les bras passés entre
» les barreaux, les mains jointes. L'église Saint-Marc
» était au-dessous de moi : une multitude prodigieuse
» de pigeons en liberté roucoulaient amoureusement,
» voltigeaient, faisaient des nids sous ce toit de plomb;
» le ciel le plus magnifique était là, devant moi: je do-
» minais toute cette partie de Venise, que l'on pou-
» vait découvrir de ma prison. Dans ce lieu miséra-
» ble, mais saisissant, je conversais avec Celui dont
» les yeux seuls pouvaient me voir ; je lui recomman-

» dais mon père, ma mère, et, une à une, toutes les
» personnes qui m'étaient chères, et il me semblait
» l'entendre me répondre : Mon fils, aie confiance !...
» Alors je terminais ma prière attendri, fortifié, et peu
» sensible aux piqûres des moustiques... »

Mais passons. Rappeler tous ces drames sanglants, ce serait reprendre l'histoire de Venise, bien des fois écrite et qui remplit tant de volumes, et certes ce n'est pas cette tâche au-dessus de mes forces que j'ai entreprise. Non, mais nous emporterons un cher et douloureux souvenir de cette ville née de la terreur inspirée par Attila, et tombée au souffle puissant d'un autre conquérant, Bonaparte; de cette ville qui, pendant des années fut la plus riche et la plus florissante du monde, immortalisée par les arts (Rome même n'a pas une auréole poétique plus brillante que celle de Venise); de cette ville dont le courage fut aussi grand que les malheurs, et dont la renommée demeure à jamais sacrée pour tous !

La Fenice est le plus élégant des théâtres: il ne peut contenir que trois mille personnes, mais quelle aisance et quel comfort dans les loges ! Du reste, madame de Staël, en quelques traits heureux, a très-bien rendu la physionomie des théâtres italiens: « Les loges sont converties en autant de petits salons, où l'on ne cesse de babiller que pour écouter, et encore souvent avec beaucoup de distractions, l'air favori. C'est seulement pendant la représentation du ballet que règne dans la salle le plus grand silence; alors les yeux et les oreilles, tout est au spectacle. »

On joue beaucoup ici les opéras de Verdi, dont le

nom est formé des cinq lettres de la fameuse devise : *Victor-Emmanuel, Roi d'Italie*, les Vénitiens préférant encore la domination piémontaise au joug autrichien.

Je vous rapporte un collier de ces jolies perles comme on n'en trouve qu'à Venise. Dans la fabrique où nous les avons achetées, avec quantité de menus objets, également en verre, on a reproduit devant nous, séance tenante, et pour nous les offrir, quelques unes de ces perles, et je vous assure que ce n'est pas un travail aussi facile qu'on pourrait le croire; il faut du goût, de l'habileté, et des doigts légers et délicats. A la lueur d'une faible lampe, et travaillant dans la flamme même, l'ouvrier polit, dore, émaille cette petite boule qu'il a prise tout unie et qui sort brillante et parée de ses mains. Nous avons vu filer le verre fin et ténu comme des cheveux, si vaporeux qu'il ne se brise pas en tombant, et dont on fait des riens charmants ; mais ce qui nous a bien étonnées, ce que le marchand était tout fier de nous montrer, c'étaient des chignons de ce même verre filé, où boucles, tresses, rouleaux d'or ou d'ébène, étaient si artistement groupés, qu'il nous a fallu les toucher pour nous bien persuader qu'ils n'étaient pas en cheveux. Du reste, ces coiffures arrivaient de Vienne, en Autriche, où elles avaient eu les honneurs de l'exposition.

Nous avons encore admiré des coupes, des girandoles, des lustres, et ces élégants miroirs de Venise, qui fut longtemps sans égale pour leur fabrication. L'encadrement fait partie de la glace, les fleurs, oiseaux et arabesques qui l'entourent semblent coulés dans le même morceau de verre. Beaucoup de lustres et de miroirs sont ornés de fleurs peintes au naturel, grimpant et s'enroulant tout à l'entour. C'est étrange et tout-à-fait couleur locale ; mais je trouve ces enluminures écrasantes et d'un goût médiocre, et je préfère de beaucoup les ornements complètement blancs. Je ne sais si ce sont les cheveux de verre qui font concurrence aux vrais cheveux, mais les coiffeurs étalent des tresses ou plutôt des câbles de cheveux magnifiques à des prix fabuleux de bon marché. Ils ignorent sans doute qu'en France, les cheveux noirs, aile de corbeau, et les blonds cendrés, à reflets d'or, se vendent aujourd'hui trois cents francs la livre, sans cela ils en enverraient des cargaisons.

Très-chères, en revanche, les guipures qui ne valent pas, à mon avis, nos belles dentelles d'Alençon et nos riches points à l'aiguille. Cependant on vous demande très-bien cent cinquante francs d'un simple fichu, d'un fil médiocrement fin et d'un dessin courant. Les marchands de bric-à-brac, fort séduisants aussi, font pendants aux dentellières ; car ils exagèrent trop le prix de leurs richesses artistiques et de leurs vieux meubles, et vous traitent tout-à-fait en amateur, vous demandant des prix féroces, des sommes folles, d'objets dont le principal mérite est une valeur de convention ou de souvenir.

Hélas ! il faut partir, il faut quitter cette ville magique ; le ciel est plein de rayons et la terre de sourires, et notre gondole nous attend pour la dernière fois. Adieu, sirène de l'Adriatique, Venise l'enchanteresse, adieu ! Nous n'irons plus le soir rêver sur tes plaines liquides, à l'heure où la terre et le ciel s'allument. A cette heure, tout change d'aspect, et la réalité se présente sous toutes les formes charmantes de la poésie. La mer est bleue, le ciel est bleu, les maisons sont bleues, c'est un éblouissement, une véritable féerie, et c'est ce mirage merveilleux qui rend les fêtes de nuit indescriptibles à Venise, toutes les lumières se déroulant dans les eaux transparentes comme des rubans d'or, comme des serpents de feu, les rendent aussi étoilées que le firmament. Et vous voguez ainsi dans l'azur, au milieu des étoiles; il y en a partout, plus encore peut-être sous vos pieds que sur votre tête à demi couchée dans votre gondole, qui passe silencieuse et fend les ondes comme une ombre ; elle glisse, elle vole, semblable à cette barque céleste que nous montre le Dante, suivant d'autres gondoles éclairées de lanternes, vénitiennes pour le coup, et chargées de musiciens et de chanteurs délicieux, comme on n'en rencontre nulle part, et dont les voix mélodieuses retentissent dans la nuit comme des chants divins, comme un écho des autres bords. On passe ainsi des heures entières dans l'extase, dans le ravissement, sans avoir conscience de la vie qui s'échappe, du temps qui fuit, sans songer que ce rêve va finir, et qu'il faudra quitter pour toujours ces flots infinis, ces vagues éternelles, cette mer qui frissonne sous le souffle de Dieu !...

Le 20 mai 1874.

Vous hâtez de toute votre impatience l'arrivée de nos courriers, ma bonne Marie, et vous ne les trouvez jamais assez nombreux au gré de vos désirs, c'est un aimable reproche dont je ne puis me plaindre, assurément. Mais hélas ! je ne suis point comme l'abbé de Vertot, dont le siége était tout fait ; il me faut le temps de voir et surtout celui d'écrire, ce qui dévore les heures. C'est donc de la Castellanne, pleine de lumière et de parfums, de fleurs et d'ombrages, de gazouillement et de papillons, que je classe ces dernières notes, et que je vous écris, tout en savourant délicieusement mes souvenirs dans le plus complet repos, devenu, je vous assure, bien nécessaire à la *bête*, suivant l'agréable expression de M. de Maistre, et tout autant à l'esprit.

Ah ! chère amie, en passant la frontière à Vintimille, comme j'ai senti mon cœur battre ! N'était-ce pas la patrie et l'avant-goût du pays ! On attendait impatiemment la mère et maîtresse du logis, et notre arrivée a mis tout le monde en joie. Quelle douce émotion lorsque nous avons aperçu à la gare d'Hyères la famille réunie. Le commandant, avec cette physionomie franche du marin, qui semblait me dire une fois encore : « Chez moi vous êtes chez vous. »

Les petites filles dans leurs plus beaux atours, Henri en costume breton, comme pour me rappeler plus intimement ma chère Armorique, et nos deux nièces, Marthe et Marie, qui me sont apparues avec leurs robes de foulard bleu comme le ciel, leurs chapeaux de mousseline blanche comme une auréole, aussi fraîches et souriantes que le printemps même.

Maintenant que je vous ramène donc en Italie où je suis encore toute entière par la pensée, et, reprenons ensemble le chemin de la Lombardie.

De Venise à Milan la route est délicieuse, taillée dans un site ravissant parfois, et charmant toujours. Le regard se repose agréablement sur les plans variés qui s'échelonnent jusqu'à l'horizon des montagnes qui barrent le ciel, et sur les grands troupeaux qui, de temps en temps, animent le paysage et s'enfuient en troupe désordonnée à l'approche du train.

Vérone nous a semblé bien triste ; c'était la ville qui devait marquer nos adieux et où nous avons dû quitter madame de M… et ses fils, après avoir parcouru ensemble, dans une communauté de goût, d'appréciation et de sentiment, Rome, Florence, Venise.

Les parentés s'imposent, mais les amitiés se choisissent ; et les véritables sympathies sont aussi rares que les relations superficielles sont communes ; s'il est des personnes qui ne se devinent que difficilement et qu'il faut étudier longtemps pour les apprécier, il en est d'autres, au contraire, dans la vie desquelles on entre d'un seul bond, ou bien on n'y entrera jamais ; aussi, en embrassant cette excellente madame de M…, nous a-t-il semblé que nous quittions une vieille affection de plusieurs années.

Donc Vérone nous a semblé sombre et tout-à-fait à

l'unisson de notre esprit. Cette antique cité, assise sur un moelleux tapis vert, planté de saules et de mûriers festonnés de vignes qui courent et s'enchevêtrent dans tous les sens et à toutes les hauteurs; Vérone, avec ses allures féodales, ses rues étroites, ses maisons caduques, ses murailles balafrées de bastions et ses plates-formes ridées de créneaux, nous est apparue comme une ville oubliée par le temps et qui doit se trouver bien vieille au milieu de sa jeune nature.

Nous avons côtoyé le lac de Garde, large comme une mer, dans son cadre de montagnes, dernières ondulations du Tyrol. Le lac de Garde, connu par les anciens sous le nom de Benacus ou Bénaque, est sans contredit l'un des plus grands d'Italie; il compte trente-trois mille de Peschiera à Riva, qui en occupe l'extrême pointe, et sa profondeur atteint, en plusieurs endroits, jusqu'à neuf cents pieds. On suppose que de nombreuses sources alimentent ses eaux élevées de cent mètres au-dessus du niveau de la mer. Il y règne des vents réguliers nord et sud, et, comme au lac de Genève, ses tempêtes sont terribles: aussi Virgile, qui le connaissait particulièrement, et le visitait souvent en bon voisin, disait-il:

Fluctibus et fremitu assurgens, Benace, marino.

Mais ces rives sont admirables, et n'est-ce pas la riante péninsule de la Sermione que l'heureux Catulle habitait, et qu'il a surnommée la paupière du lac! N'est-ce pas à la pointe extrême, non loin du sombre profil de la noire forteresse de Scaliger, que l'on aperçoit, au milieu des splendeurs d'une nature toujours jeune et belle, les ruines de la villa de ce poëte des grâces, et la grotte mystérieuse et fleurie où sa muse faisait résonner le doux nom de Lesbie. Son père avait donné l'hospitalité en ce lieu charmant à Jules César, vainqueur des Gaules. Nous eussions voulu nous attarder bien longtemps à notre tour, mais il a fallu partir, et ce panorama délicieux a disparu comme tous ceux qui se sont déjà échelonnés sur notre route. Cependant, il n'ira pas se perdre dans l'oubli ; la mémoire, ce don précieux du ciel, nous garde, frais et souriant, ce rêve joyeux d'un jour trop fugitif, cette féerie entrevue à la hâte, doux talisman que le voyageur emporte dans sa patrie sur l'aile de la pensée, et qui plus d'une fois viendra le distraire et le consoler des ennuis et des préoccupations qui renaissent à chaque aurore ; oui, à l'heure des mornes réalités, un mot, un refrain, une date, suffiront pour réveiller ses souvenirs endormis au fond du cœur et ramener une étincelle d'or, un rayon d'azur sur les désenchantements de la vie !

Nous avons salué Bergame et Breschia, jadis la ville guerrière par excellence, et aujourd'hui encore l'une des plus importantes d'Italie; d'ailleurs tous ces lieux que nous venons de traverser, sont pleins de souvenirs : Arcole, Rivoli, Castiglione ne se trouvent-ils pas dans les environs, et seulement à quelques lieues de nous ?

En approchant de Milan nous avons voyagé au milieu des terres arrosées par le Pô, qui les rend les plus fertiles du monde, dans les parties cultivées en prairies, les foins donnent jusqu'à sept coupes par an. Nous avons encore traversé des rizières, des bois de muriers enguirlandés de treilles aériennes courant d'arbres en arbres, des champs de maïs, et cet été, pendant que la main de la nature couvrira ces champs d'or et ces pampres de grappes vermeilles, celle de l'homme dépouillera ces beaux arbres de leur couronne ; toutes ces feuilles tendres et à peine nées seront cueillies au fur et à mesure de leur éclosion pour nourrir les vers à soie, Milan possédant d'importantes magnaneries et des fabriques considérables de soieries et de tissus variés.

Les rizières qui s'étendent jusque de l'autre côté de Milan sur la route de Turin, et qui sont l'une des grandes richesses de la Lombardie, offrent une culture intéressante à voir mais très pénible à faire. A peine le riz est-il semé qu'on l'inonde à l'aide d'irrigations savamment établies ; il reste ainsi quelques jours à l'action combinée du soleil et de l'eau qui le font vite germer ; dès qu'il a levé, on retire les eaux pour qu'il s'affermisse, puis on les ramène de nouveau au bout d'une ou deux semaines ; pendant ce temps, le riz se développe et grandit vite ainsi que mille plantes parasites que cette terre féconde et toujours un peu marécageuse nourrit continuellement. C'est alors qu'il faut aller avec de l'eau jusqu'à mi-jambe sarcler toutes ces mauvaises herbes qu'on ne pourrait arracher qu'en endommageant grandement le riz, lorsque le terrain s'est desséché ; cet ouvrage est dévolu aux femmes, qui se livrent par troupe au milieu de ces plaines immenses, à ce travail long et fatigant. On retire ensuite les eaux pour les ramener encore une fois, et la récolte est assurée, le riz n'a plus qu'à mûrir. Voilà le secret de ces belles pailles flexibles, se tressant de toutes les manières et se pliant à toutes les formes, sans jamais casser, dont l'Italie est si fière à bon droit, et dont elle fait tant de jolies choses : chapeaux, tapis, pantoufles, écrans, corbeilles légères, et mille autres menus objets utiles ou seulement agréables.

En sortant de la gare monumentale de Milan, nous sommes entrées dans la première librairie venue pour prendre les photographies des principaux monuments de la ville, renfermées sous formes d'album dans un petit étui de cuivre argenté, et que nous avons appelé en riant l'écu de la famille, car il a juste les apparences d'une pièce de cent sous, ni plus grand ni plus épais, et rond comme elle, avec l'effigie et les armes de la ville. Partout en arrivant, nous en avons achetés, pour les envoyer de suite en France par la poste, qui s'en charge facilement, l'Italie ayant les mêmes lois postales que nous ; quand on n'a pas le temps d'écrire, cette ingénieuse façon de donner de ses nouvelles est fort commode, c'est le bulletin de la route, et cela veut dire : Nous sommes ici bien portantes, nous pensons à vous et nous vous envoyons la miniature de tout ce que nous admirons ; ce reflet, tout pâle qu'il soit, j'en conviens, vous initiera cependant jusqu'à un certain point à ce que nous voyons, et aidera beaucoup nos souvenirs dans les descriptions que nous aurons à faire au retour.

Milan, l'antique capitale de la Lombardie dont l'origine remonte à plus de deux mille cinq cents ans, renferme trois cent mille habitants, et semble garder encore le souvenir de son fondateur Bellovèse, un Gaulois, car elle est tout-à-fait française, dans la bonne acception du mot. En revanche, cette ville riche et élégante paraît avoir complètement oublié (en cela elle a bien fait), et le sac de Barberousse, qui, après l'avoir détruite de fond en comble en 1162, fit semer du sel sur ses ruines comme pour faire entendre qu'elle ne se relèverait jamais, et l'horrible peste qui, en 1630, lui enleva cent quarante mille habitants. Milan est une cité intelligente et industrieuse; les arts et le commerce y marchent de concert, mais cependant il faut reconnaître que ce dernier garde le pas; du reste, parmi les hommes qui ont illustré cette grande ville, on cite bien moins d'artistes que de poëtes, de jurisconsultes et de savants, ayant appliqué leur science à l'industrie; plusieurs papes lui doivent le jour, et c'est aussi à Milan que Constantin, en 313, rendit le célèbre édit en faveur des chrétiens.

Ville guelfe par excellence, elle fut, comme toutes les villes d'Italie, continuellement en lutte, et eut beaucoup à souffrir pendant les guerres que se livrèrent au XV° et au XVI° siècle la France et l'Autriche qui se disputèrent longtemps le duché Milanais.

Milan la grande n'est pas seulement grande, elle est belle aussi. Ses maisons, fort hautes, sont bien bâties; les rues sont larges, les places nombreuses, et, sans jeu de mot, nous avons retrouvé le boulevard des Italiens.

Le Corso se compose de plusieurs voies superbes, traversant la ville et rayonnant jusqu'à ses extrémités. Le soir, les promeneurs à pied, à cheval et en voiture s'y donnent rendez-vous comme aux Champs-Elysées. Le jardin public est également fort beau avec ses pelouses fleuries, ses grands arbres ombreux, ses bassins transparents, et quoique La Fontaine prétende que les jardins parlent peu, celui-ci nous a dit les choses les plus charmantes, lorsque que nous avons écouté le bruissement de ses eaux, le gazouillement de ses nids, le murmure de ses feuillages, alors que chaque arbre devient comme une lyre, dont la brise tire d'ineffables accords.

Nous avons visité l'Arène, construite sous la domination française, en 1805, sur la place d'Armes, l'une des plus vastes d'Italie (c'est un carré de six cent-cinquante mètres sur six cent-douze); cet amphithéâtre, de forme elliptique, élevé à l'imitation des cirques grecs et romains, peut contenir trente mille spectateurs et se convertir en naumachie, à l'aide d'un ruisseau voisin dont on l'inonde facilement. En 1807, on y donna à l'empereur Napoléon le spectacle des régates.

Notre guide nous a fait admirer devant la porta Nuova la statue de bronze élevée à Cavour, et l'arc du Simplon, en marbre, surmonté d'une figure allégorique, dans un char à six chevaux, et portant une inscription ronflante. Cet arc fut commencé à la gloire de Napoléon I*er*, continué en l'honneur de l'empereur d'Autriche, et finalement terminé pour le roi Victor-Emmanuel. Les hommes vont vite et les monuments demeurent : alors, pour contenter tout le monde, on gratte quelques mots, on en ajoute quelques autres, et l'affaire est faite. Ce n'est pas plus difficile que cela.

La façade du grand hôpital, fondé en 1556 par

Sforza, duc de Milan, est d'un beau caractère, et le Campo-Santo, qu'on agrandit considérablement, pourra dans l'avenir marcher de pair avec ceux de Gênes et de Bologne.

Ici encore, le custode du cimetière est un gros joufflu, jeune et bien portant. On croirait que cette sinécure doit être le partage des vieux qui ont besoin de repos, mais point, et comme pour les hauts fonctionnaires de l'Etat, c'est la faveur qui se mêle de nommer les gardiens des cimetières, emploi fort recherché ici, mais dont je ne voudrais, je l'avoue, ni pour or ni pour argent. J'aimerais bien mieux dépenser mes forces dans les champs, à cultiver la terre ou à tout autre travail, que de passer ma vie à promener les vivants dans l'enclos des morts.

Milan possède, sans doute, de splendides demeures ; mais tous ces palais modernisés ou bâtis récemment ne sont point ouverts au public. Vous voyez que nous revenons aux habitudes françaises et, d'ailleurs, leur luxe et leur élégance du jour n'offriraient qu'un intérêt bien secondaire, en comparaison surtout de toutes les merveilles renfermées dans les autres villes.

Les deux curiosités artistiques de Milan sont donc la bibliothèque Ambroisienne et le palais Brera. La bibliothèque, qui fut fondée en 1600, par le cardinal Frédéric Borromée, cousin de saint Charles, et qui lui succéda au siége épiscopal, contient cent trente mille volumes, sans comprendre les palimpsestes et les manuscrits, au nombre de quinze mille ; parmi ces ouvrages si intéressants, on vous fait remarquer un Virgile, copié et annoté de la main même de Pétrarque, et orné d'une miniature de Simon Memmi, ainsi qu'un gros livre, également manuscrit, de Léonard de Vinci.

Le palais Brera réunit une école des beaux-arts, une vaste bibliothèque, un cabinet de numismatique, un observatoire, un gymnase même, l'Institut des sciences et des lettres, et enfin une magnifique galerie de plus de quatre cents tableaux, signés de tous les maîtres qui ont encore déposé sur ces toiles le sceau du talent et souvent même du génie. Nous n'avons fait que passer dans la salle des sculptures. Après avoir été gâtées, comme nous venions de l'être à Rome, Naples, Florence, Venise, la copie, souvent en plâtre, de ces marbres antiques, de ces groupes admirables qui n'ont pas été égalés, et que nous venions de voir dans toute leur authenticité, nous a paru bien pâle et bien indifférente. La plus belle statue est celle en bronze, de Napoléon Ier, tenant un sceptre et une Victoire, et placée au centre de la cour d'entrée du palais.

Et malgré la fatigue des excursions aux lacs, des promenades dans la ville, de l'ascension du dôme, malgré toutes les lassitudes du voyage, qui s'accumulent chaque jour davantage et finissent par devenir un fardeau qui pèse sur la santé, comment ne pas aller au théâtre quand on est à Milan?

Nous avons donc voulu voir cette salle splendide, rivale de celle de Naples, moins grande mais plus belle, et bâtie en 1778, sur l'emplacement même de l'église Santa Maria della scala, d'où elle tire son nom. Chaque loge a son petit salon, où les belles Milanaises grignotent des pralines, avalent des sorbets et jasent tout à leur aise ; car, à Milan comme ailleurs, « la femme est l'être charmant qui s'habille, brille et babille le mieux. »

Le lendemain nous avons visité les domaines des machinistes : c'est un dédale de coulisses, de trappes, de décors à n'en plus finir, et prenant deux fois plus de place que la salle elle-même, qui ne paraît plus qu'un accessoire comparativement à l'ensemble.

Il n'est pas de plus agréable promenade que celle de de la magnifique galerie Vittore Emanuele, le soir surtout, lorsqu'elle est éclairée et que son dôme se couronne de plusieurs rangs de lumière comme d'un collier de feu. Cette galerie, ayant la forme d'une croix grecque, a deux cents mètres de long sur quinze de large. Elle est entièrement vitrée, et son élévation, jointe à l'élégance de la coupole du centre, lui donnent un air grandiose et tout-à-fait monumental.

On flâne devant de superbes magasins ou l'on se repose aux cafés, en mangeant des glaces ; partout il y a un monde énorme, c'est un pêle-mêle de toutes les couleurs, un brouhaha de toutes les langues, un tohu-bohu inexprimable, et ce n'est pas sans peine qu'on se glisse « dans ce mur vivant comme une pierre de plus.»

Nous sommes allées entendre, à une petite distance de la ville, l'écho de la Simonetta, qui répercute jusqu'à trente fois de suite les mêmes sons ; il est trop fort pour la voix humaine, et même pour les notes du cor. Les chants et les mots se perdent en bruit confus, mais la détonation d'une arme à feu produit l'effet le plus étrange. Un seul coup de fusil semble la décharge d'une compagnie entière ; tous ces coups se succèdent et se répondent comme si trente hommes au moins venaient de tirer à la fois. Sur les registres, où chacun peut s'inscrire, nous avons vu des noms connus des deux hémisphères, le chancelier de Bismarck venait d'y apposer sa griffe, cela se comprend ; un écho qui ne répond qu'à l'appel des armes doit singulièrement lui plaire et chatouiller plus délicieusement ses oreilles que toutes les musiques du monde.

Tout en parcourant ce château de l'ancienne famille des Simonetta, abandonné aujourd'hui et occupé seulement par les fermiers, qui cultivent les terres et promènent les étrangers, notre guide nous a conté je ne sais quelle légende ténébreuse et criminelle, à faire dresser les cheveux sur la tête. De l'intérieur d'un haut donjon, il nous a fait sonder du regard un trou noir et béant, qui se perd dans les profondeurs de la terre, en s'écriant d'un air tragique : « Voilà les oubliettes qui ont reçu tant de victimes ! » J'ignore ce qu'il peut y avoir de vrai dans ces fables, si tant est qu'il y ait du vrai ; mais tout ce que je puis dire, c'est que tous les Simonetta, dont l'histoire a gardé le souvenir, ne se sont illustrés que dans le bien. A la fin du XV° siècle, le ministre François et son frère Jean payèrent de la torture et de la vie même leur sagesse et leur fermeté. Ce qui prouve une fois de plus avec quelle facilité le peuple fausse l'histoire et peut confondre les victimes avec les bourreaux.

Toutes les églises, moins nombreuses et moins belles que dans le midi, s'éclipsent devant la cathédrale ; aussi ne vous citerai-je que celles qui sont particulièrement remarquables, au point de vue de l'art ou des souvenirs.

Saint-Alexandre, église très-ornementée, renferme un maître-autel tout en jaspe, lapis-lazzuli et pierres précieuses ; mais toutes ces riches décorations, d'un goût médiocre, pèchent dans l'ensemble, et ne charment nullement le regard.

Saint-Laurent est une ancienne basilique, reconstruite au XVIIe siècle. Son atrium est précédé de seize colonnes corinthiennes antiques, qui faisaient partie du péristyle des Thermes construits par l'empereur Maximien.

C'est dans l'église Saint-Etienne, qu'en 1476, trois jeunes Milanais, résolus à tout braver, les supplices et la mort, firent périr de leurs mains leur duc et tyran, Galéas Marie Sforza, d'exécrable mémoire.

On travaille depuis quelques années à la restauration de l'église fondée par saint Ambroise, l'an 387. On croit même avoir découvert ses cendres en 1864, dans un cercueil de porphyre, enfoui dans la crypte de la confession, et demeuré ignoré jusque-là. C'est du seuil de cette antique basilique que saint Ambroise repoussa Théodose après le massacre de Thessalonique et lui interdit pendant huit mois l'entrée de l'église, pénitence à laquelle l'empereur se soumit humblement. On pourra donc sauver du néant Sant'Ambrogio ; mais hélas ! il n'en sera pas ainsi des restes précieux de la Cène, peinte par Léonard de Vinci, au couvent des Dominicains ; tout aussi altérée par les restaurations que l'on a tentées, que par les vicissitudes du temps, cette admirable fresque resta pendant nombre d'années ensevelie sous une épaisse couche de chaux, ce que les moines d'alors, qui avaient fait peindre en blanc tous les murs du monastère, appelaient une bonne réparation. Plus tard, en perçant une porte dans le réfectoire, le marteau qui faisait voler en éclats la pierre et la chaux, mit à découvert quelques personnages qui attirèrent l'admiration des personnes présentes, à commencer par les ouvriers eux-mêmes ; ceux-ci grattèrent alors avec soin cet affreux badigeonnage, qui a tant altéré les couleurs et mirent au jour cette peinture merveilleuse, reproduite tant de fois et répandue dans le monde entier,

Lorsque nous sommes allées l'admirer, nous croyions pénétrer dans une abbaye, entrer dans une chapelle, et à peine avions-nous franchi le seuil indiqué que nous n'apercevons que soldats, chevaux et cavaliers, piaffant et jurant, nous nous disposions à retourner bride, c'était le cas, en demandant timidement notre route, mais un custode paraît et nous rassure ; nous étions bien dans l'ancien couvent des Dominicains, aujourd'hui caserne de cavalerie. A notre tour nous avons été ravies ; n'est-ce pas le privilége des inspirations divines du génie, d'élever les regards et les cœurs tout ensemble, et de les tenir attachés à ces pages idéales écrites bien plus encore avec l'âme de l'artiste qu'avec les pinceaux tenus de sa main. Oui, la Cène, tout effacée qu'elle est, demeurera le chef d'œuvre de Léonard de Vinci, de cet esprit supérieur, peintre et poëte, architecte et savant, qui, le premier, réalisa au plus haut degré en peinture les principes du beau, qui sut égaler Raphaël dans l'expression suave et touchante de ses têtes de vierges, et soutenir la redoutable rivalité du jeune Michel-Ange. Attiré par la générosité de François Ier, il vint en France, où il passa les quatre dernières années de sa vie ; il mourut au château d'Amboise, le 2 mai 1519, entre les bras même du roi, au dire de plusieurs historiens.

Saint-Pierre de Rome, la basilique de Strasbourg, la cathédrale de Séville, et *Il duomo* de Milan, sont cités comme les plus splendides monuments religieux qu'on connaisse, et nous voici devant *Il duomo* : admirons en silence d'abord, car devant ces merveilles l'esprit demeure en suspend, et la bouche reste muette! La cathédrale de Milan est le plus vaste édifice en marbre qui existe au monde! Une montagne entière, donnée par les Borromée, y a passé, et l'étendue du lac Majeur s'est accrue de toutes les masses de marbres enlevées à ses bords pour la construction de cette œuvre gigantesque. Comprenez-vous que depuis la première assise jusqu'à la dernière flèche, tout est de marbre blanc! Cet immense vaisseau a cent quarante-huit mètres de longueur (dix-huit mètres de plus que celui de de Notre-Dame de Paris), la largeur des cinq nefs, est de cinquante-sept mètres, et de quatre-vingt-sept mètres au transept ; la hauteur totale depuis la place jusqu'à l'extrémité de la statue de la Vierge au sommet de la grande aiguille, est de cent onze mètres. *Il duomo* fut commencé à la fin du XIVe siècle, sous Galéas Visconti ; on n'a pas cessé d'y travailler depuis, et c'est à peine si dans cent cinquante ans d'ici cet ouvrage colossal, qu'une foule d'architectes ont dirigé, mais sans qu'on sache l'auteur primitif des dessins et des plans, sera achevé en continuant d'y travailler toujours. On ne compte jusqu'aujourd'hui que cent seize aiguilles, et il doit y en avoir cent trente-cinq, toutes surmontées de statues, lesquelles seront au nombre de deux mille quatre cent quatre-vingt-deux à l'extérieur, et de huit cent trente-sept à l'intérieur. On monte cinq cents marches pour arriver tout au haut de la pyramide centrale du dôme, d'où la vue est indescriptible. On distingue, dans un horizon presque sans limite, l'Oberland, la Chartreuse de Pavie, le Mont Blanc et le Mont Rose, les deux montagnes les plus élevées de l'Europe. La dentelle des voûtes intérieures répondrait aux flèches, pointes, aiguilles, clochetons, découpures de l'extérieur, si vraiment elle était tissée dans le marbre, ainsi que le custode essaie de vous le faire croire. Mais point, c'est un amour-propre de guide et de Milanais qui le fait parler ainsi ; l'illusion disparaît au premier examen, et tous ces dessins, si réguliers qu'on les croirait taillés à l'emporte pièce, sont tout bonnement peints sur stuc, très-bien peints, mais voilà tout.

Ah ! c'est ici peut être plus que partout ailleurs que le gothique paraît bien l'architecture par excellence des églises. Considérée comme l'une des plus nobles expressions du genre ogival, la cathédrale de Milan unit les beautés sévères d'une majestueuse grandeur aux plus exquises délicatesses de l'art. Et quand on contemple sous des ondes de lumières, descendues des superbes vitraux, les statues et les saints qu'elles entourent d'une auréole mystérieuse ; quand on regarde ces vitraux eux-mêmes, dont les magnifiques peintures racontent les gloires du Christianisme; quand on considère ces longues nefs, ces voûtes hardies, ces colonnes élancées, on sent la réelle et vivante Majesté de *Celui qui est*, et je ne sais quel sentiment indéfinissable d'humilité et d'orgueil, tout à la fois s'empare de vous, le génie de l'homme et la sainteté du Tout-Puissant, la créature et le créateur se retrouvant dans ces sanctuaires bénis, où la prière descend dans le cœur comme une rosée céleste, pour le rafraîchir et le purifier. Un calme qui ne peut se dire, tout rempli de douceur et de suavité, vous pénètre, et vous transforme, et de cette union intime de l'âme avec Dieu sort un secours souverain contre les misères de la vie.

Nous avons remarqué plusieurs mausolées, entre autres celui de Jacques de Médicis, frère de Pie IV; ainsi que les grandes plaques de marbre blanc, où sont inscrits en lettres d'or les noms de tous les archevêques de Milan, depuis les temps les plus reculés; nous avons remarqué encore les deux chaires en bronze qui entourent les piliers du chœur, et dont les belles cariatides furent modelées par Brambilla. Cependant, ce qui nous a le plus frappé au milieu de toutes ces œuvres d'art, c'est la statue de saint Barthélemy, dans les horreurs du martyre. « Saint Barthélemy, apôtre, fut con-
» damné par Astyage, roi d'Arménie, qui le fit d'abord
» fouetter rudement, et qui, par une barbarie qui sur-
» passe tout ce que les hommes ont jamais inventé de
» plus cruel, le fit écorcher tout vif de la tête aux pieds,
» de sorte que n'ayant plus de peau, on ne voyait en
» lui qu'une chair toute sanglante, et percée horrible-

» ment de ses os. Enfin, comme après ce supplice, dont
» le récit même fait frémir, il respirait encore, on lui
» trancha la tête le vingt-quatre août de la quatre-vingt-
» onzième année de notre ère. » Oui, cette figure un peu
plus grande que nature, et que l'artiste a fouillée dans
un marbre veiné de rouge et sanguinolent, offre dans
toute son atroce vérité, l'image d'une indicible souffrance ; les muscles se tordent, les chairs palpitent,
les artères se gonflent, les veines se rompent, le sang
ruisselle..... C'est effroyable ! Et l'angoisse de cette
douleur horrible vous pénètre jusqu'au cœur, et court
dans vos membres comme les ardeurs de la fièvre.
Vous frissonnez, vous voulez fuir, et je ne sais quelle
puissance vous cloue à la même place, et tient votre
regard attaché à ce marbre qui tremble, qui souffre,
qui agonise..... La peau tout entière est là, jetée à
côté de la victime expirante. Cette peau restée chaude,
souple, que la vie n'a pas encore quittée, si l'on peut
s'exprimer ainsi, mais que l'on voit s'affaisser peu à
peu.... Ah ! le souvenir de cette statue m'a poursuivie
plusieurs jours ; cette épouvantable impression ne
peut s'oublier.

On lit sur le socle cette orgueilleuse inscription,
que justifie l'œuvre du reste :

« Je ne suis pas l'ouvrage de Praxitèle, mais celui de
Marcus Agrati. »

La ville de Bergame, qui a pour patron saint Barthélemy, et qui avait le plus vif désir de posséder celui-
ci, a proposé aux Milanais le marché suivant : Nous
prendrons, leur dit-elle, une balance ; d'un côté vous
mettrez votre saint, tandis que de l'autre, nous accu-

mulerons des monceaux d'or, jusqu'à ce que notre plateau l'emporte... Milan n'a pas accepté, elle garde son chef-d'œuvre ; mais quelle autre ville pourrait se vanter d'un plus grand amour de l'art, et d'un aussi noble désintéressement de l'argent.

Le maître-autel est également magnifique : il renferme les reliques précieuses que saint Charles porta en grande pompe par toute la ville pour conjurer le ciel d'arrêter les ravages de l'horrible peste qui, en 1576, décimait la population. Par une pieuse tradition, conservée d'âge en âge, l'archevêque renouvelle chaque année, le 3 mai, cette solennelle procession.

Quant à la chapelle souterraine qui renferme la dépouille de saint Charles, ce fils des Borromée et des Médicis, c'est une merveille qui n'a pas coûté moins de quatre millions. Son corps, recouvert d'étoffes superbes, constellées de pierreries, repose dans une châsse d'argent, avec panneaux en cristal de roche, et moulures de vermeil, et sa vie entière est écrite sur les murs, en bas-reliefs d'argent.

Nous avons encore admiré le trésor de la sacristie, renfermant des calices d'or admirablement ciselés, des anneaux pastoraux, des missels aux peintures les plus fines, aux incrustations les plus délicates, en diamants, saphirs, émeraudes, ayant appartenu à saint Charles, et des quantités de plats, de chandeliers et de croix d'argent massif, dont quelques unes sont d'un tel poids qu'un homme seul ne pourrait les soulever ; on nous a encore fait remarquer les paravents qui se placent de chaque côté de l'autel pendant la récitation de certaines prières, afin d'isoler les officiants du public. Ces paravents, fort anciens, dûs aux mains habiles de Madame Pellegrini, sont en drap de soie tout recouvert d'arabesques, de fleurs, d'oiseaux, de personnages, et cet admirable travail serait bien digne, je vous assure, de figurer auprès des célèbres tapisseries de Bayeux, où la reine Mathilde a raconté, non avec une plume trempée d'encre, mais avec une aiguille enfilée de laine, l'histoire de la conquête d'Angleterre par son mari, le conquérant Guillaume.

Saint Ambroise et saint Charles sont donc les deux grandes figures de Milan, qui se montre fière, à bon droit, de ses saints patrons et protecteurs. Dès l'âge de vingt-quatre ans, le jeune Borromée dut à sa sainteté d'être appelé à l'archevêché de Milan, par son oncle, Jean-Ange de Médicis, qui venait d'être élu au trône pontifical, sous le nom de Pie IV. Charles s'appliqua dès lors à réformer les mœurs déréglées de son diocèse, et rétablit une discipline sévère dans les couvents fort relâchés, arrachant, disent ses historiens, les « ronces et les épines que la négligence des pasteurs » avait laissé croître en tous lieux et jusque dans les » communautés religieuses. Par ses soins, les monas- » tères de filles devinrent des jardins clos et des fon- » taines scellées, où tout le monde n'eut plus la liberté » d'entrer pour flétrir les fleurs de vertu et tarir les » sources de pureté. »

Pendant l'effroyable mortalité de 1576, rien n'effraya son zèle et sa charité. On le retrouvait partout, soignant lui-même les pestiférés, et répandant les secours qui guérissent le corps et sauvent l'âme. Pendant cette époque, si douloureuse pour son cœur de père, il envoya ce qui lui restait d'argenterie à la fonte pour avoir plus d'argent monayé à distribuer, donna tous les objets de sa maison qui pouvaient servir, jusqu'à ses habits et son propre lit, ne couchant plus que sur la paille, et vendit le reste de son mobilier pour être en état de faire de plus grandes aumônes.

A la suite du concile de Trente, dont il fut l'âme, saint Charles fit rédiger un précis sur les mystères et les principes de notre foi, connu encore aujourd'hui sous le nom de catéchisme de Trente... Il a laissé, du reste, d'excellents ouvrages de piété, et l'on suit toujours dans plusieurs églises de Milan les usages introduits par ce saint archevêque. Ainsi, par exemple, aux messes basses, le dernier évangile ne se récite pas toujours, et le choriste offre des verres d'eau tout de suite après la communion aux personnes qui ont approché de la sainte Table.

La vie de saint Charles ne fut qu'un exercice continuel de l'amour de Dieu ; il ne désirait et ne faisait rien que pour sa gloire, et jamais on ne pourra parler assez dignement de sa douceur, de sa patience et de son humilité. Il mourut à quarante-huit ans, le 3 novembre 1584, épuisé de fatigues et d'austérités, dormant à peine et ne mangeant habituellement que du pain ou quelques légumes secs trempés d'eau. Il avait présidé l'église de Milan pendant vingt-quatre ans. Sa mort fut une calamité publique. On n'entendit plus que des gémissements et des lamentations comme après la prise et le sac d'une ville ; les uns regrettaient la perte d'un saint, les autres pleuraient celle d'un père, et tous s'affligeaient de la mort d'un grand protecteur de la patrie, demandant grâce et miséricorde comme s'ils avaient été cause de ce malheur. Tous les rois de la chrétienté prirent part à ce deuil général. Marie Stuart, qui devait bientôt le suivre dans la tombe et qui lui avait donné depuis longtemps toute sa confiance, le pleura amèrement du fond de sa captivité, et à cet égard, parmi tous les écrits laissés par saint Charles, on trouve une longue épître de consolations adressées à l'infortunée reine d'Ecosse.

Grégoire XVI, en apprenant le décès du cardinal de Milan, s'écria : « La lumière est éteinte en Israël. » De nombreux et éclatants miracles étant venus confirmer d'une manière irrécusable la sainteté de Charles Borromée, il fut solennellement canonisé le 1er novembre 1610, sous le pontificat de Paul V.

Saint Ambroise était fils d'un grand seigneur romain, que sa naissance et ses mérites avaient élevé à la très-haute dignité de préfet des Gaules. A cette époque, c'était la plus grande charge que conférât l'empereur, parce qu'il n'y avait que quatre préfets dans tout l'empire romain, le préfet d'Orient, le préfet d'Illyrie, le préfet d'Italie et le préfet des Gaules. Tous les autres magistrats et gouverneurs leur étaient soumis ; ils commandaient aussi les armées.

D'un esprit sérieux et profond, Ambroise, après avoir passé sa jeunesse à étudier les langues, la rhétorique, la philosophie, et à s'instruire des vérités de la religion chrétienne, qui seule répondait aux nobles et généreuses aspirations de son âme, fut nommé au gouvernement de la Ligurie et de l'Émilie, comprenant alors les provinces de Milan, Turin, Gênes et Bologne.

A son arrivée à Milan, principale ville de son ressort, il trouva les ariens et les catholiques en grands démêlés sur l'élection d'un prélat, en remplacement d'Auxence, grand fauteur de l'arianisme, qui venait de mourir. Une assemblée devait avoir lieu au sujet de cette élection, que l'on prévoyait grosse d'orages et de tumulte. Ambroise crut de son devoir de s'y rendre, en qualité de gouverneur, pour arrêter le désordre. Il y réussit en effet, et pendant qu'il haranguait encore le peuple, un enfant s'écria: «Ambroise, évêque,» et cette voix étant venue comme une inspiration céleste, chacun de l'un et de l'autre parti se mit à crier avec l'enfant: « Ambroise évêque. » Le gouverneur fort surpris répondit que non-seulement il n'était point entré dans les ordres sacrés, mais que même il n'avait point encore reçu le baptême, qu'il n'avait ni la science ni l'expérience nécessaires à un pasteur du troupeau de Jésus-Christ, et qu'enfin il ne se sentait ni la volonté ni la vocation d'être ecclésiastique. Toutes ces paroles ne firent aucun effet, et le peuple resta ferme dans sa résolution. Il serait trop long de raconter tous les moyens qu'Ambroise essaya pour faire changer d'avis aux Milanais, moyens qui échouèrent chaque fois, car Dieu l'attendait là.

Il fut donc baptisé et promu successivement aux ordres par un évêque catholique. Huit jours après son baptême, le 7 décembre 374, il reçut la consécration épiscopale, étant âgé d'environ trente-quatre ans. A partir de ce moment-là, il travailla sans relâche à sa perfection. Il s'occupait, avec une assiduité si constante de ses fonctions, qu'à lui seul il faisait pour l'instruction des catéchumènes, ce que cinq évêques avaient bien de la peine à faire tous ensemble après sa mort.

Malgré les charges sans nombre de son royaume spirituel, et les luttes incessantes qu'il eut à soutenir contre l'arianisme, qui s'était profondément enraciné dans son diocèse, soutenu par l'impératrice Justine pendant la régence de son fils Valentinien, il trouva le temps de composer les admirables ouvrages, au nombre de plus de cinquante volumes, qui l'ont fait placer parmi les docteurs de l'Eglise, et dont un des plus remarquables est son *Traité des Offices des Ministres.*

« On trouve dans ce livre des principes généraux de
» la morale évangélique, convenant à tous les chré-
» tiens. Tout le monde connaît les *Offices* de Cicéron.
» Deux empereurs romains lurent cet ouvrage avec
» tant de soin, qu'ils le savaient par cœur. Il n'a ce-
» pendant pas tous les degrés de perfection qu'il pour-
» rait avoir ; du reste, l'orateur romain ne pouvait
» rien faire de parfait ; il n'avait point d'idées de la ré-
» signation, de l'humilité, de la mortification, de la
» pénitence et de plusieurs autres vertus ; il ne re-
» connaissait point non plus la nécessité de régler les
» affections, ni celle de rapporter nos actions à une fin
» digne d'une créature raisonnable. De tous les systè-
» mes de morale donnés par les païens, celui d'Aristote
» est le plus complet. Les devoirs qui découlent des

» quatre vertus cardinales y sont expliqués, avec au-
» tant d'ordre que d'élégance. Aristote cependant con-
» naît peu les vertus morales les plus héroïques, et il
» gâte les autres en y faisant entrer un mélange de
» vanité, d'orgueil et d'amour-propre. Son portrait de
» l'homme parfaitement vertueux porte sur un raffine-
» ment d'orgueil intolérable.

» Après tout on ne doit pas être surpris de voir des
» absurdités et même des impiétés dans les systèmes
» de morale qu'ont donnés les plus célèbres philoso-
» phes de l'antiquité païenne. Ils n'avaient d'autre
» guide que la raison humaine, dont les lumières sont
» si souvent obscurcies par les passions.

« Lorsque les vertus de l'homme sont purement hu-
» maines, et qu'elles ne sont point appuyées sur les
» principes de la révélation, quelque brillantes qu'elles
» paraissent, on ne doit point se laisser éblouir par
» leur éclat. Les actions et les affections qu'elles pro-
» duisent n'ont guère d'autres sources que l'intérêt ou
» l'amour-propre. La vertu pure et désintéressée est
» fort rare, on ne la trouve que là où elle est fondée
» sur les maximes de renoncement et d'abnégation,
» tracées dans l'Evangile. C'est ce qui assure la pré-
» éminence aux *Offices* de saint Ambroise sur tous
» les ouvrages des philosophes païens. Quoique le
» saint docteur se renferme souvent dans des consi-
» dérations morales ou philosophiques, il fait voir
» néanmoins les grands avantages que la morale tire
» de l'Evangile. Il montre par exemple, que la maxime
» de Scipion *qu'il n'était jamais plus occupé, ni moins*
» *seul que quand il était avec lui-même,* a été vérifiée

» d'une manière plus excellente dans Moïse, Elie
» Elisée et les apôtres. Ces grands hommes savaient
» non-seulement converser avec eux-mêmes, mais
» ils savaient encore être toujours avec Dieu, et goû-
» ter les douceurs de la contemplation céleste. L'hom-
» me n'est grand qu'en reconnaissant que son génie
» vient de Dieu aussi. Quoique saint Ambroise fut
» l'un des plus savants docteurs de l'Eglise, il ne lais-
» sait pas de soumettre ses écrits à la censure, non-
» seulement des personnes illustres, tels qu'étaient
» alors saint Simplicien et saint Sabin, évêque de
» Plaisance, mais aussi à celle de plusieurs autres
» moins considérables. »

Voici comme il écrit à saint Sabin : « Chacun se trompe en ses écrits. Plusieurs choses échappent en les relisant, et de même que les pères trouvent toujours leurs enfants agréables, quelque laids qu'ils soient, ainsi les discours les plus mal faits ne laissent pas de plaire à leurs auteurs. Je vous prie donc d'examiner sévèrement les traités que je vous envoie, pesez-en les sentences et les mots, et corrigez-y librement ce que vous trouverez digne de correction. »

Théodose disait qu'il n'avait encore trouvé qu'Ambroise qui méritât le nom d'évêque, et que lui seul lui avait fait connaître la différence qui existait entre un évêque et un empereur. Ceux même qui l'avaient le plus persécuté finirent par rendre hommage à son savoir et à ses vertus ; les païens ne le regardaient qu'avec respect, et les Francs, qui commençaient à paraître en ce temps-là, dirent un jour au général Arbogaste (avant qu'il ne se révoltât), qu'il ne fallait pas s'étonner de ses victoires, puisqu'il avait l'amitié d'Ambroise qui commandait au soleil, et le forçait à s'arrêter au milieu de sa course, de sorte que l'on peut dire que ce grand prélat, par sa sainteté et son courage, était devenu le maître des rois, et le père de ceux qui commandaient absolument à tout l'univers.

Le plus beau fleuron de la couronne de saint Ambroise est, parmi tant de conversions incroyables, celle de saint Augustin, qu'il baptisa lui-même l'an 387. « Ce fut une grande conquête pour l'Église; aussi peut-on dire que quand Ambroise n'aurait converti qu'Augustin, il aurait converti des provinces et des royaumes tout entiers, et le fils de Monique tint en si haute estime ses dernières paroles, qu'il aurait voulu les voir inscrites en lettres d'or:

« Je n'ai pas vécu de telle sorte parmi vous que je
» craigne de vivre davantage; mais d'ailleurs je n'ai
» point peur de mourir, parce que nous avons affaire
» à un bon maître. » Beaucoup d'auteurs ont écrit la vie de ce grand saint, auquel on peut retourner ce que lui-même a dit de sainte Agnès: *Quot homines, tot præcones :* « Il a autant de panégyristes qu'il y a d'hommes qui le connaissent. »

Notre excursion aux lacs.

Maintenant que nous avons parcouru la magnifique cité Milanaise, partons pour les lacs, la plus ravissante promenade qu'on puisse faire. Il y en a plus d'une douzaine tout autour de Milan, surtout du côté de la Brianza, un coin de terre délicieux surnommé le jardin de la Lombardie. Ces lacs, dans leur coupe profonde, ont des nuances nouvelles pour ceux qui ne les ont pas vus, des transparences et des teintes inconnues aux climats froids. Ce ne sont partout que rives fraîches et fleuries, ombreuses et parfumées, des fouillis de verdure constellés : de villas, qui se cachent dans leurs nids embaumés, ou se mirent dans les eaux. Et ce joli tableau, qui dure des lieues, vous apparaît tout ensoleillé dans son cadre de montagnes sévères, qui font ressortir encore davantage son brillant coloris. Pendant l'une de ces délicieuses courses, le capitaine du bateau à vapeur disait à ma cousine : « Tous les jours je revois les mêmes lieux, et vous pourriez croire que j'en suis fatigué, ou que, tout au moins, je les connais parfaitement. Eh bien ! non, chaque jour j'y découvre de nouvelles beautés que le soleil pâle ou rayonnant, que les flots transparents ou sombres, que le souffle d'Eole ou de Borée se chargent de varier à l'infini. » Cependant, ces choses si admirables à voir sont toujours très-difficiles à décrire, et finissent toutes par se ressembler sous la plume, je ne vous parlerai donc que des lacs Como et Maggiore.

C'est en saluant la belle cathédrale de la ville de Como, dont la fondation remonte à une très-haute antiquité, que nous avons pris « le navire à roues de feu » pour parcourir son beau lac qui prend naissance au pied des Alpes Lépontiennes et Rhétiques, où s'illustra Drusus.

Ses bords rapprochés, le font ressembler à une rivière, car il n'a que six kilomètres de large sur quarante-huit de long ; sa plus grande profondeur atteint six cents mètres, son élévation au-dessus de la mer est de deux cent soixante-cinq mètres, et au-dessus de Milan, de soixante-quinze mètres seulement. Figurez-vous donc deux rives que le regard suit sans jamais les perdre, et qui le fascinent par toutes sortes d'enchantements, qui se déroulent comme les feuillets d'un album merveilleux, soit que les montagnes terribles dressent leurs pitons éblouissants de neiges éternelles, ou que les collines se couvrent de villages, de châteaux, de bois d'oliviers et de citroniers, d'orangers et de lauriers roses, ou que ces bords ne soient qu'un long tapis d'herbes fraîches, de mousses tendres et moelleuses comme du velours, semés de camélias, d'aloès, de cytises, et tout embaumés par les lilas et les roses, dont les parfums semblent se poursuivre, et qu'un zéphir caressant, sur son aile légère, apporte jusqu'au milieu du lac.

Le bateau fait quinze stations de Como à Colico, et je n'en finirais pas si je voulais vous décrire toutes les villas et lieux remarquables ; je vous nommerai

27

seulement les plus importants, la villa d'Este, par exemple, embellie par la princesse de Galles ; Laglio, où l'on va voir la caverne dite *il buco dell'Orso*, et où l'on trouve beaucoup d'ossements du genre Ursus, aux belles cascades de Nesso et de Camoggia, la Tremezzina, la partie la plus habitée et la plus délicieuse de ces terres fortunées ; ses points de vue ravissants, ses promenades pittoresques, la douceur de sa température en font le plus riant séjour qu'on puisse rêver ; et Lecco, qui s'abrite frileusement derrière la croupe dentelée des hautes montagnes lombardes. « C'est dans son voisinage, où il passa sa jeunesse, que Manzoni a placé la scène de son beau roman *I Promessi Sposi*.

Les ouvrages de Manzoni resteront, malgré cette épigramme d'un mauvais plaisant, qui pendant sa vie même disait :

*Manzoni è sepellito
Co' morti in libreria,*

Manzoni chez les libraires est enseveli avec les morts!

Non-seulement ses œuvres propres le sauveront de l'oubli, mais aussi celles qu'il a su inspirer. C'est en son honneur qu'après sa mort Verdi, ce digne successeur des Rossini, des Bellini, des Donizetti, composa sa magnifique messe de *Requiem*, qui restera l'une des grandes manifestations artistiques des temps modernes.

Les villages de Varenna et de Cadenabbia sont encore délicieusement assis. Tout près du premier, on admire un torrent (Fiume de Latte), qui se précipite dans le lac d'une hauteur de trois cents mètres. Le second doit son nom à Cà de Navia, maisons de bateaux; mais il y a loin de ses abris de planches flottantes aux magnifiques demeures qui les ont remplacées, et dont la plus belle est la villa Sommariva, appartenant au duc de Saxe-Meiningen, un vrai musée, où l'on remarque particulièrement plusieurs statues de Canova, et les célèbres bas-reliefs (le triomphe d'Alexandre), commandés par Napoléon Ier au grand sculpteur Danois Thorwaldsen.

On s'arrête encore à la villa Melzi, renommée pour ses collections artistiques et ses splendides jardins ; et non loin de Bellaggio, le point le plus remarquable du lac, à la villa Giulia, qui appartenait jadis à Léopold, roi des Belges, et dont on a fait aujourd'hui le plus confortable des hôtels. Parmi toutes ces perles charmantes, à demi enchâssées dans les eaux transparentes et les feuillages épais, la plus remarquable, sans contredit, est la Pliniana. On y voit la fameuse fontaine observée par Pline l'ancien, et décrite avec tant de charme par Pline le jeune, qui la compare au glouglou d'une bouteille, dont l'eau s'échappe comme par sanglots. Cette fontaine a un flux et un reflux périodique, dont on n'a pas encore complètement pénétré le mystère. La lettre dans laquelle Pline dépeint ce phénomène, a jadis été gravée sur le mur de la fontaine : lui-même né à Como et non à Vérone, comme beaucoup d'historiens se sont plu à le répéter, avait deux villas dans ces parages, qu'il nommait spirituellement, l'une *Comœdia,* parce que touchant au rivage elle semblait n'avoir qu'une chaussure plate, et l'autre *Tragœdia*, à cause de son aspect sévère et des rochers qui la chaussaient comme un cothurne.

Colico, à la pointe extrême du lac, n'est jusqu'à présent « qu'une bicoque de village, mais qui tend à s'améliorer et à devenir un centre d'activité commerciale. » C'est là que viennent aboutir les routes du Splügen, conduisant chez les Grisons, et du Stelvio, la route la plus élevée de l'Europe, deux mille huit cent soixante-dix mètres, et qui met Inspruck, la capitale du Tyrol, en communication directe avec Milan et le nord de l'Italie. Cette route, par monts sans vaux, est la plus pittoresque qu'on puisse imaginer, et nous avons eu un moment bien envie de la parcourir et de monter dans de grandes voitures, hautes comme des maisons, attelées de quatre et six chevaux. Mais la voix de la raison a dû se faire entendre, nous ne devions pas aller plus loin, et c'est, du reste, avec un nouveau plaisir que nous avons remonté ces rives charmantes, qu'on ne doit jamais se lasser de voir.

C'était un dimanche, et tout le long de ce lac délicieux, l'harmonie des cloches argentines courait dans les rayons du jour, et je conserverai longtemps le souvenir de cette poésie grandiose, des accords sacrés et du site enchanteur qui les envoyait aux oreilles attentives et charmées du voyageur.

Le lac Maggiore ou Verbano, de son ancien nom latin, est un vaste et magnifique bassin, dont les bras nombreux et les bords éloignés à l'inverse du lac Como lui donnent l'air d'une mer intérieure. Il a soixante-quatre kilomètres de longueur, et sa plus grande profondeur atteint huit cents mètres. La partie septentrionale qui s'enfonce en Suisse, est connue sous le nom de lac Locarno. L'enchaînement des vallées verdoyantes, des collines fertiles et des hautes montagnes sauvages, qui l'entourent comme les gradins d'un vaste amphithéâtre, lui prêtent les aspects les plus variés et les plus pittoresques. On aperçoit, tout au fond de l'horizon, la silhouette du Saint-Gothard et du Simplon, poudrés à blanc par les frimas, et dominant, comme des maîtres orgueilleux, les montagnes environnantes, dont les crêtes immaculées demeurent, en toute saison, même sous les feux du plus ardent soleil, revêtues de cygne et d'hermine, par une frileuse nature.

Que dire encore des montagnes ? Rien ! « Les très-grands sujets, comme les très-grands objets, sont peu propres à faire naître les grandes pensées ; leur grandeur étant, pour ainsi dire, en évidence, tout ce qu'on ajoute au-delà du fait ne sert qu'à les rapetisser ; le *nascitur ridiculus mus* est vrai de toutes les montagnes. »

Richter, devant cet ensemble magnifique, s'est écrié : « Quel monde ! Les Alpes sont là comme autant de gé-
» ants, les bras enlacés, opposant au soleil leur bouclier
» de glace ; leurs corps sont entourés de la ceinture
» bleuâtre des forêts, et leurs pieds surgissent de co-
» teaux couverts de vignes. Le vent frais du matin
» joue avec les cascades comme avec des rubans qu'il
» semble dérouler et qui voltigent sous ses doigts
» légers ; les fleurs dégagent l'encens de leurs bril-
» lants calices, l'herbe frissonne et le feuillage soupire

» tendrement ému au souffle de son haleine ; et le jour
» où j'ai vu toutes ces choses admirables se refléter
» sur le miroir poli du lac, mes yeux erraient des cimes
» blanches et argentées aux vallées vertes et om-
» breuses, des eaux frémissantes à l'aurore pourprée,
» des rivages au ciel. Partout la nature annonçait son
» majestueux réveil ; il semblait que la terre venait de
» naître, et qu'une nouvelle création sortait du sein
» même des ondes, avec des plaines nouvelles et déli-
» cieuses, comme un autre Eden, entouré et gardé de
» monts infinis. Ah ! sainte nature, quiconque te voit
» avec les yeux de la Foi, sent son âme déborder
» d'amour pour le Créateur. »

Il y a moins de villages et moins d'habitations sur les rives sévères du lac Maggiore que sur les bords riants de Como ; mais aussi il y a plus de grandeur et de majesté, « et jamais le ciel et la terre, les ouvrages de la nature et ceux des hommes ne se sont mieux mariés dans un tableau. »

Arona, l'une des principales stations, s'honore d'avoir donné le jour à saint Charles Borromée, et lui a élevé, à trente minutes de la ville, sur les bords mêmes du lac, une gigantesque statue, dont la silhouette, plus gigantesque encore, vient se mirer jusqu'au milieu des eaux. Cette statue colossale, érigée en 1697, a vingt-deux mètres d'élévation, et son piédestal quinze mètres, ce qui donne une hauteur totale de plus de cent pieds. La tête et les mains sont en bronze, le reste est en cuivre battu. On peut donc faire l'ascension du saint, promener sur les bords de sa robe comme sur les bastions d'un château fort, s'introduire sous ses plis nombreux comme à l'intérieur d'une tour, enfin, se reposer quatre personnes à l'aise dans sa tête, « et reprendre alors dans le nez de saint Charles Borromée la conversation commencée dans la boule de saint Pierre. »

Mais cette ascension qui s'exécute à l'aide de barres transversales posées à l'intérieur, et de deux échelles liées ensemble, est aussi pénible que difficile. La chaleur est parfois très-intense, et l'on monte à tâtons dans une obscurité profonde, une fois engagé sous les plis de la robe, qui devient alors plus lourde et plus chaude pour ceux qui l'escaladent que jamais robe n'a été désagréable pour celui qui la porte.

Nous avons encore remarqué au milieu de villas tapies dans la verdure, plusieurs demeures princières, entr'autres celle de la duchesse de Gênes, mère de la princesse Marguerite. La dernière station est à Locarno, l'un des chefs-lieux du Tessin, et la situation pittoresque de cette proprette petite ville ne dément nullement la bonne réputation que la belle nature et les honnêtes habitants ont donnée à toute la Suisse.

Parlons maintenant des îles Borromées. Je les ai gardées pour le bouquet, sans métaphore, car elles apparaissent au milieu du lac comme trois grandes corbeilles de fleurs, voguant au caprice de l'eau. Aucun point n'est plus souvent visité que ces lieux charmants, auxquels on se rend tout autant de Suisse que d'Italie. Ces trois îles n'étaient que des rochers arides, lorsqu'en 1671, le prince Vitaliano Borromée entreprit de les métamorphoser et de les couvrir de bois ombreux, de fleurs parfumées, de villas élégantes. Je vous l'ai déjà dit, les Italiens dédaignent parfois le travail de la nature, qui s'est cependant montrée si généreuse à leur endroit, voulant remporter des victoires sur elle-même, et tirer à son exemple des merveilles du néant.

L'orgueil de l'homme se sent flatté de ces créations.

Tout ce que nous voyons a été apporté à grands frais à travers les eaux, et la terre végétale, recouverte aujourd'hui de gazons et de bosquets, fut débarquée à panerées sur ces rochers sauvages, qui n'avaient connu jusque-là que les ardeurs du soleil, la violence des flots et la colère des vents. Les deux îles les plus curieuses sont Madre Isola et Isola Bella. Madre Isola est une riante habitation, plantée au milieu d'un vaste jardin, encombré, je crois, de toutes les plantes et arbustes connus.

Les habits sacerdotaux de saint Charles sont conservés à la chapelle, dans de grandes malles placées des deux côtés du chœur, et que l'on prendrait presque pour des châsses, si elles n'étaient garnies de velours cramoisi, retenu par de gros clous dorés. On n'ouvre ces malles cadenassées et scellées que de temps en temps et pour veiller seulement à la conservation des précieuses reliques qu'elles renferment.

Les terrasses d'Isola Bella, qui s'élèvent en gradins, lui donnent vaguement l'air d'une pyramide de fleurs, s'élançant du sein des eaux. Tout est là intact et en place dans cette délicieuse villa : les chambres particulières et les appartements de réception. Voici même la salle du Trône, telle qu'elle était lorsque les Borromée étaient une famille régnante. Oui, le trône est là, élevé sur des degrés de velours, avec ses draperies, sa couronne, ses tabourets à l'entour, absolument comme si le prince allait faire son entrée au milieu de sa petite cour. Les rocailles, dont toutes les salles du rez-de-chaussée sont revêtues, sont tout aussi bien conservées. Ces mosaïques d'un nouveau genre, en pierres brutes, forment aussi les plus charmants dessins, et sont liées à l'aide de la pouzzolane, précieux bitume qui forme un mortier plus dur que la pierre même. Cette pouzzoulane, produit volcanique, particulier à l'Italie, entrait sans doute dans la composition de ce fameux ciment romain, dont on a perdu le secret.

« Vraiment, ce qui excelle dans les Italiens, c'est cet
» esprit persévérant, conservateur, qu'ils possèdent
» au suprême degré. La fonction de garde-dépôt leur
» va bien mieux qu'à nous.

» Cent fois,— ce n'est pas assez—, mille fois, dans le
» cours d'un siècle, nous aurions brisé les scellés pour
» voir si le dépôt ne peut pas se transformer, s'adapter
» aux idées courantes de l'époque, aux fantaisies, aux
» chartes, aux institutions du moment. Notre furie
» française nous rend précipités et mobiles, téméraires
» et changeants. L'Italie ne va pas si vite mais elle va
» plus sûrement. »

Cette Isola bella, si bien nommée, est plantée de bosquets, qu'on met plus d'une heure à parcourir. On circule dans des massifs de camélias, de lauriers roses et blancs, qui ont grandi comme des arbres et forment de véritables bois, et pendant que nous admirions des milliers de boutons prêts à s'épanouir, nos pieds s'enfonçaient dans les tapis moelleux, formés de tous les camélias déjà tombés dans les allées.

Jadis, dans ce bois d'arbustes devenus grands comme des chênes, Bonaparte, un soir de passage, alors qu'il allait rejoindre son armée, traça sur l'un de ces arbres ce mot : *Marengo*. Venait-il de pressentir la victoire, et sa pensée en ce moment rêvait-elle la conquête du monde? En 1816 on lisait encore ces quelques lettres, entièrement effacées aujourd'hui, qui avaient grandi comme la gloire de celui qui les avait inscrites. Mais, ô misères des grandeurs d'ici bas! ce mot dura plus que son empire... et plus que le héros lui-même.

Nous avons repris notre barque légère pour continuer notre course vagabonde et charmante. Un doux zéphyr, las de voyager, berçait mollement nos voiles. Le murmure de la brise et des flots, des monts et des bois, rompant le sceau du silence, remplissait l'air d'une harmonie infinie, et donnait des voix à la nature inanimée. L'œil attaché au fil de l'eau ou le regard perdu dans l'horizon, nous laissions nos pensées s'en aller à la dérive et flotter à tous les courants!...... Ah! nous eussions voulu nous éterniser sur ces rives délicieuses (qui ne voudrait y vivre enveloppé de la poésie des lieux et de l'affection des siens?) nous eussions voulu y passer l'existence entière, et nous allions les quitter pour toujours!.....

> Loisir, où donc es-tu ? le matin, je t'implore ;
> Le soir, ton charme absent me trouble et me dévore ;
> Le soir vient, tu n'es pas venu !....

« On ne fait que passer ; on regarde, on s'éloigne,
» on soupire, et comme à la fin de chaque journée de ce
» rapide voyage de la vie, on n'a eu que le temps d'en-
» trevoir l'ombre du bonheur. Nous n'avons pas ici-
» bas de demeure permanente ; cette parole de l'apôtre
» plane sur la vie comme un mélancolique avertisse-
» ment, où se mêle la douceur des regrets et de l'espé-
» rance. Nous ne sommes que des pèlerins, et les
» jours de la terre s'écoulent vite. Si aimables, si dé-
» licieuses que soient les haltes, il faut les quitter
» bientôt pour aller plus loin, et les bonheurs d'au-
» jourd'hui seront effacés demain par ce mot : Adieu !
» Oui, adieu aux frais enchantements de l'enfance !
» adieu aux illusions de la jeunesse ! adieu aux ambi-
» tions de l'âge mûr ! adieu aux affections de la famille
» et aux liens de l'amitié ! adieu au monde et à la
» vie ! Adieu ! Ce mot est le dénouement de tout.
» Alexandre et Napoléon ambitionnèrent l'univers pour
» théâtre de leurs exploits et de leur gloire.

» Alexandre, au comble de la fortune, tomba ma-
» lade sur son lit, et il comprit qu'il allait mourir !...
» Napoléon, du fond de son île déserte, reconnut le
» néant des choses humaines et s'humilia. N'est-ce
» pas là l'histoire de toutes les félicités terrestres, et
» ceux qui ont l'affreux malheur de ne pas croire n'ont
» rien pour les consoler de la mort, qui fait de leur

» bonheur une proie pour la tombe. Les chrétiens
» meurent comme les autres, mais ils échappent à
» l'impasse matérialiste; ils savent qu'ils sont attendus
» là-haut, dans un séjour que l'œil de l'homme n'a
» point contemplé sur la terre; par des harmonies que
» son oreille n'a jamais entendues ; par un amour in-
» connu ici-bas, et que son cœur n'a jamais sa-
» vouré. »

Il ne faut pas quitter Milan sans visiter Pavie ; n'est-ce pas de son enceinte fortifiée qu'en 1525, notre roi François Ier, battu et prisonnier, pouvait encore écrire *tout est perdu, fors l'honneur*. Pendant deux cents ans Pavie éclipsa Milan, à l'époque où les Lombards en avaient fait la capitale de leur royaume, mais celui-ci, envahi par Charlemagne en 773, fut bientôt détruit, et Milan reprit le premier rang qu'elle a toujours gardé depuis. Les églises de Pavie sont remarquables, et son université célèbre, mais ce qui fait la fortune de cette ville, et la recommande à l'attention des étrangers, c'est son antique Chartreuse, connue du monde entier, et fondée en 1386, par Jean Galéas Visconti, de sombre mémoire. Ses nombreux bâtiments qui s'aperçoivent comme une nouvelle cité au milieu d'une plaine fertile, ses cloîtres grandioses, les riches sculptures de sa façade et les trésors artistiques de la chapelle en font peut-être le monastère le plus somptueux du monde et le plus intéressant à visiter.

En nous éloignant de Milan nous avons traversé cette belle plaine qui longe la rive gauche du Tessin, et où nos soldats victorieux défirent les Autrichiens le 4 juin 1859. Non loin du bourg de Magenta, fondé jadis par l'empereur Maximien-Hercule, et saccagé en 1167 par Barberousse, nous avons salué la colonne élevée en l'honneur des Français, et placée là encore pour rappeler des souvenirs de tuerie et de bataille, car je vous l'ai déjà dit, il n'est pas un village d'Italie, si ignoré qu'il soit, qui ne garde fièrement les annales militaires du temps présent ou passé.

Nous ne nous sommes arrêtées que quelques heures dans l'ancienne capitale du Piémont, située dans une plaine fertile qu'arrosent les eaux de l'Eridan, et que ferme la chaîne des Alpes. Turin est une grande ville de deux cents mille habitants, mais inanimée et d'un aspect monotone, ses rues se coupant presque toutes à angle droit ; les plus belles sont en arcades comme à Bologne, ou mieux comme la rue de Rivoli à Paris, car ici l'espace ne manque pas, et l'air circule dans ces vastes rues, si différentes de toutes celles des autres villes d'Italie.

Nous avons parcouru d'immenses places ayant plusieurs centaines de mètres, bordées de monuments, théâtres et palais, et plantées çà et là de statues rappelant les grands hommes et les grands événements de son histoire. Les ponts sont aussi fort beaux : celui de la Doire, d'une seule arche de quarante-cinq mètres, et celui du Pô, construit sous la domination française, sont remarquables. On se promène dans plusieurs jardins publics, mais les rendez-vous à la mode sont les boulevards plantés qui font le tour de la ville. Pendant cette longue et agréable promenade, on découvre de beaux points de vue sur la campagne et sur les montagnes qui s'échelonnent à l'horizon.

Les églises et chapelles, au nombre de cent dix, la plupart bâties dans le goût moderne, n'offrent qu'un médiocre intérêt ; plusieurs renferment d'assez beaux monuments élevés à la mémoire des princes et princesses de Savoie. Que vous dirai-je encore ? Turin possède une importante galerie de tableaux, des collections précieuses de médailles, quelques antiquités, et de nombreuses bibliothèques.

Le musée royal des armures est une longue galerie représentant de chaque côté deux lignes de chevaliers à cheval, revêtus d'armures étincelantes et damasquinées, d'un aspect imposant, sévère, et d'un grand effet. Au milieu d'armes de toutes les époques, et ayant appartenu à bien des rois, le guide fait remarquer l'épée que Napoléon portait à la bataille de Marengo.

Le palais royal en lui-même n'a rien de remarquable à l'extérieur ; loin de là, les cours sont mal pavées, et l'herbe y pousse ; mais l'intérieur est richement décoré. Nous avons parcouru une foule de salles où l'or joue un grand rôle : reliefs des panneaux, moulures des plafonds, tout en est revêtu, jusqu'à de hautes cheminées de marbre blanc, entièrement dorées. Les parquets sont aussi fort beaux ; mais ce sont des mosaïques de bois, cette fois. C'est à Venise que nous avons dit notre dernier adieu aux soles de marbre et de pierres précieuses.

Nous avons visité le cabinet de travail de Humbert, la salle où s'est célébré le mariage civil de la reine Pia, le boudoir où l'on a lu le contrat qui liait la princesse Clotilde au prince Napoléon, et la chapelle du palais, qui ouvre dans le chœur de la cathédrale qu'elle domine, et où nous sommes entrées par la porte que franchit le prince Humbert et la princesse Marguerite, le jour de leur hymen. La salle de bal, or et blanc, avec galerie au-dessus pour les spectateurs, est fort belle, et l'appartement des chinoiseries renferme, je crois, toutes les potiches grandes et petites du Céleste Empire. Cette enfilade de salles d'apparat se termine par un salon plus intime, où l'on a groupé les portraits et les bustes de presque tous les membres de la maison de Savoie, dont quatorze ont été béatifiés ou placés au nombre des bienheureux par l'Eglise. Aussi, quel contraste et quelle chute, lorsque cette sainte nomenclature se termine par Victor-Emmanuel, aussi laid qu'impie, et qui paraît bien mal à l'aise dans ce bel aréopage, où, quoi qu'il puisse faire maintenant, il ne sera jamais digne de la place qu'on lui a donnée.

Nous n'avons pas voulu quitter Turin sans y acheter des gants: ils justifient leur réputation sans doute ; mais ne sont ni meilleurs ni moins chers qu'en France. Par exemple, ce que je vous recommande, lorsque vous ferez votre tour d'Italie, c'est le buffet de la gare de Turin, où l'on nous a servi des choses excellentes, des légumes qui ne se rencontrent guère en Bretagne à la fois, et qui, ici, n'avaient pas le moins du monde l'air étonnés de se trouver ensemble. De grosses asperges bien tendres, des haricots verts, des petits pois frais, succulents, cueillis du matin même.

Tout en courant sur la voie ferrée, nous avons aperçu les résidences royales de Racconigi, Stupinigi, rendez-vous de chasse, et Moncalieri, résidence de Victor Emmanuel qui l'habite presque toujours.

Nous n'avons stationné que quelques heures à Gênes ; mais nous nous sommes retrouvées avec un vrai plaisir dans cette grande ville, dont la splendeur nous avait tant frappées au départ. Nous avons salué de nouveau cette belle Méditerranée, qui baignait jadis les possessions romaines dans les trois parties du monde, et que les anciens appelaient pour cette raison : *Nostrum Mare*, « notre mer », parce qu'elle était le seul moyen de communication entre les différents peuples.

Nous avons repris ce splendide chemin de la Corniche, admirant les progrès de la végétation. Depuis notre départ, il me semble que Saturne, qui a tant d'attributs, devrait y ajouter celui des fiancées. L'oranger, de tous les arbres, est le seul qui symbolise le Temps : couvert des oranges rouges de l'année dernière, des fleurs parfumées que le printemps vient de faire éclore et des fruits verts qui ne mûriront que l'an prochain, ne présente-t-il pas la parfaite image du passé, du présent et de l'avenir que le temps renferme en soi ?

Tout en examinant ces belles campagnes auxquelles nous allions dire adieu, nous avons remarqué dans les grands enclos, où croissent pêle mêle orangers et citronniers couronnés de vignes légères, se suspendant à tous les arbres, nous avons remarqué, dis-je, s'élevant régulièrement à des distances assez rapprochées, de forts piliers de maçonnerie badigeonnés à blanc : notre regard s'est rencontré en point d'interrogation ? Sont-ce encore des ruines antiques dans ce pays qui en a tant ? Serait-ce le Carnac breton transplanté en Italie ? Aisément la folle du logis prend le mors aux dents ; nous étions déjà en campagne, lâchant bride pour rien ; ces piliers tout modernes sont d'une utilité pratique des plus vulgaires, mais des plus nécessaires : ils servent à soutenir pendant l'hiver des chassis destinés à préserver tous ces arbres délicats des atteintes du froid.

A Vintimille grand bouleversement des gens et des choses, des voyageurs et des colis. La douane fait son devoir de la façon la plus polie, ce qui ôte toute envie de la tromper; du reste, pendant tout le voyage, nous avons été habituées aux encombrements. On serait très bien dans les chemins de fer italiens, s'il était accordé comme en France un certain nombre de kilos de bagage ; mais point du tout, on n'a droit qu'à ceux qu'on peut porter avec soi; alors, pour éviter les frais et les petites formalités d'enregistrement, chaque voyageur s'efforce d'entasser dans son compartiment une montagne de colis, prenant plus de place que lui-même; c'est une mêlée indescriptible de cartons, valises, boîtes, sacs, paquets, sans compter des fleurs dans leurs pots, des caniches dans leurs paniers, des oiseaux dans leurs cages, des parapluies et ombrelles dans leurs fourreaux. Bref, je suis convaincue qu'il y a des gens désespérés de ne pouvoir emporter tout leur mobilier avec eux, se croyant autant de droits dans leur wagon que les bohêmes dans leurs maisons roulantes.

Le 30 mai 1874.

Je n'ai pas voulu quitter cette belle Provence sans revoir Hyères et sans serrer la main de mes aimables compatriotes et parents M. et Mme de C., qui sont venus chercher la santé sous ce climat béni.

J'avais encore plusieurs pèlerinages à accomplir: tout l'été ils se renouvellent et servent de prétexte aux parties de campagne que l'on aime beaucoup ici. On court également aux *Romerages*, plaisir champêtre, fête du pays équivalant à nos *Pardons* bas-bretons.

Nous sommes donc allées à Notre-Dame-du-Mai, une modeste chapelle bâtie sur le point culminant d'un mont déchiré par les flots, et tapissée d'ex-voto, qui ne sont pas précisément des œuvres d'art, mais de sincères témoignages de foi et de reconnaissance. Nous avons monté longtemps, car dans ce beau pays il faut toujours gravir, et puis je crois que nous nous étions un peu trompées de sentier en voulant prendre le plus court, certains raccourcis comme beaucoup d'abrégés étant longs au dernier point; en revanche, les beautés de l'horizon, dont le cercle s'agrandit à chaque pas, font oublier la fatigue. Il nous a semblé d'abord que nous marchions au milieu d'un parterre artificiel, plutôt que naturel, tant la floraison printanière était abondante, mais peu à peu la végétation s'est appauvrie et nous avons fini par atteindre la face sombre et nue de ces montagnes, qui ne sourient jamais, même quand la nature est tout en fête à leurs pieds.

Au retour de notre ascension pieuse, nous avons constaté que la plupart des personnes venues le même jour que nous à Notre-Dame-du-Mai se bornaient à déjeuner gaîment sous bois, faisant pétiller le champagne et l'esprit; et dire qu'il est des consciences larges et tranquilles qui appellent cela faire un pèlerinage!

Nous avons également fait une délicieuse excursion à Montrieux, succursale de la Grande-Chartreuse, dont les revenus qui se chiffrent par millions font vivre ce monastère fort réduit depuis la Révolution. Autrefois, toutes les terres que le regard peut embrasser de ce point élevé, toutes les plaines fertiles, tous les riches coteaux qui l'entourent lui appartenaient; aujourd'hui, cette abbaye ne possède plus que des jardins et quelques bois. Les femmes ne peuvent pénétrer dans l'intérieur du couvent, aussi n'avons-nous aperçu les bons moines, en longues robes blanches ornés de barbes à l'unisson, que de la cour extérieure où des bancs et des tables de pierres sur lesquelles on dresse le repas attendent les voyageurs qui vont plutôt faire un pèlerinage au site qu'à la simple chapelle des étrangers, où l'on ne s'agenouille que quelques instants.

Le reste de la journée se passe en promenade à travers bois et prés, montagnes et vallons, dans ce lieu enchanteur qu'on ne se lasse pas d'admirer. C'est à croire que le printemps y est éternel... mais non, car ce serait le ciel, et la terre, si parée qu'elle est, n'en est que le chemin ; cependant, quelle paix, quel calme, quel recueillement, et comme l'âme se sent à l'aise devant ces vastes horizons, devant toutes ces beautés de la création, devant cet « envers du ciel » qui fait si bien pressentir ses incomparables splendeurs !

Nous avons donc passé tous, en famille, une délicieuse journée, et nous avons pris pour revenir le chemin des écoliers, ce dont n'avaient point l'air de s'apercevoir les chevaux du commandant C...., qui, malgré leurs vingt lieues dans les jambes, nous emportaient si vite qu'ils ont fini par mettre le feu aux roues.

Notre pèlerinage à la sainte Baume, ce lieu sanctifié par la vie et la mort de Madeleine, nonobstant les grecs qui veulent qu'elle soit morte et enterrée à Ephèse, a été une excursion de plusieurs jours. Je vais vous donner quelques détails sur ce pèlerinage, l'un des plus célèbres du monde chrétien.

La tradition rapporte qu'à l'époque de la seconde persécution contre les chrétiens, an 45 de notre ère, les Juifs essayant, par tous les moyens possibles, de faire périr les disciples qui s'étaient attachés au Sauveur des hommes, embarquèrent Maximin, Sidoine, Joseph d'Arimathie et son fils, Lazare, ses deux sœurs et leur suivante Marcellé, à bord d'un navire hors de service, sans voiles, ni rames, ni gouvernail; aux yeux des persécuteurs, le naufrage était imminent et la submersion du navire prochaine; mais, ô stupeur! cette vieille barque démâtée, surchargée, se dresse tout à coup sur les flots, et, comme dirigée par un souffle étrange, s'éloigne du rivage. Elle traverse sans accident toutes les mers qui s'étendent de la Palestine jusqu'en Provence. Une force invincible la dirige et soutient ceux qui la montent. Après une longue traversée, elle vient s'échouer à Marseille, le plus grand port des Gaules. La cité phocéenne fut hospitalière aux étrangers qui lui apportaient en retour les trésors de la Foi. Les disciples du Christ convertirent toute la Provence. Saint Maximin fut premier évêque d'Aix ; saint Lazare se chargea de l'église de Marseille; sainte Marthe assembla dans Tarascon une communauté de jeunes vierges, et dépensa sa vie en bonnes œuvres ; Joseph d'Arimathie, ce noble sénateur qui avait eu l'honneur insigne d'ensevelir son Dieu, se rendit, accompagné de son fils et d'un certain nombre de fidèles, jusque dans la Grande-Bretagne. Il obtint du roi Arsiragus une petite île dans le comté de Sommerset, où il éleva un oratoire pour lui et ses compagnons, et tous ensemble vécurent dans les austérités de la pénitence et les contemplations de la prière. Il mourut, plein de mérites et de vertus, dans un âge avancé, l'an 82 de Notre-Seigneur, après avoir évangélisé tous ceux qui l'approchaient, aussi les anglais le reconnaissent-ils pour leur premier apôtre.

Marie-Madeleine ayant coopéré à la conversion des Marseillais, et voulant fuir le bruit des hommes et des flots, choisit pour elle le désert et la solitude. Dans l'église Saint-Victor, à Marseille, on montre une grotte où elle passait ses nuits en oraison; mais ce fut à trois kilomètres de cette ville, en un lieu nommé Aigulades, qu'elle fit sa première retraite, puis, se trouvant encore trop rapprochée du monde, elle se retira pour tout-à-fait au sein d'un montagne, sur un rocher escarpé donnant accès à une caverne. Cette montagne, située à peu près à égale distance d'Aix, Marseille et Toulon, se nomme Sainte-Baume, en provençal Taoumo, qui signifie grotte, caverne. Le rocher, élancé comme une aiguille qui la couronne se nomme aujourd'hui le saint Pilon, en souvenir des extases de Madeleine. Cette grande montagne court de l'occident à l'orient sur une ligne parallèle à la Méditerranée. En face, s'étend une autre chaîne plus basse et moins à pic qui semble venir de Marseille, et qui près de la sainte Baume se termine brusquement par une pente rapide, c'est le mont Aurélien. Au-delà et comme à l'arrière garde de l'horizon, se dresse la croupe non moins sauvage de sainte Victoire, cette montagne célèbre au pied de laquelle Marius défit les Cimbres et les Teutons. Là s'ouvre la plaine de saint Maximin, dévastée, profonde, bornée par les Alpes, et placée par le plus singulier contraste, ainsi que le fait observer le père Lacordaire, entre les deux faits historiques les plus dissemblables qui soient au monde : entre le nom de Madeleine et le nom de Marius.

La pénitence est un second baptême : la pécheresse repentante passa les trente dernières années de sa vie dans cette thébaïde, mêlant les douceurs de la contemplation et de la prière à la rigueur des plus grandes austérités. Quand elle sentit venir sa dernière heure, elle invoqua encore une fois Celui qui d'un mot l'avait relevée et purifiée, Celui pour lequel elle vivait uniquement, et les anges la transportèrent à saint Maximin, bourg appelé Tégulata, dans l'itinéraire d'Antonin. L'évêque du lieu lui donna le corps et le sang de son divin maître, et puis elle s'endormit dans une suprême extase, qui ne devait plus avoir de réveil sur la terre. Sa dépouille mortelle fut ensevelie dans l'église même où elle avait cessé de vivre, à saint Maximin.

La Madeleine a inspiré les peintres et les poëtes de tous les temps; Pétrarque a dit d'elle en vers latins:

« Volontairement renfermée dans une grotte, elle y passa trois fois dix hivers, n'ayant d'autre vêtement que sa longue chevelure. Là, loin de la vue des hommes, entourée d'une troupe d'anges, elle était ravie au ciel pendant sept heures par jour. »

On lit encore dans un poëme, composé au XVIe siècle, par Balthasar de la Burle, poëte provençal, valet de chambre du cardinal de Bourbon, et qui commence par ces mots :

> Revengut lou jour lous angislo partavon
> Ben plu hault que lou roc, etc...

« Au retour du jour, les anges l'enlevaient bien au-dessus du roc. Pendant les plus mauvais temps et le froid le plus rigoureux, jamais elle ne portait d'autre vêtement que sa belle et blonde chevelure, qui la couvrait de la tête au bas des talons, ainsi qu'un manteau d'or. »

Ecoutez encore ce que dit un moine de la même époque:

> « Le firmament n'a point en son sein tant d'étoiles,
> « La terre tant de fleurs ni la mer tant de voiles,
> « Phébus tant de rayons, Iris tant de couleurs,
> « Qu'elle de repentirs, de regrets et de pleurs !

Malheureusement, dans ce poëme fort long, le poëte s'égare et tourne souvent au grotesque.

La poésie et l'éloquence sont moins sujettes à périr qu'un monument ; mais tout le monde ne les comprend pas et le monument parle à l'homme simple des champs comme à l'artiste des villes. C'est pourquoi Charles II, dit le *Boiteux*, prince de Salerne, et ensuite roi de Naples et de Sicile, de Jérusalem et de Hongrie, fonda à Saint-Maximin le célèbre couvent de l'ordre de saint Dominique, l'un des plus beaux monastères de France, et rebâtit la basilique. A cette époque on enleva, avec les plus grandes précautions, les cendres de Madeleine ; mais, ô miracle ! la tradition rapporte qu'il restait à ce corps, enseveli depuis treize siècles, un point de vie à la tête : la tempe gauche gardait une particule de chair transparente et mobile à l'endroit où s'apposa la main du Sauveur, lorsqu'après sa résurrection, apparaissant à Madeleine, il lui avait dit en la touchant du doigt au front : « *Noli me tangere*, » ne me touche pas.

Et il est venu à cette tombe et à cette grotte tant de princes du monde et de l'Eglise, que leurs pas ne s'y comptent plus, et après le tombeau de Notre-Seigneur et de son apôtre Pierre, il n'y a pas de tombeau plus souvent visité que le sien. Saint Louis, à son retour de sa première croisade, acccomplit à Sainte-Baume et à Saint-Maximin un pèlerinage qui est ainsi raconté dans sa vie, par le sire de Joinville :

« Après ces chouses, le Roy se partit d'Hyères et
» s'envint à la cité d'Aix, en Provence, pour l'onneur
» de la benoite Magdaleine, qui gisait à une petite

» journée près, et fusmes au lieu de la Bosme, en une
» roche moult hault, là où l'on disait que la sainte
» Magdaleine avait vesqu en hermitage, longue espace
» de tems. »

Louis XI qui, le premier, unit la couronne des Capétiens à celle des comtes de Provence, donna l'exemple d'une vénération sans bornes pour Madeleine. Charles VIII et Louis XII se firent gloire de l'imiter. Notre chère Anne de Bretagne, au retour de ce pèlerinage, se fit représenter sous la forme d'une statuette d'or, au pied du reliquaire qui contenait le chef de la sainte. François Ier, après la bataille de Marignan, s'y rendit en action de grâce avec sa mère, sa femme et sa sœur. Il fit même réparer l'hospice des étrangers. Ses successeurs, Charles IX et Louis XIII, y vinrent également, ce dernier, en 1622, à la suite du siége de Montpellier et de la soumission des hérétiques du Languedoc. Le dernier roi de France qui fit le pèlerinage des saints lieux de Provence fut Louis XIV : il y vint le 4 février 1660 avec sa mère, Anne d'Autriche.

En l'an 1322, un seul jour y compta cinq rois : Philippe de Valois, roi de France, Alphonse IV, roi d'Aragon, Hugues IV, roi de Chypre, Jean de Luxembourg, roi de Bohême, Robert, roi de Sicile.

Un siècle y amena huit papes : Jean XXII, Benoît XII, Clément VI, Innocent VI, Urbain V, Grégoire XI, Clément VII et Benoît XIII, et tous ces souverains tinrent à honneur d'enrichir par des présents de toutes sortes cette admirable basilique, dont, hélas ! il ne reste plus rien. Elle est encore là debout, aujourd'hui comme autrefois, cette belle église ; mais pauvre, nue, désolée, gardant l'empreinte des cicatrices profondes du siècle, qui s'est plu aux ruines, comme les autres ont recherché toutes grandes créations et toutes belles choses. La révolution a passé, jetant aux quatre vents tous les témoignages de piété, déposés par tant de rois. Pendant ces jours malheureux, le sanctuaire de la Sainte-Baume fut profané et détruit; celui de Saint-Maximin se vit aussi dépouillé de son trésor. Le décemvir Barras fit changer la châsse de Madeleine en numéraire, et ses saintes reliques, jetées pêle-mêle, ne furent sauvées qu'à l'aide de l'énergie et du sang-froid déployés par l'ancien sacristain du couvent, Joseph Bastide; et si le monument en lui-même ne fut ni incendié ni ruiné, ce fut grâce à la sage prévoyance de Lucien Bonaparte qui fit écrire sur la porte : «Fournitures militaires. »

Relevée de son anéantissement en 1814, et visitée par vingt-cinq ou trente mille pèlerins en un seul jour de cette même année, la Sainte-Baume subit de nouvelles dévastations pendant les Cent-Jours : le maréchal Brune, qualifié, dit-on, par Napoléon d'intrépide déprédateur, renouvela le sac de 93, et la chapelle fut fermée de nouveau. A la prière des Provençaux, Louis XVIII fit rouvrir et restaurer ce monument si précieux de notre foi et des premiers âges du christianisme.

Revenons maintenant à notre propre pèlerinage. Donc, un beau matin, dès l'aurore, nous nous sommes mises en route, parcourant de gros bourgs animés par tous les préparatifs de la première communion du lendemain et traversant les rues sous des arcades de fleurs et de verdures, ce qui donnait à notre passage un air de fête qui nous rendait toutes joyeuses. Nous descendions alors de temps en temps de voiture pour visiter les villages et les églises, remplis de jeunes enfants, de bouquets et de parfums.

Nous sommes arrivées avant la nuit à Nance, et après un dîner trop méridional, tout à l'huile et à l'ail, nous avons erré quelques instants dans les rues étroites, puis nous sommes entrées à l'église, où l'on faisait le mois de Marie. Nous avons entendu un jeune abbé, provençal assurément, parlant dans un langage très-accentué, et prouvant, en vrai disciple de Démosthène, que le geste est pour beaucoup dans l'éloquence. En rentrant à l'hôtel, nous nous sommes entendues avec nos guides, et nous avons pu enfin aller demander au sommeil réparateur, après la longue course que nous venions de faire, les forces nécessaires à celle du lendemain.

Dès l'aube nous étions levées et en selle sur de grands ânes trottant bien, assises sur des espèces de nattes en gros jonc du pays, formant poche de chaque côté, et traînant jusqu'à terre, précédées chacune d'un guide excitant nos montures. Nous avons vu se déplier rapidement le joli ruban d'un chemin ombreux où le soleil venait jouer dans le feuillage et les oiseaux dans les haies. Cette marche charmante n'a duré qu'une demi-heure environ; alors, nous nous sommes enfoncées dans la montagne à travers une route raide et rocailleuse; nous avons monté deux heures de suite, admirant plaines, monts et bois, la terre fertile et la nature sauvage, le panorama variant et changeant à l'infini, suivant les courbes capricieuses du chemin. Escaladant toujours les pentes raides de la montagne, et de plus en plus difficiles à gravir, nous avons fini par atteindre une nature tout-à-fait désolée ; plus de fleurs, plus de verdure, plus de végétation aucune, mais une terre sombre et un sol de granit. On sent que la pénitence devait s'exercer là dans toute son austérité. Puis tout à coup, après cette marche pénible sous un ardent soleil que rien ne vient tempérer, on entre sans transition dans une magnifique forêt, où tous les arbres du nord et du midi, dans un splendide développement, se sont donné rendez-vous. Il y a vraiment un moment de surprise et d'admiration qu'on ne peut rendre. Les oiseaux chantent, les insectes bourdonnent, quelques légers papillons boivent aux calices des violettes et des primevères, les feuilles frémissent et semblent se comprendre dans ce sublime et mystérieux langage de la création.

Nous montons encore, nous montons toujours ; la route n'est plus qu'un petit chemin raviné, et nous abandonnons nos montures pour gravir à pied ce sentier de plus en plus étroit ; la forêt finit brusquement comme elle a commencé. Une nouvelle montagne, beaucoup plus élevée que celle que nous escaladons depuis deux heures, s'ouvre à pic, tranchée droit comme un pain titanesque fendu en deux.

A la base, nous ne voyons plus, à gauche, que l'hermitage des moines, où un grand feu attend les pèlerins, toujours saisis, même au cœur de l'été, par le froid excessif de ces régions élevées ; à gauche, un massif portail scellé à la montagne même : c'est l'entrée de la grotte ; et ce que j'ai le plus admiré, c'est qu'on ait laissé cette grotte, métamorphosée en chapelle, à l'état primitif, austère et désolée, telle enfin que l'habitait Madeleine, dont on évoque la présence, comme si, vraiment, elle pouvait revenir dans ce sanctuaire mystérieux, qui vous surprend autant par la sombre majesté du site que par tous les souvenirs qu'il renferme. Oui, cette grotte naturelle n'a pour plafond et lambris que le roc même, qui s'arrondit aux extrémités; pour pavé, que la pierre à peine dégrossie. L'eau suinte de tous côtés, et découle de la voûte, goutte à goutte, sur les voyageurs, qui ne s'en aperçoivent même pas, tant ils sont transportés aux premiers jours de l'ère chrétienne et saisis par la sauvage grandeur du lieu. Une source féconde bruit doucement au fond de la grotte, et il faut descendre plusieurs degrés pour y puiser. L'autel qui s'élève à peu près au centre, sans balustrade, sans parvis, est tout ce qu'il y a de plus simple. Il n'a pour unique ornement qu'une grande statue de marbre blanc représentant Madeleine en adoration ; dans l'enfoncement de la grotte, et caché par l'autel, un petit bloc [de granit, le seul qui soit toujours à sec, représente le lit où la sainte prenait son repos. Un mamelon de roches tourmentées, planté d'une croix, marque, à l'entrée, la place où elle passait ses jours dans la contemplation et la prière.

Nous sommes arrivées juste à temps pour entendre la dernière messe dans un silence, un recueillement inconnus aux églises des villes. Après ce repos d'une demi-heure, nous nous sommes senti le courage de gravir le Saint-Pilon, ce lieu béni où Madeleine avait ses extases. De cette aiguille de granit qui repose sur la montagne comme un géant et dont nous nous sommes fait un piédestal, la vue eût été splendide si la brume de midi ne s'était étendue comme un voile sur tout l'horizon—et pourtant quel spectacle ! Tout autour de nous, la chaîne du Var crevassée, rugueuse, marquée des plus horribles déchirures que puisse subir une montagne ; sur nos têtes, la lumière et le ciel; à nos pieds, l'abîme et le chaos, images grandioses et saisissantes de la mort et de la vie.

Nous sommes arrivées à l'hospice des voyageurs n'en pouvant plus, et mortes de faim. Ce monastère bâti à la sortie de la forêt et sur cette terre désolée dont je viens de vous parler, apparaît grave et sévère comme le sol lui-même. Dans cette nouvelle thébaïde, tout porte à la méditation et à la prière, l'âme se détache naturellement des choses créées pour s'élever vers l'infini. Mais nous n'avons fait qu'effleurer en passant les chapelles et les salles où nous avons choisi quelques souvenirs. La nature crie impérieusement lorsqu'elle réclame ses droits, et depuis longtemps notre estomac battait le rappel. On nous a servi un modeste dîner que nous avons trouvé parfait, l'appétit étant le meilleur des assaisonnements, et dans ce désert sans pelouses et sans jardins, je dois reconnaître que le fromage était excellent, et les confitures exquises.

Avant de quitter la table, nous faisons porter une bouteille de bon vin à nos guides qui nous attendaient en dehors, et que nous savions sans provisions. En Bretagne, ne pas donner le coup à boire serait presque une offense, mais ici c'est bien différent ; le frère-lai revient en nous disant que le Provençal ne boit pas sans manger ; nous prenons alors quelques petits pains frais et dorés comme des gâteaux, et nous renvoyons le tout par notre servant, qui est en même temps notre interprète, car jusqu'à présent nous n'avons pu échanger une parole avec nos guides, ni obtenir un renseignement. Nous avons fait le tour de l'Italie en parlant français, et ici, en France, impossible de nous faire comprendre, ces Provençaux ne veulent pas sortir de leur dialecte. Cette fois, le frère revient ajoutant que le Provençal ne mange pas de pain sans viande, il leur aurait fallu, sans que rien nous y obligeât, leur faire servir un dîner à cinq francs par tête, ni plus ni moins, et j'ai vu le moment où notre amabilité allait nous attirer des désagréments. Voilà ce peuple d'une fierté sans raison d'être, et qui ne s'explique pas. Du pain et du vin qu'on offrirait sans l'offenser à un roi passant à l'improviste, n'est pas digne d'être présenté au rustre provençal qui garde des ânes : enfoncé le paysan du Danube, celui de la belle Provence lui rendrait des points.

Le plus jeune de nos guides, presqu'un enfant, et la femme n'en pouvaient plus ; mais l'homme a tenu bon son point d'honneur, étant attaché à rester douze heures sans rien prendre. Nous avons repris nos aliborons, et redescendu la montagne, mais nous n'allions guère plus vite qu'en montant, et nos guides mettaient toutes leurs forces à retenir nos quadrupèdes près de s'abattre dans ce chemin glissant et rocailleux.

A cinq heures nous étions de retour à Nance. Le

pèlerinage se termine à Saint-Maximin, distant de trois lieues environ. Nous avons prié dans cette vénérable église avec la même foi qu'à la Sainte-Baume ; le sacristain nous a montré avec grand respect une petite fiole que la tradition assure avoir appartenu à Madeleine, qui l'avait elle-même remplie de quelques pincées de la terre arrosée du sang du Sauveur.

A huit heures nous avions tout vu ; le temps était superbe, la lune radieuse, et la perspective d'une nouvelle nuit d'hôtel ne nous souriant que médiocrement, nous avons repris la route de la Castellanne.

Nous avons voyagé presque toute la nuit, doucement bercées au grand trot des chevaux, au milieu d'une atmosphère tiède et parfumée, environnées de clartés plus adoucies et plus charmantes que celles du jour, suffisantes pour guider nos pas, mais ne laissant entrevoir les objets qu'à travers ce vague mystérieux des ténèbres si favorable à la rêverie.

L'aube blanchissante n'avait point encore déplié son voile sur la voûte étoilée, lorsque nous avons mis pied à terre à la Castellanne, enveloppée de silence et de sommeil. Pour ne troubler personne, chacune de nous a furtivement regagné son appartement, avide à son tour de prendre un peu de repos.

Le 10 juin 1874.

J'ai dit adieu à la Castellanne, à ses chers habitants, grands et petits, qui tous m'ont si bien gâtée et fêtée pendant mon long séjour. Quand nous nous quittons, ma chère Marie, nous savons qu'une longue distance ne nous sépare pas ; nous nous disons au revoir ! à bientôt ! Ici, j'ai dit : adieu ! et j'avais de grosses larmes dans les yeux ! Ce tiraillement qui se fait entre les tristesses du départ et les joies du retour, entre les amis qu'on quitte et ceux qu'on va revoir, entre les connaissances d'hier et celles d'aujourd'hui, entre le pays qui vous rappelle et la terre hospitalière qui vous garde encore, ne peut se rendre et ballotte l'âme bien péniblement..... Je suis partie..... Mais quel plaisir à Lyon, en revoyant l'aimable famille N...! Quel bonheur à Angers en embrassant ma fille ! Quelle joie à Nantes en retrouvant monsieur et madame B..., mes amis d'enfance, et comme mon cœur battait fort lorsque j'ai aperçu l'aiguille de granit de la belle tour de Redon.... tous les miens m'attendaient.

Ah! cette émotion qui me remue délicieusement, cet air qui dilate ma poitrine, ce soleil qui me semble si beau, ces mains qui se tendent, ces yeux qui brillent, ces paroles aimables et ces sourires joyeux qui dénouent toutes les lèvres, c'est le pays !... Là j'ai senti que je ne suis plus étrangère... Ici j'ai compris que cette solitude qui m'enveloppait là-bas, au milieu des foules les plus compactes, comme un sombre manteau, venait de se déchirer tout-à-fait..... et le salut familier de tous ces bons paysans, que parfois je trouvais quelque peu bavards et curieux, me paraît aujourd'hui d'un intérêt sincère, d'un charme inconnu. Oui, je le répète, tout cela c'est le pays ! Et à ces sentiments si vrais, s'en mêlent d'autres plus doux encore ; revoir ceux qu'on aime plus que sa vie. Ces émotions-là ne se racontent pas... Trois mots résument l'existence : Dieu, Famille, Patrie !

Voilà mes impressions telles que je les ai ressenties, et mes apppéciations dans toute leur vérité ; je ne les pose pas du tout comme infaillibles. J'ai sans doute vu des choses que d'autres n'ont point remarquées et *vice versa*. Je les ai jugées ainsi et d'autres les jugeront autrement, chacun se plaçant à son point de vue, et si tout a été dit, c'est justement la manière différente de dire qui donne un charme nouveau aux mêmes choses.

Oui, visiter l'Italie, cette terre qui développe et inspire toute poésie, c'est marcher de surprise en surprise, de merveille en merveille, c'est rêver les yeux ouverts; et ce rêve a été plus charmant et plus féerique que si nous étions restées assez longtemps dans chaque ville pour en approfondir le mauvais côté, nous eussions vu le revers ; quelque brillantes qu'elles soient toutes les médailles n'en n'ont-elles pas un ? Mais au contraire, nous avons bu à la coupe sans toucher la lie, nous avons respiré le parfum avant qu'il ne s'évapore, nous avons ramassé le dessus de la corbeille sans aller jusqu'aux roses flétries du fond. Mais, pour le bien comprendre, ce pays d'où l'on revient ivre de chefs-d'œuvres, il faut le visiter, car je le répète en finissant, ni la parole, ni la plume, ni le pinceau, ni la photographie, ne peuvent complétement exprimer ce qu'on a vu; la plume guidée par une main habile, la parole par une imagination ardente, sont encore trop pâles pour rendre ces richesses de coloris des paysages italiens. Le pinceau, qui réchauffe et anime comme le soleil même, ne peut soulever qu'un coin du voile, fixer qu'un pan de tableau, et cette trop faible partie, si belle qu'elle soit, ne peut donner idée de l'ensemble; la photographie, à son tour, manque de chaleur et de vie, et tout en embrassant de vastes étendues, demeure terne et confuse dans les détails.

« Le monde est un livre; celui qui ne connaît que son pays n'en a lu qu'une page. » Allons, faites comme nous, chère Marie, l'Italie sera votre troisième feuille, puisque vous connaissez déjà la France et la Suisse; partez pour ce voyage idéal, dans une contrée merveilleuse, et prenez pour compagnon de route M. du Pays, dont le guide excellent vous donnera toutes les indications nécessaires, tous les renseignements que vous pourrez désirer.

Adieu! c'est pour vous que j'ai essayé de faire cette ample moisson, c'est pour vous que j'ai noué, avec les rubans de la pensée, cette gerbe fraîche, cette botte embaumée de toutes les fleurs glanées sur ma route, acceptez-les mon amie, ma sœur, ne sont-ce pas les plus belles et les plus durables, leurs couleurs resteront à jamais brillantes et leurs parfums toujours pénétrants, puisque ce sont les fleurs impérissables du souvenir!......

TABLE

Dédicace a l'Amitié........................ i

PREMIÈRE LETTRE

Nantes, 1. — Angers et Tours, 2. — Bourges, 6. — Lyon, 12. — Marseille, 17. — La Castellanne et Toulon, 23.

DEUXIÈME LETTRE

Promenade aux villages de Sainte-Marguerite et de la Garde, 26.

TROISIÈME LETTRE

Sur la Provence........................... 29

QUATRIÈME LETTRE

Hyères.................................... 34

CINQUIÈME LETTRE

Les Plâtrières. — Le Pharon............... 42

SIXIÈME LETTRE

Sur la Provence........................... 46

SEPTIÈME LETTRE

Sur la Provence (suite).................... 49

HUITIÈME LETTRE

Les Gorges d'Ollioules, 52. — Saint-Mandrier, 53. — La Seyne, 55.

NEUVIÈME LETTRE

Carqueiranne............................. 56

DIXIÈME LETTRE

Fréjus, 58. — Cannes, 59. — Iles Lerins, 60. — Monte-Carlo, 60. — Monaco, 62. — Nice et Menton, 63, — Le chemin de fer de la Corniche, 64. — Gênes, 65. — Villa Pallavicini, 71. — Campo Santo, 75. — Alexandrie. Plaisance, Parme, Modène, 83. — Bologne, 84. — Rome, 89. — Ancienne Rome, 94. — La Semaine Sainte, 107. — Palais de Rome, 125. — Les Catacombes, 136. — Eglises et Basiliques, 145. — Saint-Pierre, 167. — Palais du Vatican, 174. — Audiences du Saint-Père, 182. — Environs de Rome, 191.

ONZIÈME LETTRE

Réveil à Naples, 196. — Les églises, 214. — Le Musée, 219. — Le Vésuve, 231. — Pompéï, 247. — Environs de Naples, Castellamare, 267. — Sorrente, 269. — Pœstum et Pausilippe, 270. — Les Lacs, 272. — Les Iles, 273. — Les Grottes, 276.

DOUZIÈME LETTRE

Civita-Vecchia, 280. — Livourne, 284. — Pise, 285. — Florence, 292. — Les Eglises, 295. — Les Galeries Uffizi et Pitti, 306. — Maisons célèbres de Florence, 315. — Pont des Chariots, 321. — San Salvi, 323. — Venise, 326. — Place Saint-Marc, 332. — Vues du Campanile, 339. — La Cathédrale et les Eglises, 343. — L'Arsenal, 357. — Le Lido, 359. — Les Palais, 362. — Palais des Doges, 368. — Les Puits et les Plombs, 378. — Adieux à Venise, 378.

TREIZIÈME LETTRE

Retour à la Castellanne, 389. — Lac de Garde, 391. — Milan, 394. — L'Echo de la Simonetta, 399. — Les Eglises, 400. — *Il Duomo*, 403. — Saint-Charles Borromée, 408. — Saint-Ambroise, 410. — Excursion aux lacs, 416. — Lac de Como, 417. — Lac Maggiore, 420. — Iles Borromées, 423. — Pavie, 428. — Turin, 429. — Vintimille, 433.

QUATOZIÈME LETTRE

Pèlerinages à Notre-Dame-du-Mai et Montrieux, 435 — La Sainte-Baume, 436.

QUINZIÈME LETTRE

Retour en Bretagne.......................... 449

Rennes. — Imprimerie P. Bazouge fils et Cⁱᵉ, 15, rue de Viarmes.

www.ingramcontent.com/pod-product-compliance
Lightning Source LLC
Chambersburg PA
CBHW070220240426
43671CB00007B/709